Medienökonomie hat zum Ziel, wirtschafts- und kommunikationswissenschaftliche Konzepte bzw. Theorien zur Analyse von Kommunikation und Medien anzuwenden. Sie ist Schnittstelle zwischen Disziplinen, wie Kommunikations-, Medien-, Volks- und Betriebswirtschaftslehre sowie partiell technischen, juristischen und politischen Disziplinen. Sie beschäftigt sich aus theoretischer und praktischer Perspektive mit aktuellen Fragen, die für die Medien relevant sind. Hierbei geht es sowohl um ökonomische Grundlagen, Managementstrategien und Organisationsformen von Medienunternehmen als auch die Analyse und Regulierung der Medien(teil)märkte. In der Reihe „Medienökonomie" werden Beiträge publiziert, die sich aus makro-, meso- und mikroökonomischer Perspektive mit Medien als ökonomischen Gütern bzw. Dienstleistungen beschäftigen, wobei die Rolle der Medien für Gesellschaft und Unternehmungen thematisiert wird. Die Reihe begleitet Medienwandel und -innovationen zeitnah sowie wissenschaftlich strukturiert. Mit dem breiten Ansatz wird eine Basis für medienökonomische Forschung geschaffen. Kontinuierlich erscheinen in der begutachteten Reihe u.a. die Tagungsbände der Fachgruppe Medienökonomie der DGPuK.

Reihe Medienökonomie

herausgegeben von
Dr. Bjørn von Rimscha,
Prof. Dr. Sven Pagel,
Prof. Dr. Dr. Castulus Kolo und
Prof. Dr. Frank Lobigs

Band 6

Marc-Christian Ollrog

Regionalzeitungen 2015

Geschäftsmodelle für die Medienkonvergenz

Nomos

Die Entstehung und Drucklegung der Arbeit wurde durch Stipendien der FAZIT-Stiftung gefördert.

Bildnachweis Titel: www.123rf.com

Die Deutsche Nationalbibliothek verzeichnet diese Publikation in der Deutschen Nationalbibliografie; detaillierte bibliografische Daten sind im Internet über http://dnb.d-nb.de abrufbar.

Zugl.: Leipzig, Univ., Diss., 2013

ISBN 978-3-8487-1201-4

1. Auflage 2014

Vorwort

I.

Unter Theoretikern wie Praktikern des Medienmanagements ist man sich darin einig, dass die Zukunftschancen der Tageszeitung wesentlich davon abhängen, ob der Transformationsprozess – die Überführung der klassisch agierenden Zeitungsverlage in crossmedial operierende Medienhäuser –gelingen wird, darin eingeschlossen: ob jene heute wichtig erscheinenden Marktakteure auch in Zukunft noch relevant bleiben, oder vielleicht ganz andere Anbieter und neue Marken in den Vordergrund treten. Die Anforderungen für die Steuerung solcher Changeprozesse verändern sich allerdings derzeit durchaus dynamisch, derweil die Medienwissenschaften mit ihren methodengründlich angelegten Studien vergleichsweise langsam arbeiten und insofern Gefahr laufen, wie der Hase stets einen Igel vor sich zu haben, der ihm zuruft: Die neue Herausforderung ist schon da!

Die Befürchtung ist vor diesem Hintergrund naheliegend, dass eine aufwendig angelegte Studie, kaum fertiggestellt, bereits von den praktischen Problemen überholt ist. Im vorliegenden Fall ist sie unbegründet. Denn dort, wo wir Schnelllebigkeit und rasante Phasenverschiebungen vermuten, entdeckte Marc-Christian Ollrog erstaunliches Beharrungsvermögen: Die Organisationsstrukturen in den Unternehmen wie auch die Mediennutzungsmuster auf Seiten der Rezipienten wandeln sich unerwartet langsam; unter der Oberfläche immer neuer Managementziele bestehen im Unternehmen wie auch im Nutzermarkt habituierte Muster fort: Erfolgreiches Veränderungsmanagement, so lehrt diese Studie, verknüpft die mit der Markenpflege verbundene Tradierung mit den channelbezogenen Innovationen, die ihrerseits auf den dynamischen Wandel des Nutzermarktes reagieren. Ein anspruchsvolles Unterfangen.

II.

Es gehört zu den Stärken dieser Studie, dass sie das hochfrequente Rauschen in Tageszeitungsverlagen überhört hat und die in den Medienwissenschaften anzutreffende Hatz nach möglichst aktuellen Issues nicht mitmacht. Denn wenn der Changeprozess zielführend sein soll, ist eine sorgfältige Analyse des Ist-Zustandes unter Einbezug derTreiber der Veränderungen erforderlich. Genau dies leistet die akribische Systematik, mit der Marc-Christian Ollrog seine Szenarien deduziert und ausdeutet – Dies ist die besondere Stärke dieser Arbeit: Zwar zeigen sich einzelne ökonomische Problemstellungen inzwischen wieder anders als noch zur Zeit der Befragungen. Aber die systematische Auswertung der Befragungen und die Konstruktion der Change-Szenarien werden noch für Jahre ihre Gültigkeit behalten. Dieses Buch zeigt auch dies sehr deutlich: Die Branche besitzt, überspitzt formuliert, keine abrufbaren Antworten, keine tragfähigen Lösungen, um dem anhaltenden Siechtum zu widerstehen. Das verweist auf die von der Zeitungswissenschaft generierte Erkenntnis, dass viele Strukturprobleme in Tageszeitungsverlagen hausgemacht, also auch veränderbar sind, und dass der Einbruch von Umsatz- und Ertragszahlen nicht allein mit einer vermeintlichen „Kostenloskultur" des Internet erklärt werden kann. Am Ende wird deutlich, dass es keinen Weg zurück in das einstige Paradies hoher, zweistelliger Umsatzrenditen gibt.

Welche Gestaltungsräume und welche Steuerungsinstrumente den Verlagsleistungen für eine Kehrtwende oder schon zur Sanierung zur Verfügung stehen, zeigen die Befunde dieser Studie. Aus unserer Sicht besonders bemerkenswert ist Marc-Christian Ollrogs Konzept, das die Studie im doppelten Sinne zu einer „Schnittstellenarbeit"gemacht hat: Zum einen handelt es sich um eine interdisziplinäre Studie, in deren Verlauf der Kommunikationswissenschaftler Denkmodelle der Betriebswirtschaft durchleuchtet (und sich nebenbei auch als belesener Medienökonom ausweist). Und zum anderen zeigt diese Studie, dass die Definition, die Ausgestaltung und Steuerung der realen Schnittstellen in den Medienverlagen zukunftsentscheidend sind. Damit besitzt diese Studie einen besonderen Charme darin, dass sie die klassische Medienökonomie mit modernen Konzepten des Medienmanagements aufeinander bezieht und damit zentrale Fragen der Journalistik thematisiert. Darin kommt, nebenbei, ein für den Zustand der Branche kennzeichnender Balanceakt zwischen Ökonomie und normativer Funktionalität des Journalismus zum Ausdruck, der gelingen, das heißt zeigen kann, wie Funktionswandel und Strukturkrise zu bewältigen sind. Auch wenn es die Medien- und Kommunikationswissenschaft nicht gerne hören mag: Publizistik ist stets auch Ökonomie, deren zentrale Währung Aufmerksamkeit heißt. Mit der

Ökonomie, ihren Ansätzen, ihren Modellen und Lösungen kann man sowohl massen- also auch die sozialmedial bestimmte Kommunikation erklären – vielleicht nicht final, aber stets mit Gewinn.

III.

Zu den Schlüsselbegriffen des Medienwandels – und so auch dieses Buches – zählt das Wort Medienkonvergenz. Es liegt an der präzisen Begriffsbildung, die Marc-Christian Ollrog bietet, dass daraus weitere Schlüsselfragen entwickelt werden, zum Beispiel jene, ob der tradierte Zeitungsbegriff noch adäquat ist, zumal der Unterschied zwischen der analogen und der digitalen Medienwelt in der Dreiecksbeziehung Produzent-Medium-Rezipient zu fassen und mit ökonomischen Parametern zu analysieren ist.

Die vorliegende Studie bietet vor diesem Hintergrund eine vertiefende Auseinandersetzung mit dem Konvergenzbegriff und diskutiert das nicht mehr ganz junge Problem unzureichender Refinanzierung anhand der gewonnenen Szenarien in einem neuen Licht, das zwei Hintergrundbilder des Krisenprozesses zielführend auszuleuchten vermag.

Erstens: Die Krise der Tageszeitung ist zu einem Gutteil eine Krise gesellschaftlicher Kommunikation, die immer weniger gelingt, weil saturierte Gesellschaften eben zur Ausdifferenzierung und Erfüllung zunehmend individueller Bedürfnisse neigen. Das ist der Antrieb einer kapitalistisch organisierten Gesellschaft. Halten wir dieses soziale Organisationsdilemma für triftig, dann müssen sich die Unternehmen und Institutionen daran ausrichten, während der Journalismus das damit verbundene Spannungsfeld immer neu thematisiert. Insofern können Tageszeitungsmanager klaum anders als re-agieren – und sollten gleichwohl diese Thematisierungsleistung ihrer Redaktion nicht schwächen, sondern fördern. Ihre Handlungsmaxime könnte lauten: Weniger Hardselling-, vermehrt transformatorisches (und insofern integrierendes) Marketing. Wer die Publizistik und mit ihr alle gesellschaftlichen Aufgaben, die ihr zugedacht und übereignet sind, erhalten möchte, darf diese Perspektive nicht leugnen, solange das rahmensetzende soziokulturelle Gefüge strukturstabil ist.

Zweitens: Der vom gesellschaftlichen Wertewandel induzierte Prozess stößt im Inneren der Organisationen auf eine über viele Jahrzehnte hinweg eingefleischte Unternehmenskultur. Diese verändert sich – gerade das vorliegende Buch zeigt es deutlich – nur sehr langsam. Viele andere Marktakteure erscheinen flexibler, schneller, dynamischer und insofern auf die aktuellen Herausforderungen besser vorbereitet. Es könnte deshalb – Beispiele sind ja aus den Vereinigten Staaten bekannt – zu einem Ausverkauf der Zeitungstitel kommen, indem diese Titel von Unternehmen und Investoren übernommen werden, die den Wertewandel mitdenken und mit der Akkumulation von „Long"- und „Short Tail"-Reichweiten erfolgreich waren und sind.

Beide Perspektiven gehen davon aus, dass die Gattung und mit ihr auch die Zeitungs*marken* einen Wert besitzen. Und darin zeigt sich das tiefere Krisenproblem: Das Management regionaler Tageszeitungen hat in den vergangenen rund fünfzehn Jahren ihre Markenpflege als Gattung schwer vernachlässigt – ohne Not, denn es liegt in der *Schlüsselkompetenz* eines Zeitungshauses, seine Angebote als unverzichtbares Erfahrungs- und Vertrauensgut auszuweisen, egal, ob analog auf Papier oder digital mit einem anderen Trägermedium. Wer sich indessen ausschließlich vom alten Paradigma „Kerngeschäft" leiten lässt und dabei seine eigentlichen Kernkompetenzen vergisst oder vernachlässigt, der wird von den Realitäten ein- und überholt. Genau dies beobachten wir derzeit.

Vor dem Hintergrund dieser Prozesse sehen wir die Leistung dieser Arbeit darin, dass sie den Verlagshäusern aufzeigt, wie sie ihre tradierten Kernkompetenzen schärfen und ihre Marke im crossmedial ablaufenden Prozess der Ausdifferenzierung nicht nur erhalten,sondern auch stärken können. Wir wünschen Ihnen, liebe Leser, bei dieser Entdeckungslektüre möglichst viele Aha-Erlebnisse.

Leipzig/Salzgitter, Mai 2014

Michael Haller Harald Rau

Vorwort und Danksagung

Der Berufseinstieg in den Journalismus ist schwierig geworden – ebenso wie Journalist zu sein. Die zunehmende Konvergenz der Medien verschärft den Wettbewerb und hat die Arbeitsbedingungen wie auch das Arbeitsumfeld verändert. Junge Redakteure sind ständig mit ökonomischen Imperativen konfrontiert, die wirtschaftlich vergleichsweise unbedarfte „Inhaltemenschen" oft kaum nachvollziehen können. Die zunehmende Ökonomisierung wirkt sich bisweilen bis in den Kern der journalistischen Arbeit und auf die Moral der Redaktionen aus. Wie ein Mantra erschallt der Ruf nach neuen Geschäftsideen und Geschäftsfeldern – auf jeder Weihnachtsfeier und in wohl fast jedem Personalgespräch.

Diese persönlichen Erfahrungen waren für mich eine ganz unmittelbare Motivation, mich mit den ökonomischen Folgen der Medienkonvergenz auch theoretisch auseinanderzusetzen. Geworden sind aus dieser ersten Idee dreieinhalb abwechslungsreiche, in unterschiedlicher Hinsicht für mich persönlich und fachlich lehrreiche und gewinnbringende, manchmal befriedigende und auch belastende Jahre, in denen ich die vorliegende Dissertation weitestgehend berufsbegleitend angefertigt habe.

An dieser Stelle möchte ich all denen danken, die mich unterstützt haben. Ich danke der FAZIT-Stiftung für die Bewilligung von Stipendien zur Forschung und Drucklegung, ohne die diese Arbeit nicht entstanden wäre. Ich danke meinem Arbeitgeber Frankfurt Business Media (F.A.Z.-Gruppe), der mir mit der flexiblen Gestaltung der Arbeitszeiten beim zeitweiligen Ausstieg wie auch beim Wiedereinstieg entgegengekommen ist.

Ich danke Herrn Professor Michael Haller, der diese Untersuchung angeregt hat, für die Betreuung und für seine immer wieder wertvollen Hinweise an entscheidenden Zeitpunkten des Arbeitsprozesses. Herrn Professor Harald Rau bin ich dankbar für die Übernahme des Zweitgutachtens, für hilfreiche Anmerkungen während der Endredaktion sowie die fortwährende positive Ermutigungs in fachlicher wie auch in persönlicher Hinsicht. Mein Dank gilt zudem Timon Wehnert, der mir Hinweise zur Anschlussfähigkeit der Szenariotechnik in Delphi-Untersuchungen gegeben hat.

Weiterhin bin ich den zehn befragten Verlagsgeschäftsführern zu Dank verpflichtet, deren Engagement, Kreativität und interessiertes Durchhalten das Gelingen des empirischen Teils erst ermöglicht haben.

Meiner Doktorandengruppe – Fessum Ghirmazion, Armin Kullmann und Coach Andreas Böss-Ostendorf – möchte ich dafür danken, dass sie den Arbeitsprozess auch in schwierigen Zeiten kritisch und bestärkend-konstruktiv begleitet hat.

Mein größter Dank aber gilt meiner Ehefrau Annika, die über Jahre auf vieles verzichten musste und mich dennoch gerade in den schwierigsten Phasen stets und unter Hintanstellung ihrer Wünsche unterstützt hat.

Marc-Christian Ollrog Frankfurt am Main im April 2014

Inhaltsverzeichnis

Abbildungsverzeichnis

Tabellenverzeichnis

Abkürzungsverzeichnis

ACTA	Allensbacher Computer- und Technikanalyse
BIP	Bruttoinlandsprodukt
B-to-B	Business to Business
B-to-C	Business to Customer
C-to-C	Customer to Customer
BVDZ	Bundesverband Deutscher Zeitungsverleger e.V.
BWL	Betriebswirtschaftslehre
CMS	Content Management System
CRM	Customer Relationship Management
DFG	Deutsche Forschungsgemeinschaft
KEK	Kommission zur Ermittlung der Konzentration im Medienbereich
KMW	Kommunikations- und Medienwissenschaften
MNT	Mediennutzungstypologie
OMS	Online Marketing Service GmbH & Co. KG
ÖAK	Österreichischen Auflagenkontrolle
SWOT	Strengths, Weaknesses, Opportunities, Threats
TKP	Tausend-Kontakt-Preis
ZAW	Zentralverband der deutschen Werbewirtschaft
ZMG	Zeitungs Marketing Gesellschaft

1 Einleitung

Die Zeitungsbranche befindet sich in einem tiefgreifenden Veränderungsprozess. Vielleicht kann ein Sinnbild die Vielzahl der unterschiedlichen Entwicklungen allegorisch fassen. Vergleichen wir die Zeitungsbranche daher für einen Moment mit einer Karawane auf ihrem Weg durch die Wüste.

Diese Karawane zieht durch einen seit Jahren immer wieder auffrischenden Sandsturm. Der Fallwind der Digitalisierung hat die bisherigen Pfade verschüttet und zugleich die Umgebung erheblich verändert. Das erschwert die Orientierung. Noch schlimmer: Andere Trecks, deren eigene Routen ebenfalls verschwunden sind, nehmen inzwischen ähnliche Pfade und steuern die bisher nur der Verlagskarawane vorbehaltenen Wasserstellen an. Diese drohen zu versiegen. So viele Tiere können sie nicht tränken. Immer wieder gelangt die Karawane an Plätze, an denen früher Oasen waren und an denen jetzt nur noch Überreste und Sand sind. Spuren anderer Herden? Nein. Wer hier war, war nicht mit Trampel- und Maultier unterwegs.

Und der Sturm der Transformation bläst weiter – phasenweise anschwellend, und dann scheinbar wieder abflachend. Eine Systematik ist nicht zu erkennen. Doch eine Logik zeichnet sich ab: Die Wege der Vergangenheit bleiben verschüttet, der Wechsel der Windrichtung war von Dauer. Die Karawane muss neue Wege finden.

Immer wenn der Sturm abflacht, werden die Schäden begutachtet und die Leichen gezählt. Doch die Karawane will zusammenbleiben, auch die Langsameren sollen nicht dem Tod anheimfallen. Also zieht sie weiter, froh, wenn der Wind den Sand nicht allzu fest ins Gesicht peitscht.

Die weiten, gebauschten Gewänder verhüllen die Gestalten. Nur die mageren Unterschenkel, da wo früher noch festes Fleisch saß und darüber so manches kleine Polster, künden von der Dürre. Man ist bescheidener geworden und versucht sich einzurichten. Abends am Feuer erzählen sich die Alten Geschichten aus der guten Zeit. Sie erinnern sich an damals, als das Karawanengewerbe noch Goldes wert war und einige gute Kamele der Schlüssel zu einem Vermögen. So war es doch gewesen, beim Urgroßvater, dem Großvater und auch noch beim Vater, oder?

Und dann hob der Wind an, hinter den Dünen zu heulen. So habe es damals angefangen, seufzen die Alten.

Bei der Suche nach neuen Wegen versagt allzu oft die Orientierung. Dann findet sich die Karawane nach einem wochenlangen Marsch wieder am Ausgangspunkt. Die erfahrenen Karawanenführer mussten sich eingestehen, dass sie im Kreis gezogen waren. Doch wer soll sie ablösen? Wer sieht klarer, wenn die Umrisse der Umgebung kaum zu erahnen sind?

Selbstverständlich handelt diese Arbeit weder von Wüsten noch von Karawanen. Es geht um die seit über zehn Jahren kriselnde Zeitungsbranche, deren Problemformel sich vereinfachend wie folgt zusammenfassen lässt: Weniger Abonnenten, weniger Anzeigenkunden, weniger Einnahmen und mehr Konkurrenten. Rechnet man hinzu, dass die abnehmende Zahl der Leser auch noch älter wird, verschärft sich die Situation. Dabei erweist es sich als ein Nachteil der Branche, dass ihr Geschäftsmodell ohne wesentliche Modifikationen weit länger Bestand hatte als in anderen Industrien (z.B. in der Konsumelektronik oder in der Automobilbranche) üblich. Dieses Vertrauen auf das lange Bewährte in Kombination mit einer ungefährdeten Marktposition hat die Ausbildung statischer Unternehmensstrukturen befördert, das Suchen nach Neuem behindert und die Innovationskraft geschwächt (vgl. dazu etwa Jarren 2009, 24) – so wie die Karawane jahrzehntelang auf Routen gezogen war, die nun nicht mehr existieren.

In den Medien hebt angesichts der Einnahmerückgänge regelmäßig eine nahezu hysterische Untergangsrhetorik über das Ende der Zeitung an: über notwendige Subventionen für die gebeutelte Branche und Endzeitphantasien über den Tag, an dem die mutmaßlich letzte gedruckte Zeitung erscheinen wird. So prophezeit etwa die Annenberg School an der University of South California das Sterben von 1.400 US-Zeitungen zwischen 2012 und 2016. Nur vier nationale sogenannte *major dailies* sollten dann immer noch gedruckt erscheinen (vgl. Center for the Digital Future 2012). Gerade jenseits des Atlantiks geriet eine Reihe auch großer Zeitungsunternehmen zuletzt in schwere Not. 14 US-Zeitungen sind seit Anfang 2009 eingestellt worden. Prominente Beispiele sind der *Seattle Post Intelligencer*, der *Baltimore Examiner* und die *Rocky Mountain News*. Acht weitere zuvor gedruckte Tageszeitungen erscheinen nur noch als Online-Print-Hybride, so der US-Wissenschaftler Paul Gillin auf seiner Homepage „Newspaper Death Watch“ (vgl. ebd. 2012).

In Frankreich hauchte im Dezember 2011 der seit Jahren siechende *France Soir* sein Lebenslicht als gedrucktes Blatt aus. Seit Ende Januar 2012 erscheint auch *La Tribune* nur noch wöchentlich gedruckt und online. Das Ende der zweitgrößten französischen Wirtschaftszeitung war spätestens mit dem Wechsel des früheren Besitzers Bernard Arnaults zum Marktführer *Les Echos* zu erahnen gewesen.

Auch wenn die meisten Zeitungen nicht vollständig vom Markt verschwinden wie in Deutschland die FTD 2012, ist festzustellen, dass die digitale Substitution wirkt. Immer mehr Zeitungen müssen ihre Finanzierungs- und Kostenstrukturen in Frage stellen. Der primäre Kommunikationsmodus Print und das Geschäftsmodell der Tagezeitung als voll-integriertes Unternehmen stehen auf dem Prüfstand.

Eine Zeit lang ließ sich gegen einen Vergleich der genannten US-amerikanischen Beispiele mit deutschen Regionalzeitungen schnell das Argument vorbringen: So weit sei es hierzulande noch nicht. Das deutsche Modell sei weniger anzeigenlastig als das US-amerikanische und verfüge zudem über eine langfristig orientierte Eigentümerbasis, die kurzfristige Krisen aushalte (vgl. dazu z.B. Meyer 2004, 174-200). Fast noch leichter lässt sich das französische Beispiel relativieren. Die Schwäche der französischen Presse ist nämlich vor allem endogen bedingt. Die französische Printkultur leidet seit vielen Jahrzehnten unter dem Zusammenspiel von starren Produktions- und Vertriebsbedingungen und einer hohen Abhängigkeit der Verlage von Zuwendungen des französischen Staats (vgl. dazu z.B. Ollrog 2006, 32ff.). Dennoch: Die großen Linien der Leser- und Werbemarktveränderungen in der saturierten westlichen Welt sind international vergleichbar (vgl. dazu etwa Picard 2008, 14-26). Deutschland bildet keine Ausnahme, auch wenn es eher zu den „digitalen Nachzüglern" gehört.

Die schlechte Nachricht ist, dass sich die Krise in Deutschland zuspitzt, während sich an einzelnen Fällen in den USA erste Hoffnungszeichen zeigen – verwiesen sei zunächst nur auf die steigenden Onlineabonnementverkäufen der New York Times (vgl. Kapitel 1.4). Nach Angaben der Informationsstelle zur Verbreitung von Werbeträgern (IVW) sind die verkauften Auflagen der lokalen und regionalen Abonnementzeitungen in Westdeutschland zwischen 2000 und 2012 um mehr als 20 Prozent gesunken. Dabei gewinnt die Verfallsdynamik immer weiter an Fahrt. 2012 verloren deutsche Zeitungen 3,9 Prozent ihrer verkauften Auflagen. Zugleich fallen die Werbeeinnahmen der Tageszeitungen zurück (vgl. Pasquay 2011/2012/2013a).

Bedenklich ist, dass die Zeitungen vom konjunkturellen Umfeld nicht oder kaum profitieren können. Im Abschwung verlieren sie überproportional viel Geschäft, im Aufschwung hingegen gewinnen sie kaum zurück. Das bisher letzte Wachstumsjahr der Branche trotz einer grosso modo robusten Konjunkturlage war 2010 (ebd.). Es ist insbesondere dieser Zusammenhang, der den Anlass für Diskussionen über das Sterben von Zeitungen gibt.

Während das klassische Geschäft verfällt, gelingt es vielen Verlagen bislang nur unzureichend, nennenswerte neue Geschäftsfelder im digitalen Bereich zu erschließen. Insbesondere die Frage digitaler Vertriebserlöse stellt für die Verlage ein großes Problem dar. In dieser Arbeit soll für die „Karawane der Verlage" nach Wegen abseits der bereits verschütteten Pfade gesucht werden. Dabei gilt die Vermutung, dass die Zeitung bzw. ihr Journalismus eine neue Entwicklungsstufe erreichen könnte. Es wäre nicht die erste Neuerfindung in ihrer über 400-jährigen Geschichte.

1.1 Forschungsperspektive und Ziel der Arbeit

Im Zentrum des Erkenntnisinteresses der vorliegenden Arbeit steht zunächst die konkrete managementbezogene Frage: Wie können und müssen Verlage ihre ökonomischen Geschäftsmodelle mutatis mutandis verändern? Etwas ausführlicher kann man formulieren: Wie können Verlage ihre Organisation, ihre Erlösmodelle und nicht zuletzt ihre Produkte den in der Medienkonvergenz veränderten Produktions- und Nachfragebedingungen anpassen? Der Zustand der Medienkonvergenz wird dabei als realisiert begriffen (zum Begriff vgl. Kapitel 2). Ein übergeordnetes Interesse gilt der Frage, ob die aktuelle ökonomische Notlage der Verlagshäuser das normative Funktionsziel des Journalismus beeinträchtigt. Im Folgenden sind diese Fragen in ein Analysemodell zu übertragen, das die verschiedenen Ebenen der Betrachtung unterscheidet. Diesen Betrachtungsebenen werden am Ende dieses Kapitels den Forschungsfragen der Arbeit zugeordnet.

Zur Beantwortung der Forschungsfragen sind vor allem kaufmännische Überlegungen im Hinblick auf das Verlagsmanagement anzustellen. Obwohl diese Arbeit Lösungen für ein betriebswirtschaftliches Problem sucht, bleiben diese jedoch nicht allein Betriebswirten anvertraut. Anknüpfend an die Erkenntnisse über die Veränderungen der (Publikums- und Werbe-)Märkte wird diese in der Journalistik verankerte medienökonomische Arbeit überlegen, wie sich die Befunde über das ökonomische Gut Zeitung auf dessen dargelegte journalistische Funktionsnormen auswirken.

Die Arbeit folgt dem normativ-pragmatischen Verständnis des Journalismus nach Haller: Nach der Rechtsprechung des Bundesverfassungsgerichts hat der Journalismus gewissermaßen Verfassungsrang. Die höchsten Richter erkennen dem Journalismus drei wesentliche Aufgaben zu: „Die Aufgabe, den Informationsprozess auch gegen Widerstände in Gang zu halten und eine breite politische Meinungsbildung zu ermöglichen, zudem die Träger öffentlicher Macht zu kontrollieren und die Themenagenda des öffentlichen Bewusstseins zu prägen" (ders. 2008, 561). So sei der Journalismus als über Leitbilder und normative Setzungen beschriebenes „meritorisches Funktionssystem" in „die Gehalte eines auf Generalisierung angelegten Basiskonsens[es, *d.A.*]" eingebunden, der vom Journalismus bestimmte Funktionsleistungen einfordere und auch gewährleiste (vgl. ebd., 561f.).

Anders als der öffentlich-rechtliche Rundfunk kann die privatwirtschaftlich organisierte Verlagswirtschaft aber a priori keinen Bestandsschutz durch das höchste Gericht geltend machen. Der Meritoriknachweis kann für konkrete Güter – insbesondere für die dual finanzierte Zeitung – kaum erbracht werden, wie Rau darlegt (vgl. ders. 2007, etwa 45). Vielmehr sei von meritorischen Bedürfnissen zu sprechen, die durch Journalismus befriedigt werden können (vgl. ebd., 40). Die Meritorik des Journalismus hingegen ordnet Rau einer höheren Ebene zu: „Meritorische Güter sind private oder öffentliche Güter mit positiven externen Effekten, die aufgrund (aggregierter) Individualpräferenzen niederer Ordnung in geringerem Maße konsumiert werden, als dies Präferenzen höherer Ordnung wünschenswert erscheinen lassen. Diese lassen sich über einen historisch veränderlichen gesellschaftlichen Kontext formulieren" (ebd., 39).

Das (Spannungs-)Verhältnis von Ökonomie und Journalismus im Kapitalismus ist unmittelbar. Das Prinzip des freien Marktes überlagert den Journalismus als Funktionssystem – mit besonderen Folgen für den privatwirtschaftlich organisierten Teil (vgl. Haller 2008, 553)[1]. Auch Rau be-

1 In einer noch systemtheoretisch angelegten Systematik hatte Haller dieses Verhältnis auf journalistisches Handeln bezogen im Sinnbild des „Matroschka-Syndroms" erklärt, wobei die journalistischen Funktionsnormen in der kleinsten Puppe stecken, die von den äußeren Hüllen überformt werden (ders. 1992, 207). Von Weischenberg stammt die fast bedeutungsgleiche „Zwiebel-Metapher" (ders. 2004, 71). Diese unterscheidet (von innen nach

tont die von ihm neutral verstandene „Ökonomisierungsfalle" des Journalismus. Für ihn ist (rekurrierend auf Franck 1998) der Markterfolg verstanden als Publikumszuspruch von Journalismus sogar konstitutiv für dessen Funktionserfüllung. Am Beispiel des öffentlich-rechtlichen Rundfunks argumentiert er: „Journalismus stellt Öffentlichkeit nur dann her, wenn er ein Publikum besitzt – ein Publikum, das die (zu adressierende) Gesellschaft spiegelt oder repräsentiert. Das bedeutet: Aufmerksamkeit – für die ein Markt nachweisbar ist – konstituiert Journalismus. [...] Denn die einfache Formel lautet: keine Aufmerksamkeit = keine (gesellschaftliche) Bedeutung und damit keine massenmedial gestützte Kommunikation = keine hergestellte Öffentlichkeit, kein gesellschaftlicher Diskurs = kein erfüllter Programmauftrag." (Rau 2012, o.S.). Umso mehr gilt dies für die private Presse, die die erzeugte Publikumsaufmerksamkeit gegen Werbeerlöse tauschen will. Kiefer (2011a, 2011b) indes hält eine institutionelle Unterstützung von Journalisten zur Sicherung der „gesellschaftlich wichtigen Dienstleistung Journalismus" (dies. 2011a, 7) für notwendig, unabhängig von dessen Markterfolg.

1.1.1 Forschungsperspektive und Analysemodell

Nachdem nun die Positionen von Journalismus und freier Marktwirtschaft abgesteckt sind, ist der geeignete medienökonomiewissenschaftliche Ansatz der Studie zu bestimmen. Die Arbeit bewegt sich in einem interdisziplinären Forschungsgebiet, das in die Bereiche der Ökonomie und der Kommunikations- und Medienwissenschaft (KMW) und der Journalistik hineinreicht. Es gilt daher, die unterschiedlichen Perspektiven und Analysemodelle zu klären.

Perspektiven von Ökonomie und Journalistik

Die Grundinteressen von Ökonomie und Journalistik sind in vielen Teilen nicht vereinbar. Typisch für beide Disziplinen sind die Konflikte in

außen) Rollen-, Funktions-, Struktur- und Normenkontext als bestimmende Zusammenhänge journalistischen Handelns. Dieser Systematik nach wäre diese Arbeit auf der Strukturebene angesiedelt, auf der ökonomische, politische, organisatorische und technologische Imperative angesprochen sind. Bei allen insbesondere von Haller (2004, 2008) dargelegten Schwächen kann die Zwiebel-Metapher „einige Bedingtheiten" erklären (vgl. Haller 2004, 143). Der „Clou" der Sinnbilder Zwiebel und Matroschka stecke dabei „in der Einsicht, dass Journalismus ohne die ihn ‚überformenden' bzw. determinierenden Kontexte nicht analysiert, nicht beschrieben und nicht erklärt werden kann", so Haller (ebd., 144).

den Herangehensweisen, die sich aus der gemeinsamen, jedoch unterschiedlich begriffenen Fundamentalnorm der Freiheit ableiten (vgl. Kiefer 2005, 70). Während die Ökonomie dem methodologischen Individualismus folgend die unternehmerische Freiheit des Einzelnen betont und primär um das Ziel (monetärer) Profitmaximierung kreist, verschreibt sich das normative Ziel des Journalismus nach Haller der kollektiven Freiheits- und insofern Wohlfahrtssicherung. Diese beruht auf einer funktionierenden gesellschaftlichen Kommunikation (vgl. Haller 2003, 181).

Damit ist der Dauerkonflikt zwischen Kommunikationswissenschaft und Ökonomiewissenschaft angesprochen, wenn dieser auch nicht per se unlösbar ist (vgl. Kiefer 2005, 71). Für Erstgenannte ist die Zeitung primär ein öffentliches Gut (Information), das der Gesellschaft wie Wasser oder Luft zur Verfügung stehen muss. Für Letztgenannte ist sie primär ein privates Gut, dessen Preis am Markt auszuhandeln ist. In dieser Form ist sie Teil ökonomischer Betrachtung und Analyse. Damit weist die Ökonomie dem Journalismus als „abhängige Variable" lediglich eine Dienstleisterrolle zu, die nur durch die Nachfrage nach Medienangeboten aktiviert wird (vgl. Haller 2004, 139).

Ihrem Untersuchungsgegenstand wenden sich Ökonomie und Journalistik traditionell aus unterschiedlichen Perspektiven zu. Obwohl beide Disziplinen einer Fülle unterschiedlicher Ansätze offenstehen, unterscheiden sich die dominanten Forschungsrichtungen erheblich. In großen Teilen der betriebswirtschaftlichen Forschung herrscht die Individualperspektive (Produzent, Rezipient) vor. Es geht um die Vermarktbarkeit von Produkten und um Kundenbeziehungen. Wesentliche Teile der KMW interessieren sich gemäß dem oben beschriebenen Verständnis von Journalismus für gesamtgesellschaftliche Dimensionen. Kommunikations- und Medienwissenschaft sind traditionell in normativen und kollektiven Perspektiven verhaftet, während sich die klassische Ökonomie für die optimale Allokation der verfügbaren Ressourcen im Sinne der Rentabilitätssteigerung der Unternehmen interessiert (vgl. Kiefer 2005, 70-73). Damit geht auch eine konzeptionelle Divergenz zwischen den Theoriesträngen der beiden Disziplinen einher (vgl. Rau 2007, 6).

Das medienökonomische Vorhaben dieser Arbeit ist insofern interdisziplinär, als dass nach publizistischen Entwicklungsperspektiven für die Zeitung in den sie ökonomisch tragenden Verlagsstrukturen gesucht wird.

Perspektiven der Medienökonomie

So unterschiedlich die Blickwinkel von KMW und Ökonomie auch sind: Immer wieder gibt es Versuche, die zwei Disziplinen zu verbinden (vgl. dazu etwa Rau 2007). Die journalistische Medienökonomie hat in Deutschland in den vergangenen Jahrzehnten eine beachtliche Entwicklung erfahren. Die Wurzeln der akademischen Disziplin sind mit den Namen Gerd Kopper und vor allem Jürgen Heinrich verbunden, die 1976 die Medienökonomie an der Universität Dortmund (heute: Technische Universität) am Institut für Journalistik begründeten. Die von Heinrich entworfene Medienökonomie untersuchte, „wie die Güter Information, Unterhaltung und Verbreitung von Werbebotschaften in aktuell berichtenden Massenmedien produziert, verteilt und konsumiert werden. Sie untersucht also die ökonomischen Bedingungen des Journalismus“ (ders. 1994, 19).

Doch das von Heinrich neoklassisch ausgelegte Paradigma der Medienökonomie, das allein das Prinzip der Konsumentensouveränität anerkennt, eignet sich nicht zur Analyse gesellschaftlicher Prozesse. Es versteht die unternehmerische Sphäre als autonom und mit Staat und Gesellschaft unverbunden. Diesem Verständnis zufolge ist allein das rational, was am Markt verlangt wird. Das orthodoxe Ökonomieverständnis erkennt keine höheren Präferenzen an und kann nicht zur Beurteilung gesellschaftlicher Probleme beitragen (vgl. Kiefer 2005, 75).

Die Neue Politische (Medien-)Ökonomie bzw. Medienökonomik nach Kiefer hingegen sieht in Markt und Preis nur ein System der Rationalität. Dieses Paradigma gleicht Defizite der Neoklassik dadurch aus, dass der Blick auch auf das Verhältnis von Staat und Politik, Gesellschaft und Massenkommunikation gerichtet wird. Kiefer formuliert als Programm: „Unverzichtbar für eine Medienökonomie ist hingegen der Rückgriff auf die von der Neuen Politischen Ökonomie geforderte Einbettung der Analyse in den politischen, institutionellen und normativen Rahmen einer Gesellschaft“ (dies. 2005, 65). Weiter definiert sie Medienökonomie als „Teildisziplin“ einer Publizistik- und Kommunikationswissenschaft, die publizistische und ökonomische Phänomene des Mediensystems kapitalistischer Marktwirtschaften mit Hilfe ökonomischer Theorien untersucht (ebd., 73).

Rau nimmt in seiner „Ökonomie der Publizistik“ (2007) Ansätze der Kiefer'schen Medienökonomik auf und arbeitet bemängelte Leerstellen der Medienökonomie nach. So präsentiert er eine Terminologie des

Fachs anhand der Begriffe „Ökonomisierung“, „Kommerzialisierung“ und „Kommodofizierung“ (ebd., 24-29). Gleichwohl grenzt er sich vom institutionenökonomischen Ansatz ab, indem er allein auf die Redaktion abstellt: „Die Ökonomie der Publizistik dagegen will die Träger der journalistischen Verantwortung aus ihren realökonomischen Bindungen herauslösen und die Wirkung betriebswirtschaftlicher Methodik auf Qualitätskriterien anwenden, die über das gewählte Hilfskonstrukt vermuteter Meritorik auch rein publizistisch von Interesse sind“ (ebd., 14). Redaktionen betrachtet er als öffentliche Güter und löst diese aus dem Kontext des freien Marktgeschehens. Konsequenterweise ist der Werbeteil nicht Gegenstand der Betrachtung. Durch die Entmonetarisierung betriebswirtschaftlicher Instrumente und Arbeitstechniken (etwa Marketing oder Qualitätsmanagement) schlägt er eine theoretische Brücke zwischen Ökonomie und Kommunikations- und Medienwissenschaft. Insbesondere die Überlegungen zu Meritorik und Begrifflichkeit sind für die vorliegende Arbeit wertvoll.

Die Arbeit folgt überdies der Kiefer'schen Medienökonomie in der Tradition der Neuen Politischen Ökonomie. Als gesellschaftliches Ziel definiert sie den Erhalt der von Regionalzeitungen produzierten Medienaussagen, die über das Funktionssystem Regionalzeitungsjournalismus bereitgestellt werden.

1.1.2 Ziel der Arbeit

Die vorliegende Untersuchung will praxisrelevantes Wissen für den Journalismus und die Verlagsbranche schaffen. Dabei gilt als Grundprämisse, dass privatwirtschaftliche Unternehmen, die ihre kaufmännischen Gewinnziele erreichen, die normativ an sie gerichtete Aufgabe besser erfüllen können als existenzbedrohte Unternehmen. Zudem gilt der Erhalt eines privatwirtschaftlichen Verlagswesens als zweiter Pfeiler des Mediensystems neben dem öffentlich-rechtlichen Rundfunk als wünschenswert, ohne diesem indes Bestandschutz gewähren zu müssen. Immerhin ist es ohne Weiteres vorstellbar, dass im Zuge der Medienkonvergenz neue journalistische Akteure in die Bresche springen.

In dieser Studie sollen die ökonomischen Geschäftsmodelle der Verlage weiterentwickelt werden. Das Wissen wird empirisch auf der kaufmännischen Seite von Verlagsunternehmen gesucht. Diese werden mit ökonomischen Instrumenten und Begriffen untersucht, die in diesem

Zusammenhang fast neoklassisch begriffen werden. Dabei wird ein möglicher meritorischer Charakter von Zeitungen zunächst ausgeklammert, aus dem sich dann unter Umständen Subventionsansprüche begründen ließen (vgl. Rau 2007, 45). Ein anderer Begriff wäre bei der weiterhin in der Verlagswelt stark forcierten werbemarktseitigen Finanzierung auch zunächst nicht sinnvoll, da für werblich finanzierte Informationsgüter meritorische Wirkungen anders als für den redaktionellen Teil nicht ohne Weiteres angenommen werden können (ebd., 39). Diese Arbeit geht davon aus und hält es überdies für wünschenswert, dass den Verlagen ihr Selbsterhalt aus eigener Kraft gelingt, d.h. ohne wie auch immer geartete öffentliche Hilfen.

Im besten Fall kann diese Arbeit Ideen und Impulse für die Branche zur Weiterentwicklung von Geschäftsmodellen liefern. Darüber hinaus sollen mögliche sich aus den mutmaßlichen Veränderungen der Verlagswelt ableitende Folgen im Hinblick auf die Beeinflussung des Funktionssystems Journalismus problematisiert werden. Die Basis dazu liefern die Ergebnisse der Befragungen.

Forschungsfragen

Die Arbeit untersucht den Veränderungsprozess der Zeitung auf drei unterschiedlichen Betrachtungsebenen: vor allem auf der *Produktebene* im Hinblick auf das Verhältnis von Medienanbietern und -rezipienten und den sich daraus ableitenden Folgen für die *Unternehmensebene.*

Die Erkenntnisse betreffen dann die *Ebene der Verlagsbranche* als Medieninstitutionen. Bei letztgenannter stellen sich Fragen nach der Intensität der Konsolidierung auf dem Tageszeitungsmarkt für die Meinungsvielfalt. Außerdem stellen sich solche nach möglichen Beeinträchtigungen der Informationsversorgung (insbesondere in ökonomisch schwachen Regionen, deren Anzeigenaufkommen keine Zeitungsproduktion mehr refinanziert) sowie nach möglichen Lockerungen des Kartellrechts insbesondere im Hinblick auf die Definition marktbeherrschender Einflüsse in der Medienkonvergenz[2].

Produktbezogene Fragen betreffen die Veränderungen der Zeitungsangebote und -portfolien sowie die einhergehenden Veränderungen der

2 Durch eine Lockerung der Presse-Rechenklausel für die Umsatzwerte der beteiligten Verlage steigen die Aufgreifschwellen für Pressefusionen um das Anderthalbfache (vgl. Lobigs 2012, 8). Die geplanten Lockerungen dürften sich weiter fortsetzen und auch auf Fusionen von Nachbarzeitungen ausgedehnt werden, findet Justus Haucap, der damalige Vorsitzende der Monopolkommission (ebd., 9).

Produktionsbedingungen und das Kundennutzungsverhalten: An was für eine Zeitung glauben die Verlage, und was für ein Zeitungsunternehmen wollen sie sein?

Lösungen werden in dieser Arbeit in empirischer Form für die rein unternehmensbezogenen ökonomischen Probleme und Fragen gesucht. Dabei ist nach möglichen Veränderungen der betriebswirtschaftlichen Geschäftsmodelle von Verlagen zu fragen. Gemäß der beschriebenen Perspektive gilt (zunächst) der Primat des Ökonomischen gegenüber dem Normativen. Anders gesagt besitzt das wirtschaftlich Machbare ein Vetorecht gegenüber dem bloß Wünschenswerten. Anschließend sind die gewonnenen Ergebnisse jedoch im Hinblick auf ihre möglichen externen Effekte zu bewerten.

Die konkreten Forschungsfragen lassen sich demnach vier Komplexen zuordnen:

1. Produktebene

Das Erkenntnisinteresse richtet sich hier auf die Veränderungen des Produkts Zeitung in Bezug auf dessen Produkteigenschaften wie Qualität, Beschaffenheit, Konzeptidee, Preis, Vertriebsform und das Produktportfolio insgesamt. Zugleich ist der Marketingaspekt angesprochen: An wen richtet sich die Zeitung, d.h. was hat sie für Zielgruppen?

Von großer Bedeutung ist das Verhältnis zwischen der Produktqualität und Zeitungsnachfrage. Existiert eventuell sogar eine wechselseitige Abhängigkeit zwischen hochwertigem Journalismus und dessen Zukunftssicherung in privatwirtschaftlich organisierten Unternehmen? Diese Frage verweist auf die Unternehmensebene.

2. Unternehmensebene

Auf der Unternehmensebene stellt sich damit die Frage nach dem Stellenwert der Zeitung im Rahmen des Verlagsportfolios und der Unternehmensstrategie. Wie verändern sich die Verlage in der Marktstellung im Medienmarkt, wie verändert sich ihre Marktposition (Marktanteile, Wettbewerbsposition) insgesamt? Wie verändern sich die Erlösmodelle von Verlagen, wie die Unternehmensorganisation im Prozess der Leistungserstellung? Der Blick auf die Branche (Makroperspektive) insgesamt ergänzt die mikroökonomische Perspektive.

3. Verlagswelt (Branche)

In dieser Arbeit werden Ansatzpunkte für das Medienmanagement gesucht, die das ökonomische und publizistische Gut der Zeitung in den sie tragenden Unternehmen stärken sollen. Wie wirken die Bedingungen der Medienkonvergenz auf die Verlagsbranche und deren Wettbewerbsfähigkeit und Zukunftschancen gegenüber anderen Medienanbietern? Wie wirken diese Determinanten der Veränderung auf die Anzahl der Verlage in regionalen Zeitungsmärkten und weiter auf deren Marktpräsenz? Wie groß müssen die unternehmerischen Einheiten sein, um überlebensfähig zu bleiben?

An dieser Stelle rührt die Branchenebene an die Ebene des Mediensystems und dessen zuvor genannte normative Grundlagen.

4. Übergeordnetes Interesse

Die in dieser Arbeit verfolgte übergreifende Problemstellung erfordert eine strukturierte Betrachtung der einwirkenden Einflussfaktoren der Medienkonvergenz. Das bessere Verständnis des oft missverstandenen Phänomens Medienkonvergenz ist daher das übergeordnete Interesse dieser Arbeit.

Der gewählte Forschungsansatz beschränkt die Möglichkeiten der Erkenntnis. Dennoch stellt sich die Frage, ob die derzeitige ökonomische Notlage der Zeitungshäuser und der zu erwartende Spar- und Konsolidierungsdruck der Verlagswelt das normative journalistische Funktionsziel, zum Gelingen gesellschaftlicher Kommunikation wesentlich beizutragen (vgl. dazu Haller 2003, 181), beeinträchtigen können.

In diesem Zusammenhang ist die (mutmaßlich veränderte,) möglicherweise begrenzte Funktion von Journalismus in der „integrierten Netzwerköffentlichkeit" (Neuberger 2009, 41) ebenso zu beachten wie das veränderte Rezipientenverhalten. Wer liest noch Zeitung? Unter diesen Umständen ist die zu erwartende Entwicklung zu bewerten.

1.2 Vorgehen und Aufbau der Arbeit

Diese Arbeit untersucht die Wirkung konvergenzbedingter Einflüsse auf die Geschäftsmodelle von Zeitungsverlagen im Zeitraum von 2008 bis 2015 mittels eines der kritischen Medienökonomie verpflichteten Analysemodells. Der gewählte Ansatz beschreibt das Konstrukt Geschäftsmodell umfassend. Ausgehend von der ökonomisch bestimmten Problemlage werden die möglichen Folgen für das System Journalismus reflektiert.

In **Kapitel 2** widmet sich die Arbeit zunächst dem für diese Arbeit zentralen Problem der Medienkonvergenz sowohl in theoretischer Hinsicht als auch in dessen realen Auswirkungen. Im Rahmen einer Begriffsableitung wird ein dynamisches Konvergenzverständnis vorgeschlagen, das dem Phänomen in seiner Gesamtheit gerecht wird. Im Anschluss ist die Aktualität des Publikums- und Zielgruppenbegriffs zu diskutieren. Es folgt aus der in Weischenberg'scher Terminologie weitgehend auf den Strukturkontext abstellenden Forschungsperspektive, dass das Publikum als Aggregat von Medienkontakten und Zielgruppen begriffen wird (vgl. dazu Hasebrink 2008, 520f.). Jedoch ist auch der Funktionskontext des Journalismus berührt, der die Nutzer als „Beurteiler der Medienqualität", „interpretierende Beteiligte" und als „Produzenten" konstruiert (ebd., 523ff.). Zuletzt wird der Normenkontext des Journalismus gestreift. Dieser beleuchtet die Nutzer als Bürger einer Demokratie in ihrem Interesse an einem funktionierenden Informationssystem (ebd., 514). Im Anschluss werden die Perspektiven dann konkret auf den Analysegegenstand der Zeitung und deren Märkte bezogen.

Zudem beschäftigt sich Kapitel 2 mit den Folgen der Medienkonvergenz für Zeitungen bzw. Regionalzeitungen. Aus Sicht der Verlage lassen sich die wichtigsten Phänomene der Medienkonvergenz mit den Begriffen De-Bundling und Disintermediation zusammenfassen. Die so veränderte Wettbewerbssituation der Zeitung zeigt sich unmittelbar im Werbemarkt. Viel folgenreicher aber berührt sie den Lesermarkt, dem eine immer größere Bedeutung zur Zukunftssicherung der Verlage zukommt. Das gilt insbesondere für das gedruckte Produkt. Im Spannungsfeld sinkender Reichweiten und sich fragmentierender Publika verspricht die empirische Lebensstilforschung Erkenntnismöglichkeiten jenseits rein soziodemographischer Leserdaten. Exemplarisch werden wesentliche Erkenntnisse der Lebensstilforschung vorgestellt und auf ihren Wert für die Zeitungsmacher geprüft. Darüber hinaus wirft die technologische und lokale Entgrenzung der Medienkonvergenz auch die Frage nach dem Wesen und der institutionellen Rolle der Tageszeitung neu auf. Sie ist ebenfalls Gegenstand von Kapitel 2.

Ziel der vorliegenden Arbeit ist die Ermittlung konvergenztauglicher Geschäftsstrategien für Verlage. Folgerichtig wechselt die Perspektive in **Kapitel 3** auf die kaufmännische Seite der Verlage, die dann im empirischen Teil im Fokus steht. Zunächst ist der Begriff des Geschäftsmodells zu klären. Anschließend werden die Befunde des Kernmerkmals der Medienökonomie reflektiert: die Verbundproduktion bzw. die Ausrichtung an zwei verschiedenen Märkten. Diese Konstellation wird theoretisch reflektiert und diskutiert. Die Dimensionen der Geschäftsmodelle werden vermessen: Produktarchitektur, Erlösmodell und Wertschöpfung. Dabei gilt das besondere Augenmerk der Auflösung überkommener und nicht mehr konvergenztauglicher Muster der Leistungserstellung. Die klassische Porter-Chain wird durch neue Konstellationen der Wertschöpfung ersetzt, die den Endkunden explizit mit einbeziehen. Zur Beschreibung der Wertschöpfungsformen in der Medienkonvergenz unter dem Parameter der abnehmenden Leistungstiefe bieten sich das „Business Web" nach Zerdick (1999) sowie das „Value Net" nach Parolini (1999) an. Diese neuen „Arrangements" von intern und extern zu erstellenden Leistungen werden für Verlage auf dem Weg in die Organisation der medienneutralen Produktion von nicht zu überschätzender Bedeutung sein – dies indes in einem Zeitraum nach 2015. Wie schon Kapitel 2 mündet auch Kapitel 3 in eine ausführliche und in Teilen modellhafte Zusammenfassung, die die Herausforderungen aus Verlagssicht systematisiert und die Aufgaben für den Fortgang der Untersuchung festlegt.

Auf Basis dieser veränderten Verhältnisse im Leser- und auch im Werbemarkt verschieben sich die Erlösmodelle der Verlage erheblich. Dabei erweisen sich bestehende Produktionsweisen in Teilen als nicht mehr tauglich und als reformbedürftig. Strategische Anregungen zu den in den Grundlagenkapiteln 2 und 3 aufgeworfenen Fragen erarbeitet diese Arbeit empirisch mittels einer Studie zu deutschen Regionalverlagen. **Kapitel 4** stellt den gewählten als bottom-up-Verfahren konzipierten Untersuchungsansatz ausführlich vor und begründet die Wahl der Delphi-Methode als geeignetes Befragungsinstrument der strukturierten Zukunftsforschung. Diese wurde mit einem stark qualitativ ausgerichteten Untersuchungsdesign kombiniert. Die gewählte Zahl von zehn Delphi-Teilnehmern ist diesem Erkenntnisziel angemessen. Im Streben nach Erkenntnistiefe unter Einbeziehung der kreativen Potenziale der Teilnehmer wurde die Befragung mit einem Leitfadengespräch eröffnet (Prädelphi) und zum Abschluss des vierwelligen Verfahrens als Szenariobewertung umgesetzt. Darin wurden die Ergebnisse der drei vorausgegangenen Befragungswellen verarbeitet. Als Gebot der expertenbasierten Methode waren diese (vor allem) zur Entwicklung ihrer eigenen Unternehmen in der Vergangenheit (2008 bis 2010) sowie in der Zukunft (bis 2015) zu befragen.

Der Bezugspunkt der 2011 durchgeführten Studie ist das Jahr 2015. Dies erscheint sinnvoll, da Strategien für die zum Zeitpunkt der Untersuchung dringlichen Probleme gesucht werden. Ein deutlich weiter in der Zukunft gewählter Prognosezeitraum wäre aufgrund der stetig kürzer werdenden Innovationszyklen in den auf die Verlagsbranche wirkenden Branchen Technologie und elektronische Konsumgüter sowie der sich schnell ändernden Konsumenten- und Mediennutzungsgewohnheiten mutmaßlich wenig haltbar im Hinblick auf anwendbare Forschungsergebnisse.

Kapitel 5 stellt die Ergebnisse der empirischen Arbeit vor. Die Befragungen zeigen, wie sich deutsche Regionalzeitungen bzw. ihre Verlage entwickeln, welches Selbstverständnis sie haben und mit welchen Strategien sie in die Zukunft gehen. Auch die Entwicklung der Lesermärkte und der Wertschöpfung wird hier beleuchtet. Auf Basis der empirischen Ergebnisse der ersten drei Befragungswellen werden drei Szenarien für Regionalzeitungen im Jahr 2015 formuliert. Am Ende des Kapitels steht die Diskussion und Reflektion über die Gültigkeit und Reichweite der mit der gewählten Untersuchungsmethode erzielten Ergebnisse.

Das abschließende **Kapitel 6** fasst die Forschungsergebnisse zu praktischen Handlungsempfehlungen zusammen. Eine Einordnung der Ergebnisse in die Forschung runden das Kapitel und damit auch die gesamte Arbeit ab.

Abbildung 1 auf Seite 11 zeigt das Vorgehen und den Aufbau der Arbeit noch einmal im Überblick. Dabei wurde auch der wissenschaftliche Zugriff – entweder stärker ökonomisch oder stärker journalistisch orientiert – berücksichtigt.

1.3 Forschungstrends und Wissensstand

Diese Arbeit verbindet in ihrem interdisziplinären Ansatz Interessen der medienökonomischen Forschung mit denen der journalistischen Forschung. Erstere erlebt im Zuge der krisenhaften Entwicklung der Medienindustrie seit etwa zehn Jahren vor allem in Form einer neoliberalen Medienmanagement-Forschung eine Konjunktur. Diese manifestiert sich z.B. in der Vielzahl der neu entstandenen Lehrstühle im Bereich Medienmanagement (vgl. Kiefer 2005, 408ff.). Einige Wissenschaftler fürchten aufgrund dieses Trends bereits das Verschwinden der kritischen Forschungstradition. Heinrich/Lobigs etwa schreiben: „[C]urrently the biggest threat to media-economics in the German-speaking countries is that it will betray its own critical research tradition by confining itself increasingly to the production of practical knowledge for the media industry“ (dies. 2006, 58). Die „Output-Lawine“ der neuen medienökonomischen Forschung bedrängt die kritische Medienökonomie umso stärker, als diese ohnehin auf einer Vielzahl von Ansätzen beruht (vgl. dazu Rau 2007, 5).

Das wissenschaftliche Interesse der KMW hingegen ist in den Hintergrund gerückt. Die universitäre Journalismusforschung wurde in den vergangenen Jahren eher abgebaut. Immer häufiger muss sie sich gegen den Vorwurf wehren, (ökonomisch) nicht verwertbares Wissen zu produzieren und sich den „falschen“ Themen zu widmen. So bemängelt etwa Blöbaum, dass die Journalistik zu wenig Anwendungsforschung treibe und häufig nicht die entscheidenden Themen verfolge (vgl. ders. 2008, 650; 655). Auch Ruß-Mohl schilt die eigene Zunft: Er fordert „neue Ziele für die Journalistik“ und diagnostiziert ihr zugleich den Status quo einer „kommunikationsunfähigen und damit auch in ihrer Wirkungsmacht beeinträchtigten Disziplin“ (ders. 2009, 36).

Arbeiten, die die Theoriestränge von Ökonomie und Journalistik verbinden, sind (noch) selten. Dabei bieten gerade diese die Chance für die Journalistik, trotz der (vermeintlich und tatsächlich) rein ökonomischen Problemkomplexe eine Deutungshoheit über die Medien zu bewahren.

Das bislang im deutschen Sprachraum wohl wichtigste interdisziplinäre Forschungsprojekt ist „Intermedia“. Es wurde von je zwei Lehrstühlen der Fachbereiche Betriebswirtschaftslehre, Informatik und Kommunikationswissenschaft getragen und stand unter der Leitung des Ökonomen Thomas Hess. In zehn Teilprojekten untersuchten die Wissenschaftler die Auswirkungen des technologischen Wandels auf die Medienbranche und die daraus resultierenden gesellschaftlichen Folgen. Das Projekt wurde 2003 bis 2007 vom Bundesministerium für Bildung und Forschung gefördert und war von seinem Umfang her vergleichbar mit einem Sonderforschungsbereich der Deutschen Forschungsgemeinschaft DFG (vgl. Hess 2007, 6). Es wurde in Kooperation mit Konzernen wie Siemens, Vodafone, Deutsche Telekom und Bertelsmann durchgeführt und vereinigt technologische (Informatik), ökonomische und (ansatzweise auch) kommunikationswissenschaftliche Perspektiven zum Globalphänomen der Medienkonvergenz (vgl. Hess 2007, 1f.), wobei der Schwerpunkt fraglos neoliberal ist.

Abbildung 1: Aufbau der Arbeit

Kapitel	Inhalte und ihr wissenschaftlicher Zugriff: Ökonomie	⟷	Journalistik	Ziel
Kapitel 1 **Einleitung**		▪ Problemstellung ▪ Analysemodell ▪ Vorgehen ▪ Wissensstand		▪ Darstellung des Erkenntnisinteresses ▪ Darstellung des Wissens-/Forschungsstands ▪ Sicherung der Anschlussfähigkeit ▪ Festlegung der Forschungsziele
Kapitel 2 **Konvergenz im Medienbereich**	▪ De-Bundling ▪ Disintermediation	▪ Konvergenzbegriff ▪ Mediennutzung: Zielgruppen ▪ Lesermarkt ▪ Werbemarkt	▪ neuer Begriff Zeitung ▪ Veränderung der Öffentlichkeit ▪ Zeitung und Gesellschaft	▪ Operationalisierung ▪ Treiber der Veränderung in der Medienkonvergenz ▪ Festlegung von Untersuchungskriterien
Kapitel 3 **Geschäftsmodelle von Regionalzeitungen**	▪ Verbundproduktion ▪ Zwei-Märkte-Theorie ▪ Erlösmodelle ▪ Wertschöpfungssysteme ▪ Leistungstiefe	▪ Produktqualität ▪ Produktangebot ▪ Produktarchitektur	▪ publizistisches Geschäftsmodell	▪ Operationalisierung ▪ Wirkung der Medienkonvergenz auf die traditionellen Geschäftsmodelle ▪ Festlegung von Untersuchungskriterien
Kapitel 4 **Entwicklung des Untersuchungsansatzes**		▪ Leitfadeninterviews ▪ Delphi-Methode ▪ Szenariotechnik		▪ Bestimmung und Festlegung des Forschungs-designs und der Interviewpartner
Kapitel 5 **Geschäftsmodelle im Wandel**	▪ Erlösmodelle ▪ Wertschöpfungssysteme ▪ Leistungstiefe	▪ Produktangebot ▪ Zielgruppen ▪ Methodenkritik	▪ publizistisches Geschäftsmodell	▪ Überprüfung der Kriterien ▪ Szenariengewinnung
Kapitel 6 **Zusammenfassung und Ausblick**	▪ „Stellschrauben" der Geschäftsmodelle	▪ Ergebnisse ▪ Interpretation	▪ Rolle des Journalismus	▪ Bewertung ▪ Handlungsempfehlungen ▪ Ausblick & Desiderata der Forschung

Obwohl Intermedia schon vor fast 10 Jahren begann, sind die Forschungsergebnisse des Projekts für die vorliegende Arbeit hoch relevant. Die Fragestellungen liefen den „echten“ Themen der Branche um einige Jahre voraus und antizipierten Problemkreise, die in Teilen erst zum Zeitpunkt der Erstellung dieser Arbeit (zum Teil) empirisch nachvollziehbar und überprüfbar geworden waren. So war die theoretisch existente digitale Wertschöpfungskette durch fehlende Elemente bzw. Schnittstellen zum Endkunden damals noch unterbrochen (vgl. Broß/ Garbers 2006, 80ff.). Einzelne Teilprojekte beschäftigten sich mit Aspekten der Konvergenz wie Interaktivität und Aneignung auf Seiten der Rezipienten oder von mobilen Netzen. Auf der Seite der Medienanbieter standen veränderliche Intermediärsfunktionen, Parameter der Inhaltevermittlung und die Automatisierung von Abläufen im Fokus. Die Teilprojekte Wertschöpfungssysteme und Kon- bzw. Divergenz integrierten die Produzenten- und Rezipientenperspektive. Neben der Analyse des Phänomens stand die Entwicklung prototypischer Geschäftsmodelle nach einem „standardisierten, dreiphasigen Ansatz“ (Hess 2007, 7), der alle drei Fachrichtungen integriert, im Vordergrund.

Das Intermedia-Projekt hat die Theorielegung dieser Arbeit beeinflusst. Wesentliche Ansatzpunkte entnimmt diese Arbeit auf der Ebene des Kommunikators aus der Analyse der veränderten Konfiguration der Unternehmensorganisation bzw. der Organisation der Leistungserstellung (vgl. dazu Picot/Schmid/Kempf 2007). Darüber hinaus reflektieren einige Beiträge die Veränderung des Prozesses der Intermediation (vgl. dazu Hess/Walter 2007). Auch auf Ebene der Rezipienten liefert das Projekt Indikationen – etwa im Sinne des begrenzten Nutzens einer zunehmenden Individualisierung von Inhalten (vgl. dazu Rauscher/Thallmayer/Hess 2007).

Sehr wichtig für das vorliegende Promotionsprojekt waren die Arbeiten von Harald Rau. Aus methodischer Hinsicht ist besonders die Grundlagenarbeit von Rau (2007) zu nennen. Dieser schlägt in der von ihm begründeten „Ökonomie der Publizistik“die Brücke zwischen den Konzepten der Publizistik und der Betriebswirtschaft, die bis dato nur durch „verwirrende Knäuel“ verbunden waren (ebd., 6). Rau versteht seine in weiten Teilen explorative Grundlagenarbeit als „antidogmatisch“ (ebd.). Indem er die betriebswirtschaftlichen Instrumente von ihrem gewinnmaximierenden Anspruch befreit und zugleich für einen Einsatz in den KMW bereit macht (ebd., 13), wobei dann als Einschränkung der „Basiskonsens zum Erhalt der Unternehmung“ gilt (ebd., 18). Am Beispiel der Arbeitstechniken Total Quality Management, Marketing und Benchmarking zeigt er die Potenziale betriebswirtschaftlicher Werkzeuge auf. Von Raus Arbeit kann diese ebenfalls interdisziplinär angelegte Studie in einer Vielzahl von Aspekten profitieren – zu erwähnen sei nur das nachfrageorientierte Konzept der Meritorik (vgl. ebd., 33-45).

In weiteren Beiträgen hat sich Rau mit einzelnen für diese Arbeit elementaren Fragestellungen beschäftigt, etwa mit der Finanzierung des Zeitungsgeschäfts (Rau 2005) und der zeitgemäßen Weiterentwicklung des vom Rezipientenverständnis abgeleiteten Zielgruppenmarketings (Boltze/Rau 2012).

In der Finalisierung des Manuskripts hat die stringent argumentierende evolutionsökonomische Analyse der strategischen Pfadabhängigkeit von Verlagsunternehmen von Rothmann (2013a) noch wichtige Impulse geliefert, die die in der Arbeit vorgetragene eigene Argumentation geschärft haben. Ähnliches gilt für den Beitrag von Kolo (2013).

1.4 Zur aktuellen Debatte über Paid Content

Um das Thema Paid Content, also die Einführung digitaler Lesermarkterlöse, hat sich in den rund 15 online geprägten Jahren eine längere Debatte entwickelt. Die Immaterialität und die ökonomischen Guteigenschaften der Medien erschweren dessen Vermarktung (vgl. dazu Kapitel 3.2.1). Dennoch haben andere Medienindustrien wie z.B. die Musikwirtschaft (etwa die Bertelsmann Music Group) und Buchverlage (z.B. Bastei Lübbe) inzwischen nachhaltig erfolgreich digitale Bezahlmodelle etabliert, die im Zuge der E-Substitution wachsende Deckungsbeiträge liefern. In der Zeitungswirtschaft hingegen steht die Einführung von digitalen Bezahlsystemen noch immer am Anfang.

Rothmann (2013a) resümiert vier Dimensionen der bisherigen deutschen Paid Content-Debatte (177f.): In der Anfangsphase des Internet seien Paid Content-Modelle noch gewissermaßen als „Frage der Logik" mitdiskutiert worden – aber mangels Attraktivität des Onlinemediums noch verworfen worden. In einer zweiten Dimension werde Paid Content als eine „*Art des letzten Auswegs* [Hervorhebung im Original, *d.A.*] thematisiert", die dementsprechend vor allem in Krisenzeiten auf die Tagesordnung käme. In der dritten inhaltlichen bzw. deutlicher: komparativ-analytischen Dimension würde das Thema in der Regel anhand von Vergleichscases aus dem Ausland diskutiert vor allem im Hinblick auf mögliche Reichweitenverluste bei einer Einführung. Die vierte Dimension der Debatte schließlich sei eine politisch-kommunikative. Danach versuchten einzelne Akteure, allen voran die Axel-Springer AG, „einen Branchenkonsens herzustellen." Jenseits der Debatte sei das Verhalten der Verlage noch immer von „starker Passivität und immenser Vorsicht" geprägt, befindet Rothmann (2013a, 178).

Gefangenendilemma oder Handlungsfreiheit?

Dies bildete sich auch in der vorliegenden Studie ab: Zum Zeitpunkt der Untersuchung 2011 hatte nur ein einziger Verlag aus dem Kreis der Delphi-Teilnehmer ein Paid Content-Modell eingeführt (vgl. Kapitel 5.3.3 und 5.6). Insbesondere einige große regionale Verlagshäuser verharrten noch im Gratismodus. Im nationalen Markt hingegen hatte sich noch kein Trend zu Bezahlangeboten durchgesetzt. Verlagsmanager verwiesen hier auf die Gratisangebote von Spiegel Online und tagesschau.de, die eine Bepreisung der Angebote von süddeutsche.de oder faz.net unmöglich machten. Lediglich manche Wirtschaftsmedien wie handelsblatt.com begrenzen inzwischen systematisch den Zugang zu ihren Angeboten.

Dass Welt.de schon frühzeitig auf Paid Content wechselte, hatte seinen Grund: Der Axel Springer-Konzern konnte sich dies leisten, weil er nicht auf digitale Anzeigenerlöse aus dem Zeitungsgeschäft angewiesen war. Den Großteil seiner digitalen Anzeigenerlöse erwirtschaftet das Haus in zeitungsfernen Rubriken – insofern ging es ein begrenztes Risiko ein. 47.000 zahlende digitale Abonnenten meldete der Verlag im August 2013 plus 27.000 weitere, die ihr Printabo um digitale Services erweitert hatten[3]. Zugleich sind die Reichweiten davon unabhängig weiter angestiegen, indem die Startseite, Suchzugriffe über google und Verknüpfungen über Soziale Netzwerke offen zugänglich blieben. Noch ist der Marktstandard offen: Bei Bild.de testet Springer das Freemium-Modell, wohingegen Welt.de auf das Metered-Modell setzt. Auch hier berichtet der Konzern von einem ermutigenden Anlaufen seines Abonnementmodells bei einem „Erhalt der Reichweite auf höchstem Niveau"[4], ohne dazu freilich bisher detaillierte Zahlen vorzulegen.

Die meisten Verlage hatten jedoch – nach anfänglichen Misserfolgen mit Paid Content – in den Jahren 2001 bis 2003, die mit einer Reihe von

3 http://www.axelspringer.de/presse/DIE-WELT-zieht-positive-Zwischenbilanz-fuer-ihr-Bezahlmodell_19007048.html, Abruf am 9.2.2014.

4 http://www.axelspringer.de/presse/BILDplus-erfolgreich-gestartet-152.493-digitale-Abonnements-nach-sechs-Monaten_19655005.html, Abruf am 9.2.2014.

technischen Schwierigkeiten oder Hürden im Bereich der Zahlungssysteme verbunden waren, ausschließlich auf das indirekte Erlösmodell durch Anzeigen gesetzt – mit einem großen Unterschied: dass sie im Onlinenachrichtengeschäft vollständig auf Vertriebserlöse verzichten. Damit stellen sie sich dem Trend zur wachsenden Bedeutung der Vertriebserlöse für Verlage entgegen, der sich zur Struktur verfestigt (vgl. Pasquay 2013a).

Als Gegenargument bringen die Verlage, die noch immer allein auf das in der Regel nicht kostendeckende digitale Anzeigengeschäft setzen, zumeist vor, dass mit der Einführung einer Paywall immer auch ein möglicher Reichweitenverlust und damit ein Bedeutungsverlust einhergingen. So sahen sich Verlage, selbst wenn sie mit der Einführung einer Bezahlpflicht für ihre Inhalte liebäugeln, in einer Situation, die dem aus der Spieltheorie bekannten „Gefangenendilemma" vergleichbar ist (vgl. Berger/Hess 2013, 56; auch: Rothmann 2013a, 208f.). Da jeder einzelne Verlag sein individuelles Handeln im Kontext unbekannter Konkurrentenentscheidungen optimiert, bestehen in dieser Situation immer starke Anreize für einzelne Akteure, das für alle nützlichste System zu umgehen, um sich kurzfristige individuelle Vorteile zu verschaffen. Dies geht zulasten der Allgemeinheit und führt häufig dazu, dass langfristig suboptimale Entscheidungen getroffen werden und sich der Lock-In im falschen Entwicklungspfad noch verfestigt (vgl. Rothmann 2013 b, 21).

Wie umstritten die Einführung von Bezahlschranken für digitale Inhalte in Deutschland im nationalen Markt in der Praxis tatsächlich ist, sieht man am Beispiel des Online-Reichweiten-Branchenprimus Spiegel Online. Glaubt man der Medienberichterstattung, entzweite sich das frühere Spiegel-Chefredakteursduo aus Georg Mascolo und Mathias Müller von Blumencron just in dieser Frage mit dem Geschäftsführer der Spiegel-Gruppe Ove Saffe. Von Blumencron galt dabei als Verfechter des Gratisstandards. Bei faz.net, das er in seiner neuen Station als Chefredakteur für Digitale Medien derzeit weiterentwickelt, setzte er dann auch zunächst weiterhin auf Gratisinhalte und den Gewinn von Reichweite, nachdem unter dem früheren F.A.Z.-Geschäftsführer Tobias Trevisan kurz zuvor die Einführung einer Bezahlschranke angekündigt worden war.

Im regionalen deutschen Zeitungsmarkt hingegen setzte bereits 2012 und 2013 ein Umdenken ein, das sich faktisch manifestierte: Ende 2013 hatten schon fünf der in der Delphi-Untersuchung befragten Verlage auf ein Bezahlmodell gewechselt. Insbesondere die kleineren der befragten

Verlagshäuser hatten dieses bereitwillig eingeführt. Dieser strategische Schwenk hängt zum einen mit der deutlich nachlassenden publizistischen Konkurrenz infolge der zunehmenden Konzentration zusammen. Zum zweiten resultiert er gemäß der vorgestellten Rothmann'schen Systematik anscheinend der schlichten Einsicht in die Notwendigkeit, dass sich digitale Geschäftsmodelle nicht allein auf den Werbemarkt stützen können.

Auf dem Weg zu einem Branchenkonsens

Im Jahr 2013 hat sich die Anzahl kostenpflichtiger Internetauftritte deutscher Zeitungen deutlich erhöht. Sie ist gegenüber 2012 um 75 Prozent gestiegen (vgl. Pasquay 2013b). Neben weiteren Innovationen im Anzeigengeschäft sind digitale Vertriebserlöse elementar für langfristig erfolgversprechende Geschäftsmodelle, schreibt der BDZV. Allerdings ist dessen absolutes Volumen noch immer so gering, dass der Branchenverband keine dazu Aussage macht. Gegenüber den Einschätzungen, die die Mehrheit der befragten Zeitungsmanager noch 2011 in der vorliegenden Untersuchung geäußert hatten, ist dies mehr als eine klare Veränderung.

Der Trend geht zum Onlineabonnement, das im Durchschnitt der deutschen Zeitungen derzeit acht Euro pro Monat kostet. 60 Prozent der Verlage bieten zudem die Möglichkeit an, Tagespässe zum Preis von durchschnittlich 1,10 Euro zu erwerben. Darüber hinaus sind immer häufiger auch Digital-Abonnements im Angebot, die aus einem kompletten Online-Zugang und E-Paper bestehen und im Durchschnitt mit 19,30 Euro pro Monat zu Buche schlagen (Pasquay 2013b).

Konkurrierende Modelle

Im Jahr 2014 dürfte die Anzahl der Zeitungen, die auf Paid Content setzen, nochmals um mindestens 40 Prozent steigen – auf dann über 100, wie der Branchenverband annimmt. 71 Prozent der Verlage setzten dabei auf ein Freemium-Modell, bei dem die Redaktionen festlegen, welche Beiträge kostenpflichtig sind oder nicht. Diesem Modell liegt die Prämisse zugrunde, dass die Gratisbereitstellung des redaktionellen Angebots dessen Beliebtheit und Reichweite erhöht und zur Partizipation ermutigt. Daraus soll sich dann eine kleine Fraktion von Zahlungswilligen gewinnen lassen, die bereit sind, für das Premiumangebot Geld zu bezahlen (vgl. Oestreicher-Singer/Zalmanson 2013, 597).

Nach einer ähnlichen Logik funktioniert das konkurrierende Metered-Modell, das eine gewisse Anzahl von Klicks pro Monat kostenfrei ermöglicht – bei der New York Times sind dies etwa 10 pro Monat. Das Modell setzt auf die Bindung der Leser an die Medienmarke über die schnell erreichte Nutzungsschwelle hinaus. Wer etwa nyt.com oder welt.de ansteuert, um sich in vertrauter Umgebung zu informieren, soll sich demnach für ein Abonnement (oder eine andere Bezahlform) entscheiden, um sich wie gewohnt weiter barrierefrei informieren zu können[5].

In Deutschland entschieden sich knapp ein Viertel der Verlage für das sogenannte Metered Modell. Dabei wurde die Bezahlschranke durchschnittlich jeweils nach 17 Klicks heruntergelassen (vgl. Pasquay 2013b).

Beispiel New York Times

Die Zeichen, die von Paid Content-Strategien ausgehen, sind zart, aber ermutigend. So konnte die New York Times, getrieben durch das neue digitale Geschäft, ihre geschäftliche Lage inzwischen stabilisieren. Dies sieht auch die Börse nicht anders: Der Aktienkurs stieg vom Tiefpunkt bei 3,71 Dollar im Februar 2009 auf 14,30 Dollar im Februar 2014.

Der Verfall der Gesamterlöse scheint abgebremst zu sein, die Wende zu neuem Wachstum für den Gesamtkonzern ist noch nicht geschafft. Die Konversion zwischen dem altem analogen und dem neuem digitalen Geschäft ist vielmehr in vollem Gang mit entsprechend spürbaren Auswirkungen auf die Geschäftszahlen. Die Anzahl der digitalen Abonnenten stieg, wie die vorgelegten Geschäftszahlen ausweisen, im Jahr 2013 im Vergleich zum Vorjahr um 19 Prozent[6]. Allein mit digitalen Aboerlösen nahm die New York Times 149 Millionen Dollar ein – immerhin bereits 18 Prozent der gesamten Vertriebserlöse. Der Anteil der Vertriebserlöse stieg auf 52,2 Prozent (2012: 49,8 Prozent), Anzeigen standen nur noch für rund 42,3 Prozent der Gesamterlöse, der Rest entfiel auf andere Umsätze (ebd.). Die Anzeigenerlöse sind gattungsübergreifend hingegen im Branchentrend und im Verfall der Rubrikenanzeigen weiter gefallen, wenngleich der Konzern auch hier eine Stabilisierung sieht.

Dies sollte auch deutschen Verlagen den Mut geben, neue Wege auszuprobieren und den von Rothmann als vierte Dimension beschriebene

5 Rothmann weist darauf hin, dass sich die Grenze von 20 freien Artikeln pro Monat, die die Welt einräumt bei geschickter Nutzung über mehrere IP-Adressen auf verschiedenen Endgeräten im Büro, zuhause und mobil leicht verdreifachen lässt (Ders. 2013b, 21).

6 New York Times (2014): http://investors.nytco.com/press/press-releases/press-release-details/2014/The-New-York-Times-Company-Reports-2013-Fourth-Quarter-and-Full-Year-Results/default.aspx.

Suche nach einem Branchenkonsens zu forcieren (vgl. ders. 2013a, 177f.). Auch hier könnte die Natur der zweiseitigen Märkte und der impliziten Netzwerkexternalitäten womöglich eine positive Wirkung entfalten: Wenn es den Verlagen gelingt, nennenswerte digitale Aboerlöse zu erzielen und damit den Nachweis ihrer Werthaltigkeit zu liefern, dürfte dies ihre Attraktivität für Werbekunden steigern (vgl. Kapitel 3.2.4).

Eine Herausforderung sind die geringen Konversionsraten von Gratis-Nutzern zu zahlenden Abonnenten. Diese pendeln in der Regel zwischen 0,5 und 1,5 Prozent (vgl. Oestreicher-Singer/Zalmanson 2013, 611). Jedoch belegen Rechenmodelle selbst bei anderen Annahmen im Detail für die einzelnen Variablen eine hohe Refinanzierungsquote eines einzigen zahlenden Kunden in Bezug auf die zur Erzeugung des gleichwertigen Anzeigenumsatzes notwendigen Seitenaurufe (vgl. ebd., 612).

Dies macht das Modell interessant, selbst wenn die in Deutschland mit Anzeigen erzielten Preise für Seitenaufrufe höher sind. In einer empirischen Auswertung des Nutzerverhaltens von zahlenden und nichtzahlenden Benutzern des Onlinemusiksenders last.fm arbeitet das israelische Forscherteam heraus, welche Faktoren die Zahlungsbereitschaft begünstigen, ohne jedoch Rückschlüsse von einzelnen Abonnementfeatures auf die mögliche Erhöhung der Abschlussbereitschaft zuzulassen. Oestreicher-Singer/Zalmanson kommen zum Ergebnis, dass Community-Involvement auf einer Content-Website ein Schlüssel sein könnte, dieses Hindernis zu überwinden: Wer sich engagiert, bezahlt nicht nur öfter, sondern abonniert auch schneller (vgl. dies. 2013, 609). Interessanterweise korreliert in der Untersuchung das Engagement nicht mit der Menge des Contentkonsums.

Partizipation erhöht Zahlungsbereitschaft

Die für Contentanbieter zielführende Frage lautet demnach: Wie kann ich meine Nutzer dazu bringen, sich mehr zu beteiligen? Aus Sicht von Oestreicher-Singer/Zalmanson stellen erfolgversprechende Strategien demnach auf die Partizipationsgrade der Beteiligten ab und erzeugen eine „community environment" – die derzeit verbreiteten oben dargestellten Ansätze lassen genau die Einbindung des Contents in seine soziale Umgebung außer Acht (dies. 2013, 610).

Als hohe Partizipationsgrade fassen die Autoren dabei Aktivitäten wie Group Leadership und Blog Posting. Contentkonsum und Contentorganisation seien demgegenüber niedrigere Nutzer-Aktivitätsgrade. Auf der

Hand liegt, dass sich solche Strategien für große Mainstream-Nachrichtenangebote eignen. Für kleinere Seiten ist der damit verbundene Hebel im Vergleich zu den für die Verfahrensimplementierung entstehenden Kosten indes zu gering.

Inwiefern sich die Konversionsraten durch die geschaffenen Community-Umwelten, also die Vorteile für Abonnenten, verbessern lassen, ist offen. Und wie hoch die Anteile der Refinanzierung sein können, ebenfalls. Dass reine anzeigenlastige Erlösmodelle für journalistische Websites nur in Ausnahmefällen funktionieren, scheint indes empirisch belegt zu sein. Insofern sind die ersten Schritte in Richtung Paid Content sicher ein richtiger Weg. Schon letztgenanntes allein verbessert die Situation des Qualitätsblattes New York Times deutlich.

Doch unstrittig ist auch, dass der neue Pfad des Paid Content die Verlage zur Weiterentwicklung ihrer Angebote verpflichtet. Schließlich impliziert die Zahlungspflicht für journalistische Angebote deren Differenzierung im Angebot und die eigene Marke (vgl. Rothmann 2013b, 21). Für den neu anzupassenden Journalismus ist dies eine Herausforderung.

2 Konvergenz im Medienbereich

Der Begriff der Medienkonvergenz ist ein „Trend-Paradigma" (Kleinsteuber 2006, o.S.) der KMW. Trotz eingehender und geradezu inflationärer Verwendung des Begriffs sind jedoch manche Unklarheiten geblieben. So sind weder das Verhältnis und der Einfluss der einzelnen Einflussgrößen zueinander hinreichend deutlich beschrieben, noch ist die Definition allgemein akzeptiert (vgl. Delgado-Gomez 2007, 35; Broß/ Garbers 2006, 77). Kaltenbrunner und Meier etwa halten den Begriff für ein „Zauberwort für alles, was irgendwie zusammenwächst" (dies. 2009, 261). Sie konstatieren: „Im Diskurs der Medienpraktiker wird der Begriff recht beliebig verwendet. Das hat ihn in Misskredit gebracht. (ebd.)" Picot hält den Begriff für „abgenutzt" (ders. 2006, 29), Bucher sieht Medienkonvergenz makroskopisch betrachtet als eine These, deren Nachweis erst zu erbringen ist, und stellt der Konvergenz die potenziellen Alternativoptionen Ausdifferenzierung und Substitution gegenüber (ders. 2010, 17).

Diese skeptischen Einschätzungen stehen in auffälligem Kontrast zum Forschungsalltag, wo der Begriff faktisch gesetzt ist, sei es als Gegenstand von Fachtagungen (vgl. Universität Hamburg 2010) oder von interdisziplinären Forschungsschwerpunkten (an der Universität Mainz 2011[7]). Daher ist die nochmalige Arbeit am Begriff aus Sicht des Verfassers lohnenswert, auch wenn KMW und Ökonomie bislang ohne ein gemeinsames Konzept von Medienkonvergenz auskommen.

Seinem spätlateinischen Wortursprung nach (vergere bzw. convergere: sich neigen, nähern) bezeichnet Konvergenz das Zusammenrücken bzw. -streben und die Annäherung. Verschiedene Wissenschaftsdisziplinen laden den Begriff mit unterschiedlichen Bedeutungsgehalten auf. Die Mathematik versteht unter Konvergenz die Existenz des Grenzwertes einer Folge oder eines Netzes, die Geologie die „gegeneinander gerichtete Drift von Kontinentalplatten", die Biologie die unabhängige Ausbildung ähnlicher Körpermerkmale bei verschiedenen Arten im Laufe der Evolution[8]. Auch durch andere Forschungsgebiete zieht sich der Terminus. Ju-

---

7 Vgl. dazu http://www.medienkonvergenz.uni-mainz.de/forschung/initiative/, Abruf zuletzt am 28. März 2013.

8 Vgl. dazu http://de.wiktionary.org/wiki/Konvergenz.

risten untersuchen z.B. die Konvergenz der Rechtssysteme im Aktionärsrecht (vgl. Siems 2005), Ökonomen diejenige von Finanz- und Sozialpolitik (vgl. Potrafke 2008) oder diejenige zwischen verschiedenen Standards zur Rechnungslegung. Die Rede ist dabei stets von Annäherungs- bzw. Angleichungsprozessen.

In Gestalt der so genannten Konvergenztheorie rückte der Begriff während des Kalten Kriegs in den Fokus der Politikwissenschaft. Seit den späten 1960er Jahren diskutierten Wirtschafts- und Sozialwissenschaften kontrovers die Konvergenztheorie, derzufolge sich die Wirtschaftsordnungen unterschiedlich verfasster Industriestaaten langfristig angleichen. Da die Ordnungssysteme gleichen technischen und ökonomischen Zwängen unterlägen, so argumentieren Vertreter der Konvergenztheorie, seien auch die Formen der Lösung ähnlich (Sauerland o. J.). Kapitalistisch organisierte Systeme bzw. privatwirtschaftliche Marktwirtschaften gerieten demnach zunehmend unter staatlichen Einfluss, während sich in sozialistisch ausgerichteten Planwirtschaften ein zunehmender Machtverlust der staatlichen Planungsbehörden einstellte. Beide Prozesse gingen mit dem wachsenden Einfluss von Managern einher (ebd.). Im ideologisch geführten Kampf der Systeme Ost gegen West erlebte der Begriff eine Konjunktur in den späten 1960er und frühen 1970er Jahren (vgl. etwa Meißner 1969, Rose 1971) und wurde nach dem Zusammenbruch des Ostblocks Anfang der 1990er Jahre noch einmal neu belebt (vgl. Dallago 1992). Methodologische Schwächen des Ansatzes in der Diagnose und Erklärung institutionellen Wandels beendeten die Konjunktur der auf die Systemebene bezogenen Konvergenztheorie (Sauerland o. J.). Sauerland fasst zusammen: „Einer fundierten ordnungstheoretischen Analyse könnten sie so insgesamt nicht standhalten.“ (ebd.).

Konvergenz in den KMW

Nicholas Negroponte vom MIT hatte bereits 1979 infolge der von ihm ausgerufenen technologischen „transformation from atoms to bits“ (Jenkins 2001) ein Kreismodell der Medienkonvergenz vorgestellt, das noch heute, freilich in weiterentwickelter Form (vgl. Abbildung 2), abgebildet wird (nach Appelgren 2004, 237f.). Die Arbeitsgemeinschaft der EG-Kommission legte 1997 ein „Grünbuch zur Konvergenz der Branchen Telekommunikation, Medien und Informationstechnologie und ihren ordnungspolitischen Konsequenzen“ vor und prägte damit einen

Teil des heutigen Verständnisses mit. Stürmischen Einzug in die Kommunikationswissenschaften hielt der Begriff dann in den Jahren um die Jahrtausendwende – auch unterstützt von den Entwicklungen am „Neuen Markt“. Medienkonvergenz wurde zunächst uneinheitlich verwendet.

Unter dem Eindruck der Ausdifferenzierung der privaten Rundfunklandschaft zumal in Deutschland wurde er einige Jahre lang in einem engeren Sinne diskutiert. Weit mehr (private) Fernseh- und Hörfunksender als bis dahin konkurrierten um die Gunst des Publikums und zwangen den bis dato öffentlich-rechtlichen Rundfunk in den Kampf um Reichweite. Darauf reagierten, so das Kernargument der Debatte, die öffentlich-rechtlichen Anstalten, indem sie ihr Programm stärker an der Machart des privaten Rundfunks ausrichteten, vulgo: verschlechterten (vgl. Merten 1994/1995/1996; Maier 2002; Wutz/Brosius/Fahr 2004). Dabei zielte die so verstandene Konvergenz allein auf die inhaltlich-gestalterische Angleichung ab für das noch analoge TV und beschrieb einen Aspekt inhaltlicher Konvergenz. Diese Debatte verlief im Sande. Angesichts der schnell fortschreitenden Veränderungsprozesse der Medienbranche wurde dieses Konvergenzverständnis als zunehmend zu eng gesehen und von einem umfassenderen Begriffsverständnis verdrängt. „“

Abbildung 2: Konvergenz von IT, Telekommunikation und Medien

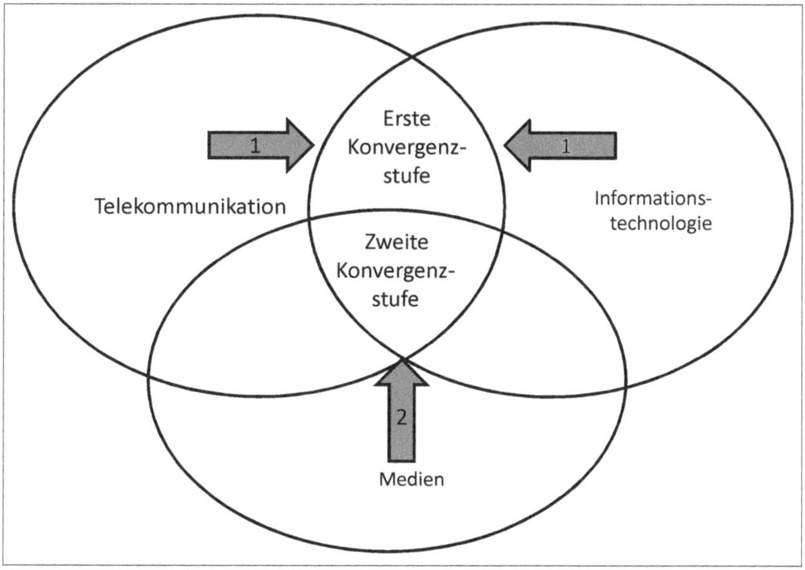

Quelle: Darstellung nach Picot 2006, 15.

Überblick über die Definitionsversuche

Die Forschungslinien dies- und jenseits des Atlantiks verliefen weitgehend parallel. Ein Überblick über Definitionsansätze für den für die Wissenschaft bis dato sperrigen Begriff der Medienkonvergenz aus dem angelsächsischen Raum findet sich bei Appelgren (2004; 2007, 7-9), eine eher auf den deutschsprachigen Raum zentrierte, deskriptive Darstellung bei Meyer (2005). Eine eigenständige Begriffsbildung verfolgt keine der beiden Autorinnen, jedoch betonen beide den prozesshaften und eben nicht statischen Charakter der Medienkonvergenz (vgl. Appelgren 2004, 245, Meyer 2005, 140). Dabei erweisen sich die Beiträge von Latzer (1997/1998) und Jenkins (2001/2006) als prägend für die Debatte.

Latzer (1997) unterscheidet drei Ebenen: technische (Netzebene), funktionale (Dienste-Ebene) sowie unternehmensbezogene Konvergenz (Firmenebene) (ders. 1997, 75-80). Diese Auffassung spiegelt sich auch noch in aktuellen deutschsprachigen Darstellungen in der Wahl des von Latzer (vgl. ders. 1997) in die Debatte eingeführten Begriffs der Mediamatik wider, worunter er das Zusammenkommen von Medien und Telematik versteht (vgl. Marcinkowski 2013, 211). Dabei grenzt er den von ihm als auf der Systemebene verorteten Begriff der Konvergenz strikt von Verschmelzung ab. Er betont den transformatorischen Charakter und die Gegenseitigkeit der Entwicklungsrichtungen (Latzer 1997, 16, vgl. auch Meyer 2005, 134).

Jenkins, der Leiter der Medienabteilung am Bostoner MIT, hatte in einer kurzen Online-Kolumne fünf unterschiedliche Typen von Medienkonvergenz identifiziert: Technological, Economic, Social or Organic, Cultural and Global Convergence (ebd., o. S.). Diesen Ansatz entwickelte Jenkins dann für den aus seiner Sicht wichtigsten Teil der kulturellen Konvergenz weiter (2006). Diese versteht Jenkins als angebrochene Kultur, die die Beziehungen zu Medien und in der Folge die Beziehungen zwischen bestehenden Technologien, Industrien, Märkten, Angebotsformen und Publikum verändert (ders. 2006, 15). „Convergence as we can see is both a top-down corporate-driven process and a bottom-up consumer-driven process. Corporate convergence coexists with grassroots convergence.“ (ebd., 18).

Den Begriff Media Convergence schließlich definiert Jenkins wie folgt: „A word that describes technological, industrial, cultural, and social changes in the ways media circulates within our culture. Some common ideas referenced by the term include the flow of content across multiple media platforms, the cooperation between multiple media industries, the search for new structures of media financing that fall at the interstices between old and new media, and the migratory behavior of media audiences who would go almost anywhere in search of the kind of entertainment experiences they want. Perhaps most broadly, media convergence refers to a situation in which multiple media systems coexist and where media content flows fluidly across them. Convergence is understood here as an ongoing process or series of intersections between different media systems, not a fixed relationship." (Jenkins 2006, 282)

Auf diesem Stand verharrt die Begriffsforschung zur Medienkonvergenz. Viele Forscher widmen sich längst der Vielzahl einzelner Effekte und haben die Arbeit am Begriff selbst nicht weiter forciert. Appelgren formuliert diesen stillschweigenden Konsens: „Defining convergence is subordinate to the study of the effects of convergence." (Appelgren 2004, 245). Marcinkowski resümiert: „Die KMW beobachtet eine Mehrzahl von Annäherungs- und Verschmelzungsprozessen in ihrem Gegenstandsbereich, die sich im Begriff der Medienkonvergenz zusammenziehen lassen." (ders. 2013, 210-211).

Trotz gewisser Unschärfen ist der Begriff der Medienkonvergenz als Bezeichnung für das Gesamtphänomen aus Sicht des Verfassers unverzichtbar und wertvoll. Allerdings müssen die wesentlichen Einflüsse modellhaft verbunden werden, damit die immanenten einzelnen Teilprozesse trennscharf erfassbar werden. Dabei wird Konvergenz hier anders als bei Bucher (2010, 17) nicht als ein Ergebnis, sondern als ein dynamischer und fortlaufender Prozess (vgl. Latzer 1997, Jenkins 2001, Bruhn Jensen 2010, 14f.) aufgefasst. Medienkonvergenz ist nicht Rahmenbedingung, sondern selbst abhängige Variable. Dieses Verständnis der Medienkonvergenz umschließt auch Elemente der Divergenz (vgl. Appelgren 2004, 245) und thematisiert gemeinsame Schnittmengen (Jenkins 2006, 282) zwischen alten und neuen Medien. Vier wesentliche Dimensionen lassen sich nach Auffassung des Autors unterscheiden:

Technik bzw. Technologie (1) ist der Ausgangspunkt und fortlaufende Katalysator der (vor allem digitalen) Veränderungsprozesse. Sie schafft die Möglichkeiten für digitale Produkte, die Medienproduzenten (2) auf den Markt bringen können, begünstigt bzw. ermöglicht zugleich auch neue Formen der Medienrezeption und beeinflusst insofern die Nutzer (3), die im Sinne von Jenkins (2006, 282) ihre Medienmenüs individuell zusammenstellen. Damit ist der ökonomische Marktplatz (4) angesprochen, auf dem neue Erlösmodelle ausgehandelt und getestet werden, wo etwa Anzeigen- und Nutzerströme zwischen Produkten, Anbietern und Medienkategorien hin und her fließen. Dieser Marktplatz, dessen jeweilige Wettbewerbsbedingungen von den drei Einflussgrößen oder Akteuren erst geschaffen wird und der die drei übrigen Kräfte miteinander in wechselseitige Beziehung setzt, ist seinerseits Gegenstand juristischer Regulierung und Beschränkungen (vgl. Marcinkowski 2013, 210).

Diesem Verständnis nach stehen die vier Vektoren der Medienkonvergenz zueinander in einem gegenseitigen und dynamischen Abhängigkeitsverhältnis. Unstrittig ist, dass die Medienkonvergenz erst durch die Technologie ermöglicht wurde, ebenso, dass von dort etwa stetig neue, d. h. zumeist beschleunigende Impulse ausgehen, die den Gesamtprozess beeinflussen. Dennoch ist die technologische Entwicklung als Treiber der Digitalisierung ihrerseits Objekt bzw. Gegenstand der Konvergenzentwicklungen. Zu denken ist etwa an die auch von Nutzern zu beeinflussende Annahme neuer Telekommunikations- oder Netzstandards sowie an die Durchsetzung von Standards im Bereich der Betriebssysteme für mobile Endgeräte wie Smartphones und Tablet-Computer (Android, Symbian, IOS). Demnach bedingen und beeinflussen sich die drei über den gemeinsamen Marktplatz miteinander verbundenen Faktoren wechselseitig.

Abbildung 3: Dynamisches Modell der Medienkonvergenz

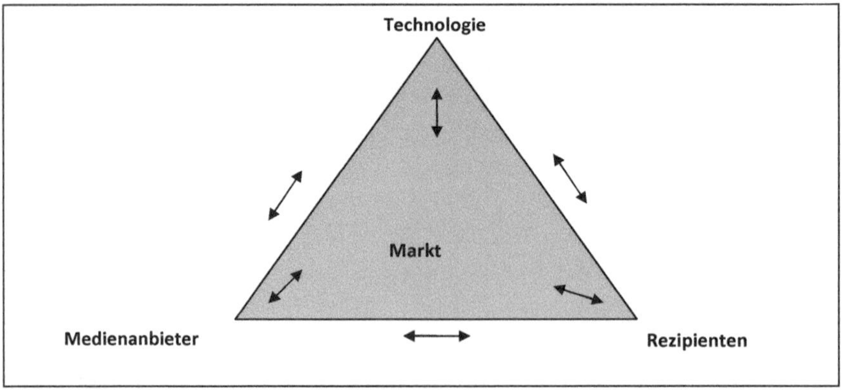

Damit ist ein dynamisches Modell der Medienkonvergenz umrissen, das die Prozesshaftigkeit und die wechselseitigen Bedingtheiten und über Feedbackmechanismen miteinander interagierenden Vorgänge betont (vgl. Abbildung 3). In der dynamischen und prozesshaften Integration von Kommunikator- und Rezipientenperspektive unter „Aufgabe der strikten Trennung von Ursache und Wirkung“ stellt sich dieses Verständnis in die Denkschule des Dynamisch-Transaktionale Modells aus der Medienwirkungsforschung (zuerst formuliert in Früh/Schönbach 1982, hier 85)[9].

Dieser Forschungsansatz „rückt Prozesse als Beobachtungseinheiten in den Blickpunkt, ohne die Möglichkeit der statischen Analyse einzelner Aspekte auszuschließen.“ (ebd., 15). Randbedingungen der zu untersuchenden Vorgänge werden als „zusätzlich erklärende Bedingungen“ und „Teilursachen“ (Früh 1991, 131) in der so genannten „molaren Sichtweise“ integriert (ebd., 126-131). Schließlich macht erst diese die Einbettung der Kommunikationsvorgänge in andere „Lebensvollzüge“ deutlich (ebd., 130).

Die Besonderheit des dynamischen Verständnisses der Medienkonvergenz besteht in der gleichberechtigten und dynamischen Abbildung der Aktivität und Passivität von Produzenten, Rezipienten und Technologie(anbietern), deren Inter-Transaktionen (Austausch zwischen Kommunikator und Publikum) bzw. Intra-Transaktionen („simultane Wechselwirkungen zwischen dem Wissen und der Motivation auf Seiten der Rezipienten“) bzw. durch „interdependent-veränderliche Anpassungsprozesse (Para-Feedback)“ (Früh/Schönbach 2005, 5) zum Ausdruck kommen.

Im Folgenden werden unter dem Begriff Medienkonvergenz daher also Prozesse und Effekte verstanden, die aus dem dynamischen über die Marktökonomie vermittelten Zusammenspiel von Medienproduzenten und Rezipienten sowie den technologischen Bedingungen resultieren. Aus diesem umfassenden, prozessualen Konvergenzverständnis geht hervor, dass auch Momente der Divergenz einhergehen (vgl. Appelgren 2004, 245).

Diese Arbeit nimmt die Kommunikatoren (Medienproduzenten) samt ihren Marktstrategien in den Blick. In diese fließen Annahmen im Sinne eines Para-Feedbacks über Technologieentwicklung, Präferenzen und Abneigungen von Rezipienten sowie die ökonomischen – auch regulatorischen – Bedingungen ein.

---

9 Im Unterschied zum Dynamisch-Transaktionalen Ansatz stellt das Dynamisch-Transaktionale Modell ein „flexibles Modulsystem mit obligatorischen und optionalen Bestandteilen“ bereit (Früh/Schönbach 2005, 6).

Abgrenzung zu den Begriffen Crossmedia und Crossover

Während der betont abstrakte, das Gesamtphänomen in den Blick nehmende Begriff der Medienkonvergenz sich für die Beschreibung von Prozessen auf übergeordneter Ebene eignet, ist das Handeln der Akteure der Medienkonvergenz im Verständnis dieser Arbeit mit anderen Begriffen treffender zu beschreiben. Sie untersucht Folgen der Medienkonvergenz und mögliche Strategien für Verlage, die oft mit dem Begriff Crossmedia bezeichnet werden.

Auch hier herrscht zunächst eine uneinheitliche Verwendung vor. Einen deskriptiven Überblick über die Ansätze liefert Meyer (2005, 141-150; vgl. auch Altmeppen 2013, 46). Bei beiden fließt die Art der Begriffsverwendung nach Sjurts (2002) stark ein. Neuberger definiert Crossmedia als sich funktional ergänzende Angebote in verschiedenen Medienkanälen, die meist inhaltlich oder organisatorisch verbunden sind (ders. 2003, 26). Der Ökonom Picot versteht darunter die „horizontale Kompetenzerweiterung“ (Picot 2006, 13) auf der Wertschöpfungsstufe der Inhalteproduktion und deren Vertrieb. Es ist deutlich geworden, dass sich der Crossmedia-Begriff auf Diversifikations- und Effizienz-Strategien von Medienproduzenten bezieht und am Ende auf die Gewinnung von Synergien in der gesamten Konzernorganisation abstellt (dies, 150). Insofern sind Prozesse entlang der gesamten medialen Wertschöpfungs- und Verwertungskette erfasst (Altmeppen 2013, 46-47; zu möglichen Verwertungsketten in dieser Arbeit siehe auch Kapitel 3.3.3.4 und 3.3.3.5).

Der Begriff Crossover, wenngleich nicht formell definiert, schließlich bezieht sich seiner allgemeinen Verwendung nach auf die medienkanalübergreifende – also analoge und digitale – Nutzungsmuster im Medienrepertoire der Rezipienten (vgl. Haller/Feuß 2010). Die Crossover-Perspektive thematisiert insofern unter anderem die Nutzungsseite der von Medienproduzenten verfolgten Crossmedia-Strategien. Digitalisierung hingegen fasst den technologischen Aspekt der Datenübertragung in Bits und Bytes zusammen.

2.1 Verschiedene Ebenen der Medienkonvergenz

Konvergenz ist nicht nur eine Chiffre für den unter dem Einfluss neuer Technologien entstandenen Medienwandel, sondern auch für die damit einhergehenden neuen Marktbedingungen. Unter den Bedingungen der ständigen, von einem einzigen Format entkoppelten Verfügbarkeit von Informationen haben sich neue Wettbewerbsverhältnisse etabliert. Kollektiv befindet sich eine ganze Industrie inmitten eines großen Umbruchs. Die Medienhäuser (Verlage) stehen neuen Wettbewerbern aus ganz unterschiedlichen Bereichen gegenüber, die die veränderten Produktionsbedingungen zum Markteinstieg genutzt haben.

Die Digitalisierung von Zeichen in Bitcodes hat die feste Verbindung von Medieninhalten an bestimmte (vor allem: physische) Träger aufgebrochen (vgl. Küpper 2007). Die Tragweite dieses Vorgangs sei kaum zu überschätzen, glaubt Axel Springer-CEO Mathias Döpfner und rief auf dem BDZV-Jahreskongress 2010 ein viertes, nach Sprache, Schrift und Buchdruck nun digitales Zeitalter der Medien aus (vgl. dazu etwa Von Streit 2010). Die Netze schaffen die technologische Infrastruktur, die Endgeräte (Smartphones, Tablet-Computer) fungieren als Schnittstelle zwischen Anbieter, Netz und Nutzer. Sie vereinigen in zunehmend hybriden Produktarchitekturen Eigenschaften von TV-Geräten, Personal Computern, Telefonen, Stereoanlagen und Spielekonsolen (vgl. Schneider 2007, 21). Ob man diese neue Endgerätegeneration nun als „neue Herrschaftsform" oder als „Fernbedienung für die Welt" (Schirrmacher 2010) begreift, ist unerheblich: Die Geräte bieten die Möglichkeit, alle Medien durch sich selbst abzubilden und – noch wichtiger – den Nutzer durch den gesamten Tag zu begleiten.

Bis zur flächendeckenden Verbreitung von Breitband-Internetanschlüssen waren die einzelnen Medien wie Radio, TV und Zeitungen strikt voneinander getrennt. Ein jedes agierte für sich über seinen eigenen Kanal. Heute bestehen die separaten Übertragungskanäle zwar fort, sie sind aber über eine gemeinsame – zumeist digitale – Struktur verbunden. Das heißt auch: Alles lässt sich online abbilden. Die parallel existierenden traditionellen Kanalgrenzen sind technisch überwunden oder haben sich formal schrittweise aufgelöst (vgl. Kiefer 2005, 386). Streng genommen ist kein einzelnes Medium mehr nicht-austauschbar: Um Radio zu hören, braucht man kein UKW-Gerät mehr, für TV-Empfang keinen Fernsehapparat. Und kein Printabonnement ist mehr nötig, um – zumindest selektiv – auf die Inhalte einer Zeitungsredaktion zugreifen zu können. All das ermöglicht das Internet in seiner Doppelnatur als eigenes Medium (Speicher) und als reiner Übertragungsweg.

Waren Informationen für den Endkunden im analogen Zeitalter strikt trägergebunden, sind diese nun in einer Vielzahl von Varianten und Darbietungsformen verfüg- und darstellbar. Information ist trägerneutral vermittelbar. Dieser Vorgang ist als Desintegration zu verstehen. Auch wenn diese Trennung, die an die semiotische Spreizung von Signifikans und Signifikatum nach De Saussure (1967) erinnert, in mehrerer Hinsicht künstlich und problematisch erscheint, da jede Information auch immer an einen Träger gebunden bleibt, gilt: „Die feste Kopplung der Information an ein bestimmtes Medium hat sich [vom Anbieter, *d.A.*] zum Endkunden verschoben“ (Hass 2004, 35).

Das heißt: Die Kanal- bzw. Formatwahl liegt zukünftig vornehmlich beim Konsumenten und dessen Präferenzen. Information selbst gerinnt unter diesen neuen Vorzeichen zum Rohstoff und verliert aufs Ganze gesehen an Wert. Genauer gesagt erhöht sich die Kluft zwischen Qualitäts- und Commodity-Inhalten. Medienkonvergenz lässt sich somit auch als Stadium der Ubiquität von Informationen verstehen. Im Ergebnis verlieren spezifische Medienkanäle (wie die Zeitung) an Bedeutung, die Eigenarten der Charakteristik öffentlicher Güter der reinen Information hingegen treten stärker zum Vorschein. Dazu zählen etwa die Nicht-Rivalität im Konsum (vgl. Hass 2004, 57) sowie die insgesamt eingeschränkte Marktfähigkeit als Ergebnis der Gütereigenschaften (vgl. dazu etwa Sjurts 2004 sowie Kapitel 3 dieser Arbeit).

Die zunehmende Nutzung neuer, digitaler Kommunikationswege hat vielseitige Auswirkungen. Eine erste Übersicht zum Vergleich der Funktionsweisen von analogen und digitalen Medien ist in Tabelle 1 zusammengestellt. Art und Prinzip der Kommunikation verändern sich ebenso wie ihr Charakter. Neben der in der analogen Welt verankerten professionellen One-to-Many-Kommunikation etablieren sich beispielsweise auch nicht-professionelle Kommunikationsformen, die von der Interaktion im Sinne einer Many-to-Many-Kommunikation leben. Diese Entwicklungen beeinflussen die Rolle des Redakteurs ebenso wie den Medienmarkt als solchen.

Tabelle 1: Charakteristika newsgetriebener Medien (analog/digital) im Vergleich

Merkmal	analog	digital
Art der Kommunikation	– Massenkommunikation: One-to-Many	– Massenkommunikation: One-to-Many plus One-to-One – Rückkanal
Deutungshoheit der Medienanbieter	– Agenda Setting, Deutungshoheit – Öffentlichkeit	– nur noch teilweise Deutungshoheit – soziale Netzwerkkommunikation verändert Spielregeln (one-to-many) – Diskussionskultur abseits der Massenmedien – Öffentlichkeit und Gegenöffentlichkeit
Professionalisierungsgrad der Kommunikation	– professionell	– professionell – nicht-professionell
Publikumscharakteristik	– dispers, heterogen – eher passiv	– zunehmende Zersplitterung des dispersen Publikums – zunehmende Mündigkeit von Medienrezipienten – der Rezipient wird zunehmend individuell wahrgenommen – z.T. homogene, individuell bekannte Rezipienten (Communities)
Medienmarkt	– Oligopol	– fragmentiert, unübersichtlich

Quelle: eigene Darstellung in Anlehnung an Neuberger 2009, Picot 2007 und Hess 2007, Schönhagen 2004, Boltze/Rau 2012, Maletzke 1963.

Aus dem Gesagten ergeben sich drei relevante Ebenen zur Untersuchung der Medienkonvergenz:

1. Betroffen von den Folgen der Medienkonvergenz und im Rahmen dieser Arbeit von besonderem Interesse sind zunächst die Medienanbieter. Sie sind Akteur der Medienkonvergenz, indem sie die technischen Möglichkeiten nutzen und kanalübergreifend analog-digitale Angebote kreieren. Damit schaffen sie – im Sinne einer Infrastruktur – die Voraussetzung für neue Formen der Mediennutzung und zwin-

gen die Konkurrenten zur Reaktion. Zugleich sind Medienanbieter aber auch Betroffene der Öffnungsprozesse der Industrien.

2. Neben den Anbietern sind auch die Nutzer von den Veränderungen der Medienwelt betroffen. Zugleich sind sie Akteure der Medienkonvergenz. Das zunehmend digitale Mediennutzungsverhalten beschleunigt, wie dargestellt, den Prozess der Medienkonvergenz. So formuliert auch Jenkins: „Convergence does not occur through media appliances, however sophisticated they may become. Convergence occurs within the brains of individual consumers and through their social interactions with others" (ders. 2006, 3).
   Rezipienten sind der Dreh- und Angelpunkt der neuen Medienwelt, die angesichts des hohen Wettbewerbs auch als „Käufermarkt" bzw. als „Aufmerksamkeitsökonomie" bezeichnet wird (vgl. dazu Franck 1998). Für die Zeitung hieße das: Sie wird so lange gedruckt, wie es Leser gibt, die sie nachfragen und bezahlen. Analog und digital beschreiben dabei nur den Modus der Mediennutzung – ebenso wie synchron und asynchron.
3. Die dritte und letzte Perspektive der Betrachtung von Medienkonvergenz spricht den normativen Kontext an. Medienanbieter und Mediennutzer werden aus diesem Blickwinkel als Bürger einer Demokratie begriffen. In dieser Rolle haben sie ein gemeinsames Interesse an einem funktionierenden Informationssystem (vgl. Hasebrink 2008, 515).

2.1.1 Medienkonvergenz aus Anbietersicht

Für Medienanbieter bedeuten die Konvergenzentwicklungen einerseits eine Veränderung ihrer Wertschöpfungsstrukturen und andererseits das Eindringen neuer Anbieter in ihre – bislang häufig als Monopol gesicherten – Wettbewerbsgebiete. Oft sind diese neuen Anbieter selbst von Auflösungserscheinungen in ihrem Kernangebot betroffen. Zu nennen sind hier z.B. Telekommunikationsanbieter, die aufgrund der sinkenden Einnahmen durch die Bereitstellung von Telefon- und Internetdiensten nach neuen Erlösquellen suchen. Netzbetreiber etwa wollen nicht mehr „dumm" bleiben, d.h. die Infrastruktur stellen und bezahlen, von der Wertschöpfung höherwertiger Dienstleistungen aber ausgeschlossen bleiben (vgl. Küpper 2007, 199). So dringen Konzerne wie die Deutsche Telekom in neue Geschäftsfelder vor und werden dabei z.B. zum Inhalte-

bzw. Werbehändler oder Zahlungsdienstleister bzw. -abwickler. Durch das „Amalgamieren zuvor getrennter Techniken“ (Kleinsteuber 2006, o.S.) entstehen so über Branchen hinweg neue Wettbewerbsverhältnisse. Auch Kabelnetzbetreiber zogen mit ihren als Triple- oder als Quadruple-Play benannten Inklusivangeboten nach. In anderen Geschäftsbereichen regt sich ebenfalls die Konkurrenz: Im Bereich des Direktmarketings etwa ist die Deutsche Post AG – selbst durch die Online-Substitution des Briefes betroffen – mit ihrem Angebot *Einkauf Aktuell* zu einem wichtigen Wettbewerber der Medienanbieter geworden.

Doch nicht nur das Wettbewerbsumfeld verändert sich; auch interne Strukturen und die Ausrichtung ihres Unternehmens müssen Medienanbieter heute überdenken. Traditionelle Medienanbieter hatten sich in ihrer gesamten Unternehmensorganisation auf eine Produkttechnik spezialisiert. Sie waren Spezialisten für die gesamte Wertschöpfungskette entlang der gesamten Medienproduktion. Diese bestand traditionell aus Rechteeinkauf bzw. Autorenverpflichtung, Bündelung von Programminhalten sowie deren Verbreitung und Vertrieb. Diese Spezialisierung erfolgte via horizontaler und z.T. auch vertikaler Integration. Nun verändern sich die Gegebenheiten auf allen Stufen der Wertschöpfungskette.

Der Inhalte- bzw. Rechteeinkauf ist mit einer Entkopplung der Inhalte von ihren Trägern sowie gesunkenen Kosten für die Vermittlung konfrontiert. Das Verhältnis zwischen Autoren, Verlegern und Publikum wandelt sich, da Autoren nicht mehr zwangsläufig Verleger benötigen, um ihre Inhalte zum Publikum zu transportieren. Sie können ihre Vertriebskanäle frei wählen und sich und ihre Produkte sogar in Eigenregie vermarkten. Dieses Ausschalten von Intermediären ist als Disintermediation zu bezeichnen. Versuche zur Eigenvermarktung gab es bislang besonders im Musikrechtehandel und im Buchbereich. Künstler wie Prince konnten damit mittlere Erfolge erzielen.

Ein weiteres Problem für die Medienproduzenten: Die mit dem analogen Vertriebskanal verbundenen Fixkosten sind gemessen am digitalen Standard deutlich zu hoch. Print ist für Verlage zudem nur noch ein Ausgabekanal neben anderen. Die Individualisierung von Lebensstilen (dazu mehr in Kapitel 2.3.2) eröffnet Medienanbietern eine Reihe neuer Geschäftsmöglichkeiten: Unterschiedlich gestaffelte Kundenpräferenzen können durch differenzierte Leistungen erfüllt werden – als ein Extremfall ist die individualisierte Zeitung, das „Daily-Me“, anzusehen. Durch die mögliche Angebotsdifferenzierung entstehen neue, höhere Preisspielräume. Um sie zu nutzen, müssen die Medienanbieter aber hohe Wechselkosten in Kauf nehmen.

Chancen entstehen auch durch die Möglichkeit, produzierte Inhalte mehrfach zu verwerten. Verlage können auf diese Weise erhebliche Kostenvorteile (Skalen- und Verbundeffekte) realisieren (vgl. dazu auch Kapitel 3.3.3.4 und 3.3.3.5). Im Werbemarkt können sie ihren Kunden durch die enger umgrenzte Zielgruppenspezifik weniger Streuverluste bieten. Demgegenüber stehen Kosten für die Erhebung und Verwaltung von Kundendaten, die Anpassung der technologischen Infrastruktur, die modularisierte Produktion, die spezifische Aufbereitung von Inhalten und die Anpassung von Vermarktungsstrategien und Preismodellen.

An die Seite der Disintermediation treten neue Vermittlungsstufen, die Hess und Walter als „reintermediation" beschreiben (dies. 2007, 27). Durch die Digitalisierung ändere sich die Intermediärsrolle der Verlage, argumentieren die Autoren. Ihre Funktion behaupten sie indes als transaktionskostensparender Vermittler zwischen Angebot und Nachfrage auf nicht perfekten Contentmärkten. Dabei ist es oft der empfundene Wert der Vermittlungsleistung bzw. des Contents, für den bezahlt wird. Die konkrete Rolle „subsumes all functions which help bridging the incompatibilities between the production and the reception of media content" (Hess/Walter 2007, 21).

Da die Arbeit aus Anbietersicht argumentiert, stellen sich folgendermaßen die wichtigsten Forschungsfragen:

1. Wie müssen die Verwertungsketten verändert werden?
2. Welche Anforderungen gelten für das Produktportfolio (Differenzierung)?
3. Wie werden die bestehenden Produkte weiterentwickelt?
4. Wie verändern sich die Geschäftsmodelle?

2.1.2 Medienkonvergenz aus Rezipientensicht

Auf den ersten Blick sind die Rezipienten die Gewinner der Digitalisierung. Die mediale Vielfalt steigt immer weiter an. Dabei sehen sich die Rezipienten nicht nur einer steigenden Anzahl von Medien in einem bestimmten Format gegenüber, sondern vielmehr über unterschiedliche Kanäle hinweg. Der Rezipient kann dabei zunächst wählen, ob er analog oder digital teilhaben möchte. Entscheidet er sich für das Digitale, so stellt sich zweitens die Frage nach der Art der gewünschten Online-Verbindung (stationär oder mobil) und drittens die nach der Vorliebe für ein bestimmtes Endgerät (etwa Smartphone, Laptop, Tablet-Computer). Die Mediennutzungswelt ist für Rezipienten also zunehmend multioptional und multimodal (vgl. Bucher 2010, 42). Zudem hat der Nutzer auch erhebliche Freiheitsgrade bei der Bezahlintensität. Dabei ist es bisher sogar möglich, die monetäre Budgetbelastung auf Null zu drücken – sofern sich der Nutzer allein auf die über das stationäre Internet verfügbaren Angebote stützt.

Customisierung und Personalisierung von Medienangeboten

Ein weiterer Trend, der die Welt des Mediennutzers verändert, ist das zunehmende Angebot von individualisierten Mediendiensten. Mit Hilfe von Cookies oder ortsbasierten Informationen entwerfen immer mehr Medienanbieter Produkangebote, die dem Rezipienten einen Zusatznutzen gegenüber den sonst üblichen „Von-der-Stange"-Angeboten versprechen und die Kundenbindung erhöhen sollen (Rauscher/Thallmayer/Hess 2007, 54). Die Modi der individuellen, präferenzbasierten Anpassung unterscheiden sich bezüglich des Grades ihrer Anpassung und der Steuerungsmöglichkeiten durch den Rezipienten.

Hier soll Customisierung mit Rauscher/Thallmayer/Hess verstanden werden, die wie folgt definieren: „Mass Customization as business strategy can comprise the individualization of products and services as well as the individualization of market and customer communication. In literature, these areas are often distinguished by using the term 'customization' for the individualization of a product and the term 'personalization' for the individualization of customer communication and advertising" (ebd. 2007, 52).

Dabei gehen die Welten von Customisierung du Digitalisierung fließend ineinander über. Die drei Bereiche Content, Anzeigen und Layout kommen für den Einsatz von Customisierungstechniken im Zeitungsgeschäft in Frage (ebd. 2007, 57). Während die individuelle Ansprache einzelner Rezipienten mit Werbebotschaften für die werbetreibende Wirtschaft interessant ist, ist die Frage nach der Beliebtheit customisierter inhaltlicher Angebote bis dato offen. Das von vornherein Ausblenden von allgemeinen Nachrichten, die Teil des Zeitungspakets sind, wäre für Rezipienten mit einem Verlust an Orientierung verbunden und daher mutmaßlich weniger attraktiv. Hingegen ist es durchaus denkbar, dass sich

Rezipienten „Zusatzpakete“ von Informationen für ihre Hauptinteressensgebieten dazubuchen (etwa Reise, Sport, Kultur).

Bewertung der Individualisierung von Angeboten

Eine Bewertung der Vor- und Nachteile der Angebotsindividualisierung für den Kunden ist immer standpunktabhängig. Die Bewertungen individualisierter Angebote aus den Perspektiven der Ökonomie und der Kommunikationswissenschaft konfligieren erheblich. Die neoliberal ausgerichtete Ökonomie bewertet eine Individualisierung des Informationsverhaltens für den Kunden theoretisch zunächst als positiv. Vorteile entstehen aufgrund eines steigenden Grenznutzens für den Nutzer und eines größeren Absatzmarktes für den Anbieter (vgl. Quiring/Rauscher 2006, 15). Die häufig normativ argumentierenden Kommunikationswissenschaften indes beargwöhnen die Individualisierung als gesellschaftliche Desintegration und sehen etwa den „cement of society“ (McQuail 2009, 158) in Auflösung. Daher betrachtet die KMW den Grenznutzen der Individualisierung theoretisch als negativ. Durch die zunehmende Individualisierung träten Mängel in der Herstellung von sozialer Öffentlichkeit zutage, die Relevanzzuweisung zu Themen sinke, Anschlusskommunikation falle daher schwerer (vgl. Quiring/Rauscher 2006, 14-17). Während die Ökonomen den optimalen Grad der Individualisierung demnach theoretisch bei vollständiger Anpassung sehen, liegt dieser aus Sicht der Kommunikationswissenschaftler deutlich niedriger. Tabelle 2 auf Seite 23 fasst die Positionen der zwei Wissenschaften zusammen.

Über den Erfolg von individualisierten Angeboten werden Rezipienten entscheiden. Da customisierte Angebote ihre Nutzer grundsätzlich in den Produktionsprozess mit einbeziehen, ist zunächst zu vermuten, dass diese auch auf Gegenliebe stoßen. Im Falle von Medienangeboten hingegen weisen Quiring und Rauscher allerdings darauf hin, dass Rezipienten ein individualisiertes Angebot nur in begrenztem Umfang erwarten dürften (ebd.). Der empirisch beobachtbare Erfolg von personalisierten Zeitungsangeboten ist jedenfalls bislang niedrig.

Die Kunden „bezahlen“ die neuen Angebote zunächst mit erhöhten (Transaktions)-Kosten für die Dauer des Erfassungsprozesses und mit der Preisgabe persönlicher Daten. Nicht selten entsteht aus der neuen Vielfalt zudem ein Gefühl der zunehmenden Überforderung. Daher spricht vieles dafür, dass Menschen ihre Medienmenüs selbst begrenzen und weiterhin vertrauten Medienmarken vertrauen werden (vgl. Webster/Ksiazek 2012, 52) Dazu zählen etwa Entropie- bzw. Kontingenzerfahrungen, die mit dem Problem des Gefühlverlusts für das Gesamtgefüge einhergehen. Gerade an dieser Stelle bieten analoge Medien wie Print deutliche Vorteile gegenüber den digitalen Medien, indem sie eine geschlossene Welt (Anfang und Ende) bieten können. Dies stellt für Nutzer ein psychologisch wichtiges Motiv der Nutzung dar und ermöglicht ihnen einen befriedigenden Konsum.

Tabelle 2: Bewertungen von Auswirkungen der Individualisierung

Auswirkungen der Individualisierung	**ökonomische Perspektive**	**normative Perspektive (Kommunikationswissenschaft)**
auf die Gesellschaft	– höhere Infovielfalt, aufgabenteilige Gesellschaft	– soziale Nachteile durch fehlende Reichweite, fehlende gemeinsame Infogrundlage und fehlende Relevanzzuschreibung – geringere Beschäftigung mit Themen außerhalb des eigenen Fokus – erschwerte Kritik- und Kontrollfunktion der Medien von Institutionen durch fehlende Reichweite, Ressourcen und Teilhabe etc.
auf den Rezipienten	– Erholungspotenzial für Nutzer durch individuelle Abstimmung – Nachteile durch fehlende Gruppen-kommunikation über gemeinsame Erlebnisse – schnellere Suche – effiziente Informationsversorgung in einzelnen (Fach-)Bereichen	– Verlust an Orientierung und Gefühl für das Gesamtgefüge
auf das Zeitungsgeschäft	– potenziell höhere Umsätze durch zielgruppengerechte Werbeansprache und höhere Kundenbindung – Umsatzpotenziale und Exportchancen durch Individualisierungstechnologie	– offen, keine Wirkung?

Quelle: Quiring/Rauscher 2006 mit Ergänzungen.

Ein erfolgreiches Daily-Me ist daher bislang nicht entstanden, auch wenn unterschiedliche Dienstleister damit experimentierten (u.a. in der Schweiz). Neben der Überforderung der Nutzer liefert vor allem die Angst der Verlage vor dem De-Bundling einen Grund dafür – das legen zumindest die Aussagen der Teilnehmer der vorliegenden Untersuchung nahe (siehe dazu Kapitel 5). Über das Niveau von Log-In- oder newsletterbasierten Diensten, die das fordistische Produkt Zeitung ergänzen, sind Verlage bislang kaum hinausgegangen. Zwar will Funke eine Wertsteigerung um bis zu 25 Prozent für eine individualisierte Zeitung in Erfahrung gebracht haben (vgl. ders. 2008, 58), jedoch scheint die Überforderung der Rezipienten zu überwiegen, ihre eigenen Präferenzen klar definieren zu können und sich dieser überhaupt bewusst zu sein (ebd. 2008, 14f.).

Offenbar sehen Rezipienten die Kosten-Nutzen-Relation als unklar an und wünschen sich gar keinen selbst selektierten Content, auch weil sie mit der Entscheidung darüber, was sie wissen wollen, eigentlich überfordert sind (vgl. Rauscher/Thallmayer/Hess 2007, 63f.).

Andere Möglichkeiten der Individualisierung

Die hohe Zufriedenheit mit der Zeitung rührt oft genug aus dem Überraschungseffekt her, etwas Unerwartetes zu finden und zu genießen (vgl. Schönbach 2008, 509) – dies ganz im Sinne der von Henry Nannen beschworenen „Wundertüte" (vgl. dazu etwa Minkmar 2002, 185). Möglicherweise entspricht das der Neigung der Nutzer, die im Grunde keine inhaltlich vereinzelten Angebote goutieren. So könnten dann – von Nischenangeboten abgesehen – die eigentlichen Hebel der Customisierung der Produkte in den Bereichen Werbung und Layout zu finden sein (vgl. Rauscher/Thallmayer/Hess 2007, 58f.). Für Anzeigenkunden könnte diese Anpassungsleistung – sei es gedruckt oder auf elektronischem Papier – einen erheblichen Mehrwert erzeugen. Als weitere Form der Customisierung bieten sich vertriebsseitige Produktauffächerungen an. Darunter sind angepasste Abopakete zu verstehen (wie etwa das Wochenendabo oder das Sportabo).

Weiterhin bietet sich – wie dargestellt – die Möglichkeit einer „Special-Interest-Verlängerung der Zeitung" in Kundennischen hinein. Unter customisierter Werbung lassen sich etwa Targeting-Dienste subsumieren, die schon heute auf den allermeisten Zeitungswebseiten implementiert werden. Die Layout-Customisierung erfolgt inzwischen, wenn man so will, über das zur Mediennutzung gewählte Endgerät. Das bezieht Tablet-Computer und Smartphones als die neuen lebensstilprägenden Endgeräte ganz explizit mit ein.

Veränderung des Rezipientenverhaltens

Die Mediennutzung vieler Menschen verändert sich im Rahmen der neuen technischen Möglichkeiten und infolge eines Wertewandels in den vergangenen Jahren tiefgreifend. So akzeptieren viele die ihnen bis dato zugewiesene weitgehend passive Rezipientenrolle nicht mehr (vgl. zum Publikumsbegriff 2.2). Zugleich entstehen dem Nutzer durch die gestiegene Informationsfreiheit aber erhebliche Transaktionskosten, denn das Angebot an Informationen ist immer größer und intransparenter geworden. Das hat die Menschen indes nicht davon abgehalten, sich zunehmend aus dem Netz heraus zu informieren und ihr Informationsverhalten zudem grundlegend zu verändern.

Aufgrund der Dynamik der Verschiebungsprozesse und der zunehmenden Komplexität von Medienrepertoires hat die Forschung bislang noch wenig Wissen über das crossmediale Verhalten von Mediennutzern. Die bekannten Medienstudien haben erst in jüngster Zeit Daten erhoben. Die öffentlich-rechtlich finanzierten Mediennutzungsstudien, die Langzeitstudie Massenkommunikation sowie die ARD/ZDF-Online-Studie belegen eindrucksvoll das Wachstum der Online-Nutzung und zugleich die Veränderungen des täglichen Umgangs der Menschen mit Medien (Van Eimeren/Ridder 2011). So weist die ARD/ZDF-Online-Studie in ihrer 14. Auflage 2010 eine Reichweite des Internet von fast 50 Millionen Menschen aus, ein deutlicher Sprung gegenüber dem Vorjahr, der auf die Erhöhung der Grundgesamtheit der Studie um die in Deutschland lebenden deutschsprachigen Ausländer zurückzuführen ist (vgl. Van Eimeren/Frees 2010, 334).

Die Studie weist insgesamt eine deutlich steigende Gesamtreichweite von 76 Prozent am Tag und eine durchschnittliche Nutzungsfrequenz von 5,7 Tagen aus (ebd.). Damit liegt das Internet inzwischen in einer vergleichbaren Größenordnung wie das Fernsehen. Wie dieses und das Radio werde das Internet damit gewohnheitsmäßig genutzt. Dabei gehe der Anstieg der Online-Nutzung nicht auf Kosten des Fernsehkonsums, aber zulasten von Print. Auch aufs Ganze gesehen verändert sich die Infosuche: Mehr Seichtes, mehr Spiele, mehr Unterhaltung werden online nachgefragt. Viele Medienanbieter haben jahrelang gerade über Online-Spiele den Traffic ihrer Seiten massiv nach oben getrieben.

Insgesamt ist die Mediennutzung deutlich komplexer und differenzierter geworden. Die Bandbreite der Modi reicht von linear über nicht-linear, lean-back und lean-forward bis hin zu selektiv-zeitsouverän und passiv-vorgegeben. Die Mediennutzung sei weit mehr von einem „Sowohl – als auch" denn von einem „Entweder – oder" geprägt, schreiben Van Eimeren und Frees (vgl. dies. 2010, 348). Interessant ist, wann das bisher dominante Medienkonsumverhalten zugunsten des nicht-linearen, also autonomen Verhaltens kippe und wann das noch immer wachsende Medienzeitbudget schrumpfe. Die Verteilungskämpfe im Medienmarkt sind in vollem Gang. Die insgesamt online verbrachten Zeiten steigen weiter, wie die Langzeitstudie Massenkommunikation nachweist, die 2010 erstmals auch zwischen Online-Nutzung und Online-Medienkonsum unterscheidet (Van Eimeren/Ridder 2011). In den letzten Jahren ist eine Beschleunigung des Wandels anzunehmen, die sich in dem massiven Wachstum der Online-Nutzung während des vergangenen Jahrzehnts nachweisen lässt. Dabei schlägt besonders der Innovationsrückstand der Printindustrie gegenüber den neuen medialen Konkurrenten zum Nachteil dieser zu Buche. Das verändert die relevanten Medienmärkte und ermöglicht neue Formen der Mediennutzung, die sich peu à peu habitualisieren oder es in manchen gesellschaftlichen Gruppen längst sind.

Auch hat diese Vervielfachung den Wandel der Mediennutzung vorangetrieben. Dieser macht Medienmachern in Verlag und Redaktion gleichermaßen das Leben schwer, denn immer mehr spreizt sich das Nutzungsverhalten zwischen sozialen Gruppen, differenzieren sich die Verhaltensweisen in unterschiedlichen Zielgruppen. Und auch das generelle Informationsverhalten verlagert sich insbesondere bei den jüngeren Generationen weg von einer regelmäßigen Nachrichtenversorgung hin zu einer stärker ad-hoc-betriebenen Nachrichtensuche und -rezeption auf Online-Basis. Das hat für die Anbieter klassischer Medienangebote schwerwiegende Folgen.

In der Summe sind die Nutzer bzw. Rezipienten Gewinner der Konvergenzentwicklung, indem die Freiheitsgrade hinsichtlich der Medienauswahl und der Kostenintensität deutlich gestiegen sind. Bislang bevorzugten diese möglichst solche Medien, die sich über den Werbemarkt quer finanzierten, vornehmlich daher Medien mit gesetztem Gratisstandard. Die Nutzungsstatistiken der „Langzeitstudie Massenkommunikation" oder der Allensbacher Computer- und Technikanalyse (ACTA) zeigen, dass Zeitungen online nicht zahlende Leser gewannen und zugleich Erlöse von Rezipienten verloren, die die Online-Werbeerlöse nicht auffangen konnten (vgl. van Eimeren/Ridder 2011, 13).

Allerdings hat die Medienexuberanz auch einen Preis. Ein gewichtiger Nachteil der gestiegenen Zugänglichkeit von Informationen liegt in den erhöhten Beschaffungskosten. Der Zeitaufwand steigt, genau wie die Anzahl der konsultierten Quellen. Zugleich gilt es bei der Online-Suche stets aufs Neue, zwischen Quellen unterschiedlicher Güte und Glaubwürdigkeit zu unterscheiden. Vor dem Hintergrund der spezifischen ökonomischen Gütercharakteristik von Informationen, deren Qualität sich nicht a priori testen lässt und die sich daher den komplexen Erfahrungs- bzw. Vertrauensgütern (sogenannte Akerlof-Güter, dazu auch Kapitel 3.2.1) zurechnen lassen, ist das für Rezipienten je nach ihrem Anspruch an qualifizierte Informationen durchaus ein Problem (siehe dazu Heinrich 1994, 36f.; Kiefer 2005, 144ff.). Die steigende Freiheit der Informationsauswahl geht insofern mit einer deutlich erhöhten Intransparenz des Marktes einher, die die Rezipienten wieder begrenzen müssen (vgl. dazu Webster/Ksiazek 2012). Daraus wiederum sollten sich zumindest langfristig Spielräume für die Verlage ergeben, die sie nutzen müssen.

2.1.3 Medienkonvergenz im Normenkontext

Die gesellschaftlichen Folgen der Medienkonvergenz und der daraus resultierenden Veränderungen des Nutzungsverhaltens sind noch offen. Klar indes ist: Das Informationsverhalten der Menschen ist den unterschiedlichen Gewohnheiten und Zugangsschwellen folgend heterogener geworden. Während sich der Medienkonsum in älteren Alterskohorten in geringerem Umfang verändert hat, sind die Verschiebungen bei den jüngeren Kohorten dramatisch. Die Wandlung der (zunehmend saturierten) Gesellschaft spiegelt sich im Medienangebot und den sich verändernden Medienrepertoires wider (vgl. Boltze/Rau 2012, 61). Innergesellschaftliche Fliehkräfte, die häufig unter den Schlagworten Individualisierung, Fragmentierung und Prekarisierung zusammengefasst werden, schaffen auch in der Mediennutzung segmentierte bzw. fragmentierte Strukturen. Die vereinfache Formel lautet: Mehr Anbieter und größere Angebotsvielfalt führen zur Ausbildung spezieller Interessen, zur Fragmentierung des Publikums bzw. der Mediennutzung und zum Verlust einer gesamtgesellschaftlichen Agenda.

Immer weniger Menschen machen das Gleiche zur selben Zeit, die gemeinsame gesellschaftliche Agenda geht verloren. Vorstellbar wird dies durch die typische Situation der TV-Rezeption, bei der sich heute weniger Menschen zum *Tatort* oder zu *Wetten, dass?* vor dem Fernseher versammeln als früher. Brosius beschreibt den Trend zur Angebotsvergrößerung als „parallele Fragmentierung" und den Trend zu kleinteiligeren Angeboten als „sequentielle Fragmentierung" (ders. 2012, 33). Das Publikum der Massenmedien im Sinne des traditionellen Öffentlichkeitsbegriffes nach Habermas zerfalle im nun herrschaftsfrei gewordenen Diskurs in einzelne Teile. Zugleich aber geht Habermas von einem Verschwinden des Journalismus und dessen „funktionaler Äquivalente" im virtuellen Raum aus (ders. 2008, 162). Überblicke über die Grundsatzdebatte über die Integration durch Massenmedien in modernen Gesellschaften finden sich bei Stark (vgl. dies. 2006, 96ff.) und bei Rau (vgl. ders. 2007, 49 und 83-86).

Neuberger widerspricht der Fragmentierungsthese von Habermas, da die theoretischen Potenziale des neuen Mediums Internet mit dessen tatsächlicher Nutzung gleichgesetzt würden (vgl. ders. 2009, 20). Zudem limitierten sich Teilnehmer und Rezeption gegenseitig (ebd., 34). Er bejaht die Entstehung funktionaler Äquivalente zum Journalismus im Internet ausdrücklich (ebd., 35). Auch Stark urteilt: „Alles in allem scheinen demzufolge manche Argumente in der Debatte um eine fragmentierte Mediengesellschaft und ihre Folgen reichlich überzogen. Ein Vorteil der Vollprogramme [die Studie fasst TV ins Auge, *d.A.*] besteht etwa darin, dass sie eine willkommene Komplexitätsreduktion leisten" (dies. 2006, 106). Auch empirische Befunde belegen bis dato keine weit fortgeschrittene Fragmentierung (vgl. Webster/Ksiazek 2012, 52ff.).

Neuberger setzt gegen den traditionellen, der analogen Medienwelt angemessenen Öffentlichkeitsbegriff eine neue Begrifflichkeit, die er als „integrierte Netzwerköffentlichkeit" benennt (ders. 2009, 41). Diese konstruiert er eben nicht als prinzipiellen Widerspruch, sondern als Ergänzung zur bisherigen Vorstellung: Vielfalt der neuen Medien (im Sinne von Partizipation, Fragmentierung und „Long Tail") und Einheit (im Sinne von Massenattraktivität, Aufmerksamkeitsfokussierung, Konsensfindung und hoher Reichweite) kommen demnach in der Netzwerköffentlichkeit der Öffentlichkeit sowie in unterschiedlichen Phasen und auf verschiedenen Ebenen des „deliberativen Öffentlichkeitsprozesses" zum

Tragen (vgl. Neuberger 2009, 49). Basis der Netzwerköffentlichkeit ist die Existenz des digitalen Rückkanals (Interaktivität), die eine neue Kommunikationsform ermöglicht. Diese Many-to-Many-Kommunikation ist nach der direkten (One-to-One) und massenmedial vermittelten Kommunikation (One-to-Many) über soziale Medien bzw. Netzwerke als der dritte Typus der Kommunikation entstanden (vgl. Bruhn/Jensen 2009, 59ff.). Dass die Durchsetzung neuer Kommunikationsformen im Internet, insbesondere der nicht über klassische Medien vermittelten Kommunikation (disintermediiert), und die Ausbildung mannigfaltiger Nischen (Long Tail) dennoch zulasten der Massenkultur bzw. – wenn man so will – mit einem Bedeutungsverlust der Massenmedien einhergehen, ist nicht überraschend.

Dieser Prozess könnte (theoretisch) das Ende der klassischen Massenmedien bedeuten (vgl. dazu auch Boltze/Rau 2012, 77f.). Genauso bietet er die Chance zu deren Neuerfindung. Noch sind die Folgen nicht abzusehen. Derzeit erscheint das Beharrungsvermögen der eingeübten Alltagskultur noch so groß zu sein, dass es den Bestand der klassischen Medien noch für einige gewisse Zeit gewährleisten dürfte. McQuail geht daher ähnlich wie Neuberger weiter von einem Nebeneinander der neuen und der alten Medienwelt aus: „The most widely noted potential consequence for the media institution is the convergence between all existing media forms in terms of their organization, distribution reception and regulation. [...] The new electronic media can be viewed initially as an addition to the existing spectrum rather than as a replacement“ (McQuail 2009, 138).

Der entstehende Wandel bezieht sich dabei auch stark auf die öffentliche Bewusstseinsvermittlung. Konnte man bisher die über Massenmedien verbreiteten Informationen als allgemein bekannt voraussetzen, gilt dies im Zuge der ausufernden Zahl von Kommunikatoren, Kommunikationsformen und höher werdenden Aufmerksamkeitsschwellen zukünftig womöglich nicht mehr. Als Gründe sind sowohl die zunehmende gesellschaftliche Saturierung zu nennen, die mit einer Angebotsdifferenzierung (reifenden Märkten) einhergeht (vgl. Boltze/Rau 2012, 68f.), als auch darüber hinaus eine Entwicklung, die man als Abwendung von gesellschaftlich relevanten politischen Fragen bzw. auch als Erosion eines gesellschaftlichen Grundkonsenses beschreiben könnte. Indes sprechen empirische Befunde auch für eine begrenzte Fragmentierung (Webster/Ksiazek 2012, 52; vgl. Kapitel 2.2)

Festzuhalten ist: Die neu entstandene Medienwelt ist bei weitem komplexer geworden. Formen der analogen, massenmedial vermittelten Nutzung koexistieren mit rein digitalen Nutzungsweisen, Lean-Back-Varianten mit Lean-Forward-Formen der Nutzung. Lineare und nicht-lineare Formen (synchron und asynchron) der Rezeption kommen hinzu. Dass sich neue Formen der Kommunikation entwickeln, ist keine Frage des Ob, sondern des Wann.

2.2 Publikum, Rezipienten und Zielgruppen

Die Medienkonvergenz bewirkt wie dargestellt eine über den Markt vermittelte Dynamik zwischen Technik, Medienanbietern und Rezipienten. Es ist naheliegend, dass davon auch der Prozess der Massenkommunikation betroffen ist. Im Rahmen dieser Arbeit ist besonders die Publikumsvariable interessant, wenn man diese als potenzielle Kunden von Verlagserzeugnissen begreift.

Die klassische und noch heute weitgehend in der KMW akzeptierte Beschreibung des Prozesses der Massenkommunikation, der sich um die Faktoren Medium, Aussagen und Rezipienten vollzieht, stammt von Maletzke (1963). Seine Definition von Massenkommunikation lautet: „Massenkommunikation ist jene Form von Kommunikation, bei der Aussagen öffentlich, durch technische Verbreitungsmittel, indirekt und einseitig an ein disperses Publikum vermittelt werden." (ebd. 1963, 32).

Dabei leitet Maletzke in seinem psychologischen Ansatz den hier auf seine Aktualität zu prüfenden Begriff des „dispersen Publikums“ aus dem Wortbestandteil Masse ab (ebd., 25-28). Das disperse Publikum der Massenkommunikation, das als Gegenbegriff zum Präsenzpublikum z.B. von Theateraufführungen entworfen ist, kennzeichnen nach Maletzke drei „essentielle, echt konstitutive Merkmale“ (ebd., 28).

1. Das Publikum konstituiert sich erst im Akt „gemeinsamer Zuwendung“ (ebd., 28) zu Aussagen der Medien „von Fall zu Fall“ selbst. Daher gelte: „Disperse Publika sind keine überdauernden sozialen Gebilde.“ (ebd.)
2. Die Aussagen, denen sich die Glieder disperser Publika zuwenden, werden nicht in direkter, persönlicher Kommunikation, sondern durch Massenmedien, insofern indirekt (ebd., 21) und einseitig (ebd., 23) vermittelt.

3. Die Glieder eines dispersen Publikums in ihrer Gesamtheit bestehen aus räumlich voneinander getrennten Individuen oder relativ kleinen an einem Ort versammelten Gruppen (ebd., 29).

Darüber hinaus führt Maletzke vier weitere Merkmale auf, die er als „akzidentiell" klassifiziert (ebd.), da diese nicht unbedingt notwendig für die Entstehung disperser Publika seien oder „sich als unmittelbare Folgerungen von selbst aus den drei essentiellen Merkmalen ergeben." (ebd., 29).

1. Die nähere Eingrenzung der aus dem Masse-Begriff abgeleiteten „relativ großen Zahl" erweise sich als „nahezu unmöglich", argumentiert Maletzke (ebd.). Während die Masse nach oben hin gleichsam unbegrenzt sei, ist die Untergrenze kaum zu fassen. Burkart leitet daraus das Gebot der Öffentlichkeit des Kommunikationsprozesses ab (ders. 2002, 171). Massenkommunikation unterscheide sich von interpersonaler Kommunikation demnach durch die Wendung an einen breiten Querschnitt statt an eine oder wenige oder nur einen speziellen Teil (ebd., 170).
2. Zwischen den Publikumsgliedern existieren aufgrund der Charakteristik „[…] im Normalfall keine direkten zwischenmenschlichen Beziehungen; sie stehen miteinander nicht in unmittelbarer Kommunikation." (Maletzke 1963, 29). Infolge ihrer räumlichen Trennung und der mangelnden Kommunikationsmotive seien die Glieder des Publikums untereinander anonym (ebd.).
3. Im Allgemeinen sei das disperse Publikum „vielschichtig inhomogen", jedoch müsse dies nicht zwangsläufig für alle sozioökonomischen Faktoren gelten (ebd.).
4. Zuletzt weist Maletzke darauf hin, dass das disperse Publikum „weder strukturiert noch organisiert" sei. Das disperse Publikum sei keine Situationsmasse, Menge, Gruppe oder Organisation, sondern „offenbar ein Gebilde sui generis" (ebd., 32).

2.2.1 Publikum und Rezipienten in der Medienkonvergenz

Aus Sicht der neueren Forschung ist Maletzkes Publikumsbegriff in Teilen nicht nur bezogen auf „netzbasierte Formen öffentlicher Kommunikation […] inzwischen obsolet" (Fraas/Meier/Pentzold 2012, 9). Anderes hingegen scheint aus Sicht des Verfassers nach wie vor gültig, muss jedoch den veränderten Rahmenbedingungen der Medienkonvergenz angepasst werden.

Im Folgenden sollen nun die drei essentiellen Kriterien für disperse Publika nach Maletzke kurz unter Bedingungen der Medienkonvergenz diskutiert werden:

Ad 1) Konstitution durch gemeinsame Zuwendung

Für den klassischen vom Kommunikator gesteuerten Push-Modus der Massenkommunikation gilt diese Formel unverändert weiter. Jedoch entstehen im Zuge der Kommunikation über Soziale Netzwerke fortlaufend dauerhafte und vergleichsweise stabile Interessengruppen, die sich ihrerseits massenmedialen Inhalten zuwenden. Deren Beschaffenheit steht im Widerspruch zu den bei Maletzke als „akzidentiell" bezeichneten Merkmalen. Diesen zufolge sind die „Glieder eines dispersen Publikums" untereinander beziehungsfrei, sozial heterogen und weder strukturiert noch organisiert (ebd., 29). Daher ist eine Ergänzung notwendig.

So ist die gegenseitige Anonymität in den Communities Sozialer Netzwerke und in der zukünftig vielleicht voll-digitalen Kommunikationsbeziehung womöglich teilweise oder vollends aufgehoben, ungeachtet der Frage nach der genauen Rolle des Kommunikators. So kann dieser als kommunizierendes Medienhaus (Institution), Nutzer eines sozialen Netzwerks oder als Einzeljournalist angesprochen sein.

Schließlich sind die Anreize für Rezipienten in der Netzwerkgesellschaft ganz anders gesetzt: Menschen, die diese über (wie auch immer geartete) gemeinsame Interessen verbundenen selbst gewählten Gemeinschaften nutzen oder ins Leben rufen, wollen sich mit Gleichgesinnten vernetzen und suchen den nicht-anonymen Austausch gegebenenfalls auch den Kontakt zum Kommunikator. Dabei werden auch Leistungen und Fehlleistungen des Kommunikators zum Thema. Es entstehen mehr oder minder stabile Bindungen trotz räumlicher und ggf. auch zeitlicher Trennung zwischen den Rezipienten.

Dabei wird nun deutlich, dass die von Maletzke angenommene Nicht-Organisation des Publikums so nicht mehr zu halten ist. Mehr noch steht die dem Publikumsbegriff immanente Rezeptionshaltung insgesamt in Frage, da die Mediennutzer zumindest selektiv aktive Gestalter ihrer Lebenswelten sind, in die sie auch Massenmedien integrieren.

Auch heute noch lassen sich Massenmedien kaum nach unten hin gegenüber Nischenmedien abgrenzen (vgl. Maletzke 1963, 29) und nur mit Burkart über das Öffentlichkeitsgebot fassen (ders. 2002, 169f.). Zahlschranken (Paywalls) jedenfalls schränken den Öffentlichkeitsgrad theoretisch betrachtet nicht ein (vgl. Raabe 2013, 286f.), auch nicht das Entstehen von Nischenangeboten unterhalb einer Dachmarkenstrategie. Anders verhält es sich womöglich mit Registrierungsschranken, denn diese errichten einen Sperrzaun, der den öffentlich zugänglichen Bereich von einem Club-, VIP- oder Mitgliederbereich trennt und schließen damit bewusst Teile aus. Damit laufen diese ihrem Geist nach der reinen Publizität zuwider, selbst wenn die errichtete Schranke allein ein Trick der Medienproduzenten zur Datenerhebung der Nutzer mit dem Zweck einer besseren Vermarktung ist.

Der Grad der in Netzwerkcommunities vorliegenden Homogenität in Bezug auf sozioökonomische Faktoren wie Alter und Bildung ist kaum zu bestimmen und dürfte je nach dem community-stiftenden Thema stark schwanken. Zugleich bedienen diese Themen ein gemeinsames Grundanliegen, dass die Menschen bei allen Heterogenitäten zumindest mental zusammenführt.

Ad 2) Indirekte und einseitige Kommunikation

Burkart interpretiert das Verhältnis zwischen Kommunikator und Rezipient als eine „Polarisierung der kommunikativen Rollen“ zugunsten des Kommunikators (ders. 2002, 170). Schönhagen (2004) weist auf die „theoretischen Verkürzungen“ hin, dass „*unhinterfragt Verbreitungsstrukturen mit Kommunikationsstrukturen gleichgesetzt werden* [Hervorhebung im Original, *d.A.*].“ (ebd., 73).

Anknüpfend an die Tradition der Münchner Zeitungswissenschaftsforschung von Hans Wagner (1978) schlägt sie eine differenzierte Betrachtung der Rollen von Vermittlung und Sendung im Prozess der Kommunikation vor (Schönhagen 2004, 118). Sie schlussfolgert, dass „Massenkommunikation prinzipiell genauso wechselseitig und interaktiv ist wie jede andere Form von Kommunikation“ (ebd., 130). Von anderen Formen gesellschaftlicher Kommunikation unterscheidet sich Massenkommunikation „durch die spezielle, von den Kommunikationspartnern unabhängige Art der Vermittlung“ (ebd.).

Eine weitere Kritik an Maletzkes Feldschema bezieht sich auf die „Ausblendung des gesellschaftlich-institutionellen Hintergrunds“ (Bonfadelli 2001, 90). Demzufolge vermittle das Schema „[…] etwas irreführend das Bild eines Gleichgewichts zwischen Kommunikator und Publikum.“ (ebd.). Interessanterweise stellt sich dieses von Maletzke höchstens bildlich suggerierte Equilibrium in der Medienkonvergenz ein.

Ad 3) Räumliche Trennung

Das Kriterium der *räumlichen Trennung* hat infolge der ständigen und ubiquitären Verbundenheit (Konnektivität) sowie der permanenten, zeitunabhängigen Verfügbarkeit (On Demand) von Content (asynchrone Nutzung) an Bedeutung verloren.

Es ist deutlich geworden, dass der dem analogen Zeitalter der Massenkommunikation angemessene Begriff des dispersen Publikums die zentralen Elemente der Interaktion zwischen Kommunikator und Publikum in der Medienkonvergenz nicht mehr ausreichend trennscharf abbildet. Diese Schwäche folgt aus den veränderten Bedingungen und Möglichkeiten der Mediennutzung und den wie dargestellt deutlich veränderten Freiheits- und Aktivitätsgraden aufseiten der Mediennutzer (u.a. Pull-Prinzip) und der damit einhergehenden Schwächung der Kommunikatorrolle. Ein Begriff des aktiven, mündigen Rezipienten ist dafür besser geeignet als ein passiver Publikumsbegriff.

Indem die individuellen Kommunikationsmodi der Rezipienten verstärkt in den Mittelpunkt rücken und das Gesamtpublikum in Einzelrezipienten zersplittert, ist auch die Frage nach dem Verhältnis von (interpersonaler) Kommunikation zur Massenkommunikation von Neuem aufgeworfen. Dazu sind unterschiedliche Positionen vertreten worden (vgl. Burkart 2002, 172-173). Burkart definiert: Der Prozess der Massenkommunikation ist demnach „grundsätzlich kommunikatives Geschehen“ (ebd., 174), „[…] im Rahmen dessen sich „Kommunikation […] zwar potentiell ereignen kann, jedoch nicht unbedingt ereignen muss.“ (ebd., 176). Er glaubt, dass diese Begriffsbestimmung bis zum Anfang des 21. Jahrhunderts Bestand haben wird: Erst wenn sich die „[…] Informationsverarbeitung so sehr individualisiert haben sollte, dass die Vorstellung eines „Publikums“ im hier definierten Sinne tatsächlich obsolet wird […]“, gälte dies nicht mehr (Burkart 2002, 176). So viel lässt sich sagen: Dieser Prozess ist im vollen Gang.

Zugleich verwischen die Grenzen zwischen der Massenkommunikationsforschung, die über Jahrzehnte als eigenständige Disziplin existiert hat, und der Kommunikationsforschung immer mehr (vgl. Lang 2013, 12). Ob die disziplinären Grenzen jedoch verschwinden werden, ist offen. Lang fordert in einer angelsächsisch ausgerichteten kritischen Bilanz: „We must have theories which easily embrace new media, rather than calling for new theory every time there is a new medium.“ (ebd., 23). Das aktuelle Paradigma der Massenkommunikationsforschung beschreibt sie als „tattered umbrella" (ebd.). Massenkommunikation sei ein Spezialfall menschlicher Kommunikation, wenngleich ein sehr wichtiger (vgl. auch die Diskussion bei Burkart 2002, 172). Sie schlussfolgert daraus die Notwendigkeit einer Neuausrichtung weg von der Wirkungsfrage hin zu „[...] dynamic systems theory coupled with skills in building complex cognitive, emotional, and motivational models of the interaction of a message and the human who encounters it." (ebd.). Die zukünftige Massenkommunikationsforschung, so fordert die US-Forscherin, müsse Abstand von der Wirkungsausrichtung und Medien in „human-centric variables" neu definieren (ebd.).

Die Konvergenz der Sphären der Massenkommunikation und der interpersonalen Kommunikation rückt letztere daher in den Fokus der KMW, obschon sie nicht deren eigentlicher Gegenstand ist (vgl. Kunczik/Zipfel 2005, 52). Jedoch bedingt die Kopplung der one-to-one- und one-to-many-Kommunikation die Erweiterung des disziplinären Blickwinkels.

2.2.2 Zielgruppenausrichtung von Medienproduzenten

Was bedeutet dies in der konkreten Anwendung für das Medienmanagement? Verlage müssen die theoretischen Erkenntnisse über die Veränderung der Medienpublika in geschäftsrelevante Strategien für ihre Kunden (Nutzer und werbetreibende Wirtschaft) umsetzen. Dabei sehen Verlage das Publikum als Kunden an, aus dessen Gesamtheit sie manche oder alle möglichst erfolgversprechend, d.h. gezielt mit ihren Produkten adressieren wollen. Das Ziel besteht darin, aus einem heterogenen Gesamtmarkt homogenere Segmente herauszulösen (Freter 2009, 408). Diese Kunden lassen sich als Zielgruppen (zum Begriff auch Altmeppen 2013, 387f.) übersetzen. Darunter ist die Gesamtheit der Personen zu verstehen, die von einer Werbemaßnahme erreicht werden soll, um deren Ziel zu ermöglichen. Freter schreibt: „Die Kunden in einem homogenen Marktsegment stellen die Zielgruppe für den Einsatz von Marketinginstrumenten dar." (ders. 2009, 399). Die Marktsegmentierung, bei der zwischen Markterfassung und -bearbeitung unterschieden wird, erfolgt dann in der Regel in einem mehrstufigen Prozess (vgl. ebd., 401-406). Jedoch erweisen sich Zielgruppenbestimmungen und –typologien aufgrund der Marktdynamik als problematisch.

Problematik von Zielgruppen

Boltze/Rau diskutieren das mögliche „Ende der Zielgruppe" (2012) in zunehmend saturierten Gesellschaften (ebd., 68). Sie bestreiten den Wert diffuser Zielgruppendefinitionen, „die in immer kleinteiligere Typologien münden und immer differenziertere Milieubeschreibungen hervorbringen." (ebd., 78).

Ein Prozess der „Neuentdeckung des Rezipienten" sei gefragt, der es der Medienwirtschaft gebietet, die „Rezipienten als Individuum wahrzunehmen" und daher „individuell zu bedienen" (ebd., 72). Dabei könnten die Anbieter die absatzförderliche Wirkung mitnehmen (ebd.). Medienwirtschaft und KMW könnten es sich nicht mehr leisten, von unmündigen Rezipienten auszugehen.

Konsequent weitergedacht müssen Medienanbieter ihre Kunden bzw. die Rezipienten individuell und als bewusst handelnde Individuen betrachten. Boltze/Rau schlagen dem Medienmanagement einen radikalen Schritt vor, der Verlagen als Befreiungsschlag dienen könnte. Denn schon heute findet insbesondere in Onlinenetzwerken so etwas wie die „Umkehrung der Zielgruppenbildung" statt: Der Rezipient ist metaphorisch gefasst Koch seines eigenen individuell zusammengestellten und abgeschmeckten Medienmenüs (dies., 73). Zugleich greife der Rezipient damit auf der Bündlungsstufe in die Wertschöpfung der Medienanbieter bei einer Leistung ein, die im Pushmodus klassischerweise den Anbietern oblag. In sozialen Netzwerken, die sich in genauso viele individuelle Teilnetzwerke wie Teilnehmer aufteilen lassen, schließlich scheitern alle Versuche, „disperse Publika zu homogenisieren" (ebd., 74).

Empirische Ergebnisse relativieren die Wucht dieser fraglos existenten Entwicklung. So kommen Webster/Ksiazek (2012) in einer empirischen Netzwerkanalyse von Nielsen-Daten über US-TV- und Internetbenutzung zum Schluss: „There is very little evidence that the typical user spends long periods of time in niches of like-minded speech." (dies. 2012, 51). Ähnlich wie Boltze/Rau (2012) beschreiben Webster/Ksiazek Modi der Medienauswahl durch Rezipienten als Effizienzsuche und Selbstoptimierung. Die von Nutzern erstellten Medienmenüs „[…] are one of several 'coping strategies' people have for finding preferred content in an increasingly complex media environment" (ebd., 45).

Doch behaupten Webster/Ksiazek die „persistence of popularity" (ebd.) und damit nicht weniger als die fortlaufende Konzentration der

Publikumsgunst auf wenige Anbieter und treten damit der Behauptung vom Ende der Massenmedien entgegen.

Die guten Chancen der erfolgreichsten Massenmedien leiteten sich aus der Charakteristik der Winner-Takes-All-Märkte ab (Webster/Ksiazek 2012, 52), die im deutschen Sprachraum sinngemäß als Anzeigen-Auflagen-Spirale formuliert wurde (vgl. Kapitel 3.2.4-3.2.4.1). Die Ungleichverteilung von Qualität im Medienmarkt verstärke die Nachfrage nach den besten Anbietern, was durch den Aufschwung von On-Demand-Angeboten und die Lenkung von Aufmerksamkeitströmen durch Empfehlungen in Sozialen Netzwerken noch verstärkt werde. Dadurch sei die Repertoireoptimierung für Rezipienten leichter als früher (ebd.). Nutzer wählen demnach die höherwertigen Angebote, solange die Preise nicht prohibitiv sind.

Auch gebe die schiere Anzahl von Anbietern im Wettbewerb dabei keinen Hinweis auf das Ausmaß der Publikumsfragmentierung („long tail"). Webster/Ksiazek treten dabei entschieden kulturpessimistischen Annahmen entgegen, die das Entstehen kommunikativer Parallelgesellschaften oder gar Enklaven befürchten. Ein viel wahrscheinlicheres Ergebnis ist eine „massively overlapping culture" (ebd., 51), weil Medienanbieter erfolgreiche Angebote imitieren.

Während Boltze/Rau die Umkehr der Zielgruppenbestimmung in Onlinewelten deutlich machen, zeigen Webster/Ksiazek plausible, lebenspraktisch nachvollziehbare Grenzen auf. Die Rezipienten sind insofern nicht voll-autonom und sich nicht bewusst in bezug auf ihre Bedürfnisse und deren Gratifikationen. Zwänge beziehen sich etwa auf die notwendige Beschränkung der Transaktionskosten (v.a. Zeit) für die Suche nach bzw. die Überprüfung von validen Informationen.

Obwohl die Frage der Zielgruppenansprache in fragmentierten Märkten nicht nur theoretisch, sondern, wie diskutiert, auch praktisch für Medienhäuser immer schwieriger wird, stützen sich Verlage in ihren Strategien für die Marktbearbeitung noch immer auf Zuschauer- und Kundentypologien. Die wichtigsten Typologien und die Veränderungen der Zeitungsnutzung sind im Folgenden kurz aufzuführen.

2.3 Medienkonvergenz bei Zeitungen und Regionalzeitungen

Regionalzeitungen sind ein Medium der lokalen Massenkommunikation. Sie erfüllen eine Forumsfunktion und haben eine elementare Bedeutung für die kommunikative Interaktion und die Konstituierung einer lokalen Öffentlichkeit. Die im Lokalteil der Regionalzeitung angebotenen Informationen sind universal. Dadurch hat der Rezipient das Gefühl, umfassend informiert zu sein (vgl. Jonscher 1995, 399). Der Rekurs auf die gemeinsame Heimat als „lokale" räumliche Bezugseinheit – vorzustellen als der Radius, in dem der Großteil der Leser den überwiegenden Teil seiner Zeit verbringt – wirkt integrativ. Die gemeinsamen Themen sind heimatstiftend (vgl. Jonscher 1991, 17).

Der Lokalteil der Regionalzeitung wird vor allem gelesen, um sich über die Geschehnisse in der Region zu informieren und an öffentlichen Diskussionen teilhaben zu können. In der bereits angesprochenen „Langzeitstudie Massenkommunikation", die Informationen über die Mediennutzung auf der Basis von Bevölkerungsbefragungen zusammenstellt, gaben 32 Prozent der Befragten an, eine Tageszeitung zu lesen, um sich zu informieren. 31 Prozent nannten „mitreden können", 26 Prozent „Nützliches erfahren" und 25 Prozent „Denkanstöße bekommen" als Gründe für die Lektüre einer Tageszeitung (vgl. Ridder/Engel 2010). Ein Vergleich mit anderen Massenmedien zeigte, dass die Zeitung vor allem beim Punkt „sich informieren" an der Spitze des Feldes liegt – vor dem Internet, das an dieser Stelle 29 Prozent der Befragten nannten, und TV, das auf 26 Prozent kam. Beim Punkt „mitreden können" wird die Zeitung nur knapp vom Fernsehen distanziert, das hier auf 34 Prozent Zustimmung kommt. Beim Punkt „Nützliches erfahren" rangiert die Zeitung mit 26 Prozent knapp hinter TV (29 Prozent) und Internet (28 Prozent) (vgl. Ridder/Engel 2010).

Insgesamt ist auffällig, dass die Tageszeitung aus intellektuellen Gründen gelesen wird. Dagegen kann die Nutzung von Radio und vor allem von TV ein breites Spektrum von Interessen abdecken. Das Internet erreicht zwar bei keinem der einzelnen Nutzungsmotive einen Spitzenplatz, indes rechtfertigt es seinen Charakter als Universalmedium, das durch seine vielfältigen Fähigkeiten gleichsam alle Bedürfnisse abdecken kann und besondere Stärken als Transaktionsmedium beweist.

Die Ergebnisse der „Langzeitstudie Massenkommunikation" sind durchaus nicht unumstritten, und die Untersuchungsmethodik wird immer wieder kritisiert. In der Tat erfolgt die Erhebung der Nutzungsmotive durchaus holzschnittartig, und der Untersuchungsansatz birgt methodische Probleme, die zu Verzerrungen führen können (vgl. etwa Lauf 2006, 57ff.). So geht die Untersuchung z.B. von einer voll-rationalen Medienauswahl der Rezipienten aus, d.h. sie übernimmt damit zumindest ansatzweise einen Kerngedanken des Uses-and-Gratifications-Ansatzes (vgl. dazu etwa Katz/Foulkes 1962). Diesem widerspricht aber die Tatsache, dass auch Sozialisation und Habitualisierung bei der Medienauswahl eine große Rolle spielen (vgl. Schulz/Bruttel 2010, 163).

Gerade die Lektüre der (Regional-)Zeitung ist – im Gegensatz zu vielen anderen Medien – sehr stark von den Effekten der Habitualisierung und der Sozialisation bei der Mediennutzung geprägt. Ohne Orientierungshilfen ist der Zeitungskonsum oft schwierig (ebd.). Das Zeitungslesen ist anders als etwa das gewissermaßen voraussetzungsfreie Fernsehen eine erlernte Kulturtechnik. Den Weg zur Zeitung bzw. zur Lektüre finden viele im Elternhaus; denn das Vorbild der Eltern ist ein wichtiges Element bei der eigenen Mediensozialisation (ebd.).

Eine weitere wichtige Eigenschaft der gedruckten Zeitung ist die Tatsache, dass sie vor allem morgens gelesen wird. Gerade die Regionalzeitung gilt als klassisches „Morgenmedium" (vgl. dazu Kapitel 2.3.1).

2.3.1 Veränderung des Zeitungskonsums

Gesellschaftliche Veränderungen führen seit einigen Jahren dazu, dass sich das Umfeld für den (analogen) Zeitungskonsum verändert. Der oben genannte lokale Bezug der Regionalzeitung etwa erscheint in Zeiten der zunehmenden Globalisierung in einem neuen Licht. Ihre Wirkung auf die Regionalzeitungen ist allerdings noch unklar bzw. umstritten. So glaubt etwa Jonscher, dass gerade die mit der Ausweitung und zunehmenden Vernetzung der Welt einhergehende Komplexität die Menschen zu einem Rückzug ins Lokale treibe (vgl. ders. 1991). Die Regionalzeitung, so Jonscher, biete soziale Orientierung, persönliche Identitätsfindung, gesellschaftliche Integration und Geborgenheit innerhalb des unmittelbaren, überschaubaren Lebensbereichs. Es scheint allerdings fragwürdig, ob dies auch in Metropolengebieten gilt, für deren häufig sehr mobile Bevölkerung eine starke über- bzw. außerregionale Orientierung typisch ist (dazu auch Kapitel 2.5). Angesichts der Heterogenität der Bevölkerung in solchen Metropolgebieten ist es immer schwieriger, die Menge relevanter Informationen in einem einzigen Produkt zu bündeln.

Eine weitere gesellschaftliche Veränderung, die Auswirkungen auf den Konsum des Morgenmediums Regionalzeitung hat, ist die schleichende Entstrukturierung der Tagesabläufe. Fast ein Viertel der 14- bis 29-Jährigen frühstückt gar nicht mehr, weitere 21 Prozent tun das immer häufiger außer Haus, wie die Nestlé-Studie nachweist (vgl. ebd. 2009). Demgegenüber frühstücken rund 85 Prozent der über 50-Jährigen zu Hause. Die Veränderung des Tagesablaufs und die abnehmende Bedeutung der „Frühstückskultur" bedeuten einen erheblichen Nachteil für die gedruckte Tageszeitung. Denn mit nachlassender Nutzungsdauer der Tageszeitung sinkt auch die Bindung der Menschen an das Produkt Regionalzeitung, also die Leser-Blatt-Bindung. Bestätigt wird dies z.B. in der „Langzeitstudie Massenkommunikation", die die Leser-Blatt-Bindung in den Jahren zwischen 1970 und 2010 verglich. Antworteten 1990 noch 63 Prozent der Befragten, dass sie die Zeitung sehr stark oder stark vermissen würden, waren dies 2010 nur noch 42 Prozent (vgl. Ridder/Engel 2011, 5). Dem Internet werde seit 2000 hingegen eine stark wachsende Bedeutung zugeschrieben. Müssten sich Mediennutzer entscheiden, künftig nur noch ein Medium nutzen zu dürfen, würden nur 11 Prozent der Menschen für die Zeitung votieren, 1990 waren es noch 20 Prozent. Das Fernsehen verlor in dieser Zeit von 52 auf 32 Prozent, während das multifunktionale Internet seit 2000 von 6 auf 33 Prozent zulegte und damit an die Spitze rückte (vgl. Ridder/Engel 2011).

Crossmediale Mediennutzung

Angesichts der zunehmenden Vielfalt der Medien und Mediennutzungsmöglichkeiten sinkt die Nutzungszeit der analogen Zeitung. TV und Radio liegen an der Spitze der täglichen Mediennutzung in Deutschland. Die tägliche Nutzungsdauer der Zeitung sank in den Jahren 1970 bis 2010 von 35 Minuten (1970), über 28 Minuten (1990) auf 23 Minuten (2010). Im selben Zeitraum wuchs der Fernsehkonsum von 113 Minuten (1970) über 135 Minuten (1990) auf 220 Minuten täglich im Jahr 2010 (Ridder/Engel 2011, 8). Die Nutzungszeit für das Internet stieg bezogen auf die Gesamtbevölkerung auf bis zu 43 Minuten. Das Internet ist also unaufhaltsam auf dem Vormarsch. Es absorbiert dabei auch andere Medien. Immer mehr Zeit entfällt etwa auf Audio- und Videonutzung im Netz. So verändert sich die Rezeption von TV und Radio. Auch Zeitungsinhalte werden in steigendem Umfang online konsumiert. Rund 3 Minuten der gesamten Internetnutzungsdauer, so berechneten Ridder/Engel, entfallen auf Tageszeitungen. Sie geben die Gesamtnutzungsdauer der Tageszeitungen (analog und digital) für das Jahr 2010 daher mit 26 Minuten an (vgl. dies. 2011, 13).

Eine Möglichkeit für Verlage, das Interesse der Konsumenten für das Internet zu nutzen, besteht darin, die Inhalte ihrer gedruckten Produkte auch online anzubieten oder online zu ergänzen. Durch eine solche crossmediale Strategie können mutmaßlich neue Leser gewonnen und aktuelle Leser gebunden werden. Ob diese Rechnung aufgeht, ist allerdings noch unklar. Das verschränkte analog-digitale Mediennutzungsverhalten ist bislang wenig erforscht. Erst seit 2009 untersuchen die Allensbacher Computer- und Technikanalyse (ACTA) und die Langzeitstudie Massenkommunikation von ARD und ZDF das crossmediale Verhalten über die verschiedenen Medienkanäle hinweg für 30 Printmarken. Die ACTA konnte dabei eine Zunahme der Bedeutung des Internet als politische Informationsquelle nachweisen. 55 Prozent der befragten Internetnutzer nutzen demnach das Netz zur Suche aktueller Informationen zur Politik, 47 Prozent zur Suche von Wirtschaftsnachrichten (vgl. ACTA 2009).

Dabei ist auffällig, dass die gesamte Mediennutzungszeit weitgehend stabil bleibt, die einzelnen Gewichte sich indes verschieben. Während die Nutzer immer weniger Zeit für Printprodukte aufwenden, steigt die Nutzungszeit für Online-Angebote. Die Entwicklungstendenz deutet an, dass sich die Verschiebung zum Nachteil von Print und zugunsten der Online-Nutzung in den kommenden Jahren verstärken dürfte. Dabei ist die Datenbasis nicht sehr breit und zuverlässig. Dennoch stehen die Ergebnisse der ACTA-Studie im Einklang mit weiteren Untersuchungen wie etwa der Dissertation von Mögerle. Mögerle (2009) untersuchte in den Jahren 2006 und 2007 das Online- und Print-Parallelnutzungsverhalten von Deutsch-Schweizer Online-Zeitungslesern mittels einer Paneluntersuchung. Die Ergebnisse der Studie sind angesichts der speziellen Bedingungen in der deutschsprachigen Schweiz (etwa: starke Printkultur, wenige einheimische TV-Sender, dafür eine reichhaltige Gratistageszeitungskultur [vgl. dazu Haller 2009, 104ff.]) zwar vorsichtig zu interpretieren. Dennoch: Die Autorin stellt im Jahresverlauf eine leichte Print-Substitution durch das Internet fest (vgl. Mögerle 2009, 179; 416).

Eine Befragung des Leipziger Instituts für Praktische Journalismus- und Kommunikationsforschung (IPJ) von 1.188 Personen kommt hingegen zu einem anderen Ergebnis. Die Wissenschaftler befragten Zeitungsabonnenten im Alter von 30 bis 50 Jahren in Frankfurt am Main, die über einen Online-Zugang verfügen. Das Ergebnis: Die Online-Nutzung der Zeitung ist gering. Fast zwei Drittel (62 Prozent) der befragten Leser riefen die Webseite der Zeitung nach eigenen Angaben niemals auf. Ein weiteres Fünftel muss zu den seltenen Nutzern gezählt werden; sie nutzen den Online-Auftritt weniger als ein- bis zweimal wöchentlich. Lediglich 5 Prozent der Abonnenten gaben an, die Internetseite täglich zu besuchen (vgl. Thomä 2010, 66).

Trotz der widersprüchlichen Forschungsergebnisse bleibt festzuhalten: Das vorrangige Problem für Verlage besteht offenbar nicht vornehmlich darin, dass die Produktnachfrage ins Bodenlose fällt, sondern vielmehr darin, dass bis dato erlösstarke Bereiche wegbrechen und neue Geschäfte zwar gleichzeitig erstarken. Letztere können die Erlösrückgänge bislang indes nicht kompensieren, da sie keine oder nur geringe Kostendeckungsbeiträge erzielen. Das Problem liegt aus Verlagssicht in diesem Zusammenhang noch immer in der mangelnden Zahlungsbereitschaft für Medieninhalte.

Die Bereitschaft, für den Medienkonsum zu zahlen, ist in den deutschen Haushalten in den letzten Jahrzehnten grosso modo nicht wesentlich gestiegen. Brosius/Haas beschreiben die Ausgabebereitschaft anhand der Medienausgaben deutscher Haushalte zwischen 1973 und 1998. Demnach schwanken die monatlichen Ausgaben für Medien nur zwischen 2,21 und 2,36 Prozent der monatlichen Nettoeinkünfte (vgl. Brosius/Haas 2006, 128) – ein Beleg für die relative Konstanz der Ausgaben. Dieser Trend gilt, auch wenn die Zahlen von Brosius und Haas die Gebühren für den Online-Zugang unberücksichtigt lassen. Gewisse spezifisch-deutsche Marktbedingungen sind nach Ansicht der Autoren dafür verantwortlich, dass sich das Ausgabenniveau kaum verändert. Sie schreiben: „Trotz der Zunahme der Mediennutzung in der Bevölkerung, die mit einer Größenordnung von etwa zwei Stunden einen durchaus bemerkenswerten Umfang hat, ist das Medienbudget in Deutschland nicht gestiegen. " (Brosius/Haas 2006, 137). Dies sei auf die Rolle des öffentlich-rechtlichen und privaten Rundfunks zurückführen. Hier sei die Mehrnutzung quasi kostenlos und damit sei ein Großteil der zusätzlichen Mediennutzungszeit absorbiert worden. Zwar dürfte das stürmische Wachstum der Online-Zugänge in Deutschland – gepaart mit dem Zusammenwachsen der IT-Struktur (etwa „Triple- und Quadruple-Play") – die Medienfixkosten der deutschen Haushalte leicht erhöht haben. Zugleich ist aber auch eine Deckelung anzunehmen, da über die reinen Netzzugangskosten hinaus bei scharfem Preiswettbewerb der Provider bislang keine weiteren Kosten anfielen. Schließlich galt im Netz bislang (weitestgehend) der Gratisstandard als gesetzt, der unter dem Claim der „Aufmerksamkeitsökonomie" (Franck 1998) gerechtfertigt wurde.

Die bisher geringe Zahlungsbereitschaft der Zeitungsleser im Netz ist auch den Verlagen als Versäumnis in Bezug auf Produktinnovationen anzulasten. Brosius und Haas etwa meinen: „Der [überaus statische, *d.A.*] Zeitungsmarkt kann als Beleg dafür dienen, dass beim Ausbleiben von Innovationen in einem Teilbereich bei gleichzeitig stattfindenden Innovationen in anderen Bereichen der Teilbereich in seinem Anteil am Gesamtbudget der Haushalte eher rückläufig ist. Bei der Zeitung ist als Sonderentwicklung sicher noch zu verzeichnen, dass in den letzten Jahren jüngere Zielgruppen vermehrt auf ein Abonnement der Tageszeitung verzichten und stattdessen das Internet als alternative Informationsquelle nutzen" (dies. 2006, 135).

An dieser Stelle geben beispielsweise die neuen, mobilen Endgeräte Grund zur Hoffnung auf neue Erlösquellen. Diese können neue Muster der Mediennutzung erzeugen, die mit höheren Medienausgaben einhergehen. So könnte das Prinzip der relativen Konstanz der Medienausgaben durchbrochen werden. In der Tat deuten jüngere BDZV-Erhebungen (2012) zur Zahlungsbereitschaft für Zeitungsinhalte auf Tablet-Computer in diese Richtung, allerdings sind diese unsicher. Daraus lassen sich zusätzlich Potenziale für etwaige Preiserhöhungen in der Zukunft ableiten. Gegenüber der frei verfügbaren Information müssen diese einen Mehrwert bieten. Dieser allerdings wird neu zu bestimmen sein, da die Zeitungen sich und ihre Funktion zukünftig über andere Faktoren werden definieren müssen.

2.3.2 Zielgruppenspezifische Entwicklungen

Ohne Zweifel verändert sich sowohl die Leserschaft der Zeitung als solche als auch das Nutzungsverhalten des einzelnen Lesers. Um die Veränderungen kategorisieren und möglicherweise Prognosen über zukünftige Nutzungstrends anstellen zu können, versuchen Verlage und Wissenschaftler immer wieder, die Leserschaft bzw. die gesamte Bevölkerung in Zielgruppen zusammenzufassen.

Die einfachste Zielgruppendefinition erfolgt anhand der sozioökonomischen Faktoren Alter und Bildungsstand. Folgt man diesen Definitionskriterien, so lassen sich zwei wichtige gesellschaftliche Entwicklungen erkennen, die die Modi der Mediennutzung verändern:

1. die Alterung der Gesellschaft
2. eine stärkere Spreizung bzw. Differenzierung der gesellschaftlichen Schichtung sowohl nach „oben“ als auch nach „unten“

Ad 1) Die Alterung der Bevölkerung stellt für das gedruckte Medium Regionalzeitung eine unmittelbare Gefahr dar, denn die Leserschaft besteht vor allem aus älteren Lesern. Bleibt der ständige Nachschub von jüngeren Lesern aus, so steht zu befürchten, dass die Gruppe der Zeitungsleser nach und nach – im wahrsten Sinne des Wortes – wegstirbt.

Junge Menschen im Alter von 14 bis 29 Jahren gehören unterdurchschnittlich oft zum Kreis der Regionalzeitungsleser. Ihr Interesse für tagesaktuelle Information und klassischen Zeitungsinhalten wie Politik, Wirtschaft und Kultur sowie die Bereitschaft, sich diese aktiv anzueignen, sind im Vergleich mit anderen Altersklassen gering und lassen seit einigen Jahren immer stärker nach (vgl. etwa Schulz/Bruttel 2010, 153-156). Dabei handelt es sich im Übrigen nicht um eine generelle Ablehnung der Kulturtechnik des Lesens, ist doch die Lektüre von Büchern deutlich weniger betroffen. In der Gruppe der 14- bis 29-jährigen Rezipienten haben Bücher die Zeitungen im Hinblick auf die tägliche Nutzungsdauer bei weitem überholt. Daneben legen vor allem Dauer und Umfang der Online-Lektüre ständig zu. Die Datenbasis ist allerdings noch sehr dünn, so dass hier keine zuverlässigen Aussagen getroffen werden können.

Das Verhalten der Jungen scheint im Kontext mit einer speziellen Informationsversorgung zu stehen. Schulz und Bruttel etwa vermuten, dass die ständige und ubiquitäre Verfügbarkeit von „Infoschnipseln“ die Illusion erweckt, ständig ausreichend informiert zu sein (vgl. ebd., 158). Die Notwendigkeit, eigenes Wissen aufbauen zu müssen, schwinde dadurch (ebd.). Die Allensbach-Forscher interpretieren das nachlassende Interesse an der Tageszeitung als generelle Abkehr vom klassischen Bildungskanon, aber auch von gesellschaftlichen Themen. Die unmittelbar auf die Optimierung von Alltagssituationen bezogenen Informationen hingegen gewinnen an Bedeutung, so die Forscher in ihrem Bericht (vgl. ACTA 2010). Im Umgang mit Tageszeitungen neigen die jungen Mediennutzer zu einem deutlich flüchtigeren und weniger habitualisierten Umgang als die älteren Leser (ebd.).

Ad 2) Die zunehmende Differenzierung der Gesellschaft führt zu einer Erosion der Mittelschicht in beide Richtungen. Das heißt, es kommt sowohl zu einer verstärkten Unterschichtenbildung als auch zu einer Ausweitung von Eliten. Beides ist für Regionalzeitungsverlage, die sich bislang an „Jedermann" wendeten und, wenn man so will, eine Erfolgsgeschichte der nivellierten Mittelstandsgesellschaft waren, eine erhebliche Gefährdung. Beide Gruppen wenden sich tendenziell von der regionalen Tageszeitung ab.

In den oberen gesellschaftlichen Schichten wird zwar viel gelesen, allerdings passt sich der Medienkonsum vor allem den gestiegenen beruflichen Erfordernissen an (vgl. dazu etwa Schulz 2010, 149). So werden z.B. mehr Qualitätsmedien im beruflichen Umfeld rezipiert (ebd.). Die langen Büroarbeitszeiten und die damit einhergehende lange Bildschirmpräsenz bedingen indes, dass das Lesen weitgehend online geschieht. Die Regionalzeitung profitiert von der insgesamt hohen Lesezeit daher nicht. Anders die Entwicklung in den Haushalten, die den unteren gesellschaftlichen Schichten zugeordnet werden können: Hier hat sich das Medienbudget in den vergangenen Jahren verringert, und sowohl das Interesse als auch die Teilhabe an gesellschaftlichen Prozessen nehmen ab. Im Ergebnis führen auch diese Entwicklungen dazu, dass das Interesse an Regionalzeitungen nachgelassen hat.

Dass das Lesen als Kulturtechnik insgesamt bedroht sei, lässt sich mangels expliziter empirischer Kenntnisse über die Online-Rezeption nicht ohne Weiteres behaupten, da über alle Kanäle und Mediengrenzen (Bücher etc.) hinweg deutlich mehr gelesen wird als bisher. Das Lesen von Büchern hat bislang weniger gelitten als das Zeitungslesen. Allerdings ist auch dieses den Veränderungen der Rezeptionsmodi unterworfen (digitale Lesegeräte und elektronisches Papier), was die Verlagsindustrie in Mitleidenschaft zieht.

Die Betrachtung nach Altersgruppen und Bildungsstandard liefert zwar einige interessante Ergebnisse, bleibt insgesamt aber recht holzschnittartig. Im Folgenden sollen daher verschiedene Ansätze der Lebensstilforschung bzw. Mediennutzungsforschung vorgestellt werden – mit dem Ziel zu prüfen, ob sie sich für eine systematische Betrachtung der Leserschaft von Regionalzeitungen eignen.

2.3.2.1 Zielgruppen in der Lebensstilforschung

Die sich zunehmend differenzierenden Formen der Mediennutzung haben in den vergangenen Jahren zu einem starken Aufblühen der induktiv-empirischen Mediennutzungs- und Konsumentenforschung geführt. Die Forschungsarbeiten berufen sich vor allem auf Untersuchungen des französischen Soziologen Pierre Bourdieu, die dieser in seinem Werk „Die feinen Unterschiede“ 1982 veröffentlichte. Die Grundthese Bourdieus lautet, dass sich der sozioökonomische Status der Menschen seit den 1960er Jahren zunehmend von ihrem Lebensstil abgelöst habe (vgl. ders. 1982). Zwar handle es sich nicht um eine vollständige Entkopplung der Kriterien Bildung und Einkommen – Lebensstile variierten diese aber. Insofern kommt Otte zu dem Ergebnis, dass weder „von einer strikten Strukturdeterminiertheit noch von einer freien Gestaltbarkeit des Lebensstils zu sprechen“ sei (ders. 2005a, 7f.).

Das Interesse der empirischen Mediennutzungsforschung an der Lebensstilforschung liegt darin, die Veränderungen der Mediennutzung darstellbar zu machen und unterschiedliche Zielgruppen möglichst plastisch vorstellbar herauszuarbeiten. Dabei sollen die aus der Lebensstilanalyse gewonnenen Daten deutlich aussagestärker sein als nur sozioökonomische Daten wie etwa Alter und Bildung. Die Determinanten der Lebensführung (und damit auch der Mediennutzung) sind diesen Ansätzen zufolge zahlreich. Aus dieser Grundidee ist in den vergangenen Jahren eine Vielzahl unterschiedlicher Typologien entstanden. Ein Überblick findet sich z.B. bei Otte (vgl. ders. 2005b, 448f.).

Sinus-Milieus

Ein Lebensstilforschungsansatz, der auch für die Mediennutzungsforschung interessant ist, ist der der sogenannten Sinus-Milieus, der vom Sinus-Institut vertreten wird. Das Sinus-Sociovisions-Institut hat sich zum Ziel gesetzt, die zunehmende Unübersichtlichkeit und Heterogenität bei der Identifikation gesellschaftlich relevanter Gruppen durch die Definition von sogenannten Milieus zu überwinden. Sinus-Milieus sind Gruppen von Menschen, die über eine ähnliche Lebensauffassung und Lebensweise verfügen. Bei der Zuordnung zu einer bestimmten Gruppe bzw. zu einem Milieu spielt vor allem die grundlegende Wertorientierung der Menschen, also etwa die Einstellung zu Familie, zu Arbeit, zu Konsum etc. eine Rolle. Möglicherweise diskriminierende Konnotationen bei der Typenwahl gehören dabei durchaus zum Konzept (vgl. Koch/ Neuwöhner 2010, 96).

Der Begriff des Sinus-Milieus ist geschützt durch das Sinus-Institut, das sich selbst als „Spezialist für psychologische und sozialwissenschaftliche Forschung“ versteht (Sinus-Institut 2012). Unternehmensziel des in den 1970er Jahren gegründeten Instituts ist neben der Forschung auch die Beratung von Marketingkampagnen. Da das Unternehmen kommerziell arbeitet, ist das Vorgehen bei der Bildung der Milieus öffentlich zugänglich nicht genau dokumentiert.

Die Sinusstudie unterscheidet verschiedene Lebensmuster bzw. -entwürfe, zu denen vor allem die Konsum- und Lebenseinstellungen zählen, die für die Auftraggeber aus der Wirtschaft interessant sind. Sie identifiziert zehn unterschiedliche Milieus in einem Graphen nach sozialer Lage auf der y-Achse und gesellschaftlicher Orientierung auf der x-Achse (vgl. Abbildung 4). Bei der Bestimmung der sozialen Lage spielt vor allem das Einkommen eine Rolle. Basis sind rund 50 Millionen Menschen in Deutschland im Alter zwischen 14 und 64 Jahren[10].

Abbildung 4: Sinus-Milieus in Deutschland 2010

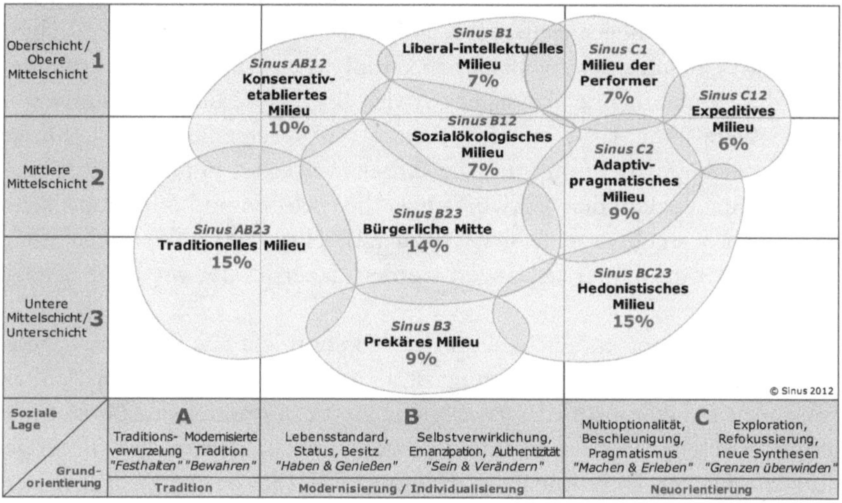

Quelle: Verbrauchs- und Medienanalyse (VuMA) 2012.

Die zehn Milieus sind:

1. Bürgerliche Mitte (15 Prozent)
2. Traditionsverwurzelte (14 Prozent)
3. Konsum-Materialisten (12 Prozent)

10 Das Sinus-Institut überarbeitete seine Milieus im Jahr 2010 und stellte 2011 eine neue Milieustruktur vor. Diese Arbeit bezieht sich dennoch auf die Milieus vor 2011, da so die Schnittmengen mit der Mediennutzungstypologie besser herausgearbeitet werden können. Informationen zur überarbeiteten Sinus-Typologie finden sich z.B. bei der VuMA (vgl. ebd. 2012) oder auf den Internetseiten des Sinus-Instituts.

4. Hedonisten (11 Prozent)
5. Moderne Performer (10 Prozent)
6. Etablierte (10 Prozent)
7. Postmaterielle (10 Prozent)
8. Experimentalisten (9 Prozent)
9. Konservative (5 Prozent)
10. DDR-Nostalgische (4 Prozent)

Es gehört zum Verständnis des Konzepts, dass zwischen den verschiedenen Milieus Berührungspunkte und Übergänge existieren. Die Grenzen zwischen den einzelnen Milieus seien an mehreren Stellen durchlässig, heißt es im Beitext zur Studie. Das Sinus-Institut spricht dabei auf seiner Homepage von der „Unschärferelation der Alltagswirklichkeit" (ebd. 2012).

Unternehmen nutzen das Konzept der Sinus-Milieus vor allem für ihr Marketing. Die Milieus helfen beispielsweise, das Phänomen des hybriden Kaufverhaltens in verschiedenen Gruppen zu erklären und verdeutlichen die „abnehmende Aussagekraft des Segmentierungskriteriums soziale Schicht" auf das Konsumverhalten (vgl. Freter 2008, 127). Diese kommerzielle Ausrichtung und die Arbeitsweise des Sinus-Instituts tragen ihm nicht selten den Vorwurf eines theorielosen und rein-empirisch-induktiven Vorgehens ein (siehe dazu z.B. Haas 2007, 66). Reliabilität und Validität der Untersuchungen werden daher immer wieder in Zweifel gezogen.

Die Anwendungsmöglichkeiten der Erkenntnisse aus der Sinusstudie für die Mediennutzungsforschung sind begrenzt. Differenzierte Aussagen zum Medienkonsum lässt sie nicht zu, der unmittelbare Nutzen ist gering. Ein gravierendes Problem besteht zudem darin, dass die enge Verzahnung der Determinanten Bildung und Einkommen, die bei der Definition und Zugehörigkeitsbestimmung der Sinus-Milieus eine Rolle spielt, in manchen deutschen Regionen nicht gegeben ist. In vielen ostdeutschen Regionen etwa korrelieren Bildung und Einkommen nicht. Dennoch ist die Sinusstudie für die vorliegende Arbeit von Bedeutung. Die spezifische Ansprache unterschiedlicher Kundengruppen gewinnt für Verlage immer mehr an Bedeutung. Sinus-Milieus sind im Medienmarketing der Verlage ein viel genutztes Modell, die eigenen Kundendaten zu ergänzen.

Lebensführungstypologie nach Otte

Der Soziologe Gunnar Otte hat aus seiner Kritik an anderen Lebensstilansätzen wie der Sinus-Typologie eine eigene Systematik entwickelt (vgl. dazu ders. 2005b). Seine Typologie beruht auf der Ermittlung von zehn Indikatoren, die er anhand der Achsen „Ausstattungsniveau" und „biographische Perspektive"/„Modernität" ordnet. Beide hält er für die „grundlegendsten Dimensionen der Lebensführung" (Otte 2005b, 450). Für seine Typologie nimmt er in Anspruch, dass sie replizierbar sei und damit, anders als die bisher genannten Verfahren, nicht-induktiv. Zudem sei sie zeitstabil, was dann auch für die Reliabilität der Kategorien spreche. Die Erklärungskraft seiner Typologie hält Otte für „gleichwohl moderat, so dass monokausale, rein lebensführungszentrierte Erklärungen unzureichend sind" (ebd., 463).

Otte weist den folgenden neun Lebensführungstypen hypothetische Handlungslogiken zu (vgl. ders. 2005b, 454):

1. Konservativ Gehobene
   Tradition des Besitzbürgertums, Konservatismus, Distinktion durch „Rang", Exklusivität im Lebensstandard, klassische Hochkultur, Leistungs- und Führungsbereitschaft, Religiosität
2. Konventionalisten
   Tradition des Kleinbürgertums, Pflicht- und Akzeptanzwerte, Sicherheitsorientierung, Hochkulturkonsum mit volkstümlichem Einschlag, konservativ-religiöse Moral, häusliche Idylle
3. Traditionelle Arbeiter
   Tradition der Facharbeit, Bescheidenheit, Orientierung am Praktischen, Bedeutung sozialer Sicherheit, gewerkschaftliche Nähe, deutsches Liedgut, Vereinsleben
4. Liberal Gehobene
   Tradition des Bildungsbürgertums, Liberalität, berufliche Selbstverwirklichung, Hochkulturkonsum mit „alternativem" Einschlag, Sinn für Authentizität, Kennerschaft im Konsum
5. Aufstiegsorientierte
   Zentriertheit um solide Berufskarriere, Familie und Partizipation am Mainstream der modernen Freizeitkultur, „Durchschnittlichkeit" und interne Heterogenität des Typus durch Mittelposition
6. Heimzentrierte

Familienzentriertheit und Häuslichkeit durch Kinder und geringe Ressourcenverfügbarkeit, traditionelle Volksfestszene und moderne Massenkultur wie Popmusik und Fernsehen

7. Reflexive
   Kulturelle, akademisch geprägte Avantgarde, Reflexivität, Kreativität und Experimentierfreude, Suche nach eigenverantwortlicher Persönlichkeitsentfaltung, globales Lebensgefühl
8. Hedonisten
   Jugendkultureller Stilprotest durch Mode und Musik, Innovationsfreude, gegenwartsbezogene Genuss- und Konsumorientierung, Extraversion, städtische Spektakel- und Clubkultur
9. Unterhaltungssuchende
   Erlebniskonsum, materialistische Statussymbolik und außerhäusliche Unterhaltungsorientierung vor dem Hintergrund einer Deklassierungsbedrohung, Depolitisiertheit

Auch die Lebensführungstypologie nach Otte bietet für die Zielgruppenarbeit von Verlagen wertvolle Anknüpfungspunkte. In Gesprächen mit Verlagsvertretern wurde deutlich, dass die Typologie beachtenswerte praktische Relevanz für die Zielgruppendefinition in Verlagen hat.

2.3.2.2 Zielgruppen in der Nutzungsforschung

Die 1997/98 entwickelte Mediennutzungstypologie (MNT) der öffentlich-rechtlichen Fernsehanstalten der ARD und des ZDF fokussiert die unterschiedlichen Modi der Mediennutzung. Sie versteht sich im Gegensatz zu den Sinus-Milieus weder als Versuch einer Universal- oder Lebensstiltypologie noch als eine Konsum- oder Publikumstypologie, sondern als spezielle Medientypologie (vgl. Oehmichen 2010, 8). Die MNT ordnet medienübergreifende Nutzungsmuster. Sie soll der Beschreibung, Erklärung und Vorhersage der Medienpräferenzen dienen sowie crossmediale Rezeptions- bzw. Nutzungsanalysen ermöglichen.

Entsprechend der Interessenlage der öffentlich-rechtlichen Auftraggeber werden TV, Hörfunk und Internet erfasst. Printnutzung steht nicht im Fokus der Untersuchung. Dennoch deckt der Fragebogen in einer Frage auch Tageszeitungen ab, wobei diese in überregionale Titel, regionale Titel und Boulevardtitel unterschieden werden. Die Wahrscheinlichkeiten einer Zeitungslektüre in den einzelnen, unterschiedlichen Nutzergruppen sind somit annähernd abzubilden.

Die MNT bezieht die folgenden unabhängigen Variablen mit in die Untersuchung ein[11]:

- allgemeine Werte und Lebensziele
- Lebensführung
- Freizeitaktivitäten
- Freizeitwerte
- Themeninteressen

Sie unterscheidet dabei zehn unterschiedliche Nutzungstypen. Eine wichtige Variable ist dabei auch das Lebensalter. Die folgende Auflistung ordnet die Nutzungstypen von jung nach alt:

1. Junge Wilde
2. Zielstrebige Trendsetter
3. Unauffällige
4. Berufsorientierte
5. Aktiv Familienorientierte
6. Moderne Kulturorientierte
7. Häusliche
8. Aufgeschlossene Ältere
9. Traditionell Kulturorientierte
10. Zurückgezogene

Vergleich von MNT mit Sinus-Milieus

Sinus-Milieus und MNT lassen sich anhand einiger unterschiedener Lebensstil- respektive Mediennutzertypen aus der MNT 2.0 miteinander vergleichen (vgl. dazu Koch/Neuwöhner 2010, 93-115). Vor allem inhaltlich haben beide Untersuchungsansätze Schnittmengen: Eine Kreuztabellierung der einzelnen Nutzungstypen und Milieus weist eine überdurchschnittliche Schnittmenge von „Traditionsverwurzelten" und „Konservativen" aus den Sinus-Milieus zu den „Häuslichen", „Vielseitig Interessierten", „Kulturorientierten Traditionellen" und „Zurückgezogenen" aus der MNT aus. In beiden Typologien sind dies zugleich die ältesten Gruppen. „DDR-Nostalgische" der Sinusstudie sind in der MNT überdurchschnittlich häufig „Unauffällige", „Häusliche" und „Zurückgezogene". In der mittleren Generation korrelieren „Postmaterielle" besonders stark mit „Berufsorientierten" und „Modernen Kulturorientierten", während die Übereinstimmungen der „Bürgerlichen Mitte" mit „Unauf-

11 Zur Übersicht über die Anlage der MNT 2.0 vgl. z.B. Hartmann/Höhne 2010, 15-55.

fälligen“ und „Häuslichen“ besonders stark ist (vgl. Koch/Neuwöhner 2010, 99).

Die Rolle von Sinus-Milieus und MNT in der vorliegenden Arbeit

Sowohl Sinus-Milieus als auch die MNT bieten wertvolle Ansatzpunkte für Zielgruppenbeschreibungen und -differenzierungen. Die Sinusstudie ist angesichts ihrer Konzeption nur eingeschränkt für die Beschreibung der Mediennutzung geeignet. MNT hingegen arbeitet ihrer Interessenlage entsprechen etwas differenzierter (vgl. Koch/Neuwöhner 2010, 114f.). So befindet etwa Weiß: „Die MNT schafft empirische Grundlagen für die Analyse einer sozialen Differenzierung der Gesellschaft, für die Unterschiede im Mediengebrauch Zeichen und konstitutives Moment sind“ (ders. 2010, 57).

Hingegen kritisiert Seufert, dass „[...] die Mediennutzungsforschung bislang kein theoretisches Modell entwickelt hat, das individuelles Rezipientenverhalten befriedigend erklären und prognostizieren kann“ (ders. 2006, 75). Das gelte auch für Sinus und MNT. „Diese Ansätze sind zwar geeignet, Einschaltquoten bestimmter TV- oder Hörfunksendungen zu bestimmten Zeitpunkten (aggregierte Mediennutzung) relativ gut vorherzusagen. Die Prognosekraft der Gruppenzugehörigkeit für die individuelle Mediennutzung bleibt allerdings gering und eine klassische Segmentierung über Alter und Schulbildung bringt in vielen Bereichen sogar bessere Ergebnisse als die Segmentierung nach Sinus-Milieus oder nach der MNT“ (ebd., 74). Seufert begründet damit die Notwendigkeit, eine neue Nutzungstypologie zu entwickeln.

Ein weiteres Problem benennt Otte: „Nach meinem Eindruck ist in vielen Studien nicht einmal die Grundvoraussetzung gegeben: eine lebensnahe, inhaltlich überzeugende Präsentation von Lebensstiltypen, denen man reale Menschen und idealtypische Sozialfiguren zuordnen kann“ (ders. 2005a, 18). Die Vorzüge der MNT bestünden nun darin, dass sie die Medienrezeption verschiedener Nutzertypen unterscheide und damit plastisch vorstellbar mache. MNT und Sinus-Milieus liefern dazu auch karikatureske und detailreiche Darstellungen der beschriebenen Gruppen.

Die Kritik an Sinus-Milieus und MNT hat ihre Berechtigung. Die Einteilung der Bevölkerung in Gruppen von vermeintlich Gleichgesinnten hat zwangsläufig etwas Holzschnittartiges bzw. Schablonenhaftes und ist insgesamt grob vereinfachend. Kritiker bemängeln zudem immer wieder, dass die Systematiken zur Mediennutzung kaum mehr Prognosekraft entwickeln als die soziostrukturellen Daten selbst. Dies beruht vor allem auf methodischen Problemen: Viele Studien trennen nicht scharf genug zwischen unabhängiger und abhängiger Variable und argumentieren daher tautologisch (vgl. dazu Otte 2005a). Freter bemängelt zudem die fehlende Trennschärfe, aufgrund der die Korrelation zwischen Ursachen (Motive, Werte) und dem daraus folgenden Lebensstil nicht mehr feststellbar ist (ders. 2008, 139).

Weiterhin ist festzuhalten, dass es noch immer an Grundlagenforschung über Mediennutzungsgewohnheiten fehlt, die – was erschwerend hinzukommt – im Zuge der Dynamik der Medienkonvergenz derzeit besonders hohen Veränderungen unterliegt. Vor allem im Jugendbereich fehlt es an Wissen, welche Faktoren das Zeitungslesen begünstigen bzw. überhaupt erst ermöglichen und welche nicht. Die spät, aber nun von vielen Verlagen entschlossen und übergreifend eingeleiteten Projekte „Zeitung in der Schule“ und beispielsweise „JuLe“ versuchen hier Licht ins Dunkel zu bringen, ebenso die JIM-Studie (vgl. etwa Pasquay 2010).

Trotz aller Kritik: Den Zeitungsmachern kann es nur helfen, wenn sie sich ein ungefähres Bild ihrer (potenziellen) Nutzer und von ihren Lebensweisen machen können. Sowohl MNT als auch Sinus-Milieus geben hier Ansatzpunkte. Auch bei der Adressierung der bestehenden Leser (Bestandskunden) mit neuen Produkten zwecks Erhöhung des Involvements und der Durchschnittsumsätze pro Kunden erweist sich die Segmentierung als hilfreich – ebenso bei der Erschließung noch offen gelassener Kundengruppen (vgl. dazu z.B. Freter 2008, 155f.). Besonders tauglich für Anwendungen erscheinen Lebensstil- und Lebensweltanalysen in Kontexten konkret themenbezogener Analysen (Gesundheit, Urlaub, Reise). Allerdings laufen diese dem Anspruch einer übergreifenden Sozialstrukturanalyse entgegen.

Daraus ergeben sich an dieser Stelle folgende Fragen:

1. Wie definieren Verlage ihre Kunden und Zielgruppen? Welche Zielgruppen geben sie verloren?
2. Als wie wichtig wird die Zielgruppen- und Lebensstilforschung angesehen?
3. Welche Potenziale hat die Customisierung für Nutzer und Anbieter?
4. Welche Methoden zur Zielgruppenanpassung und -erreichung existieren?

2.3.2.3 Mediennutzung einzelner Zielgruppen

Auf der Basis der vorgestellten Ansätze zur Segmentierung von Zielgruppen soll nun die Mediennutzung dieser Gruppen näher betrachtet werden. Dahinter steht die Frage, wie diese Zielgruppen zum Printprodukt (Regional-)Zeitung bzw. zu deren Inhalten stehen und wie ihre Nutzungsgewohnheiten sich entwickeln. Die Medienrepertoires der einzelnen sozialen Gruppen unterscheiden sich zum Teil massiv voneinander. An dieser Stelle genügt dabei ein grober Überblick über grundsätzliche Gemeinsamkeiten und Unterschiede sowie den Stellenwert der regionalen Tageszeitung im Medienrepertoire.

Die Betrachtung der Zeitungsleser nach Altersgruppen zeigt, dass die älteren Schichten das Rückgrat für die Verlage bilden. Mehr als acht von zehn Menschen über 50 lesen täglich Zeitung (vgl. Tabelle 3). Hier ist die Bindung an das Medium bzw. dessen Verankerung im Alltag am stärksten ausgeprägt, hier erzielt die Zeitung ihre höchsten Reichweiten. Die größten Reichweiten in Bezug auf die intermedialen Nutzungsanteile hat die Zeitung in den fünf älteren MNT-Segmenten der „Modernen Kulturorientierten" (13,4 Prozent), der „Häuslichen" (8,9 Prozent), der „Vielseitig Interessierten" (9,4 Prozent), der „Kulturorientierten Traditionellen" (15,8 Prozent) und der „Zurückgezogenen" (10,5 Prozent). Dort erzielt sie stabile Reichweiten und macht rund ein Achtel der täglichen Mediennutzung aus.

Tabelle 3: Alterskohorten der Zeitung

(Anteil der Bevölkerung, der täglich eine (analoge) Zeitung liest; in Prozent innerhalb der jeweiligen Altersgruppe)

	14- bis 19-Jährige	**20- bis 29-Jährige**	**30- bis 39-Jährige**	**40- bis 49-Jährige**	**50- bis 59-Jährige**	**60- bis 69-Jährige**	**70-Jährige und Ältere**	**gesamt**
1980	77	82	86	89	89	85	83	84
1990	68	76	83	86	88	87	83	82
2000	55	67	75	83	86	86	85	79
2009	46	58	66	74	81	84	83	73

Quelle: ZMG 2010.

Der Zuspruch der älteren Bevölkerung ist zwar erfreulich, stellt für die Zukunft der Verlage jedoch ein Problem dar. Ihre Zielgruppenabhängigkeit ist für Zeitungen langfristig gefährlich (vgl. dazu Oehmichen 2010,

82). Denn gelingt es nicht, die jüngeren Generationen für die Zeitung zu begeistern, so werden die Leser nach und nach – im wahrsten Sinne des Wortes – aussterben (s.o.).

Junge Menschen hingegen lassen sich immer weniger für das Printprodukt Zeitung begeistern: Nur 46 Prozent der 14- bis 19-Jährigen und 58 Prozent der 20- bis 29-Jährigen gehören zu den regelmäßigen Zeitungslesern (vgl. Tabelle 3). Die MNT unterscheidet in der jungen Generation „Junge Wilde" und „Zielstrebige Trendsetter". Die zweite Gruppe ist tendenziell die schon etwas ältere der beiden, beide Gruppen sind aber insgesamt mehrheitlich unter 30. Sie setzen Maßstäbe in Bezug auf die umfassende Nutzung der universalen medialen Möglichkeiten im Internet und nutzen immer weniger die klassischen Massenmedien – darunter auch die Zeitung. Im gedanklichen Aufbau der Arbeit ist diese Generation daher voll-digital, ohne dass analoge Formen der Mediennutzung indes verschwunden wären.

Mit Blick auf die Zukunft bilden vor allem die „Jungen Wilden" ein kompliziertes, in viele Richtungen hin offenes Milieu. Es lässt sich nicht prognostizieren, in welche Richtung diese tendieren werden. Es erscheint jedoch unwahrscheinlich, dass die bis dato wenig print-affinen und auch nicht print-sozialisierten Jungen sich in späteren Jahren noch en gros zu substanziellen Zeitungslesern entwickeln werden. Allerdings dürften im anspruchsvollen beruflichen Umfeld auch höherwertige Informationen konsumiert werden. Hoffnung besteht hingegen bei den „Zielstrebigen Trendsettern", die ein sehr informationsorientiertes Nutzungsverhalten pflegen und deren Medienrepertoires auch Printmedien miteinbeziehen.

In den Altersgruppen der 30- bis 39-Jährigen bzw. der 40- bis 49-Jährigen liegt der Anteil der Zeitungskonsumenten bei rund zwei Drittel bzw. drei Viertel (vgl. Tabelle 3). Diese „mittlere Generation" lässt sich gemäß MNT in drei relevante Milieus unterscheiden: Die sogenannten „Unauffälligen", die „Aktiv Familienorientierten" und die „Berufsorientierten".

Die erstgenannte Gruppe, die „Unauffälligen", erweist sich als ein wenig anspruchsvolles Milieu. Begrenzte finanzielle Möglichkeiten korrespondieren mit einem geringen Antrieb, an der eigenen Lage etwas zu verändern (vgl. Weiß 2010, 63f.). Der Anteil der Frauen liegt bei 53 Prozent, der Anteil der Hausfrauen bei 13 Prozent und der der Arbeitslosen bei 8 Prozent. Die „Unauffälligen" lesen unterdurchschnittlich viel, besonders Tageszeitungen werden selten genutzt. Wenn zu Zeitungen gegriffen wird, besteht eine leichte Tendenz zum Boulevard. Innerhalb der mittleren Generation bilden die „Unauffälligen" aufgrund ihrer eingeschränkten Teilnahme am gesellschaftlichen Diskurs und des daraus resultierenden geringen Zeitungsinteresses die Problemgruppe.

Die „Aktiv Familienorientierten" bekleiden zumeist als Angestellte qualifizierte oder leitende Positionen. Auch hier liegt der Anteil der Printnutzung vergleichsweise niedrig. Regionale Tageszeitungen werden jedoch relativ häufig gelesen. Auch die Radionutzung ist überproportional hoch. Das Informationsverhalten ist stark auf den eigenen Lebensalltag bezogen, das Interesse an Auslandsnachrichten daher potenziell niedrig. Die „Berufsorientierten" hingegen setzen Zeitungen als Merkmal sozialer Distinktion und zur Steigerung ihres eigenen kulturellen Kapitals ein (ebd., 61, 64f.). Profitieren dürften davon die Online-Angebote von Qualitätsmedien und die überregionalen Medien, insbesondere deren nicht-tägliche Printangebote. So erlaubt der Konsum hochwertiger Printinformationen die soziale Differenzierung durch die Orientierung an etablierten elitären Milieus. Dann dürfte die regionale Tageszeitung schon nicht mehr das verbindende Element sein. Neben die funktionalen Nutzungsmotive schieben sich weitere Faktoren, die auf den Medienkonsum einwirken, nicht zuletzt ökonomische.

Trotz der wie dargestellt eingeschränkten Erkenntnismöglichkeiten erlaubt die MNT im Ansatz auch Erkenntnisse über den Stellenwert der Tageszeitung im jeweiligen Medienrepertoire. Das Ende der Bindekraft der Zeitung entspricht daher womöglich auch der Erosion der bürgerlichen Mitte zugunsten der Ränder, der im Zuge der Prekarisierung ganzer Bevölkerungsteile zu beobachten war. Die Mitte segmentiert sich. Drei Entwicklungen liegen dieser Segmentierung zu Grunde:

Sie geschieht erstens, indem Teile in den Kreis derer, die die Sinusstudie als „Konsummaterialisten" ausmacht, nach unten abrutschen. In der MNT sind es die so genannten „Unauffälligen", deren Nutzung der Tageszeitung stetig nachlässt. Dieser Rückzug ins Private geht auch einher mit einer stark nachlassenden Anteilnahme für gesellschaftlich-politische Vorgänge. Dadurch sinkt tendenziell auch die Zeitungslektüre deutlich ab.

Zweitens orientieren sich andere Leser tendenziell nach oben weg. Junge Menschen, die die Sinusstudie als „Postmaterialisten" oder „Moderne Performer" beschreibt und die ihrerseits aktuelle oder zukünftige Eliten bilden und insofern auch in Teilen aus der breiten Bürgerlichen Mitte herausgewachsen sind, lassen sich schlechter über die als (vermeintliches) Jedermann-Medium angelegte Regionalzeitung erreichen.

Die sich in den Medienrepertoires abbildende Differenzierung schildert Weiß in den Kategorien der MNT für die Milieus der „Unauffälligen" und „Berufsorientierten" (ebd. 2010, 57-74).

Schon heute sind gewisse Alterskohorten, besonders die 14- bis 29-Jährigen, für die gedruckte Zeitung wie beschrieben äußerst problematisch. De facto hat die Zeitung Probleme, in den jungen Alterskohorten überhaupt Fuß zu fassen. Fatal wird sich dieser Mechanismus erst in rund 20 Jahren auswirken. Dann bewirken die Überrolleffekte der Kohorten einen starken Abfall der Bevölkerungsdurchdringung. Bei den heute 30- bis 39-Jährigen liegt die Abdeckungsquote der Zeitung noch bei 66 Prozent, bei den heute 14- bis 19-Jährigen nur bei 46 Prozent – ein Verlust von 20 Prozent. Allerdings erscheint es als wenig wahrscheinlich, dass sich die Jüngeren den Medienmenüs der Älteren annähern, vielmehr wird „die Internetgeneration sich mittelfristig durchsetzen" (vgl. Brosius 2012, 35). Hinzu kommen noch demographische Effekte durch die schrumpfenden Alterskohorten, die sich regional ganz unterschiedlich auswirken können. So stehen die Regionen je nach ihrer Wirtschafts- und Kaufkraft vor ganz unterschiedlichen Szenarien. Insbesondere einige ländliche Räume werden eine erhebliche Alterung erleiden[12]. In den älteren Alterskohorten wird die Zeitung in den kommenden zehn Jahren durch den Kohortenaustausch rund zehn Prozent ihrer Leser verlieren.

Drittens ist die zunehmende Differenzierung wie dargestellt eine Begleiterscheinung zunehmend saturierter Gesellschaften, wie Boltze/Rau auf Basis der Maslow'schen Bedürfnispyramide darlegen (dies. 2012, 69).

Noch bleibt den Verlagen Zeit, die Umstellungsprozesse der Mediennutzung in den jüngeren Kohorten mitzuvollziehen und eine wichtige Rolle im routinisierten bzw. habitualisierten Rezeptionsverhalten zu behaupten. Dabei ist beruhigend, dass sich die Umwälzungen stets langsamer vollzogen haben, als von Auguren vorhergesagt. Es ist auch hier von entscheidender Bedeutung, die Kannibalisierungseffekte für Print durch die Gratis-Online-Angebote abzuschwächen und für unterschiedliche Kanäle unterschiedliche Preisregelungen einzuführen.

12 Detaillierte Informationen zur regionalen Entwicklung enthält der Demographiemonitor der Bertelsmann Stiftung. Dieser Onlinemonitor ist im Internet abrufbar unter: www.demographie-monitor.de.

Fragen:

1. Wie reagieren Zeitungen auf ihre Leistungsschwäche in den jungen Alterskohorten?
2. Welche Erkenntnisse haben Zeitungen über ihre Verbreitung in einzelnen Milieus?
3. Was wissen Verlage über ihre Kunden (Interessen, Kaufkraft, Affinität) (und deren Nutzungsweisen)?
4. Wie schätzen Verlage die Zahlungsbereitschaft von Nutzern ein?
5. Wie können Verlage die Bindung der Stammleser noch besser monetarisieren?

2.3.3 Die Zeitung auf ihren Märkten

Im nächsten Schritt wechselt der Blickwinkel von der Nachfrageperspektive wieder zur Anbieterperspektive. Die gewonnen Befunde werden mit der Marktsituation der Anbieter zusammengeführt.

2.3.3.1 Der Lesermarkt

Regionalzeitungen erleben im Lesermarkt seit einigen Jahren einen langsamen, aber kontinuierlichen Abwärtstrend. Die täglichen Auflagen der Kaufzeitungen in Deutschland sind zwischen 1995 und 2010 um rund ein Drittel gesunken und liegen heute unter der Marke von 20 Millionen Exemplaren. Abonnementzeitungen haben rund ein Fünftel ihrer Auflage verloren, auch Sonntagszeitungen büßten rund 30 Prozent ein (vgl. Röper 2010).

Über sehr lange Zeit war der deutsche Markt von Statik geprägt: Marktveränderungen waren kaum spürbar, Wettbewerbspositionen blieben über Jahrzehnte erhalten, Neuplatzierungen von Printtiteln waren so gut wie unmöglich. Seit 1954 waren in der Bundesrepublik lediglich zwei Titelneugründungen erfolgreich (zu den Gründen vgl. Kapitel 3.2). Die Markteintrittsbarrieren für neue Titel sind außerordentlich hoch. Geschuldet ist dies auch der hohen Kapitalintensität und der Fixkostenproblematik des traditionellen Pressegeschäfts.

Viele Regionalzeitungen bedienen noch heute einen Einzeitungskreis: 42,4 Prozent der Gebietkörperschaften in Deutschland gehören zu diesen Monopolgebieten (vgl. Röper 2010, 221). Heruntergebrochen auf die

Basis der einzelnen Gemeinden wachsen die Monopolgebiete noch weiter. Picard sieht Zeitungen angesichts dieser Marktverhältnisse in einer gleichsam „beneidenswerten Position" (vgl. ders. 1997, 43). Im Gegensatz zur Automobilindustrie, in der ein einziges Modell bis zu 100 Wettbewerber in der Fahrzeug- und Preisklasse aufweise, hätten Zeitungen relativ wenig direkte, d.h. frontale Wettbewerber im gleichen Bereich. Selbst in größeren Metropolregionen, wo zwei oder drei Wettbewerber existierten, bestünde – an den Maßstäben anderer Branchen gemessen – kein echter ökonomischer Wettbewerb. Hart sei der Wettbewerb deshalb allein im Werbemarkt.

Lokale Märkte sind also unterschiedlich wettbewerbsintensiv. Die Verbreitungsgebiete unterscheiden sich auf Grundlage der angegebenen funktionalen Strukturen der verschiedenen lokalen Werbeträger erheblich in der Struktur des Werbeträgerangebots. Die marktstrukturell typischen Unterschiede der einzelnen Gebiete seien wesentlicher Ausdruck der unterschiedlichen ökonomischen und infrastrukturellen Bedingungen in diesen Gebieten, schreibt Kopper (vgl. ders. 1993, 99).

Andere Printprodukte wie lokale Wochenzeitungen, sublokale und alternative Blätter, Volksblätter oder Stadtmagazine bildeten über Jahrzehnte kein ökonomisches oder publizistisches Konkurrenzverhältnis zur Tagespresse, sondern lediglich eine punktuelle Konkurrenz dazu (nach Jonscher 1995, 75). In begrenztem Ausmaß leisteten sie einen Ausgleich zur publizistischen Vielfalt. In der Regel erscheinen solche Publikationen allerdings in publizistisch ohnehin besser versorgten Räumen, was auf das Potenzial der jeweils vorhandenen Werbemärkte zurückzuführen ist.

Veränderungen der vergangenen Jahre

In den vergangenen Jahren scheint sich die Statik des Zeitungsmarktes langsam aufzuweichen. Dies passiert, obwohl im Printbereich nach wie vor hohen Markteintrittsbarrieren existieren. Die immer wieder unternommenen Versuche der Neuplatzierung von Titeln in Nischen scheiterten. Als Beispiele können hier etwa die Einstellung der Holtzbrinck-Tabloids *20cent* Ende Februar 2009 in Saarbrücken und Cottbus oder die Aufgabe einer täglichen Sportzeitung genannt werden. Schütz meint daher: „Dieser Vorgang [....] zeigt [...], dass Wettbewerbssituationen im deutschen Zeitungsmarkt so gut wie unumkehrbar sind" (ders. 2009b,

470). Das mag für den Zeitungsmarkt im engeren Sinne gelten – um ihn herum jedoch ist einiges in Bewegung.

Angesichts der insgesamt sinkenden Haushaltspenetration der Tageszeitung hat sich der Markt für Anzeigenblätter etwa vielerorts verändert. Gerade in Großstädten sind Lücken entstanden. Das berichten auch die im Rahmen dieser Arbeit befragten Verlagsmanager. Und in diese Nischen hinein stoßen neue Produkte. Immer mehr Gratistitel konkurrieren um die Geschäftsanzeigen und wählen zur Steigerung ihrer Wahrnehmbarkeit und ihres Wertes im Werbemarkt eine Strategie der Aufwertung. Der Axel Springer Verlag etwa beliefert mit seinem kostenlosen Tabloid *Berliner Morgenpost WOCHENEND-EXTRA* jeden Samstag 1,44 Millionen Haushalte in Berlin (vgl. Axel Springer AG 2012). Nicht in allen Regionen allerdings sind derartige Entwicklungen zu erwarten. Röper betont zudem, dass es in der Regel die regional bereits dominanten Verlage sind, die die jeweiligen Märkte besetzt halten (vgl. ders. 2010, 218).

Auch die Digitalisierung hat die Marktdurchlässigkeit erhöht. Die Einführung neuer digitaler Medien ist nicht mehr annähernd so teuer wie noch vor Jahren in der Printschiene. Hier hebt die Entkoppelung von Medium und Inhalt – durch das Wegfallen der Produktions- und Vertriebskosten – die Knappheit auf. Dieser Innovationsschub ermöglicht neue Verhaltensweisen und Nutzungsmuster, die für Medienanbieter durch Substitutionseffekte dort gefährlich werden können, wo die Identität der Angebote hoch ist (vgl. dazu z.B. Mögerle 2009, 416). Anbieter müssen darauf reagieren, indem sie sich und ihr Angebot neu positionieren und eine neue Nische finden. Wie schwierig die Wettbewerbssituation geworden ist, geben die Marktstatistiken nur ansatzweise wieder.

Konsolidierungstendenzen

Die beschriebenen Entwicklungen führen dazu, dass sich der Zeitungsmarkt langsam konsolidiert. Vor allem ab 2009 lässt sich eine deutliche Zunahme der Konsolidierung feststellen. Nachdem in den Jahren 2006 bis 2008 aus statistischer Sicht eher wenig passiert war – Schütz begründet dies damit, dass wichtige Schritte bereits in den Jahren zuvor gegangen wurden (vgl. ders. 2009b) –, gab es im Jahr 2009 einige größere Übernahmen: Als größte Deals sind der Verkauf von acht Regionalzeitungsbeteiligungen des Axel-Springer-Konzerns an den Hannoveraner Madsack-Konzern zu nennen, die Übernahme des Berliner Verlags (*Berliner Zeitung*, *Berliner Kurier*) sowie der *Hamburger Morgenpost* durch den Kölner Verlag DuMont Schauberg. Die Madsack-Transaktion hatte ein Volumen von 310 Millionen Euro, die Übernahme des Berliner Verlags kostete DuMont 152 Millionen Euro[13].

Im Holtzbrinck-Konzern wurden die Besitztümer familienintern zwischen den Brüdern Stefan und Dieter von Holtzbrinck im Zuge der Erbneuregelung neu aufgeteilt. Dies betraf bei den Regionalzeitungen den *Berliner Tagesspiegel* sowie den Tochterverlag *Potsdamer Neueste Nachrichten*, die von Stefan von Holtzbrinck an seinen Halbbruder Dieter von Holtzbrinck wechselten. Auch die Verlagsgruppe Handelsblatt und eine 50-Prozent-Beteiligung am Zeit-Verlag rechnen dazu. Die Realteilung – wenn man so will eine Wandlung von Schulden in Eigenkapital – diente der finanziellen Entlastung der Gruppe im Zug des Erbes. Im Dezember 2010 trennte sich die Holtzbrinck-Gruppe dann von der *Würzburger Main Post*. Käufer war die Augsburger Presse Druck. Branchenkreise spekulierten dabei über einen Verkaufspreis von rund 150 Millionen Euro.

Ende 2011 übernahm Madsack von der F.A.Z.-Gruppe die *Märkische Allgemeine Zeitung* in Potsdam. Die Mehrheit am Bielefelder *Westfalen-Blatt* wurde von der Eigentümerfamilie Busse dann Anfang 2012 an den Münsteraner Aschendorff-Verlag verkauft. Die Zeitungsgruppe Ippen hatte 2009 das von Springer abgegebene Paket (14,5 Prozent) übernommen.

Für 2012 stand mit der Übernahme der WAZ-Gruppe durch Petra Grotkamp (Funke-Stamm) und dem Ausscheiden der Brosts aus dem Eigentümerkreis die nächste Großtransaktion auf dem Plan. Die Saarbrücker Zeitungsgruppe ging derweil vom Holtzbrinck-Konzern mehrheitlich an die Gesellschaft für staatsbürgerliche Bildung Saar über. Ende 2012 musste die Frankfurter Rundschau Insolvenz anmelden. Der Fazit-Konzern aus Frankfurter Societäts Medien (55 Prozent) und F.A.Z. (35 Prozent) übernahm einen kleinen Teil der Redakteure in Frankfurt und den Titel. Die Karl-Gerold-Stiftung blieb mit 10 Prozent beteiligt und garantiert die linksliberale Ausrichtung des Blatts.

Die großen Veränderungen sind das eine, die sich im Schatten vollziehenden weiteren Weichenstellungen das andere. Es wurden eine Reihe kleinerer Beteiligungen getauscht sowie Überkreuzbeteiligungen geschlossen, die den Auftakt zu einer weiteren Konsolidierungswelle legen könnten. So hat sich die Ludwigshafener Medien Union (*Stuttgarter Nach-*

13 Für die hinlänglich in der Presse dokumentierten Transaktionen wird hier auf Einzelnachweise verzichtet.

richten, Zeitungsgruppe Südwest, *Süddeutsche Zeitung*, *Die Rheinpfalz*) mit 8 Prozent am Verlag des *Mannheimer Morgen* beteiligt. Der Verlag der *Rheinischen Post* schloss eine Überkreuzbeteiligung im einstelligen Bereich mit der *Westdeutschen Zeitung*.

Als erheblich sind auch die Veränderungen im redaktionellen Angebot durch interne Sparanstrengungen wie Redaktionszusammenlegungen einzuschätzen. Allerdings weist der Zeitungsstatistiker Schütz „ausdrücklich" darauf hin, „dass die Schlüsselzahlen [zu publizistischen Einheiten und Transaktionen, *d.A.*] interne Vorgänge verdecken – vor allem Änderungen in den Eigentumsverhältnissen" (ders. 2009a, 455). Outsourcing-Prozesse seien in 58 der 135 verbliebenen Publizistischen Einheiten festzustellen, die man als Symptom einer fortschreitenden Aushöhlung werten kann.

In dem Maße wie die Anbieter der klassischen Massenmedien Marktanteile verlieren, verlieren sie auch an Bedeutung als Verkäufer von „Eyeballs" für die Werbewirtschaft.

2.3.3.2 Der Werbemarkt

Anders als im Lesermarkt, wo Nicht-Rivalität im Konsum herrscht, ist die Marktfähigkeit der Zeitung im Werbemarkt voll gegeben. Einmal gebuchter Werberaum im Print ist verbraucht und nicht ein zweites Mal verkäuflich. Werberäume waren in der Zeit analoger Medien angesichts der wachsenden Märkte daher stets knapp. Anders als im Lesermarkt muss beim Wettbewerb im Werbemarkt klar von Substitutionsverhältnissen ausgegangen werden. Sehr unterschiedliche Größen der regionalen Märkte bedingten unterschiedliche Wettbewerbsniveaus. Man konnte die Frage medien-darwinistisch auf den Punkt bringen: Welche Medien in welcher Zahl kann ein bestimmter Wirtschaftsraum mit genug Werbung versorgen?

Anfang der 90er Jahre differenzierten sich vielerorts im deutschsprachigen Raum die lokalen Werbemärkte aus. Medien wie Stadtillustrierte, Gratisanzeiger, Sonntagszeitungen, Lokalradios, Teletext, Infodienste traten auf den Markt und nahmen den Zeitungen Marktanteile weg. Trotz der wachsenden Umsatzvolumina der Werbemärkte verloren tagesaktuelle Printmedien an Boden. Beilagen und Supplements bildeten dazu eine Gegenstrategie der Zeitungsverlage auf der Printachse. Durch die Segmentierung des Marktes mit Special-Interest-Produkten sollten schwindende Anteile am Anzeigenmarkt kompensiert werden. Viele Verlage besetzten zudem die angrenzenden Märkte mit eigenen Anzeigenblättern, um das Anzeigenaufkommen aufzufangen und den Marktzugang für Konkurrenten zu verhindern. Zudem traten sie in die audiovisuelle Schiene ein und gründeten lokale Radio- und später auch TV-Stationen.

Unter den Bedingungen der Medienkonvergenz ist die Knappheit des Werberaums endgültig überwunden. Immer mehr Anbieter konkurrieren im Werbemarkt um Anzeigen. Dazu zählen Wettbewerber mit völlig anderen Geschäftsmodellen. Es sind Suchmaschinen wie Google, Online-Portale (um Kleinanzeigen) und Direktverteilungsanbieter wie die Deutsche Post (etwa mit dem Prospektbündel *Einkauf Aktuell*) oder die Deutsche Telekom. Dabei suchen die beiden letztgenannten, ihrerseits ebenfalls Opfer der Konvergenzentwicklung (etwa durch die E-Substitution), nach neuen Geschäftsideen.

Intermedialer Wettbewerb im Bereich des Lesermarktes ist primär ein Wettbewerb um die Aufmerksamkeit und die Zeit der Rezipienten sowie um deren Einkaufsbudgets. Der Wettbewerb zwischen einzelnen Medien ist nicht gleich wegen der großen Unterschiede in der Nutzung und bei den Nachfragefaktoren (Gratis, Hauslieferung). Daraus folgen große Unterschiede in der Haushaltsdurchdringung sowie bei Dauer und Zweck der Nutzung. Die Bereitstellung von Zielgruppenkontakt für Anzeigenkunden wird gesteuert vom „Zielgruppenkauf“ und von Nutzungsvermutungen sowie von der Charakteristik der unterschiedlichen Medien, d.h. ihrer Eignung zur Vermittlung spezieller Werbebotschaften. Anzeigenkunden buchen aufgrund des beschriebenen eingeschränkten Medienwettbewerbs in der Regel eine Mischung aus unterschiedlichen Medien.

Der primäre Wettbewerb zwischen Medien bezieht sich daher auf die Frage nach der Größe des Kuchenstücks im belegten Medienmix. Die Digitalisierung wirkt zudem als Katalysator der Teilöffnung von Mediengrenzen. Als Vorteile des Online-Mediums erscheinen die klarere Beschreibung der Zielgruppen und ihrer Verhaltensweisen. In der Regel liegen auch die Tausend-Kontakt-Preise niedriger, in Einzelfällen bei speziellen und attraktiven Zielgruppen hingegen auch höher.

Crossmediale Reichweite

Die wachsende Wettbewerbsintensität wird in einer Matrix aus Zielgruppenansprache, -abdeckung und -aktivierung, Reichweite und Tausend-Kontakt-Preis ausgefochten. Im Zentrum der Debatte stehen dabei jeweils die spezifischen Medialeistungen. Jedes Medium, das seine Nutzung (also den vom Käufer erhofften bzw. vom Verkäufer versprochenen Nutzen) und seine Wirkung glaubhaft dokumentieren kann, ist somit ein potenzieller Werbeträger. Die jahrzehntelang unangefochtene Marktstellung der Verlage ist insbesondere durch deren bröckelnde Reichweiten und die verstärkte Konkurrenz ins Rutschen geraten. Einen möglichen Ausweg sehen die Verleger in der multimedialen Reichweitenmessung. Über den Begriff einer einheitlichen Mediawährung, welche die vor allem als Konsum- bzw. Kaufaktivierung gemessene Werbeleistung abbildet, ist in den letzten Jahren eine erhitzte Debatte entstanden, die immer wieder von Neuem befeuert wird. So bestehen große Schwierigkeiten dabei, die Werbeleistung von TV, Online und Print miteinander zu vergleichen.

In dem Maße, wie sich digitale Endgeräte verbreiten, fordern die Verlage eine multimediale bzw. Intermedia-Reichweitenmessung, die sowohl Print wie Digitalangebote (ePaper, Apps) abbildet (vgl. Siebenhaar 2010). Die Verleger reizt dabei die Aussicht, trotz sinkender Auflagen ihrer Printtitel durch den Zuwachs auf anderen Kanälen wachsende Gesamtreichweiten nachweisen und Werbewirkungsmacht dokumentieren zu können. Das Argument für diese so genannte Intermediadatei liegt scheinbar auf der Hand: Nur so könne praktisch bei der Mediaplanung bestimmt werden, welcher Teil einer Zielgruppe über welchen Kanal exklusiv erreicht werde, argumentieren die Apologeten (vgl. Kornfeld 2010, 7).

Allerdings droht bei dieser Zusammenfassung der Kanäle auch ein erheblicher Verwässerungseffekt, so dass die Intermediamessung eher unschärfere Ergebnisse liefern würde. Bis die multimedialen Reichweitenmessungen allgemein durchgesetzt sind, wird es noch eine Weile dauern. Die Logik dieser Ansätze geht klar von der Printfunktionsweise (Push) aus und will diese „verlängern". Mit der vom Pull-Ansatz getriebenen Nutzung rein digital sozialisierter Nutzer ist dieser nicht kompatibel, da hier der Mechanismus umgekehrt ist. Die Selektion, die man auch als De-Bundling (dazu mehr in Kapitel 3) begreifen kann, erfolgt durch den Konsumenten (vgl. Boltze/Rau 2012, 77f.).

Trends und Innovationen

Der Trend der Budgetverschiebungen von Print in Richtung online wird auch in den kommenden Jahren anhalten: Zeitungsverlage müssen sich neue Anzeigenpakete ausdenken, um ihren Marktanteil am Werbekuchen zu erhalten. Aus Sicht von Anzeigenkunden haben Verlage dabei durchaus Aufholbedarf. Sie haben manche Reform mangels Investitionen und notwendiger Anpassungen gewissermaßen verschlafen (vgl. Fenez/Van der Donk 2009, 25). Die Krise befeuerte zusätzlich den Wechsel zu zuverlässigen, d.h. in ihrer Wirksamkeit messbaren Werbeträgern.

Die Medienbudgets von Unternehmen fragmentieren unter der fortschreitenden Vervielfältigung der Kommunikationskanäle zusehends. Ein Teil wandert aus den klassischen Medien in den Bereich Social Media (Netzwerke) ab. Crossmedia-Ansätze sollen dazu beitragen, dass Zeitungsverlage einen größeren Anteil des Werbekuchens behalten können.

Zusätzlich ist der Einsatz neuer Modelle der Performancemessung zu prüfen. Dabei trifft diese aber selbst online nicht auf offene Türen. Zwar gilt das Internet als das transparente Medium schlechthin, das leistungsbasierte Bezahlsysteme ermöglichen soll (etwa Pay per Click, Pay per Sale). Damit tun sich aber noch immer die meisten Verlage schwer. Der Grund liegt in dem zu geringen Traffic und den zu geringen performance-generierten Einnahmen. Nur wenige redaktionell-journalistisch ausgerichtete Portalseiten erreichen die zur Erzeugung rentabler Einnahmen nötige kritische Masse. Es handelt sich um ein Format, das sich zum Vertrieb auf reinen Massenseiten eignet (E-Mail-Provider).

Mediaplanung: Die Werbeträgerleistung der Zeitung

Trotz des sich verschärfenden intermediären Wettbewerbs behaupten Zeitungen ihren Rang als reichweitenstarkes Massenmedium. Viele Argumente sprechen dafür: So erreichen Regionalzeitungen noch immer mehr als 63,6 Prozent der Bevölkerung. Die Tageszeitung eignet sich dabei strukturell insbesondere für nach Verbreitungsgebiet differenzierte Werbemaßnahmen (regional, örtlich, überregional). Die Werbung lässt sich zeitlich differenzieren und ist somit zur Unterstützung kurzfristiger Verkaufsaktivitäten (Abverkaufszeitungen) und zum Durchführen lokaler Testmärkte geeignet (vgl. Unger/Durante 2007, 265). Im Vergleich mit anderen Printmedien liefert die Tageszeitung die höchste Aktualität. Der Anzeigenteil der Zeitung dient Lesern daher als konkrete Einkaufshilfe.

Zudem dienen Zeitungen als Gemeinschaftsgut. 85 Prozent der Leser teilen diese mit anderen Personen. Regionalzeitungen haben in der Regel 2,5 Leser (vgl. ZMG 2009), d.h. die Reichweite für Anzeigenkunden liegt deutlich über der Höhe der Auflage. Rund drei Viertel der Leser sehen sich rund drei Viertel aller Seiten an. Das Medium Print ermöglicht dabei – anders als Radio und TV – eine hohe Informationsdichte der Werbebotschaften. Bei der Nutzung sind die Leser in der Regel hoch konzentriert: Zeitungslesen ist die Hauptbeschäftigung. Örtlich und zeitlich ist der Leser flexibel. Darüber hinaus ist die Glaubwürdigkeit der Zeitung hoch. Und die Werbung stört die Leser in der Regeln nicht – im Gegenteil: Für knapp die Hälfte der Leser sind die Anzeigen in Regionalzeitungen ebenso wichtig wie der redaktionelle Teil (vgl. ZMG 2009). Die Zeitungswerbung verfügt im Vergleich zur Werbung in anderen Medien somit über eine besonders hohe Akzeptanz. Das Plus der Tageszeitung liegt also auch in der relativ starken Nutzung der werblichen Inhalte und in der Stimulation des täglichen Einkaufsverhaltens (vgl. Unger 2007, 280). Das qualifiziert die Tageszeitung als den klassischen Werbeträger des Handels.

Gegenüber den um Handelsanzeigen konkurrierenden Medien hat die Regionalzeitung also eine gute Position. Dennoch haben die Verschiebungen angesichts des sich belebenden Wettbewerbs mit Anzeigenblättern und Direktwerbung begonnen (vgl. Tabelle 4). Angesichts der sinkenden Reichweiten und der Verschiebungen der Mediennutzung müssen die Regionalzeitungen künftig stärker um Anzeigenkunden bangen. Ein weiterer Nachteil bestehe darin, dass Regionalzeitungen in der Regel nur ein einziges Mal bzw. nur an einem einzigen Tag genutzt werden. Der Kontakt des Lesers mit der Werbebotschaft ist insofern flüchtig.

Tabelle 4: Gegner der Regionalzeitung im Kampf um Anzeigen

Art der Anzeige	Hauptgegner der Zeitung	Status
Markenwerbung	TV	derzeit verloren, nur BILD mit Chancen
Handelsanzeigen (lokale Retailer)	Anzeigenblätter, Direktwerbung (*Einkauf Aktuell*)	offen: Verschiebungen haben begonnen
Rubriken (Stellen, Immobilien, Autos)	vertikale Online-Portale	verloren; Verlage sind zum Teil selbst im Online-Rubrikengeschäft

Quelle: ZMG 2010 und BDZV 2009, 2010.

Auch bei der Markenwerbung muss die Regionalzeitung Marktanteile abgeben (vgl. Tabelle 4). Nur das Fernsehen und vielleicht noch die BILD sind hier heute Werbemittel der Wahl. Auch bei den Rubriken sieht es nicht gut aus. Fast alle Rubrikenanzeigen, die sich an Endverbraucher wenden (C-to-C), sind in den Industrieländern inzwischen beinahe vollständig ins Netz abgewandert. Darin existieren nur noch Fragmente der einstigen Anzeigenbelegung. Zwar wertete die Integration der Stellenanzeigen in die Werbestatistik die Bedeutung des Werbeträgers Zeitung stark auf. Die Abwanderung der Anzeigenkunden in den Online-Bereich ist aber schon seit langem spürbar. So werben Tageszeitungsverlage seit einigen Jahren zunehmend um Familienanzeigen wie Heirats-, Geburts- oder Todesanzeigen. Die Nachteile des Werbeträgers gedruckte Zeitung liegen hier aber auf der Hand: Es ist aufgrund der fordistischen Printproduktion kein demographischer Zielgruppenbezug bei regionalen oder lokalen Zeitungen möglich (vgl. Heinrich 1994, 80).

Zusammenfassende Bewertung

Immer mehr stützt sich die Zeitung bei den Anzeigeneinnahmen auf eine einzige Säule: Regionale Tageszeitungen sind von regionalen und nationalen Handelsketten abhängig. Diese sorgen für ein Drittel bis zur Hälfte des gesamten Werbeumsatzes. Zweite Säule war die Image- und Markenwerbung im Sinne der klassischen Markenartikelwerbung. Für diese sind Zeitungen indes nur noch Begleitmedium. Wer Masse und Bekanntheit will, setzt auf das Fernsehen – was übrigens auch für Internetfirmen gilt. Die dritte wichtige Einnahmequelle ist der standortgebundene Fach- und Einzelhandel, der in der Regel ein Fünftel bis zu einem Viertel der Einnahmen beisteuert (vgl. Picard 2008, 101). Durchschnittlich 62,4 Prozent der großen Einzelanzeigen (Bandbreite zwischen 50 und 78 Prozent), die die großen Umsatzbringer sind, entfallen auf die Ebenen der lokalen und regionalen Nachfrage (vgl. ebd., 142). Anzeigenblätter weisen eine ähnliche Umsatzstruktur auf. Wichtigste Werber sind auch hier regionale und nationale Ketten, gefolgt vom lokalen Fach- und Einzelhandel. Durchschnittlich 82 Prozent lokaler Werbung an der Gesamtwerbung stammen von Anzeigenblättern.

Die Abhängigkeit von Insertionen der großen Handelsketten wurde in den vergangenen Jahren immer größer: Ein fragiles Gebilde, wird doch der werblich begleitete starke Preiskampf der Lebensmittelretailer in einer Konsolidierung der Branche münden. Das wird den nötigen Preis-

und Werbekampf anheizen und die Einnahmen der Verlage verringern. Schon bekommt das zunehmend auf eine einzige Säule gestützte Gebilde Risse. Aldi Süd experimentierte 2010 in einigen Verbreitungsgebieten mit Direktmarketing, auch die seit 2012 insolvente Drogeriekette Schlecker versuchte sich an anderen Werbeformen. Falls sich diese Spendings dereinst als verzichtbar erweisen, ist das der Angriff auf die letzte Bastion der Regionalzeitungen. Die Notwendigkeiten der Umstellung des Geschäftsmodells werden unübersehbar (dazu mehr in Kapitel 3 und 5).

Es dürfte den Zeitungen auf dem Weg dahin noch etwas Zeit bleiben. Allerdings werden die Preise dabei weiter unter Druck geraten. In den nächsten Jahren ist mit einer nachlassenden Korrelation zwischen Bruttoinlandsprodukt und Anzeigenentwicklung bei einer deutlich höheren Volatilität der Märkte zu rechnen, wie sich bereits in den letzten Jahren beobachten ließ. So dürften Verlage in guten Jahren noch ordentlich verdienen, in Krisenjahren dagegen heftig unter Druck geraten. In jedem Fall profitieren Verlage unterdurchschnittlich vom Aufschwung, aber leiden überproportional im Abschwung. Noch haben Zeitungsunternehmen Zeit, ihre Abhängigkeit vom Werbemarkt zu senken. Diese müssen sie nutzen.

Fragen:

1. Wie kompensieren Verlage die langfristig rückläufigen Werbeerlöse?
2. Wie versuchen regionale Zeitungen, ihre Abhängigkeit vom Lebensmittelhandel zu reduzieren?
3. Was bedeutet das sinkende Quersubventionierungspotenzial der Werbung für den Erfolg der Blätter im Lesermarkt?
4. Wie stark orientieren sich die Verlage auf den Lesermarkt?

2.4 Der Zeitungsbegriff im medienkonvergenten Zeitalter

Die bisherigen Ausführungen zeigen, dass eine über 100 Jahre alte gültige Gleichung neu überdacht werden muss. Diese hieß: Zeitung = bedrucktes Papier. In den 1970er Jahren formulierte Emil Dovifat den viel zitierte Satz: „Die Zeitung vermittelt jüngstes Gegenwartsgeschehen in kürzester regelmäßiger Folge der breitesten Öffentlichkeit“ (Dovifat/ Wilke 1976, 16). Dabei wurde die Zeitung untrennbar an die materielle Erscheinung auf Papier gebunden. Wilke und Noelle-Neumann schrieben noch 1994: „Fixierung in Wort und Druck muß man als Merkmale der Abgrenzung von anderen Formen und Techniken der öffentlichen

Kommunikation [...] inzwischen hinzufügen“ (Wilke/Noelle-Neumann 1994, 418).

Der Druck war über vier Jahrhunderte hin schlicht die wirtschaftlichste Form des Handelbarmachens von Nachrichten. Und er führte zur Herausbildung von Organisationsstrukturen bzw. –formen, die bis heute für die Branche typisch sind. Wäre die Digitalisierung früher als der Druck erfunden worden, wären etwa Verlage mit festen Redaktionen wohl nie entstanden. Typisch für die klassisch-analoge Epoche der Nachkriegszeit in der Bundesrepublik Deutschland ist auch das technisch-phänomenologische Verständnis der regionalen Tageszeitung, das sich z.B. in einer Regionalzeitungsdefinition von Keller findet. Er sieht das Presseerzeugnis Regionalzeitung durch folgende Kriterien gekennzeichnet (vgl. Keller 1986, 25f.):

1. Das Printprodukt erscheint mindestens sechsmal pro Woche.
2. Der Vertrieb erfolgt überwiegend per Abonnement (Abgrenzung zur Straßenverkaufszeitung).
3 .Das Hauptverbreitungsgebiet ist auf eine Region beschränkt (Abgrenzung überregionale Zeitungen).
4. Der Verlag besitzt eine Vollredaktion, die auch den Mantel herstellt. Dieser wird nicht von anderer Seite bezogen – auch nicht von einer Redaktionsgemeinschaft.
5. Als verkaufte Mindestauflage nimmt Keller willkürlich 20.000 Exemplare pro Tag an.
6. Indiz ist außerdem die Zugehörigkeit zum Verlegerverband „Regionalpresse e.V.“.

Die genannten Kriterien beschreiben die Regionalzeitung ideal entlang ihres über ein (halbes) Jahrhundert hin gültigen Phänotyps bzw. Geschäftsmodells. Es fehlt nur der Verweis auf Rubrikenangebote und Sonderbeilagen, dann wäre die Beschreibung vollständig gewesen. Unter den auf den vorangehenden Seiten geschilderten Bedingungen medialer Konvergenz gilt diese Definition so allerdings nicht mehr. Ein Blick zurück verdeutlicht zudem, dass die Zeitung auch in früheren Zeiten bereits andere Formen hatte. Die vergangenen hundert Jahre können vor diesen Hintergrund auch als singulär gelten.

Zeitungsbegriffe der Vergangenheit

In 400 Jahren Zeitungsgeschichte seit dem Erscheinen der weltweit (vermutlich) ersten Zeitung „Relation“ von Johann Carolus hat das Medium eine weite Strecke hinter sich gebracht. Diese reichte von den kleinaufla-gigen, einige hundert Exemplare umfassenden Intelligenzblättern des 17. Jahrhunderts (vgl. Stöber 2000, 68), in denen schon früh Anzeigen und bald auch Gelehrtenartikel erschienen, über die Partei- und Gesinnungs-presse bis hin zur flächendeckend in Deutschland erst im späteren 19. Jahrhundert entstandenen Massenpresse, die mit dem Begriff Generalan-zeiger verbunden ist (vgl. Pürer/Raabe 2007, 50ff.).

Immer waren die Zeitungen bedrängt von staatlichen Normen und Zwängen wie Privilegien, Repressalien und Zensur. Immer war ihre Ent-wicklung an technischen Fortschritt gekoppelt (vgl. Pürer/Raabe 2007, 37ff. und 57ff. sowie Stöber 2000, 15ff.). Zunächst war dies die Erfin-dung des Buchdrucks mit beweglichen Lettern. Ebenso wichtig war je-doch das entstehende Botenwesen im Alten Reich, das die Zentren mit Nachrichten regelmäßig versorgen konnte (ebd.). Ohne Infrastruktur wie Telegrafie, Eisenbahn und Telefon wäre die Durchsetzung der Zeitung zum Massengut nicht möglich gewesen. Wichtige Voraussetzungen wa-ren zudem die Erfindung der Rollen- und später der Rotationspresse. Ökonomisch ermöglicht wurde die Massenpresse durch die wachsenden Arbeitsmärkte in den Städten. Diese bewirkten eine steigende Kaufkraft, die auf eine stärker alphabetisierte Bevölkerung traf. Nicht zuletzt er-möglichte die Aufhebung des Anzeigenmonopols die Querfinanzierung der Zeitungen (vgl. Pürer/Raabe 2007, 64f.).

Das System Journalismus hat sich immer den ökonomischen und technischen Bedingungen folgend mitentwickelt. So lassen sich Epochen des Journalismus als „korrespondierender Journalismus" (bis 1750), als „schriftstellerischer Journalismus" (bis etwa 1850) und seit 1850/70 als „redaktioneller Journalismus" unterscheiden (vgl. Meier 2007, 73ff.).

Auch die Entwicklung der Zeitungen in „ihrem" großen Jahrhundert, dem 20., erfolgte unter einer Vielzahl von Brüchen. Ohne hier die politi-schen Verstrickungen der NS-Zeit und die spätere Neubegründung dar-legen zu müssen, sei allein auf praktische Bedingungen hingewiesen: So herrschte in den 1930er Jahren Rohstoffmangel, so dass viele großstädti-sche Zeitungen nicht wie gewohnt morgens, mittags bzw. abends er-scheinen konnten. Die *Vossische Zeitung* etwa reduzierte ihre Frequenz da-her auf eine tägliche Ausgabe (vgl. Stöber 2000, 166).

Deutlich wird daraus, dass Zeitungen als Kommunikationsmedium immer auch Modi der Problemlösungen waren. Sie befriedigten kommu-nikative Bedürfnisse ihrer Nutzer unter den jeweils gegebenen techni-schen, politischen und ökonomischen Umständen. Das Verständnis von

Zeitung, die in der Nachkriegszeit in Großstädten noch mit mehreren täglichen Ausgaben herauskam, unterschied sich bis in die 1960er Jahre klar von der rein phänomenologischen Deutung von Keller aus den 1980er Jahren (s.o.). Schon oft haben Journalisten und Unternehmer die Kraft gefunden, die Zeitung weiter zu entwickeln. Allerdings standen die „Zeitunger" nicht immer in einem so intensiven Wettbewerb wie heute. Dieser Wettbewerb zwingt die Zeitungsmacher aktuell wieder, die Zeitung gleichsam neu zu erfinden.

Annäherung an einen medienkonvergenten Zeitungsbegriff

Medienkonvergenz bedeutet ja nun gerade, dass die Definitionen der traditionellen Massenmedien rapide an „Trennschärfe und Gebrauchswert" verlieren (vgl. Neuberger 2003, 25f.). Technikbezogene Definitionen des Zeitungsbegriffs wie die bereits vorgestellte von Keller (1986) oder die nach Beth und Pross (1976) sind somit überholt. Beth und Pross zählten die Zeitung in ihrer Systematik aus den 1970er Jahren zu den sogenannten sekundären Medien. Diese werden zwar technisch produziert, benötigen zur Rezeption – anders als die sogenannten tertiären Medien – aber kein weiteres Endgerät (vgl. Beth/Pross 1976, 109ff.). Das stimmt so nicht mehr: Je nach gewählter Nutzungsform ist die Zeitung heute auch ein Tertiärmedium, das auf beiden Seiten (Sender-Empfänger) gerätevermittelt ist.

Aus Sicht dieser Arbeit ist eine Unterscheidung der Zeitung in Online und Print, wie sie etwa Mögerle noch vornimmt, obsolet und zu eng (vgl. dies. 2009, 33). Mögerle knüpft die Online-Zeitung an die Organisation der Printerscheinung und macht diese damit gegenseitig voneinander abhängig. Daraus zieht die Autorin indes nicht die Konsequenz einer Gesamtdefinition einer konvergenten Zeitung, die ihre Geschichten zukünftig so erzählen müsste, wie es dem Kommunikationsanlass und dem jeweiligen Adressaten optimal ist.

Die Bindung an bedrucktes Papier ist entgegen der kulturellen Erfahrung und Konnotation heute also keine Notwendigkeit zum „Zeitung-Sein". Auch andere Medien (gerade Online-Dienste) können unter dem Einfluss der medialen Konvergenz und der Hybridisierungsvorgänge Zeitung sein. Die vielfachen Hybridisierungserscheinungen in der Medienbranche erschweren die Kategorisierung von medialen Produkten. Hier ist nur das Stichwort Tabloid-Zeitung zu nennen: Einige Tabloide bestehen aus einem einzigen Faszikel (z.B. das *Handelsblatt*) und tendieren somit stark in Richtung Magazin. Im Printbereich verschwimmen so die Umrisse von Zeitungen und Zeitschriften bzw. Magazinen und die Grenzen zwischen ihnen zusehends – und zwar nicht nur online, sondern auch bei den Druckausgaben. So verlangen Chefredakteure von ihren Belegschaften zunehmend mehr Newsstories, worüber etwa auf dem Essener BDZV-Branchentag im Oktober 2010 lebhaft diskutiert wurde. Wöchentlich erscheinende Printmagazine wie *Der Spiegel* führen ihren Online-Auftritt autonom und aktualisieren diesen ständig.[14]

Auch die Art und Weise des Zeitungserwerbs (Kauf, Abo, Gratis) ist kein Kriterium zur Bestimmung des Zeitungscharakters: Sie rührt lediglich an die Finanzierungsform und die Marktpositionierung (dazu später mehr). Viele der bisherigen Definitionskriterien der Zeitung werden unter den neuen Bedingungen aufgeweicht oder verwässert. Die technologische Entgrenzung im Akkord mit der beobachtbaren Hybridisierung der Geschäftsmodelle macht die einstigen eindeutigen phänomenologischen Abgrenzungen untauglich. Genau genommen betraf die Gleichsetzung von Zeitung und Print, ontologisch betrachtet, nie die eigentliche Substanz, sondern immer nur die Akzidenz der Zeitung: ein Geschäftsmodell, lange Zeit die (technisch) einzig machbare Manifestation der Zeitung, die im Grunde nichts mehr verspricht als der Urbedeutung des Begriffs zufolge „spannende Geschichten".

Auf der Suche nach einer für die heutige medienkonvergente Zeit tauglichen Definition der Zeitung widmet sich diese Arbeit daher dem zweiten kommunikationswissenschaftlichen Ansatz: dem institutionellen. Aus institutioneller Perspektive war die Zeitung früher ein Modus der Problemlösung des In-Verkehr-Bringens von Nachrichten (vgl. dazu etwa Karl Bücher 1922, 232, zitiert nach Kiefer 2005, 145). Heute ist sie eine Möglichkeit zur Lösung des Kontakt- und Relevanzproblems in Gesellschaften.

Diese institutionelle Betrachtung ist geprägt durch die Münchner Schule der Zeitungswissenschaft. Otto Groth formulierte seine vier immateriellen „Wesensmerkmale" – Aktualität, Universalität, Periodizität und Publizität (vgl. Groth 1960, 350, zitiert nach Neuberger 2003, 21) – im Jahr 1960 als „Wesensmerkmale des Journalistischen" und nicht allein

14 Einen weiteren Beleg für das zunehmende Verschwimmen der Grenzen zwischen den medialen Produktkategorien liefert die in den Jahren 2009 und 2010 in der F.A.Z. geführte Debatte über den starken Ausbau des Online-Angebots der öffentlich-rechtlichen Fernsehsender, die unter dem Schlagwort der „öffentlich-rechtlichen Zeitung" geführt wurde.

der Zeitung (nach Neuberger 1999, 19). Auch spätere Münchner Forscher wie Wagner verwendeten den Begriff Zeitung im Sinne von Nachrichtenaustausch, der alle Medien – und eben nicht nur die gedruckte (Tages- oder Wochen-)Zeitung (vgl. Wagner 1978, o.S.) – erfasste. Das erstgenannte Wesensmerkmal, die Aktualität, berührt die „thematische Relevanz durch die Erregung eines ausreichend großen Gesamtinteresses“ (Neuberger 2003, 22). Die Universalität verweist auf das „theoretisch unbegrenzte Themenspektrum der Inhalte“ (ebd.). Die Merkmale Periodizität und Publizität berühren dagegen die „Vermittlung und Kontakthäufigkeit“ (ebd.). Dabei beschreibt die Periodizität die gegenwartsnahe Vermittlung. Die Publizität verweist auf einen uneingeschränkten Zugang, was indes der Bezahlpflicht nicht widerspricht.

Aus heutiger Sicht lässt sich der Groth'schen Sammlung noch ein fünftes Kriterium hinzufügen: die Disponibilität der Rezeptionssituation. Die Rezeption ist nämlich heute weder räumlich noch zeitlich gebunden (vgl. Arnold/Neuberger/Tonnemacher 2005, 113). Angesichts der Ubiquität von Online-Angeboten ist die technische Form der Darreichung nicht mehr entscheidend.

Die vier Groth'schen Merkmale verweisen gegenseitig aufeinander und sind unabhängig vom Ausgabekanal bzw. dem Modus der Vermittlung. Institutionelle Teilleistungen der Zeitung konnten somit schon von jeher auch von TV und Hörfunk erbracht werden, neuerdings auch von Online. Mögerle konzediert: „Eine Online-Zeitung macht in vielerlei Hinsicht dasselbe wie eine Print-Zeitung – lediglich unter technisch verbesserten Bedingungen“ (dies. 2009, 32). Dennoch zieht die Autorin nicht die Konsequenz einer channelübergreifenden Definitorik.

Zurück zum institutionellen Gattungsbegriff: Die Groth'schen Wesensmerkmale Aktualität, Universalität, Periodizität und Publizität gelten unangefochten als Wesen des Journalistischen. Wenn die Gattungsleistung der Zeitung von ihrer technischen Vermittlungsform abgelöst und übertragbar auf alle verfügbaren Kanäle wird, tritt die Zeitung endgültig über in den Raum des freien medienübergreifenden journalistischen Wettbewerbs. In diesem wird sich unterscheidbare Qualität durchsetzen, denn zur Verbreitung von Nachrichten allein benötigt man die Zeitung heute nicht mehr. Das stellt hohe Anforderungen an das Zeitungsmarketing.

Es bieten sich innerhalb der Gegebenheiten der „integrierten Netzwerköffentlichkeit“ (Neuberger 2009, 41) einige Zusatzmerkmale an, die aber nur die Abgrenzung gegenüber reinen Online-Aggregatoren bzw.

nicht professionell arbeitenden Medien online liefern. Die Idee der Zeitung wird weiter zumindest in Teilen mit ihrer physischen Form verbunden bleiben, solange die alltagsweltlichen Bilder und Konnotationen der Zeitung um die Vorstellung knisternden Papiers und des hinter den aufgeschlagenen und ausgebreiteten Seiten in die Lektüre vertieften Lesers kreisen. Dennoch wird in der langen Geschichte des Kulturguts ein neues Kapitel aufgeschlagen.

Dabei wäre die Zeitung in der Medienkonvergenz durch folgende Merkmale gekennzeichnet:

1. Der Begriff Zeitung ist unabhängig von der technischen Vermittlungsweise ihrer Inhalte verwendbar.
2. Die vermittelten Inhalte sind inhaltsbasiert und textorientiert und im Schwerpunkt in Wort und Schrift fixiert (vgl. Haller 2003, 184). Multimediale Angebote (Audio, Video, Podcasts etc.) kommen hinzu.
3. Die Zeitung liefert Inhalte über jüngstes Gegenwartsgeschehen über unterschiedliche Kanäle und Endgeräte.
4. Relevant wird die Zeitung durch die Aktualität und Universalität für ihre Nutzer.
5. Modi der Publizität und Periodizität sind durch den unbegrenzt zur Verfügung stehenden Speicherraum und die deutlich gesunkenen Publikationskosten kein Engpass mehr (Mindesterscheinung, Marktzutrittshürde). Viele Redaktionen arbeiten längst im Mehrschichtdienst und sichern die hochfrequente und kontinuierliche Berichterstattung. Die Aktualisierungen und Erscheinungsformen orientieren sich dabei an gedachten Nutzerinteressen (vgl. dazu Neuberger 2003, 21f.).
6. Zeitungsinhalte sind disponibel, d.h. ort- und zeitunabhängig konsumierbar.
7. Die Zeitung ist multioptional. Sie ermöglicht die reine Rezeption (One-to-Many-Kommunikation) und lädt Nutzer zur Interaktion ein (Interaktivität).
8. Die Zeitung(sredaktion) liefert eine professionelle Dienstleistung der Herstellung von Öffentlichkeit durch die Recherche, Selektion, Überprüfung und Kontrolle von Informationen. Die Zeitung bietet Orientierung, Information und Anregungen zur allgemeinen und speziellen Meinungsbildung. Sie informiert, ordnet ein, gewichtet und wertet.
9. In der Summe ihrer Kanäle wenden sich (viele) Zeitungen (noch immer) an ein Massenpublikum im Sinne von Allen. Einzelne Kanäle

(Print und insbesondere digitale Dienste) wenden sich an speziell definierte Zielgruppen. Dabei steht der Zeitungsbegriff für ein Marken- und Angebotsportfolio, in dem alle unterschiedlichen Verbreitungskanäle und Angebote zusammengefasst sind. Jeder einzelne Kanal ist in seiner Kommunikationsweise dagegen deutlich zielgruppenbezogener als bisher.

10. Zeitung ist dabei wieder im ursprünglichen Wortsinn als „spannende Geschichte", als relevante Information zu verstehen (vgl. Haller 2005, 129).

Wo bleibt dabei das spezifisch „Tageszeitunghafte"? Das Gesagte kann bis hierhin auch für andere Medien gelten. Insbesondere Wochenmagazine oder -zeitungen, aber auch Monatstitel sowie informationsgetriebene Online- und TV-Angebote (im Sinne des E-Journalismus nach Haller 1992, 199) dürften sich angesprochen fühlen. Der Rest der Spezifik verbirgt sich in der Universalität und der Aktualität der Berichterstattung sowie im Potenzial der Zeitung, eine Gesamtöffentlichkeit herzustellen. Dennoch gilt: Unter den Konvergenzbedingungen müssen sich Printmedien an ähnlichen Erwartungen messen lassen wie andere medialen Angebote auch. Manche zuvor trennscharfen Unterscheidungsmerkmale verschwinden.

Die sich zunehmend ausdifferenzierenden Nutzungsformen gerade der digitalen Medien erschweren die Definition erheblich, schließlich liegen in der Unbestimmtheit und Offenheit des Internet und seiner dynamischen Entwicklung sowie der nutzungsmäßigen Erschließung einige von dessen Hauptmerkmalen (vgl. McQuail 2009, 138ff.). In der Tat erinnert der neue offene und crossmedial verstandene Begriff der Zeitung im Sinne des Bedeutungsinhalts Neuigkeit und spannende Geschichte an die ursprüngliche Bedeutung des Wortes „Zeitunger" vor 400 Jahren (vgl. Haller 2005, 129; Stöber 2000, 324). Aus Rezipientensicht steht im Kern dieses neuen Zeitungsbegriffs die Multioptionalität bzw. Freiheit der Nutzungsformen, aus Anbietersicht die Notwendigkeit, ihre verringerte Bedeutung im kommunikativen Raum durch Relevanzgewinn aufzufangen (dazu auch Kapitel 2.1.1 und 2.1.2). Die beschriebenen Fragmentierungsprozesse des Medienpublikums begünstigen die Entstehung kleinerer Zeitungsdienste, die die generalanzeigerhaft orientierten Anbieter zumindest ergänzen.

An die Frage des Charakters der Zeitung von morgen schließen sich folgende Fragen an, die jedoch nicht alle in dieser Arbeit thematisiert werden können.

1. Wie werden die Funktionen der unterschiedlichen Medienkanäle differenziert?
2. Welchen Mehrwert bietet in der Medienkonvergent noch die gedruckte Zeitung?
3. Wie stellen Medienanbieter diesen heraus?

2.5 Zwischenfazit

Die bisherige Betrachtung hat gezeigt, dass sich der Markt für Regionalzeitungen sowohl auf der Leserseite als auch im Anzeigenmarkt derzeit stark verändert. Gesellschaftliche Entwicklungen und die dynamische Entwicklung der Medienkonvergenz (vgl. dazu auch die Begriffsableitung am Anfang des Kapitels) führen dazu, dass Verlage ihre Geschäftsmodelle überdenken und die Rolle ihrer Zeitungen in der Gesellschaft neu definieren müssen.

2.5.1 Der medienkonvergente Raum

Die als Medienkonvergenz beschriebenen Veränderungen im Verhältnis von Medienanbietern und Nutzern lassen sich als ein gemeinsamer Kommunikationsraum vorstellen. Den Angebotsmarkt bilden demnach unterschiedliche Medienformate, die in einem „technisch-medial verfügbaren Möglichkeitsraum" (Bucher 2010, 9) angeordnet sind. Dieser ist panmedial bzw. „supramedial" (Schultz 2007, 15) d.h. dass er alle Medien umfasst. Er zerfällt in die beiden Sphären analog und digital und bündelt alle Inhalte und Verbreitungsmedien (vgl. dazu Abbildung 5).

Die Frage des Zugangs(mediums) ist unerheblich. Beim Wechsel der Sphären sind allerdings Schnittstellen zu überwinden, wodurch zumindest theoretisch (Transaktions-)Kosten entstehen. So ist eine Schnittstelle z. B. nur unter Zuhilfenahme von technischen Empfangsgeräten wie PC, Laptop, Smartphone oder Tablet-Computer zu passieren. Allerdings nehmen diese Hürden durch die permanente Erreichbarkeit ständig ab. Zum Teil ist die Schnittstellenüberwindung für Rezipienten jedoch nicht friktionslos möglich und mit dem Erwerb physischer Medienartikel, etwa in Form eines Abos oder einer Single-Copy oder einer Registrierung, verbunden. In letztgenanntem Fall verlassen die Rezipienten den allgemein zugänglichen Raum und betreten eine Seitennische. Analog ist die Medi-

Abbildung 5: Analoge und digitale Medien im konvergenten Markt

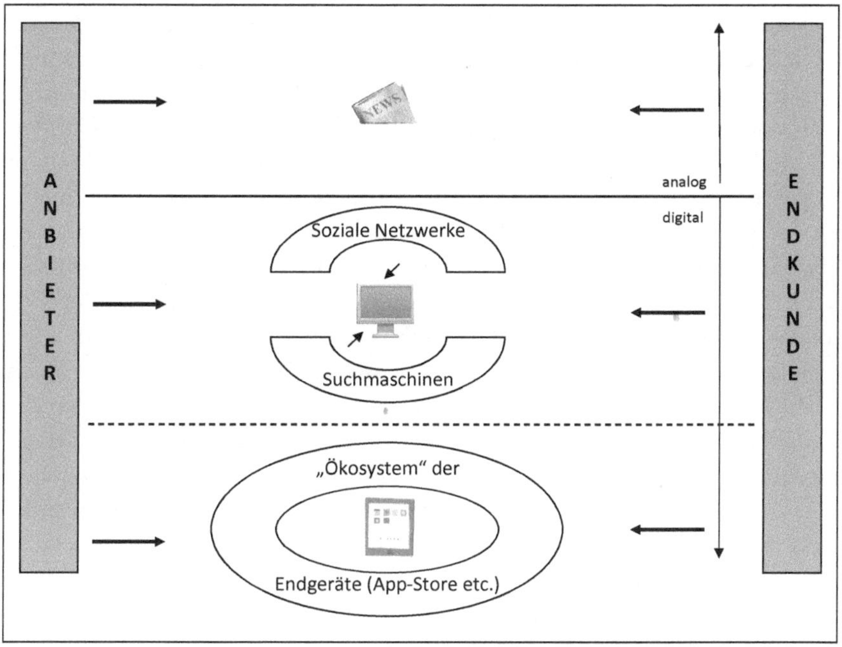

ennutzung dort, wo Medienkonsumenten auf trägergebundene, unverbundene Informationen in einer in sich abgeschlossenen Medienwelt zugreifen. Die Printzeitung, das Analog-TV und das Radio bilden solche geschlossenen Medienwelten. Konvergent sind indes auch diese, da die Medien stets aufeinander und über sich selbst hinaus verweisen.

Die Modi der Kommunikation in den verschiedenen Kanälen sind je nach Ausgabegerät unterschiedlich. Im digitalen Raum sind alle Medien gleich weit voneinander entfernt (Äquidistanz) – nämlich einen Klick. Das führt bisweilen zu schnellem „Umschalten" und Hoppen von einem Angebot zum nächsten auf der einen Seite, aber auch zu großen Verweildauern auf der anderen Seite. Schließlich optimieren Rezipienten ihren eigenen Aufwand und ihre Medienportfolien (Webster/Ksiazek 2012, 52). Dies ist eine wichtige Erkenntnis, gerade wenn man bedenkt, dass Medienanbieter ihren Traffic zu großen Teilen auch aus Suchanfragen (über Keywörter) generieren oder in Sozialen Netzwerken um Reichweite kämpfen. Digitale Nutzer sind demnach häufig Leser, die der Online-

Strom mehr oder minder zufällig heranträgt und die ebenso schnell wieder davonschwimmen.

Anders als die geschlossenen Türen der analogen Medienwelt repräsentiert der universale digitale Medienraum nun einen „vollkommenen" Markt, um den alle Anbieter kämpfen. Die in der analogen Welt hermetisch voneinander getrennten Channels treffen hier zusammen. Während die Medienanbieter in der analogen Welt über Einfluss verfügen, indem sie passende Angebotsbündel schnüren und zielgruppengerecht vermarkten, ist diese Autonomie in der digitalen Welt auf die Seite der aktiven Rezipienten verlagert (vgl. dazu die Diskussion des Publikumsbegriffs in Kapitel 2.2). Er entscheidet, welche individuellen Medienmenüs er sich kredenzt: Er heftet etwa im GoogleReader Nachrichtenseiten ab oder verfolgt die News seiner Favoriten über Twitter (vgl. dazu auch Boltze/Rau 2012, 77f.). Die Publikumsautonomie beschleunigt auch die Medienkonvergenz, indem sie Anbieter mit besonders populären Angeboten belohnt, was andere Anbieter ihrerseits zu eigenen Aktivitäten oder zur Nachahmung veranlasst. Dynamisierend auf den Medienwandel wirkt außerdem die Technologie in Form von handhabbaren Endgeräten und verfügbaren mobilen Netzen.

Eine Fülle des bereitgestellten Content im Internet ist ähnlich bis austauschbar – man findet in der Newssuche bei Google Hunderte von Artikeln zum selben Thema. Das Publikum kann zwischen verschiedenen Anbietern wählen und findet Orientierung in der Medienmarke. Für die Medienanbieter minimiert dies den Einfluss und die Möglichkeiten der Nutzerführung – eine Entwicklung, für die sich der Begriff der „Aufmerksamkeitsökonomie" (Franck 1998) etabliert hat. Dieser Begriff suggeriert, dass allein die Zuwendung des Interesses schon einem Bezahlakt gleichkomme. Dies ist jedoch nicht der Fall: Die Werbemarktseite gestaltet sich schwierig. Professionell und damit teuer produzierte journalistische Massenmedien können in diesem Umfeld nur einen geringen Mehrwert offerieren. Daher waren Preismodelle hier bisher auch nicht sonderlich erfolgreich. Für vertrauenswürdige und aus der Masse herausragende Medienanbieter jedoch bieten sich hervorragende Chancen, insbesondere wenn sie ihre Rezipienten besonders gut und individuell kennen. Dann entstehen sowohl im Leser- als auch im Werbemarkt neue Vermarktungschancen.

In digitalen Bezügen verkürzt sich die Bedeutung des Journalistischen (vgl. Haller 2008, 560). Die Massenkommunikation (One-to-Many) tritt in den Raum der (allgemeinen) Kommunikation (One-to-One oder Many-to-Many). Das Agenda-Setting verlagert sich damit zumindest teilweise weg von den Verlagen hin zu Freundschaftsnetzwerken, über die sich Menschen an und mit Bekannten orientieren (vgl. auch Boltze/Rau 2012,). Dazu gehören zweifellos auch Medieninhalte – allerdings nur sehr selektiv. Und die Auswahl der Inhalte obliegt den Nutzern in der digitalen Agora selbst. Die Netzwerköffentlichkeit konstituiert so gesehen ein Paralleluniversum zum Journalismus.

Wir springen zurück hinter den digitalen Graben. Die Differenzierung der Medien über ihre Spezifika gelang den Medien bei der klassisch-analogen und konzentrierten Nutzung viel leichter. Es ist diese Situation der entspannten Lean-Back-Nutzung, in der auch digitale Printmedien auf Tablet-PCs und anderen Ausgabegeräten ihre vollen Stärken entfalten konnten (digitales Papier) und weiterhin können. Beide erfordern die ausschließliche und damit voll aufmerksame Beschäftigung mit dem Gegenstand im Gegensatz zum nervösen Multitasking-Medium Internet. Diese Nutzung ermöglicht genussvollen Konsum und produziert Mehrwert. Printmedien und Digital-Printmedien folgen dem Prinzip der Abgeschlossenheit. Sie bieten einen klaren Anfang und ein Ende, was der menschlichen Neigung entspricht, Dinge abschließen zu können, und die nach allen Seiten offene, beliebig tiefe Bauweise des Internets mit seiner Multioptionalität konterkariert. Auf den mobilen Endgeräten ist indes die veränderte Wertschöpfungsstruktur durch die Architektur der „digitalen Ökosysteme“ (Englert/Senft 2012) zu beachten (dazu mehr in Kapitel 3.4.2).

Daran schließt sich die Erwartung an, dass Medien nur bei der entsprechenden Nutzungsmodalität auch entsprechend funktionieren können. Während das auf stationären PCs genutzte Internet als Kommunikationsinfrastruktur homogenisierend – oder deutlicher: nivellierend – wirkt, können die einzelnen Medien erst in geeigneten Umfeldern ihre größten Stärken ausspielen. Um so weit zu kommen, bedarf es indes schon einer starken Bindung. Zudem nimmt die Rolle des Lead-Kanals bzw. die Steuerungsmöglichkeit der Rezipienten ab (vgl. Becker 2012, 40). Medienanbieter müssen das berücksichtigen, indem sie für Rezipienten attraktive, zeitgemäße und technisch angemessene Angebote machen. Im offenen WWW als Vermittlungsstruktur über stationäre PCs kam Verlagen selbst nur eine Nebenrolle als Content-Provider hinter anderen Intermediären wie Suchmaschinen oder Sozialen Netzwerken zu.

2.5.2 Der medienkonvergente Wettbewerb

Unter den Bedingungen der Medienkonvergenz haben sich die wirtschaftlichen Bedingungen für die Printproduktion erheblich verschlechtert. Zeitungsunternehmen revidieren vor dem Hintergrund der notwendigen Anpassung der Kostenstrukturen ihr Selbstverständnis. Der Medienmarkt hat sich wie dargestellt durch die Vervielfachung des Angebots und dessen (damit einhergehender) Ausdifferenzierung über verschiedene Plattformen in den vergangenen Jahren in Richtung eines Rezipientenmarktes verschoben. Diese Prozesse liefen klar zu Lasten der traditionellen Monoproduktanbieter, deren Marktmacht sank. Das einfache und doch so komplizierte Standardprodukt Regionale Tageszeitung erwies sich im Kontext unterschiedlicher Lebensweisen für immer mehr Menschen und gerade aus Sicht jüngerer Alterskohorten als immer weniger tauglich. Manche Lebensstile – etwa die der modernen urbanen Bevölkerung – sind nur schwer mit dem klassischen Angebot regionaler Zeitungsverlage vereinbar.

Veränderungen auf dem Lesermarkt

Bei den jungen Menschen und inzwischen auch in der mittleren Generation klaffen Lücken, die durch demographische Effekte in den nächsten zehn Jahren noch deutlich wachsen dürften. In 20 Jahren werden die Folgen dann verheerend sein (dazu Kapitel 2.3.2). Das Rückgrat der Tageszeitung sind ältere Menschen und Teile der mittleren Generation. Bei diesen habituierten Lesern hat die Regionale Tageszeitung wie dargestellt eine starke Wettbewerbsposition. Um die Fallhöhe jenseits der „demographischen Klippe" reduzieren zu können, scheint der Weg zum rezipientenorientierten und ggf. zielgruppenspezifischen Produkt unumgänglich. Dabei geht es um die Einführung sowohl neuer Kommunikationskanäle als auch neuer Produkte. Die Verlage müssen den Zeitungsbegriff des analogen Zeitalters in die digitale Gegenwart übertragen und dabei die Formen der Medienproduktion anpassen (dazu die Ausführungen in Kapitel 3.3.3 zur veränderten Wertschöpfung).

In analogen Bezügen richten sich massenmediale Produkte an ausgewählte Zielgruppen. In digitalen Bezügen jedoch kreiert der Konsument sein Medienportfolio zunehmend selbst – Soziale Netzwerke verstärken den Prozess und schwächen den Prozess der Massenkommunikation. Boltze und Rau schreiben: „Es ist ein Prozess nötig, der einer Neuentdeckung des Rezipienten gleichkommt“ (dies. 2012, 71). Nicht die Medien definierten hier avisierte Bevölkerungsgruppen. Vielmehr definierten diese die konsumierten Medien. Die entwickelten Überlegungen zu einem neuen Publikums- (Kapitel 2.2) und Zeitungsbegriff tragen dem Rechnung. Der Wert der Zeitung im Sinne des in Kapitel 2.4 dargestellten Zeitungsbe-griffs wird daher über eine Neubestimmung ihrer Funktion erhöht. Da die Zeitung als Mittel des Inverkehrbringens von Nachrichten überholt ist, muss sie ihr Heil in der „sekundären Aktualität der Themen der Zeit“ (Mast 2010, 255) suchen. Dies wäre als Vertiefung, Differenzierung und zugleich als Mehrwert zu den bisherigen Funktionen zu sehen. Tabelle 5 auf Seite 62 fasst eine mögliche funktionale Abgrenzung einzelner Medienkanäle unter Berücksichtigung ihrer Nutzungsweise zusammen. Dementsprechend werden geeignete Inhalte vorgeschlagen.

Das Informationsverhalten der Bevölkerung unterliegt einer drastischen Veränderungsdynamik der Medienkonvergenz (vgl. Abbildung 2): In Teilen der jungen Generation haben die Zeitungen in dramatischem Umfang an Boden verloren – ein Befund, der auch in anderen nordeuropäischen Industrieländern nachweisbar ist (vgl. Schulz/Bruttel 2010, 150ff.). Die Verschiebungsprozesse zugunsten digitaler Medien halten an. Die Zeiten, in denen sich Anbieter von journalistischen Inhalten als „Zeitfresser“ nur mit denen vergleichen mussten, die ähnliche Rezeptoren ansprechen, sind vorbei. Bei der jungen und bei der mittleren Generation lassen sich schon jetzt die Veränderungen der medialen Grundbedürfnisse vor allem über mehrere Generationen hinweg bei gleichzeitiger technologischer Evolution klar belegen – abzulesen etwa im deutlich niedrigeren täglichen Nachrichtenbedarf der jungen Generation (Köcher 2009, 110-116) und einer Abwendung vom E-Journalismus eher hin zu unterhaltenden Elementen.

Die Frage nach den Wettbewerbern der Zeitung im Lesermarkt wird aus Sicht der Chefredakteure inzwischen vor allem mit Online beantwortet – auch in dieser Untersuchung, obwohl die Antwort gestaffelt nach unterschiedlichen Alterskohorten differenzierter ausfällt (vgl. dazu Mast 2010, 257). Sie müsste genauer „digitale Was-Auch-Immer-Für-Angebote“ lauten. Rein printbasierte Konkurrenzmodelle (etwa das Rosse’sche Umbrella-Modell, dazu Gustafsson 1996, o.S.) sind daher in der Medienkonvergenz mit ihren zunehmend differenzierten Modi der Nachfrage und veränderten Medienrepertoires obsolet.

Tabelle 5: Mögliche Funktionsdifferenzierung zwischen denkbaren Kanälen einer Zeitungsmarke

	analoge Welt (Print)	digitale Welt (stationär)	digitale Endgeräte
Funktion	– Meinung – Hintergrund – Analyse	– Information – Meinung – Hintergrund (additiv, Archiv) – Multimedia	– Information – Meinung – Hintergrund – Multimedia
Rezeptionsweise	– lean-back – konzentriert – aufmerksam – entspannt – lineare Wahrnehmung, Orientierung	– eher flüchtig – reinklicken, rausklicken	– lean-back – entspannt
Stärken	– Komfort – Überblick – haptisch – disponibel – überraschend (Serendipität) – genussvoll	– multimedial (eher Lean Forward) – All-In-One-Arbeitsgerät – digital – schnell (Live-Updates), Aktualität – gratis – Archiv, ewiger Speicher – jederzeit zugänglich – transaktionsorientiert	– multimedial (z. B. Fotos und Filme) – ständig bereit – disponibel und crossmedial – haptisch – bequem / entspannt – Layout – Ort-Zeit-entkoppelt – überraschend (Serendipität) – genussvoll
Schwächen	– Schnelligkeit – kein Archiv – kein Update – monomedial (analog) begrenzt – raum- und zeitgebunden – hohe Kosten	– flüchtig, fahrig – langes Hochfahren, z.T. sperrig – geringe Konzentration – unübersichtlich – „uferlos“ – intransparent – Kosten für Orientierung und Suche	– monetäre Kosten sind unklar – up-to-date
geeignet für	– Meinung – Information – Unterhaltung – Analyse – genussvolles Lesen	– schnelle Informationen, News-Updates – Transaktionen – Vernetzung – Interaktion	– Information – Unterhaltung – Meinungsbildung – News-Update – Transaktionen – Vernetzung
Potenzial der Kundenbindung über Kanal	– hoch	– mittel-hoch – Netz wirkt homogenisierend	– hoch

Tageszeitungen im Anzeigenmarkt

Wie dargestellt leitet sich die Marktstellung von Zeitungsverlagen im Werbemarkt aus deren Position im Lesermarkt ab. Doch machen auch Anzeigenblätter den Regionalzeitungen zu schaffen. Diese nutzen dort Marktlücken, wo Regionalzeitungen auch inhaltlich schwächeln. Gerade auf Stadtteilebene wird eine höhere Reichweite bei geringeren Streuverlusten erreicht, als es Regionalzeitungen üblicherweise gelingt, was der Medialeistung der Anzeigenblätter förderlich ist. In der Regel bleiben die Erlöse daher im eigenen Haus. Auch eine Marginalisierung der Zeitung im Medienmenü der Rezipienten, wie schon heute zum Teil feststellbar, hätte indes Folgen, wie in den Ausführungen zu zweiseitigen Märkten (Kapitel 3.2.4) noch deutlich werden wird.

Hier stellt sich das Problem der Marktabgrenzung nun fast nicht mehr: Klassische Abgrenzungsformen sind obsolet, wenn zugleich auch die Knappheit der Übertragungskanäle für Medieninhalte und Werbebotschaften aufgehoben ist. Inzwischen sind Werbeplätze und Inhalte nicht mehr begrenzt, sondern in unbegrenzter Menge erhältlich, und zwar sowohl im Print als auch Online.

Veränderte Intermediärsrollen

Der grundsätzliche Unterschied zwischen der analogen und digitalen Medienwelt ist aus ökonomischer Sicht die Ausgestaltung der Intermediärsbeziehung zwischen Produzent und Endkunde. Während Verlage in der analogen Welt die Bündler und Makler von Informationen aus beiden Märkten sind, gilt dies in der digitalen Welt nicht mehr. Hier degenerieren die Verlage zu Nischenplayern. Im Informationsstrom nehmen Suchmaschinen und Soziale Netzwerke die entscheidenden Rollen ein. Sie schaffen die Orientierung und vermitteln einen erheblichen Teil des Traffics an die Verlage weiter. Zwar ist auch die unvermittelte Kundenkommunikation möglich. Für diese bleibt den Verlagen aber nur ein erheblich schmalerer Einfallswinkel übrig, wodurch der Wertschöpfungsbeitrag der Verlage sinkt.

Auf den neuen Endgeräten (mobiles Internet) entstehen neuerlich veränderte Beziehungen zwischen Produzenten und Konsumenten. Hier bündeln die Verlage wieder mehr Aufmerksamkeit und Zeit ihrer Nutzer. Doch ist der Zugang zu den Kunden nicht unmittelbar, sondern abhängig vom „Ökosystem“ der Geräteanbieter (etwa: Apple). Auch dies stellt eine zum Teil erhebliche Beeinträchtigung der Kundenbeziehung dar und schränkt die mögliche Wertschöpfung der Verlage ein. Zum Zeitpunkt der Untersuchung war noch nicht abzusehen, ob die Betreiber von offenen Systemen auf Android-Basis oder die geschlosseneren Systeme („walled gardens"/Apple) dabei obsiegen werden. Wie sich der Prozess der Wertschöpfung in digitalen Ökosystemen bzw. bei Systemprodukten exakt verändert, wird genauer im Abschnitt über Business Webs (siehe dazu Kapitel 3.4.2) analysiert.

Insgesamt bietet die neue digitale Welt sowohl Kunden als auch Medienanbietern große Chancen. Für Kunden sind hier allen voran die Komplexitätsbegrenzung und die Reduzierung der eigenen Transaktionskosten bei der Wahl eines medialen Heimathafens zu nennen. Die schier unendliche und oft überfordernde Reizflut kann so eingedämmt werden. Die Verlage wiederum, denen es gelingt, solche angenehmen und nützlichen „Heimatumgebungen" anzubieten, schaffen einen erhöhten Wert (Reintermediation im Sinne von Hess/Walter 2007, 17ff.), der sich irgendwann auch monetarisieren lassen sollte. Zugleich entstehen Spielräume bei der Unternehmensorganisation. Diese wird zunehmend medienneutral und flexibel. Die Contentangebote werden gewissermaßen über die modulare Produktion „verflüssigt" und über unterschiedliche Endkanäle ausspielbar. Dabei bieten sich mutmaßlich neue Möglichkeiten der Produktgestaltung, die für das Printprodukt nicht möglich waren (etwa durch Customisierung).

Zudem besteht für Anbieter eventuell die Chance, über das neue Medium den Zugriff auf Zielgruppen zu erhalten, die als Early-Adopter der Digitalisierung bislang nicht erreicht wurden. Die Aufgabe für Verlage lautet, neue Zielgruppen zu aktivieren sowie die bisherigen Zielgruppen weiterzuführen und zu erhalten. Eine Aussage der Medienkonvergenz ist schließlich auch die diffundierende Konkurrenzsituation um verschiedene Zielgruppen.

Eine Abnahme der Menge der technischen Geräte pro Durchschnittshaushalt durch die Konvergenz etwa von TV und PC ist ein gut vorstellbares Szenario. Über die Jahre wird sich noch ein Standard durchsetzen müssen. Einiges spricht dafür, dass die Systeme zukünftig offener werden. Verlage werden sich dieser Entwicklung nicht verschließen können, da sie die notwendigen Kompetenzen zum Transfer erlangen müssen. Vieles spricht dafür, dass Verlage zukünftig ganz anders strukturiert sein werden (siehe dazu Kapitel 4.2).

2.5.3 Normative Fragen der Medienkonvergenz

In den vergangenen Jahren hat sich der Schwerpunkt der Debatte über die Folgen der Medienkonvergenz und die Zukunft der Zeitung verlagert. Ein Startpunkt entspann sich über Fragen der reduzierten Rolle des Journalismus in seiner Zuständigkeit für die gesellschaftliche Selbstbeobachtung: Diese brachte Weischenberg auf die Formel des „Monopolverlusts“ (ders. 2009, 35) und erkannte ein Komplexitätsproblem für Rezipienten. Desweiteren diagnostizierte er eine De-Professionalisierung des Berufsstands durch Lohndumping und Amateure, die das Berufsbild des Journalisten erschwere und die Abgrenzbarkeit der journalistischen Rolle beeinträchtige (vgl. ebd.).

Das Problem der Nutzerwelt (Freiheitsgrade) liege in der Unüberschaubarkeit der zugänglichen Informationen – ein paradoxes Urteil: Kaum ist der Engpass der Informationsmenge und ihrer Zugänglichkeit überwunden, stelle sich die nächste Bedrohungssituation in Form eines Komplexitätsproblems. Neuberger hingegen argumentiert, dass auch in der „Integrierten Netzwerköffentlichkeit“ (ders. 2009, 41) die Informationsversorgung der Gesellschaft gewährleistet werden kann. Es sei anzunehmen, dass funktionale Äquivalente zum Journalismus entstehen, die einen Teil zur Meinungsbildung beitragen könnten (vgl. ebd., 35). Empirisch finden sich einige Belege, die für einen Fortbestand populärer Nachrichtenangebote spechen: Gerade die notwendige Reduktion von Transaktionskosten für die Suche und die unsichere Qualität vieler Angebote begrenzen die Fragmentierung und verstärken die Bindung an bekannte Medienmarken (vgl. Webster/Ksiazek 2012).

Im Zuge der immer größeren Finanzierungsprobleme des Journalismus verlagert sich der seit 2011 in der Wissenschaft aber auch öffentlich geführte Diskurs zunehmend auf Modelle einer öffentlichen, also marktunabhängigen, Finanzierung des Journalismus. So hat Kiefer aufgrund der Krise der anzeigenbasierten Zeitungsfinanzierung einen institutionentheoretisch abgeleiteten Vorschlag zur öffentlichen Finanzierung der Institution Journalismus vorgelegt (dies. 2011a) und damit heftigen Widerspruch hervorgerufen (vgl. beispielsweise Ruß-Mohl 2011). Kiefer schlägt in Anwendung der Theorie der Commons nach Elinor Ostrom vor, „dass die Finanzierung des Journalismus [...] marktunabhängig organisiert und sichergestellt wird.“ (ebd., 17). Dabei soll der Journalismus von den ihn tragenden Unternehmen getrennt werden. Der Berufsstand wäre durch „definierte, transparente und allgemeingültige Zugangsbedingungen" gekennzeichnet (Kiefer 2011b, 422). Wer diese Bedingungen erfülle, könne als Journalist arbeiten „und wird, wenn er auch faktisch diesen Beruf ausübt, finanziell unterstützt." (ebd.). Ruß-Mohl bestreitet dagegen das von Kiefer behauptete Marktversagen und sieht ein „Staatsversagen" (ders. 2011, 410). Er erkennt in dem Kierfer'schen Selbstorganisationsmodell gar „anti-demokratische Tendenzen der Verselbständigung und Vermachtung, die solchen Systemen inhärent sind." (ebd., 411).

Auch für Rau ist eine vollkommene Entlastung des Journalismus vom Marktprinzip problematisch – schließlich koppelt genau dieses die Journalisten zurück an die Leser und Bürger und verpflichtet diese zu Relevanz, anders gesagt einer guten Leistung (vgl. ders. 2012).

2013 haben der Medienstaatssekretär von Nordrhein-Westfalen Jan-Marc Eumann (SPD) und Weichert eigene Vorschläge zur öffentlichen Journalismusfinanzierung vorgelegt (vgl. dies. 2013) und dabei neuerlich die Debatte befeuert. Eumanns Modell schlägt dabei eine Erweiterung der Haushaltsabgabe für die Presse vor[15]. Weicherts Vorschlag beinhaltet die Gründung eines „Nationalfonds für Qualitätsjournalismus", der sich aus einer Ausweitung der Haushaltsabgabe auf sämtliche journalistische Angebote speisen soll – eine Art „Kultur-Flatrate" und bei dem sich freie Journalisten und Redaktionen bewerben können sollen (ders. 2013, 62). Doch bedroht jede externe Finanzierung des Journalismus die Unabhängigkeitsnorm des Journalismus, stehen doch hinter jeder öffentlichen Finanzierung Geldgeber und Interessen (vgl. Haller 2010, 351) und ist insofern kritisch zu betrachten.

Lobigs bezeichnet Weicherts Idee eines durch eine Nationalstiftung gesicherten Journalismus zumindest derzeit und in den kommenden Jahren noch als „unnötig" und sogar als „kontraproduktiv" für die um ihr Überleben ringenden Verlage (ders. 2013b, 66). Gleichwohl – und darüber besteht Konsens –lautet die Schicksalsfrage, ob es Verlagen auf längere Sicht gelingen wird, tragfähige Bezahlmodelle für Qualitätsjournalismus in der digitalen Welt einzuführen.

Erst bei einem Scheitern der bürgerlichen Journalismusfinanzierung, also im Fall eines akut werdenden Marktversagens, würde die Frage nach neuen Finanzierungsformen für den Journalismus akut, so Lobigs (ebd., 67). Auch in diesem Fall plädierte der Autor jedoch nicht für das Ein-

15 Die 14 Thesen aus dem Buch „Journalismus am Abgrund"sind unter http://www.eumann.de/ abrufbar, Stand: 1.3.2014.

schießen zusätzlicher öffentlicher Finanzmittel in das System, sondern für die Umleitung der Mittel, die ohnehin schon – aus Sicht des Dortmunder Journalismusforschers offenbar mit suboptimalen Ergebnissen – in den öffentlich-rechtlichen Rundfunk fließen.

Es zeichnet sich gleichwohl ab, dass die Finanzierung von Journalismus in wirtschaftsschwachen Regionen problematisch werden und sich eine Unterversorgung der Gesellschaft mit relevanten Nachrichten einstellen könnte. Immerhin speisen sich die beiden bisher etablierten Erlösquellen Leser- und Werbemarkt beide aus der lokal vorhandenen Kaufkraft: Journalismus wird bezahlt von Lesern, denen er die Ausgabe wert ist, und von Werbekunden, die mit diesen Lesern auf diese oder jene Weise ins Geschäft oder in Kontakt kommen wollen. Lobigs argumentiert mit der Qualitätsleistung der Verlage, die durch eine öffentliche Idee – etwa den von Weichert vorgeschlagenen Stiftungsjournalismus konterkariert würde (vgl. ders. 2013b, 66).

Jedoch setzt sich Lobigs nicht mit dem infolge schwächerer Redaktionsbesetzungen aufreißenden Loch der Berichterstattung auseinander. Das Tuch, das der Journalismus über die Belange der Gesellschaft spannen kann, wird in einigen Regionen jedoch unbestritten kleiner und mancherorts ist es bereits durchscheinend dünn. Doch sollte man zunächst auch in solchen Regionen nicht die Hoffnung aufgeben, dass neue Marktteilnehmer mit neuen Geschäftsideen in die Bresche springen und eine Idee für eine zeitgemäße und marktgängige Weiterentwicklung des Journalismus finden könnten.

Aus normativer Sicht ist es im Hinblick auf den Erhalt des dualen Mediensystems essentiell, dass die Verlage zunächst versuchen, ihre Geschäftsmodelle in Eigenregie entsprechend der sich in der Medienwelt abspielenden Revolution anpassen. Dies gilt insbesondere für die Entwicklung angemessener Produkte, Erlös- und Organisationsmodelle. Falls dies nicht gelingt, drohen Zeitungen als Geschäftsbereiche innerhalb ihrer Eigentümerunternehmen zu marginalisieren. Daraus ergäbe sich eine fatale Abwärtsspirale, die mit Qualitätseinsparungen beginnt. Dann wäre in der Tat auch der institutionelle Rang der Zeitungen bedroht und die Frage nach einer öffentlichen Zeitungsfinanzierung neuer Dringlichkeit zu stellen.

3 Geschäftsmodelle von Regionalzeitungen

Nachdem im vorigen Kapitel die veränderten Umfeldbedingungen der Medienproduktion in ihren Auswirkungen auf Medienanbieter, -konsumenten bzw. -rezipienten sowie aus normativer Hinsicht untersucht wurden, wechselt die Blickrichtung nun in weiten Teilen auf die Mikroebene und in den Bereich der Betriebswirtschaft. In diesem Kapitel sind die Parameter der Geschäftsmodelle von Regionalzeitungen theoretisch zu beschreiben und zu analysieren. Betrachtet werden die Ebenen Produkt, Unternehmen und – im Zuge der möglichen branchenbezogenen Entwicklung von Netzwerkstrukturen – auch die Ebene der Industrie. Diese Analyse bildet den Bezugrahmen, auf den sich die anschließende empirische Befragung bezieht und auf dem die Vorschläge zur Veränderung aufsetzen. Die Frage ist also, wie das komplexe Produkt Journalismus, das aus Information, Bildung, Unterhaltung, Meinung sowie der Aufmerksamkeit für Werbebotschaften besteht, konfiguriert werden kann (vgl. Heinrich 1994, 101)?

Dabei soll unter Geschäftsmodellen die allgemeine Beschreibung der Verfasstheit von Unternehmen verstanden werden (vgl. Picard 2002, 26). Insbesondere in Zeiten dramatischer Veränderungen von Industrien ist der besonders aufmerksame Blick auf die Geschäftsmodelle der betroffenen Unternehmen unerlässlich. Die Gestaltung des Geschäftsmodells stellt sich als gesamtbetriebliche Optimierungsaufgabe. Letztlich handelt es sich dabei um eine Frage der sinnvollen und möglichst effizienten Problemlösung. Das erklärt auch, warum diese Frage immer wieder von Neuem gestellt und nicht allumfassend verbindlich geklärt werden kann. So weist Picard darauf hin, dass Geschäftsmodelle nicht ein für alle Mal untergehen oder verschwinden, sondern mutatis mutandis auch wiederkehren können (vgl. ders. 2002, 26).

Nach einer diesem Kapitel vorangestellten Begriffsklärung ist das Spannungsfeld, in dem alle Medienproduktion steht, zu analysieren. Es handelt sich um die einfache und doch so folgenreiche Tatsache, dass Medien immer auf zwei Märkten angeboten werden. Dabei kommt insbesondere der Verschiebung der Erlösquellen zugunsten der Vertriebserlöse eine hohe Bedeutung zu. Anschließend müssen die Veränderungen der Wertschöpfungskonfiguration reflektiert und abgewogen werden.

3.1 Zum Begriff des Geschäftsmodells

Picard grenzt Geschäftsmodelle klar von Strategien der Geschäftstätigkeit ab. Geschäftsmodelle seien grundlegender und abstrahierter: „A business model involves the conception of how the business operates, its underlying foundations and the exchange activities and financial flows upon which it can be successful" (ders. 2002, 26). Weiter heißt es: „Business models can be described as the architecture for product, service and information flows, including a description of various business activities and their roles. They include a description of the potential benefits for the various business actors and the sources of revenues." Diese Einlassungen verdeutlichen den Umfang der Aufgabenstellung, die schlechthin alle relevanten Aspekte umfasst und die Unternehmung als Kombination von Produktionsfaktoren zur Erstellung und Vermarktung von Gütern beschreibt. „Der Zweck eines Geschäftsmodells liegt", so Wirtz, „im Erreichen von langfristigen Unternehmenszielen wie hoher Rentabilität oder Qualitätsführerschaft" (ders. 2011, 157).

Bei der Begriffsbildung kann die vorliegende Arbeit auf umfangreiche Vorarbeiten aus dem Bereich der Ökonomie zurückgreifen. Hass (2002) hat in seiner Dissertation eine detaillierte Beschreibung des gerade im Zuge der Medienkrise so viel verwendeten und doch selten systematisierten Begriffs des Geschäftsmodells vorgelegt und auf Medienunternehmen bezogen. Seine Arbeit zeigt die Vielzahl der Definitionsmöglichkeiten auf. Hass selbst sieht das Geschäftsmodell „als eine abstrakte Beschreibung der Unternehmung als Kombination von Produktionsfaktoren zur Erstellung und Vermarktung von Gütern" (ders. 2002, 91f.).

In seiner Analyse der Veränderungen unter den Bedingungen der Digitalisierung stützt sich Hass auf die Begriffsbildung nach Mahadevan (2000), der Geschäftsmodelle als Kombination von drei verschiedenen Strömen mit geschäftsrelevanter Wirkung beschreibt[16]. Es handelt sich um den Value Stream für Geschäftspartner und Käufer (Endkunden), den Erlösstrom (Revenue Stream), der die Generierung von Einnahmen absichert, und den logistischen Strom (Logistical Stream). Letzterer be-

16 Mahadevan schlägt für (internetbasierte) Geschäftsmodelle folgende Defininition vor: „A business model is a unique blend of three streams that are critical to the business. These include the value stream for the business partners and the buyers, the revenue stream, and the logistical stream. The value stream identifies the value proposition for the buyers, sellers, and the market makers and portals in an Internet context. The revenue stream is a plan for assuring revenue generation for the business. The logistical stream addresses various issues related to the design of the supply chain for the business" (ders. 2000, 59).

zieht sich auf unterschiedliche Fragen im Zusammenhang mit dem Güterfluss bzw. der Lieferkette (Supply Chain) des Geschäfts. Hass hat mit seiner Übertragung der Begriffe in den deutschen Sprachgebrauch als „Produktarchitektur" (Value Stream), „Erlösmodell" (Revenue Stream) und „Wertschöpfungsstruktur" (Logistical Stream), und zwar gewissermaßen als Architektur der Leistungserstellung (vgl. ders. 2002, 94f.), die Debatte stark geformt. Diese Gliederung wird in der Folge auch von anderen Autoren wie Friedrichsen/Kurad zugrunde gelegt (vgl. dies. 2007). Sie wird auch für diese Arbeit als sinnvoll befunden.

Wirtz' Synopse technologie-, organisations- und strategieorientierter Ansätze weist auf mögliche Erweiterungen des Geschäftsmodellbegriffs hin (vgl. ders. 2011). Er definiert sein „Integriertes Business Model" wie folgt: „Ein Business Model stellt eine stark vereinfachte und aggregierte Abbildung aller relevanten Aktivitäten einer Unternehmung dar. Es erklärt, wie durch die Wertschöpfungskomponente einer Unternehmung vermarktungsfähige Informationen, Produkte und/oder Dienstleistungen entstehen. Neben der Architektur der Wertschöpfung werden die strategische sowie die Kunden- und Marktkomponente berücksichtigt, um das übergeordnete Ziel der Generierung bzw. Sicherung der Wettbewerbsvorteile zu sichern" (ebd., 72). Entsprechend diene das Geschäftsmodell-Management als Instrument dazu, „alle zielgerichteten Aktivitäten im Rahmen des Designs, der Implementierung, der Veränderung und Adaption" zu steuern (ebd., 73).

Der umfassende Ansatz von Wirtz unterscheidet neun Teilmodelle (vgl. Abbildung 6). In den Bereichen Strategie (Strategiemodell, Ressourcenmodell, Netzwerkmodell), Kunden und Markt (Kundenmodell, Marktangebotsmodell, Erlösmodell) sowie Wertschöpfung (Leistungserstellung, Beschaffungsmodell, Finanzmodell) werden je drei Teilmodelle beschrieben (ders. 2011, 123), die ein „interdependentes Netz von Strukturelementen" bilden (ebd., 157). „Die einzelnen Modelle können nicht separat oder lediglich innerhalb der jeweiligen Komponenten betrachtet werden, sondern müssen bezüglich ihrer Ursachen und Wirkungen auf das gesamte Spektrum der Teilmodelle angewendet werden" (ebd., 160). So wirkten Strategie-, Ressourcen- und Netzwerkmodell besonders stark auf die Wertschöpfung ein (ebd., 157).

In der praktischen Anwendung der Wirtz'schen Definition zeigen sich aber einige Nachteile. Diese beziehen sich auf die kleinteilige, nicht immer trennscharf bzw. ohne Überlappungen zu vollziehenden Unterscheidungen (vgl. etwa die Analyse der News Corporation bei Wirtz 2011,

356-368). Daher hält diese Arbeit in der Gliederung des vorliegenden Kapitels an der Struktur nach Hass (2002) fest, ergänzt jedoch die bei Wirtz angeregten Partialmodelle, wenn zum Teil auch unter anderer Überschrift. Allein das Finanzmodell, das nicht Gegenstand der empirischen Untersuchung ist, bleibt unberücksichtigt. Die drei dem Bereich Strategie zugeordneten Komponenten Strategiemodell, Ressourcenmodell, Netzwerkmodell sind den sechs anderen, konkret auf das operative Funktionieren bezogenen Aufgaben übergeordnet (vgl. Wirtz 2011, 158). Sie werden in dieser Arbeit als grundlegend erachtet, entsprechend in der Befragung aufgegriffen und in Kapitel 5 diskutiert.

Abbildung 6: Partialmodelle des integrierten Business Models nach Wirtz

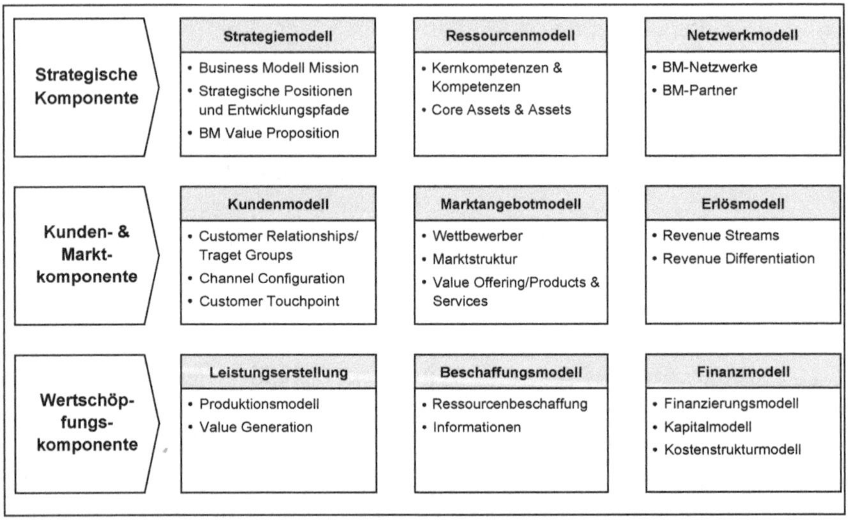

Quelle: Wirtz 2011, 123.

Der in diesem Kapitel zu leistenden Analyse der Komponenten der Geschäftsmodelle werden nun noch grundlegende allgemeine Bedingungen der Medienproduktion vorangestellt.

3.2 Das Problem der Verbundproduktion

An dieser Stelle soll das grundsätzliche Spannungsfeld beschrieben werden, in dem sich alle Medienproduktion abspielt. Diese geht einher mit der doppelten Natur der Medienprodukte als Kuppelprodukte (vgl. Kiefer 2005, 147f.). Der Vertrieb über zwei miteinander über vielfältige Wege verbundene Märkte mit wie beschrieben unterschiedlichen Bedingungen ist vielleicht das entscheidende Strukturelement der Medienwirtschaft schlechthin und zeitigt gravierende Folgen für den gesamten Produktions- und Wertschöpfungsprozess.

Der frühe Leipziger Zeitungsforscher Karl Bücher hat die Kopplung von Information und Anzeigen schon früh in ihrer Ambivalenz erkannt und diskutiert (nach Kiefer 2005, z.B. 247/324). Bereits in den 1920er Jahren befand Bücher, die „gesamte periodische Presse" sei so „vollständig abhängig [von Inseraten, *d.A.*]. geworden, daß man wohl sagen darf: ohne die Inserate würden die allermeisten dieser Veröffentlichungen nicht vorhanden sein", wodurch wiederum „wertvolle Kulturgüter entbehrt werden müssten" (ders. 1926, 263). Picard sieht die Querfinanzierung pragmatisch gelassen und weist auf die Unvermeidlichkeit der Querfinanzierung hin: „News has never been a commercially viable product" (ders. 2009, o.S.). Auch Zurstiege ruft die gemeinsame parallele und schlechterdings untrennbare Entwicklung von Anzeigen und Journalismus als Strukturelement in Erinnerung: „Während sich literarische Diskurse als fiktionale Diskurse entfalteten, nutzte der Journalismus die Differenz zur Literatur, indem er sich den Leitwerten der Objektivität, Authentizität und öffentlicher Relevanz verpflichtete, und die Werbung nutzte ihrerseits diese Differenz, um ihr semantisches Territorium durch eine offensiv zur Schau gestellte Parteilichkeit zu markieren. Wer hierin nur von der Dominanz der Medien durch kommerzielle Privatinteressen spricht, der übersieht, dass sich all diese unterschiedlichen Aufmerksamkeitsansprüche im Programm der Medien wechselseitig ermöglichen und begrenzen" (ders. 2006, 101).

Aus heutiger Sicht ist zudem noch Folgendes zu ergänzen: Die als Erlösmodell bewährte Anzeigenquerfinanzierung erzeugt – gerade wenn man die beiden Erlösquellen als gleichberechtigt ansieht – zwangsläufig einen Interessenskonflikt zwischen den beiden Systemen Publizistik und Wirtschaft. So gilt die Meritorikvermutung immer nur für den redaktionellen, aber nicht für den Werbeteil der Zeitung. Rau blendet die duale Finanzierung in seiner Untersuchung der „Ökonomie der Publizistik", die ein bedürfnisbezogenes Meritorikkonzept erarbeitet, daher konsequenterweise aus (ders. 2007, 29-46). Aus der Interdependenz der beiden Märkte resultieren bisweilen dysfunktionale Anreizsituationen für Medienanbieter. Die Zwei-Märkte-Wirtschaft stellt sich für Verlage als komplexes Optimierungsproblem in mancherlei Hinsicht dar, da sie Spielräume der Medienrefinanzierung und durch niedrigere Verkaufspreise mehr Menschen den Zugang zum Medienkonsum ermöglicht und zugleich Interessenkonflikte aufwirft.

3.2.1 Determinanten der Produktion und Güterart

Die Erfolgsgeschichte der Zeitung ist eng an ihre Durchsetzung als Massenmedium gekoppelt. Und diese wiederum ist durch die Finanzierung über zwei Märkte geprägt. Die Idee, den Einzelverkaufspreis durch die Erlöse aus Anzeigen querzufinanzieren, hat überhaupt erst den Aufstieg der Zeitung zum jedermann zugänglichen Produkt der Moderne ermöglicht (vgl. auch Pürer/Raabe 2007, 73f.). Schließlich wuchsen die Massenkaufkraft und Zahlungsbereitschaft nicht so schnell wie die für die Ausweitung notwendigen Marktpotenziale (vgl. Ludwig 1998, 384). Um ein größeres Publikum anzulocken, hatten Zeitungen neue inhaltliche Anreize gesetzt und neue Rubriken eingeführt, die das Interesse der Menschen wecken sollten (vgl. Kiefer 2005, 324). Zudem hatten die Verlage die Verkaufspreise gesenkt, um für möglichst alle Menschen erschwinglich zu sein. Für dieses große Publikum interessierten sich zunehmend mehr Handelstreibende, so dass die Verlage das Hauptgewicht der Zeitungsrefinanzierung auf den Anzeigenmarkt verlagern konnten (vgl. Picard 2002, 31). So war und ist eine Vielzahl an Informationsangeboten primär vom Werbemarkt aus konzipiert bzw. zur Erzeugung von werblicher Nachfrage her gedacht.

Damit ist der Begriff des Kuppelprodukts eingeführt, den schon Karl Bücher auf die Zeitung bezogen so verwendet hatte: „Also ist die Zeitung ein Erwerbsunternehmen, das Annoncenraum als Ware erzeugt, die nur durch einen redaktionellen Teil verkäuflich wird", schrieb Bücher (ders. 1926, 377). Der Begriff stellt auf die technologische Verbundenheit bzw. das Zusammenfallen der Produktionsprozesse ab. Die gekoppelten Produkte fallen zwangsläufig und zeitgleich an (vgl. ebd.). Die Herstellung erfolgt in sogenannter Verbundproduktion (vgl. Heinrich 1994, 208). Ihre ökonomischen Vorteile für Medien, d.h. die Kopplung von Information und Anzeigen, liegen traditionell in Produktion und Vertrieb, im Fall der Medien indes auch im Konsum. Ohne Anzeigen wäre auch die Nachfrage nach Zeitungen deutlich geringer. Werbung verteuert Konsumgüter und verbilligt zugleich die Medien (ebd., 211), und zwar deshalb, weil sie auf dem Publikums- und dem Werbemarkt in einem jeweils anderen Wettbewerbsverhältnis stehen. Köcher argumentiert im Sinne der Aufmerksamkeitsökonomie nach Franck (1998), die Rezeption der Werbebotschaften bilde an sich schon so etwas wie einen Bezahlakt im engeren Sinne. Gewissermaßen erarbeite sich der Rezipient den Zugang zu den inhaltlichen Botschaften über die Bereitschaft zur Aufnahme von Werbeinhalten (vgl. Köcher 2004, 220).

Nach Kiefer sind Zeitungen noch in einer weiteren Hinsicht Kuppelprodukte: als Printmedien, die in einen immateriellen (Zeitungsinhalt) und einen physischen Bestandteil (Papier) zerfallen (vgl. dies. 2005, 154). Diese Bedeutungsdimension verweist auf die im Konvergenzkapitel dieser Arbeit bereits erwähnte semiotische Dimension. In der Medienkonvergenz ist auch der als De-Bundling zu begreifende Verkauf von Nur-Inhalten ohne Werbung möglich. Dies geschieht etwa bei Verkäufen von Archivdienstleistungen der Verlage, die derzeit allerdings nur einen geringen Umfang der Verlagserlöse ausmachen.

Doch bevor die sich daraus ergebenden Folgen für die Finanzierung von Zeitungen thematisiert werden, wendet sich der Blick nochmals der güterseitigen Charakteristik zu, aus der sich die konkreten Folgen herleiten lassen (vgl. dazu Kiefer 2005, 130-154). Die Volkswirtschaftslehre unterscheidet Güter grundsätzlich nach ihrer Ausschließbarkeit in Ausschluss ermöglichende Güter und Ausschluss nicht ermöglichende Güter sowie nach ihrer Rivalität im Konsum in rivale Güter und nicht-rivale Güter (vgl. dazu Tabelle 6).

Tabelle 6: Güterarten nach Ausschließbarkeit und Rivalität

		Ausschließbarkeit	
		Ausschluss ermöglichendes Gut	**Ausschluss nicht ermöglichendes Gut**
Rivalität im Konsum	**rivale Güter**	Privatgut (z.B. Brot, Wohnen, Anzeigenraum)	Gemeingut/Allmendegut (z.B. Hochseefischgründe, Atemluft, Innenstadtstraßen)
	nicht-rivale Güter	Club- bzw. Mautgut (z.B. Kabelfernsehen, Autobahnen, Pay-TV, Printmedien)	Reines öffentliches Gut (z.B. Außenpolitik, öffentliche Kunstdenkmäler, terrestrisches Fernsehen)

Quelle: Beispiele nach Kiefer 2005, 135.

Angesichts ihrer janusköpfigen Natur als Informations- und Werbeträger ist die Einordnung der Zeitung in dieses volkswirtschaftliche Güterchema nicht eindeutig und hat in den vergangenen Jahren einige Diskussionen hervorgerufen. Der Informationsteil der Zeitung ist aus ökonomischer Sicht ein partiell öffentliches Gut (vgl. Heinrich 1994, 99). Solche Güter zeichnen sich traditionell durch Nicht-Rivalität im Konsum aus und unterliegen daher einer begrenzten Marktfähigkeit (vgl. dazu auch Sjurts 2005, 13). Betrachtet man nun die Tatsache, dass sich die Zeitung (auch) über Anzeigen finanziert und somit einen Werbeteil beinhaltet, so wird ihre Zuordnung in eine der bekannten Güterkategorien schon schwieriger: Anders als der redaktionelle Teil ist der Werbeteil bzw. der Anzeigenplatz voll marktfähig, somit ein reines Privatgut. Hier greifen Ausschlussprinzip und Rivalität: Einmal verkaufter Werberaum steht niemandem sonst zur Verfügung. Das Handelsgut ist die Kontaktchance bzw. -wahrscheinlichkeit mit dem Publikum („Eyeballs“).

Kiefer ordnet die Zeitung je nach Verbreitungsweg als reines öffentliches Gut (Online, Gratiszeitung) oder als Club- bzw. Mautgut (Abomodelle) ein (vgl. dies. 2005, 135). Das Erstgenannte zeichnet sich durch die Nichtausschließbarkeit und die Nicht-Rivalität im Konsum aus (vgl. Tabelle 7). Bei Club- und Mautgütern, zu denen die gedruckte, verkaufte Zeitung zu rechnen ist, ist dafür die Ausschließbarkeit im Konsum je nach Kanal eingeschränkt gegeben (ebd.). In digitalen Umgebungen ist diese in zunehmendem Umfang theoretisch möglich, wird aber nur von wenigen Verlagen genutzt. Schumann weist auf den engen Zusammenhang zwischen den beiden Funktionen hin: „So wird die Nicht-Ausschließbarkeit vom Konsum begünstigt, wenn bei einem Gut eine hohe Nicht-Rivalität vorliegt“ (ders. 2009,39).

Die Zuordnung der Zeitung zu bekannten Gütergruppen ist also umstritten. Sie ist zudem durchaus wandelbar – stets abhängig vom Stand der Technik, der betrachteten Mediengruppe, der Organisationsform, dem institutionellen Arrangement, der Mediennutzung und nicht zuletzt auch von Entscheidungen des Anbieters. So gilt die Beschränkung des freien Zugangs auf eine bestimmte Anzahl von monatlichen Artikeln wie etwa bei der *New York Times* nach dem Freemium-Modell als eine mögliche Kombination von freiem Zugang und Nutzungsbeschränkung.

Das durch die Nichtausschließbarkeit vom Konsum ermöglichte Freerider-Verhalten, also die insgesamt fehlende Bereitschaft zum käuflichen Medienerwerb, untergräbt die marktmäßige Refinanzierbarkeit von reinen öffentlichen Gütern durch die Verkleinerung der Anzahl potenziell zahlungsbereiter Endkunden (vgl. Kiefer 2005, 136). Dieses Verhalten lässt sich theoretisch nur durch Zwang, d.h. durch Gebühren (etwa:

GEZ) oder Steuern aushebeln, die Zeitungsverlagen jedoch nicht zur Verfügung stehen (ebd.). Daher sind Zeitungsverlage auf die Refinanzierung durch selektive Anreize, also durch Werbung angewiesen.

Es ist deutlich geworden, dass es sich bei Zeitungen um „komplexe Güterbündel" (Kuppelprodukt) handelt, die aus Information, Bildung, Unterhaltung und Meinungsvielfalt bestehen und zugleich die Aufmerksamkeit für Werbung mit sich bringen (vgl. Heinrich 1994, 101). Erst die Kopplung der drei um den Begriff Information kreisenden Begriffe mit der Kontaktchance für Werbung aber erzeugt aus den einzelnen Bestandteilen ein marktfähiges Gut, d.h. also Erlöse. Per se seien Informationen kommerziell nie ein gangbares Modell gewesen, bilanziert Picard (ders. 2010, o.S.), der dabei offenbar stark an die werbelastigen Geschäftsmodelle von US-Zeitungen denkt. Auch hier bieten sich in der Medienkonvergenz theoretisch und praktisch eine Vielzahl neuer Lösungsmöglichkeiten an.

3.2.2 Das Problem der Querfinanzierung

Damit sind wir, wenn wir vorübergehend auf die Ebene der Deckungsbeitragsrechnung wechseln, beim Problem der Refinanzierung der Zeitungsproduktion angelangt, die auf Basis der dargestellten unterschiedlichen Ausprägungen der Marktfähigkeit als Querfinanzierung[17] beschrieben werden kann. Darunter sei hier die Refinanzierung der unternehmerischen Aktivität der Zeitungsproduktion über den Werbe- und den Publikumsmarkt verstanden. Beide Marktseiten steuern in unterschiedlichem Umfang Deckungsbeiträge bei.

Die Geschichte der Querfinanzierung ist in Studien der Pressegeschichte ausreichend dokumentiert (vgl. dazu etwa Stöber 2000; Pürer/Raabe 2007). Ende des 19. Jahrhunderts, im Zeitalter von Industrialisierung, Urbanisierung und steigender Massenkaufkraft, hatten Zeitungen ihr Erscheinungsbild entscheidend gewandelt. Diese Entwicklung lässt sich in Deutschland im Übergang von der Parteipresse zur Generalanzeigerpresse deutlich machen (vgl. Pürer/Raabe 2007, 50 ff.). Nach dem

17 Zum Begriff der Querfinanzierung: Ludwig versucht, die terminologische Untauglichkeit des Begriffs der Mischkalkulation für die Finanzierung der Massenmedien nachzuweisen (vgl. ders. 1998, 223). Sein Kerneinwand stellt auf die Nachhaltigkeit des Mechanismus ab, der bereits aufseiten der Produktion (und nicht erst beim Absatz) sowie bei der Kalkulation der notwendigen Zusatzerlöse über die ungedeckten Kosten des ausgleichsbedürftigen Medienprodukts stattfinde.

Zweiten Weltkrieg zur Zeit des sogenannten Wirtschaftswunders stieg die Anzeigenfinanzierung stark an. Dieser Trend war in der westlichen Welt grosso modo universell (ebd.; auch Picard 2008 für den US-Markt). Seit Mitte der 1960er Jahre lag der Anteil der Vertriebserlöse in Deutschland stabil bei rund einem Drittel der Einnahmen, auf die Werbeerlöse entfielen rund zwei Drittel (vgl. Ludwig 1998, 247). „Das war die Gleichung, die jeder Verlagskaufmann früher bei uns lernte, wenn er in das Haus eintrat", äußerte ein Verlagsgeschäftsführer im Interview in dieser Arbeit.

Spätestens seit der Medienkrise im Jahr 2001 jedoch haben sich diese Verhältnisse verändert. Zuletzt sanken die Vertriebserlöse der deutschen Regionalzeitungen in etwa auf ein Verhältnis von 50:50. Das Jahr 2009 war das erste Jahr, in dem Vertriebserlöse flächenmäßig die Anzeigen- und Werbeerlöse überholten (vgl. dazu auch Meyer-Breyländer 2010). Dieser Trend wird sich voraussichtlich auch langfristig fortsetzen.

Picard verweist darauf, dass die Querfinanzierungsleistung bei Zeitungen in früheren Zeiten deutlich niedriger lag als in den letzten Jahrzehnten (vgl. ders. 2002, 31). Aus historischer Sicht können die Zeiten der üppigen Anzeigendeckungsbeiträge, die die Branche lange für alltäglich gehalten hatte, womöglich gerade als nicht normal angesehen werden. Dennoch hatten bzw. haben die Zeitungsmacher die Organisationsform ihrer Unternehmen primär auf diese Marktsituation ausgerichtet. Das Jahr 2001 bedeutete daher nicht nur am Werbemarkt, sondern auch für die Verlage eine Zäsur. Seitdem gilt: Das bisherige stark anzeigenlastige Finanzierungsmodell ist instabil geworden und funktioniert bei vielen deutschen Verlagen ganz offensichtlich nur noch in konjunkturell guten Jahren. Der Wechsel von der Gewinn- in die Verlustzone ist bei den allgemein geschrumpften Gewinnmargen erheblich häufiger geworden, das überkommene Geschäftsmodell in vielen Verlagen dem Anschein nach somit erheblich volatiler.

Ludwig weist indes darauf hin, dass es keine festen Gesetzmäßigkeiten der Zeitungs- oder Medienfinanzierung gibt (vgl. ders. 1998, 247). Das Finanzierungsmuster muss demnach immer wieder neu erfunden bzw. den jeweiligen Gegebenheiten der Märkte angepasst werden. Es sollte deutsche Verlage ermutigen, dass die Finanzierungsformel von Zeitungen in anderen Ländern oft anders aussehen: Viele Verlage produzieren mit einem deutlich geringeren Grad der Werbefinanzierung und verfügen dennoch über vergleichsweise stabile Finanzierungssituationen. So gesehen ist die anzeigenbasierte Querfinanzierung in jedem Fall eine probate

– aber eben nur eine mögliche Konstellation der Zeitungsrefinanzierung. Das Problem hingegen ist: Noch sehen deutsche Verlage keine anderen Möglichkeiten. Neue Erlösquellen, auf die die regionalen Zeitungen verstärkt zur Steigerung ihrer Unabhängigkeit in der Finanzierung setzen könnten, fehlen bislang noch.

Dank ihrer Vorrangstellung in der Medienlandschaft konnten die Zeitungsverlage in Deutschland jahrzehntelang blendend leben. Im Zuge der Medienkonvergenz und der starken Vervielfachung der Werbeträger geriet diese Print-Finanzierungsform allerdings ganz deutlich in Schieflage, zumal auch der Lesermarkt strukturell deutlich zurückgeht (dazu auch die Kapitel 2.3.3.1).

3.2.3 Die Rolle der Anzeigen in der Verlagssstrategie

Es wurde bereits dargestellt, dass nur der Anzeigenteil der Zeitung voll marktfähig ist. Der Lesermarkt hingegen leidet unter der Nichtausschließbarkeit im Konsum und pendelt je nach technischem Zugang zwischen einem Clubgut (Abo) und einem Öffentlichen Gut (allgemein zugängliches WWW; vgl. 3.2.1). Der tatsächliche Grad der Ausschlussmöglichkeit vom Medienkonsum hängt in medienkonvergenten Bedingungen vom medialen Verarbeitungsprozess und von den eingeübten Gewohnheiten der Mediennutzung ab. Grundsätzlich ist die Ausschlussfähigkeit begrenzt – etwa durch die Weitergabemöglichkeit von Printausgaben und den Gratiszugang zu Online-Inhalten. In der Folge sinkt häufig auch die Marktfähigkeit des verkäuflichen Informationsgutes. Durch die verfügbaren neuen Endgeräte ändern sich diese Verhältnisse nicht grundsätzlich. Es ist davon auszugehen, dass die neuen Tablet-Computer als persönliches Eigentum etwa wie Mobiltelefone behandelt und – als Speicherort persönlicher Daten – nur in sehr begrenztem Umfang mit weiteren Personen geteilt werden. Die Weitergabequote dürfte hier also anders als bei Printprodukten sogar eher sinken. Allerdings stehen Verlage jeweils vor strategischen Preissetzungsentscheidungen, indem sie bestimmen müssen, ob sie im Verbrauchermarkt Preise (über Null) für die Produkte setzen. Dies wiederum wird von der Wettbewerbsintensität sowie dem Verhalten der anderen Rezipienten und Marktteilnehmer abhängen.

Insofern konzentrierten sich die Medienanbieter in ihrer Strategie auf den über Jahrzehnte schlicht ergiebigeren Markt. So wurde der Lesermarkt, der eigentliche Primärmarkt, auf den sich die Leistungsfähigkeit des Werbemarkterfolgs stützt, zur sekundären Refinanzierungsquelle (vgl. Sjurts 2005, 12). Durch günstige Verkaufspreise wurde er stark subventioniert, und zwar mit dem Ziel, ein Massenpublikum zu erreichen (vgl. Pürer/Raabe 2007, 64f.). Aufgrund der begrenzten Marktfähigkeit von Medienprodukten gaben Medienunternehmen in klassischer Ausrichtung dem Werbemarkt bei strategischen Entscheidungen zumeist den „grundsätzlichen Vorrang" (Sjurts 2005, 12). Für die Orientierung auf die Massenmärkte sprach zudem auch der starke Kostendegressionseffekt (abnehmende Grenzkosten) bei der Zeitungsproduktion (vgl. ebd., 14).

Die Rolle der Anzeigen für die Unternehmensfinanzierung wird unterschiedlich bewertet. Bei einigen Autoren wie beispielsweise bei Ludwig schwingt ein generelles Missbilligen der Anzeigenfinanzierung mit (vgl. ders. z.B. 2003, 204/207), Rau äußert indes die Hoffnung auf ein Ende der „Zwangsjacke der dualen Ökonomie" (ders. 2007, 77) und versteht darunter eine Emanzipation der Redaktion vom wirtschaftlichen Druck durch stärkere Rezipientenorientierung. Köcher hingegen spricht sich gegen „eine Rangfolge der Leistungen in mehr oder weniger ‚originär' dem Charakter der ‚dualen' Leistung" entsprechend aus. „Die Vermarktung von Rezipientenkontakten ist nicht bloße ‚Notlösung' zur Finanzierung publizistischer Leistungen, sondern stellt innerhalb es Zielsystems der betreffenden Medienunternehmungen eine eigenständige und keinesfalls sekundäre Leistung dar" (Köcher 2004, 222). Dieser Position soll hier gefolgt werden. Dennoch ist die Gewichtung zu beachten, da sich die Werbemarktleistung eines Mediums immer aus dessen Lesermarktleistung ableitet. Umso bemerkenswerter ist es, dass der eigentlich abgeleitete Werbemarkt so lange primär bewirtschaftet wurde.

3.2.4 Die Zwei-Märkte-Theorie

In den 1970er Jahren widmeten sich einige Forscher der Idee der so genannten Anzeigen-Auflagen-Spirale (vgl. etwa Gustafsson 1978). Diese Theorie besagt, dass in Gebieten mit publizistischer Konkurrenz eine Zeitung mit größerer Leserschaft als ihre Wettbewerber mehr Anzeigen anlockt als eben diese. Das wiederum interessiert mehr Leser, was dann wieder mehr Anzeigen anzieht (vgl. Heinrich 1994; Gabszewicz et al. 2007). Ob diese Spirale nun anzeigengetrieben in Gang kommt, wie etwa Gustafsson meinte, der die Leser als „ad-lovers" klassifizierte und damit die Anzeigen als essenziellen Bestandteil des Leistungsbündels sah (vgl. Hass 2007, 76), oder ob die Spirale von der Contentseite in Schwung gebracht wird, da die Zeitung mit der größeren Leserschaft und mehr Anzeigen größere Spielräume zur Reinvestition und Verbesserung der Produktqualität hat, ist weder entscheidend noch zu entscheiden. Theoretisch betrachtet bedingen sich die einzelnen Nachfragen wechselseitig.

In den letzten Jahren hat sich die Forschung der Anzeigen-Auflagen-Spirale von Neuem angenommen (vgl. Hass 2007 und Seufert 2007). Hass diskutiert die impliziten Prämissen beider Konstrukte und hält die auflagengetriebene Sicht für weniger plausibel, weil sie von der Reinvestition der Gewinne in das Produkt und einer Honorierung der höheren Qualität durch den Rezipienten ausgeht. Maßgeblich, so schlussfolgert Hass, hänge das Konstrukt von der Finanzierungsbeschränkung der Unternehmen ab. Seufert schließlich relativiert die Theorie der Anzeigen-Auflagen-Spirale zur Heuristik (vgl. ders. 2007, 48). Sie könne die Annahme, dass sich die im Zeitablauf ergebenden Ungleichgewichte fortlaufend verstärken und zum Marktaustritt des einen Anbieters führen (Konzentrationsdynamik), nicht zwingend begründen. Die wahrscheinliche Stärke der jeweiligen Effekte hinge von der Entwicklung der Kosten (Fixkosten und variablen Kosten) ab, die wiederum von der Ausbringungsart der Medien determiniert seien (ebd., 59).

Allgemeiner als die Anzeigen-Auflagen-Spirale ist die nicht-medienspezifische Zwei-Märkte-Theorie (vgl. Abbildung 7), die die Effekte auf beiden Marktseiten (Publikum, Werbemarkt) mittels spieltheoretischer Ansätze diskutiert. Aus der Fülle der zumeist neueren und kürzeren Forschungsbeiträge zu einzelnen Aspekten dieser Theorie ragen der Übersichtsbeitrag von Dewenter/Haucap (2008) und insbesondere die Dissertation von Hagemeister (2009) hervor. Letztere systematisiert die Detailfülle der einzelnen Beiträge und schafft damit einen Forschungsüberblick (vgl. Hagemeister 2009, 33ff.).[18]

18 Hagemeisters Arbeit verfolgt als weiteres Ziel die Ermittlung eines nichtlinearen Preismodells für zweiseitige Märkte, das sie am Beispiel einer Messeveranstaltung entwirft. Dabei werden die Gesamtdeckungsbeiträge dadurch erheblich optimiert, dass die gegenseitigen indirekten Netzwerkeffekte berücksichtigt werden. Umgekehrt führe die separate Optimierung beider Märkte unter der Ausblendung der Effekte zu suboptimalen Ergebnissen (vgl. Hagemeister 2009, 179). Davon wird an späterer Stelle in Kapitel 4 noch die Rede sein. Hagemeister sieht in dieser Hinsicht noch bei vielen Plattformanbietern unausgeschöpfte Preispotenziale und das Preismodell mit den allfälligen Modifikationen als transferfähig auch auf andere Medienprodukte an (vgl. ebd., 196).

Abbildung 7: Modell eines zweiseitigen Marktes

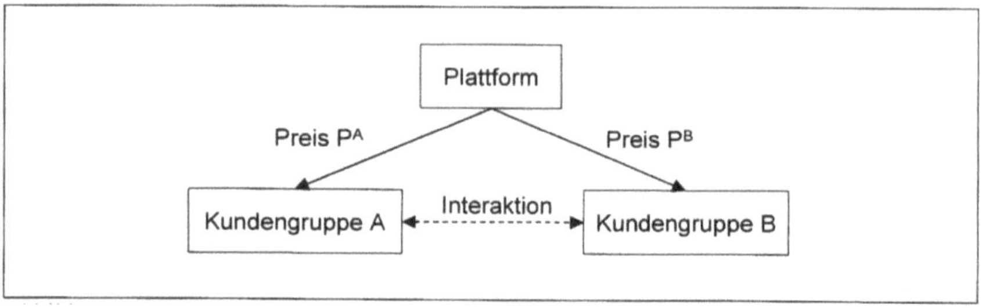

Quelle: Rochet/Tirole 2006, 647.

Die Ökonomik bearbeitet die Zwei-Märkte-Theorie als Optimierungsproblem für mehrere Variablen mittels mehrfacher Differenzialgleichungen (vgl. Hagemeister 2009, 55; zur Bedeutung der Spieltheorie auch Rau 2007, 62f.). Allerdings blieben diese ökonomischen Arbeiten zumeist im Abstrakten verhaftet und leisteten kaum unternehmenspraktisch verwertbare Anhaltspunkte. Hagemeister resümiert: „Das theoretisch abstrakte Niveau dieser Arbeiten lässt es nicht zu, konkrete Handlungsempfehlungen für die optimale Preissetzung einer realen Plattform zu geben“ (dies. 2009, 89). Dazu benötigt man konkrete Hinweise, nämlich konkrete Informationen zu Nachfrage, Wettbewerbsintensität und Kosten. Dabei ist in der Regel nicht die Höhe der absoluten Kosten entscheidend, sondern die der Grenz- und Durchschnittskosten. Zudem sind immer auch die Opportunitätskosten, die auf der anderen Marktseite entstehen, zu beachten (ebd., 49).

3.2.4.1 Preissetzung auf zweiseitigen Märkten

Das Grundproblem der Preisfindung auf zweiseitigen Märkten ist auf die Existenz indirekter Netzeffekte zurückzuführen (vgl. dazu auch Dewenter 2006, 1). Diese sind im Unterschied zu direkten Netzwerkeffekten, die den dem Netzwerk selbst angehörenden Konsumenten zugute kommen, dadurch gekennzeichnet, dass die Marktteilnehmer (Werbende Wirtschaft, Leser) durch den Größenzuwachs des anderen verbundenen Netzes (Reichweite/Konsumenten, Anzeigen) profitieren. Bei zweiseitigen, indirekten Netzwerkeffekten liegt überdies ein zweiseitiger Markt vor (ebd.).

Werbefinanzierte Produkte, also auch die (gedruckte) Zeitung, sind auf einem solchen zweiseitigen Markt aktiv. Die Wettbewerbsstrategie über die Preissetzung für Verlage stellt somit ein komplexes Optimierungsproblem dar. Neben der Preiselastizität der Nachfrage und der entstehenden Grenzkosten ist daher auch die Stärke der Netzwerkexternalitäten ein wichtiger Faktor (vgl. dazu Abbildung 7). So führt eine Preiserhöhung am Lesermarkt eben nicht nur zu einer Reduktion der Verkäufe, sondern immer auch zu einer Reaktion auf der anderen Marktseite: etwa zu einem Rückgang der Anzeigen. Das wiederum zeitigt deutliche Subventionsversuche des Lesermarkts bis hin zur Preissetzung unterhalb der eigenen Grenzkosten im Bestreben, die Verluste des einen Markts durch hohe Gewinne am anderen zu überkompensieren (vgl. Dewenter 2006, 15). Dies ist demnach zugleich eine theoretisch begründete Notwendigkeit zur Querfinanzierung von Zeitungen.

Die Preissetzung auf zweiseitigen Märkten ist also deutlich komplexer als auf einseitigen Märkten. Die klaren Feststellungen von der Ausbeutung der einen zugunsten der anderen Marktseite sind dafür zu einfach. Jedenfalls sollte von den Lesern auf die Anzeigen im Zeitungsmonopol eine größere (Reichweiten-)Wirkung ausgehen als umgekehrt. Entsprechend sollte die Marge im Anzeigengeschäft deutlich höher sein als im Lesermarkt, argumentieren Dewenter/Haucap (vgl. dies. 2008, 7). Durch die so genannte hohe Ergiebigkeit der Werbeseiten in der Finanzierung rein redaktioneller Seiten wurde dieser Effekt jahrelang getragen. „Preise werden besonders dort relativ gering sein, wo sie einen starken Einfluss auf beide Märkte nehmen. Anders ausgedrückt, ist der Anreiz zu starken Preiserhöhungen nur dann gegeben, wenn damit ein nur ‚geringer Schaden' auf beiden Märkten angerichtet wird und der entstehende Nutzen diesen Schaden überwiegt" (Dewenter 2006, 3). Daher müssen Verleger bei jeder Copypreis-Erhöhung immer die potenziellen Anzeigenrückgänge miteinbeziehen, die aus der sinkenden Auflage folgen könnten. So sind „hohe Preise auf einer Marktseite nicht unbedingt als Zeichen hoher Marktmacht, sondern durchaus als Zeichen geringer Netzeffekte" (ebd.) zu deuten. Das wirft mutmaßlich auch etwas Licht auf die vergleichsweise geringen Auswirkungen von Abopreiserhöhungen bei regionalen Zeitungen, wie sie in den für diese Arbeit geführten Interviews zum Ausdruck kamen. So könnte man die relativ geringen indirekten Netzwerkeffekte im Print-Zeitungsmarkt gewissermaßen empirisch als bestätigt ansehen.

Abhängig von der Stärke der jeweiligen Netzwerkeffekte stellt Dewenter nicht-neutrale Preisstrukturen fest, sofern die Grenzkosten ungleich Null liegen. Es kann daher sowohl zu einem Anstieg als auch zu einer Reduktion des Anzeigenpreises kommen (vgl. ders. 15). Allein aus der Preishöhe lassen sich demnach keine gesicherten Erkenntnisse über die Wettbewerbsintensität an den Medienmärkten folgern, weil der Monopolist die existenten Netzwerkeffekte durch die stärkere Subvention der einen Marktseite gegenüber der anderen teilweise internalisieren kann. In der „wundersamen Ökonomie der Zeitungsmärkte" (Justus Haucap, zitiert nach Lobigs 2012, 10) führt dies bisweilen dazu, dass unter Monopolbedingungen Preise sinken können (ebd.).

Unter Monopol- wie auch unter Wettbewerbsbedingungen gelte, dass bei stärkeren Netzwerkeffekten zwischen den Märkten die beiden Preise umso niedriger liegen. Dementsprechend deuteten hohe Marktpreise auf einer Marktseite nicht auf übermäßig ausgeprägte Netzwerkeffekte hin (Dewenter 2007, 8). Noch in einer weiteren Hinsicht entfalten die Netzwerkeffekte eine deutliche Wirkung, und zwar indem sie die Marktposition des Marktführers verstärken und diejenige der Zweit- und Drittanbieter hingegen deutlich verschlechtern.

Resende hat den Gedanken in einem vierstufigen Spiel weiterentwickelt. Ihr Fazit lautet: „[...]most of the time, being the voice of the majority constitutes an important strategic advantage independent of the intensity of the circulation spiral effects" (Resende 2008, 177). Die Mehrheitszeitung ist teurer als die Zweitzeitung, was sich vor allem im Anzeigenmarkt konstituiert. Im Reichweitemarkt hingegen werden die Leser subventioniert. Wie hoch die tatsächlichen Marktvorteile des Mehrheitsanbieters sind, hängt vom Umfang der angenommenen indirekten Netzwerkeffekte ab. Sind diese nicht zu stark, so liegen die Gleichgewichtsabopreise niedriger als ohne diese Effekte. „Thus, when newspapers are faced with interdependent demands in the circulation and the advertising markets, as long as network effects are not too strong, price competition in the circulation market is tougher." (ebd.). Der kleinere Anbieter erleide hingegen auf beiden Märkten niedrigere Erlöse und verfüge entsprechend über schlechtere Möglichkeiten der Querfinanzierung seines Angebots. Tabelle 7 fasst die Auswirkungen der Marktposition auf die Entwicklung der Märkte des Erst- und des Zweitanbieters, wie sie in der Literatur reflektiert werden, zusammen.

Tabelle 7: Auswirkungen der Marktposition auf die Entwicklung der beiden Zeitungsmärkte

	Lesermarkt (Primärmarkt)	Anzeigenmarkt	Strategie	Konsequenzen
Erstzeitung	– führend (teurerer Einzelverkaufspreis, Abopreis)	– führend: höherer absoluter Preis (aber günstiger im TKP)	– Marktausbau – Zweitanbieter schwächen – Mittel: Preissenkung in einzelnen Märkten	– kann Märkte stärker gestalten durch Preissetzung – höhere Investitionsmöglichkeiten, Spielräume sowohl durch Vertrieb als auch durch Werbung
Zweitzeitung	– Rückstand (günstigerer Einzelverkaufspreis, Abopreis)	– Rückstand: günstigerer Verkaufspreis (dennoch teurer im TKP)	– Zwang, die Reichweite zu stabilisieren (geringe Chancen durch Werbung), daher höhere Kosten – darf nicht teurer sein als der Marktführer	– Probleme: niedrigere Einnahmen aus beiden Märkten, – Notwendigkeit, die Reichweite zu stabilisieren und noch stärker zu subventionieren
Monopolzeitung	– Alleinanbieter (moderate Preise)	– Alleinanbieter (höhere Preise)	– Erlösoptimierung über zwei Märkte zur optimalen Marktausschöpfung	– vergleichsweise moderate Preise im Lesermarkt – höhere Preise im Anzeigenmarkt (vgl. auch Erstzeitung)

TKP= Tausend-Kontakt-Preis

Quelle: Hagemeister 2009, Dewenter 2006, Dewenter/Haucap 2008, Resende 2008, Gabszewicz 2007, Rochet/Tirole 2006 plus Ergänzungen

Ein zwangsläufiges Marktausscheiden, das allein auf der Bedingung der Zweitzeitung beruht, erklärt sich daraus dennoch nicht. Gabszewicz et al. kommen zum Ergebnis „that the elimination of daily newspapers cannot be explained only by these effects when the survival condition is satisfied. This hinges upon the importance of advertising in the utility function of the readers, and upon the size of the minority readership, lower minorities being better apt to survive, all other things being equal. However, when the survival condition is violated, the larger the minority, the longer the life of the newspaper representing it" (dies. 2007, 412). Man sollte daher auch noch andere Elemente in die Analyse mit einbeziehen, schlussfolgern die Autoren.

Jedoch verschlechtern weitere Bedingungen in der Regel die Marktstellung des Zweitanbieters. Damit sind vor allem die eingeschränkten strategischen Spielräume für die kleineren Anbieter gemeint. Darunter sind die geringeren Ressourcen des Zweitanbieters im langfristigen Zusammenhang zu verstehen (siehe dazu auch Rochet/Tirole 2006, 660,). Aus dieser strukturellen Interdependenz der beiden Märkte leitet sich wiederum in Verbindung mit den hohen Fixkosten der Markteinführung der Sog zur Bildung natürlicher Monopole (zumindest) auf dem analogen Zeitungsmarkt ab. Der Platzhirsch gibt hier den Ton an; die Zweitzeitung gerät ins Hintertreffen, da sie sowohl durch ungünstigere Tausend-Kontakt-Preise bei der Werbung zum deutlich unattraktiveren Werbeträger wird. Auch im Vertriebsmarkt besitzt die Zweitzeitung die schwächere Marktposition und muss nochmals stärker auf Reichweite setzen, um wenigstens den bestehenden Stand an Werbung zu halten. Das muss sie sich mit günstigeren Vertriebspreisen erkaufen, wodurch auch hier die Einnahmen geringer ausfallen. Zudem besteht ein ungünstigeres Kostenverhältnis bei der Auslastung der Ressourcen (Druckerei bzw. Logistiknetz).

3.2.4.2 Ist eine Zeitung ohne Anzeigen möglich?

Bei seiner Prüfung der Möglichkeit einer a priori werbefreien Tagespresse benennt Rau (2005) drei Problemkreise, die wiederum die gesamte Finanzierungsstruktur der Zeitung betreffen: Es geht um die Entwicklung der Umsatzgrößen und der Preiselastizität der Nachfrage im Lesermarkt sowie der Nachfrageelastizität der Anzeigen. Zugespitzt lautet die Frage: Wieviel mehr Geld sind die Leser bereit für eine anzeigenfreie Zeitung auszugeben – bzw. sind sie dies überhaupt? So ergibt sich eine Gleichung mit mehreren Unbekannten. Als Problemkreis erweist sich die Preiselastizität der Nachfrage im Lesermarkt (vgl. Rau 2005, 190f.). Einerseits sinkt durch die Verkaufspreiserhöhungen die Nachfrage nach der Zeitung (insbesondere im Einzelverkauf und bei der Neukundenansprache; das Abo der Bestandskunden ist stabiler), andererseits dürfte auch das Fehlen der werblichen Anreize für einige Rezipienten als starker Mangel empfunden werden, der die Produktnachfrage bremst, da auch Werbung Information ist (vgl. Circulation Spiral in Kapitel 3.2.4). Die hohe Wirkung bzw. Resonanz von abverkaufsorientierter Werbung kann hier als Beleg für eine gewisse Akzeptanz gewertet werden (siehe auch Kapitel 2.3.3.2). Auch Köcher sieht die Werbung durchaus nicht als nachrangigen Inhalt (vgl. dies. 2004, 220).

Warum ist das so? Zum einen senkt die Vertriebspreiserhöhung – wie dargestellt – voraussichtlich die Nachfrage, worauf der interdependent verbundene Anzeigenmarkt nun seinerseits mit sinkendem Interesse reagiert. Das wiederum bedingt zum anderen ein neuerlich vermindertes Interesse auf der Marktseite B (Leser), da mit den werblichen Anreizen auch ein Teil des Angebots wegfällt. Außerdem – und noch wichtiger – stellt ein hoher Verkaufspreis eine hohe Einstiegsbarriere für den Zugang zum Produkt über die Preiselastizität der Nachfrage dar. Innerhalb dieser Grundkonstellation verändern sich dann die Kostenstrukturen des Gesamtunternehmens, die ohnehin im Sinne sprungfixer Kosten bei Verlagen unterschiedlicher Auflagengrößenklassen (vgl. Rau 2005, 191) deutlich schwanken (dazu auch Beck 2005, 121). Rau weist darauf hin, dass ohne Kenntnis der tatsächlichen Preiselastizitäten „auf dünner theoretischer Decke" diskutiert werde (ders. 2005, 196). So viel zur betriebswirtschaftlichen Sichtweise, die eine rein marktfinanzierte anzeigenfreie Tageszeitung zu einer unkalkulierbaren Größe macht. Indes stehe es Verlagen offen, meritorische Aktivitäten zu entwickeln, die sie subventionsfähig machen könnten, wie Rau überlegt (vgl. ders. 2005, 200f.). Damit stünde eine weitere Finanzierungsquelle offen. Da diese Arbeit sich aber das Ziel setzt, auch zukünftig eine marktbasierte Finanzierung der Zeitung ohne öffentliche Subventionsformen zu ermöglichen, wird dieser Gedanke hier nicht weiter verfolgt (vgl. dazu Kapitel 2.5.3).

Konsequent weitergedacht in der Logik der Zwei-Märkte ist eine marktfinanzierte werbefreie Zeitung zwar denkbar, indes dürfte es sich bei deren praktischer Manifestation nicht um eine Tageszeitung handeln, da diese aufgrund ihrer Kostenstruktur eine gewisse Reichweite benötigt. In publizistischer Hinsicht dürfte man wohl kaum noch an ein klassisches Massenmedium für den Mainstreammarkt denken. Zudem verschlechtert die Ein-Markt-Orientierung die Möglichkeiten zur Produktveränderung bzw. Weiterentwicklung. Eine nur am Vertriebsmarkt vermarktete Zeitung hätte strategisch gesehen kaum noch Handlungsoptionen zur Preissetzung und -differenzierung. Es ist unmöglich für die Verlage, ihre schon bestehenden Apparate so noch aufrechtzuerhalten. Als möglich erweist sich der Anzeigenverzicht für Nischentitel mit besonderem Profil, weniger für ein publikumswirksames Blatt. In Frankreich sind etwa die satirische Wochenzeitung *Le Canard Enchaîne* oder der Wochentitel *Charlie Hebdo* seit Jahren anzeigenfrei. Auf nationaler Ebene ist ein solches Modell mit der (fast) werbefreien *taz* als einem Modell der Preisdifferenzierung hingegen durchaus etabliert (vgl. dazu etwa Ludwig 1998, 288-294).

Zugleich erwächst aus diesem dennoch (wohl) utopischen Gedankenspiel auch eine große Chance. Die Verlage, die sich primär am Lesermarkt orientieren, verinnerlichen dessen Bedeutung als primärem Absatzmarkt im Rahmen ihrer Unternehmensstrategie mutmaßlich stärker. Anders gesagt böte eine Redaktion, die mit ihrer womöglich genau und individuell bekannten Leserschaft im intensiven Austausch wäre und deren Wünsche genau kännte, erhebliche Vorteile im Markt. Das wäre möglich, da das Publikum durch den Wegfall der Werbeerlöse deutlich schrumpfte. Es wäre eine Zeitung, die es nicht mehr „allen recht machen" müsste, aber ebendies auch nicht mehr dürfte. Das böte die Chance und die Verpflichtung zu einem schärferen publizistischen Profil, das ein Alleinstellungsmerkmal wäre. Eine solche Zeitung müsste nicht mehr die Befindlichkeiten der Werbewirtschaft berücksichtigen. Dadurch könnte sie selbstverständlich eine gewisse Sonderstellung erlangen, wie das beschriebene Modell *taz* zeigt. Allerdings scheint diese Aufstellung eher für ein überregional orientiertes Blatt geeignet zu sein. Regional dürften sich die erreichbaren Leser als zu gering erweisen; allenfalls in Metropolen mit Konkurrenz könnte dies eventuell eine Option für die abgeschlagene Zweitzeitung mit ausgeprägtem politischem Profil sein. Mit einer solchen Neupositionierung brächte sich die Zeitung in die Rolle eines Exoten am Markt. Dieser könnte in ganz besonderer Weise seine wohl deutlich geschrumpfte Klientel bedienen, hätte aber die Gelegenheit zum Aufbau einer treuen Community, also eines geschrumpften und dadurch harten Kerns treuer Leser.

Was wäre nun also von dem Ende der Werbefinanzierung zu halten, die Rau an anderer Stelle als „Zwangsjacke der dualen Ökonomie" (Rau 2007, 77) beschreibt? Was verändert sich eigentlich, wenn sich eine Zeitung plötzlich wieder an Vertriebserlösen orientiert? Wie verändern sich dadurch möglicherweise auch die Inhalte? Ist es wahrscheinlich, dass die Zeitung sich wieder stärker politisch-gesellschaftlich d.h. milieumäßig bindet, um ihre wiedergewonnene Freiheit umzusetzen? Bedeutet das eine Rückkehr zur Parteipresse? Ist das überhaupt denkbar für herkömmliche Regionalzeitungen? Kaum, aber es ist durchaus wahrscheinlich, dass die digitalen Bedingungen Möglichkeiten und Nischen schaffen, in die neue und kleinere Nischenanbieter stoßen können. Zu denken ist an kleine Verlage ohne großen (Kosten-)Apparat, die (hoch-)politische Wochenzeitungen als Gegenmedien zu den etablierten regionalen Riesen aufbauen. So etwa wie es in Stuttgart durch die Ex-Mitarbeiter der *Stuttgarter Zeitung* beim linken durch eine Stiftung unterstützen Wochenzeitungsprojekt *KONTEXT* unternommen wird, auch wenn diese Gegenmedien selbst gar nicht unbedingt werbefrei sein müssen. Etablierte Regionalverlage könnten in dem zunehmend konsolidierten Markt ihre Mehrmarkenstrategien zur Ansprache unterschiedlicher Leser intensivieren.

Eine entscheidende Frage wird die der Finanzierbarkeit und der Professionalität solcher Angebote sein. Hier in der Tat könnte es (einmal) so geschehen, dass neue Finanzierungsformen ins Spiel kommen wie private Geldgeber und Spender (Mäzene), ggf. auch Stiftungen. Als Träger großer, neu zu installierender Institutionen taugen diese nicht – gerade im Blick auf die notwendigen Finanzierungsvolumina. Als Träger bestehender Unternehmen haben sie sich indes schon in einigen Fällen bewährt. Noch allerdings befinden sich solche Themen allesamt im Experimentierstadium.

Kaum ein Verlag dürfte diese Strategie freiwillig wählen, trüge diese doch auch den Ruch eines Offenbarungseides bzw. des Scheiterns. Die Rettung vor dem drohenden Marktaustritt erreichte die Zeitung gewissermaßen um den Preis ihrer Selbstverstümmelung. Zugleich entstünden auch Lücken in normativer Hinsicht im Sinne der Unterversorgung der Gesellschaft mit Nachrichten. Es wäre indes anzunehmen, dass andere Marktteilnehmer Angebote lancieren würden.

Wenn man das eingangs genannte Kriterium der Werbefreiheit nun doch wieder aufhöbe, entstünden neue Spielräume. Die „Zwangsjacke" erwiese sich dann als ganz und gar nicht einengend, sondern als Möglichkeit zur maßgeschneiderten Optimierung der Angebotsstruktur. Die stabile Leserschaft dürfte auch klare Argumente im Anzeigenverkauf liefern, zumal wenn es sich wie bei den Zeitungen um eine in der Regel besser gebildete und situierte (daher kaufkräftige) Klientel handelt. So könnte eine effektive Strategie zur Reform der Zeitung funktionieren. Tatsächlich hingegen haben viele Unternehmen diese Entwicklung verschlafen und setzen stattdessen mit dem größer werdenden Pfund ihrer Leser immer weiter auf den ohnehin wachsenden Anzeigenmarkt. In diesem strategischen Missverständnis geriet aus geschäftsopportunistischen Gründen der eigentliche Sekundärmarkt (Anzeigen) zum Primärmarkt, obwohl dessen Stellung naturgemäß immer nur abgeleitet sein konnte von der Lesermarktleistung.

3.3 Drei Dimensionen der Zeitungsgeschäftsmodelle

Wie schon zu Beginn des Kapitels angedeutet wurde, folgt diese Arbeit der von Mahadevan vorgelegten Strukturierung des Begriffs des Geschäftsmodells in die Teilsysteme des Value Stream, des Revenue Stream und des Logistical Stream, die Hass ins Deutsche übertrug. Der Schwerpunkt der Betrachtung liegt dabei auf der Kunden- bzw. Marktperspektive und der Wertschöpfungsperspektive.

3.3.1 Die Produktarchitektur

Die Produktarchitektur besteht im Wesentlichen aus der Konfiguration von Information und dem dazu verwendeten Medium. Dabei ist primär zwischen Träger- bzw. Speichermedien (bei der Zeitung v.a. Papier oder E-Paper als PDF) und Übertragungsmedien (digital) zu unterscheiden (vgl. Hass 2002, 157). Die Wahl der Produktarchitektur entscheidet demnach über die folgenden Parameter bzw. die folgenden Fragen:

- Welche Märkte (Kunden) werden wie addressiert?
- Wie stark sind die Rezipienten in die Produktion eingebunden (z. B. durch Customisierung)?
- Wie sind die angebotenen Produkte qualitativ gestaltet (analog, digital)?
- Welche inhaltliche Qualität und Angebotsstruktur (z. B. zeitungsähnlich) haben diese?
- Wie sind die Preise gestaltet? Wer zahlt bzw. trägt die Finanzierungslast (gratis für Endkunden, werbefinanziert oder vertriebserlös- und werbefinanziert)?

An dieser Stelle ist vor allem auf die weiter entwickelte Zeitungsdefinition (aus Kapitel 2.4) zu verweisen, weiterhin auch auf die Übersicht der unterschiedlichen Angebote und Angebotsformen. Dabei geht es um die Beschaffenheit und die Qualität von Angebotspaketen. Als dramatische Veränderung infolge der Digitalisierung und der neuen Informationstechnologie sind die gesunkenen Transaktionskosten zu nennen. Dies gilt etwa für die bei der Anbahnung entstehenden Kosten sowie auch für die durch die nicht-physische Verarbeitung und Distribution (Ausbringung) entstehenden Einsparungen, ebenso für das Online-Direkt-Marketing. Dadurch sinken die Grenzkosten (bei Produktion und Distribution). Hinzu kommt außerdem noch die Möglichkeiten der Erschließung neuer Märkte (und der Mehrfachverwertung des produzierten Contents) und preispolitischer Spielräume. Das Produkt als Erlösquelle, seine Angebotsarchitektur inklusive der Wettbewerbssituation und der Kundenbeziehung müssen daher klar im Zusammenhang gesehen werden (vgl. Wirtz 2011, 144). Synergien können hier über die Mehrfachverwertung vorhandener Inhalte durch mehr Transaktionen geschaffen werden. Ein Nebeneffekt besteht weiterhin in einer zunehmenden Verbreitung der Information und der sinkenden Zahlungsbereitschaft der Endkunden (vgl. Hass 2002, 137).

Jede Form frei verfügbaren Contents erhöht automatisch den Wettbewerbsdruck für die Anbieter von Informationsprodukten. Schließlich muss der empfundene Nutzen aus dem kostenpflichtigen Angebot aus Verbraucher- bzw. Rezipientenperspektive über dem des gratis verfügbaren Angebots liegen. Das ist ein ebenso banales wie folgenreiches Resultat der Kommodifizierung des Angebots und des steigenden Wettbewerbsdrucks aus mehreren Richtungen (vgl. dazu auch Kapitel 2.1.1). Als mögliche strategische Alternative bietet sich den Contentanbietern nur der Weg hin zu einer deutlich wahrnehmbaren Aufwertung ihres Angebots, das dann auch von primären End-, aber auch Werbekunden als erstklassig wahrgenommen und als solches vermarktet werden kann.

3.3.2 Der Erlösstrom

Das Partialmodell des Erlösstromes (Revenue Stream) bildet ab, „wie und in welchem Umfang generierter Wert [der unternehmensinternen Wertschöpfung, *d.A.*] für das Unternehmen monetarisiert werden kann" (Wirtz 2011, 141). Ziel des Erlösmodells ist die möglichst umfassende Abschöpfung des generierten Mehrwerts (ebd., 143). Es folgt aus der Charakteristik des Kuppelprodukts, dass Verlagen klassischerweise zwei Refinanzierungsquellen zur Verfügung stehen: Vertriebserlöse und Werbeerlöse. Zunehmend versuchen Verlage daneben, sich weitere Erlösquellen zu erschließen.

1. Vertriebserlöse

Vertriebserlöse umfassen alle Erlöse, die aus dem Verkauf von Medienprodukten generiert werden. Dazu zählen die Erlöse durch Einzelverkauf und Aboverkauf, durch digitale wie auch analoge Produkte.

2. Werbeerlöse

Werbeerlöse sind die Erlöse aus dem Verkauf von Kundenkontaktwahrscheinlichkeiten (sogenannten „Eyeballs") mit werblichen Botschaften. Abgedeckt werden alle Formate: Rubriken (Autos, Stellen, Immobilien, Familienanzeigen) sowie Geschäfts- und Handelsanzeigen, Prospektbeilagen (obwohl es sich hierbei im strengen Sinne um Gebührenerlöse handelt) sowie Online-Werbung (statisch und Bewegtbild). Dabei können verschiedene Abrechnungsmodelle zum Tragen kommen, die von statischer Preissetzung bis hin zur dynamischen, erfolgsabhängigen Preissetzung reichen.

Darüber hinaus existiert die (theoretische) Möglichkeit der Nutzung und Weitergabe bzw. Vermarktung von Kundendaten an Dritte, um zusätzliche Erlöse zu generieren. Diese Form der Refinanzierung, bei der die Kundenkontakte Dritten überlassen werden, die dann wiederum versuchen, mit den Kunden in geschäftlichen Kontakt zu treten (als Drittgeschäft), kommt im Publikumsmarkt kaum noch in Frage. Hier leisten auch die verschärften Datenschutzgesetze ein Übriges. Die strikte Rechtsprechung in Deutschland hat der Weitergabe von Daten enge Grenzen gesteckt und dieses Verfahren für seriöse Anbieter, die sich um einen nachhaltigen Vertrauensaufbau zu ihren Kunden bemühen, daher de facto ausgeschlossen. Zugleich reagieren Kunden mit Unverständnis und ungehalten auf den laxen Umgang bzw. auf die Weitergabe ihrer Daten. Das lässt sich am Beispiel der Diskussion um die Nutzung von Ortsdaten im mobilen Internet nachvollziehen (vgl. dazu etwa Schmidt 2011).

3. Sonstige Erlöse

Als sonstige Erlöse verbuchen viele Verlage Einnahmen aus Verkäufen von Tickets (etwa für Konzerte, Fußballspiele oder eigene Veranstaltungen), Büchern, Merchandising-Artikeln, redaktionellen Serien und Ähnlichem oder auch Wein, wie etwa die Untersuchungsteilnehmer in den Interviews angaben. Auch das Post- oder Logistikgeschäft (darunter auch die Pressedistribution) wird in manchen Verlagen hier verbucht. Häufig handelt es sich um (Transaktions-)Geschäfte, bei denen die Verlage letztlich in Form einer Handelsmarge beteiligt sind, also selbst als Händler profitieren bzw. von der Verkaufsleistung Dritter – daher um so genannte „Margengeschäfte" für ganz unterschiedliche Produkte aus dem medialen und nicht-medialen Bereich. Diese werden bei Verlagen uneinheitlich behandelt und zum Teil den Vertriebserlösen zugerechnet. In der Regel profitieren die Verlage hier von Geschäften, die aus der Markenidentität abgeleitet werden. Der Anteil der sonstigen Erlöse an den gesamten Unternehmenserlösen ist in den vergangenen Jahren bei vielen Unternehmen deutlich gewachsen.

Tabelle 8: Übersicht über die Erlösformen von Medienunternehmen

Erlösquelle/ Erlösform	**direkt (variabel)**	**direkt (fix)**	**indirekt**
Informationsprodukt	– Einzelverkaufserlöse – Einmalerlöse – Direktverkäufe – Margengeschäfte – Verwertungsrechte: Second Rights	– Abos (Print, Digital) im B-to-C-Markt – Content im B-to-B-Markt	– GEMA etc.
Kundenkontakte	– Werbung – Sponsorship	– Überlassung an Dritte	– Kommission/ Provision an Transaktionen (Margengeschäfte)
Dienstleistungen	– Archivanfragen – Contentzulieferung – Corporate Publishing – Logistik – etc.	– Dienstleistungen von Service-Center-Abteilungen für andere Konzerne	
Kundeninformationen		– Kundenprofile – Data-Mining	

Quelle: Hass 2002, 135; Wirtz 2011, 141, mit Ergänzungen.

Die drei Einnahmequellen – Vertriebserlöse, Werbeerlöse und sonstige Erlöse – existieren grosso modo letztlich bei allen Medienunternehmen als Kombination aus den einzelnen Faktoren, wobei wahlweise für unterschiedliche Angebote und unterschiedliche Medienkanäle auch einzelne Elemente wegfallen können – wie etwa bei Anzeigen- oder Gratiszeitungen oder der Gratisstandard im „Free Web". Die Kombination von Vertriebs- und Werbeerlösen kann unterschiedlich gestaltet sein. So ist es beispielsweise möglich, dass die Erlöse einer Marktseite gleich null sind.

Eine andere Möglichkeit, die Erlösformen von Medienunternehmen zu strukturieren, ist die Kategorisierung nach direkten und indirekten Erlösen, wobei erstere noch einmal in variable direkte Erlöse und fixe direkte Erlöse unterteilt werden können. Kombiniert man die Information der Erlösform mit einer Übersicht über die jeweilige Erlösquelle – Informationsprodukt, Kundenkontakt, Dienstleistung, Kundeninformation – ergibt sich die in Tabelle 8 gezeigte Übersicht.

3.3.3 Die Wertschöpfungsstruktur

Viele Zeitungen bzw. Verlage sind eng mit Druckereien verknüft. Dies rührt aus der Geschichte her, die den Druck zunächst als einzige mögliche massentaugliche und als profitabelste Reproduktionsform der Nachricht (in diesem Fall verstanden als journalistische Inhalte) kannte. Viele Verlage sind wie etwa Axel Springers Imperium klassischerweise aus Druckereien hervorgegangen, weshalb ihre Geschichte eng mit dem Druckhandwerk gekoppelt war. Der Druck stellte einfach den üblichen Modus des „Inverkehrbringens" von Nachrichten dar (vgl. dazu die Ausführungen zum Zeitungsbegriff in Kapitel 2.4).

Um die heutige Organisation vieler Verlage zu verstehen, ist es hilfreich, sich diese Entstehungsgeschichte vor Augen zu führen. Die Kopplung an das Printmedium sowie dessen Folgen für die statisch gewordene Unternehmensorganisation ist ansonsten kaum noch nachzuvollziehen. Die traditionelle unidirektionale Wertschöpfung(skette) als Prozess der „geregelten Einbringung von Produktionsfaktoren" (Kiefer 2005, 161) wertete den Druck als entscheidenden Ort der Wertschöpfung durch Bündlung auf. Das machte das Druckerwesen einst zu einem sehr einträglichen Handwerk und begründet den Druckerstolz, der heute – in Zeiten der Druckerei- und Druckmaschinenherstellerkrisen – manchmal wie aus der Zeit gefallen anmutet. Längst ist deutlich, dass der Druck neben der Herstellung des Informationsgutes nur noch als zweiter wichtiger Entstehungsort der Leistungsgenerierung gilt und nicht mehr als einziger (vgl. Picard 2002, 38).

Im Folgenden wird die Veränderung der betrieblichen Leistungserstellung im Zuge der Digitalisierung vorgestellt, die sich insgesamt als Entflechtungsprozess verstehen lässt. Traditionell lassen sich diese Vorgänge auf horizontaler und vertikaler Ebene betrachten. Diesem Schema folgt auch diese Darstellung, indem sie für den erstgenanten Fall auf die Vervielfältigung und Auffächerung der Übertragungskanäle hinweist (dies in Form eines kurzen Exkurses) und im zweiten Punkt die Länge der Geschäftskette bzw. deren notwendige Player betrachtet. Daran anknüpfend wird die Veränderung der konkreten Wertschöpfungskonfiguration analysiert. Dabei erweist sich im Lichte der Untersuchung der Wertschöpfungsstrukturen in der Medienkonvergenz die sogenannte Value Chain nach Michael E. Porter (1989) als Modell der Vergangenheit.

3.3.3.1 Das Ende der Porter-Chain

Die bereits mehrfach erwähnte Wertkette oder Wertschöpfungskette umfasst die Summe der einzelnen Produktionsstufen von Unternehmen – die folgenden Ausführungen beziehen sich somit allesamt auf die Mikroebene. Als Instrument der strategischen Unternehmensanalyse ist die Wertkette zum Paradigma des market-based View zu rechnen. Die Wertkette geht in der systematisierten Form auf Michael E. Porter zurück, der selbst wiederum auf das Business-System der Unternehmensberatung McKinsey und die Darstellung von Input- und Outputbeziehungen rekurriert[19] (vgl. Picot/Schmid/Kempf 2007, 211). Sie unterscheidet als industrieökonomischer Ansatz die Leistungserbringung der Organisation in primäre Aufgaben und unterstützende Aufgaben. Erstere betreffen die Herstellung der Leistung sowie den Leistungstausch mit den Abnehmern (Eingangslogistik). Beispiele für primäre Aufgaben sind Eingangslogistik, Produktionsoperationen, Ausgangslogistik, Marketing und Vertrieb sowie Service. Die unterstützenden Aktivitäten hingegen bezeichnen die im Rahmen von Beschaffung und Produktion der primären Aktivitäten er-

19 Im Rahmen der Anlage und des Erkenntnisinteresses dieser Arbeit sind vor allem die industrieökonomischen Ansätze interessant. Eine wertvolle systematische Aufbereitung des aktuellen Forschungsstands sowie Synopsen zu den wesentlichen Studien zu Einzelaspekten sowie der Forschung zur Wertschöpfung liefert der Beitrag von Picot/Schmid/Kempf (2007). Als weitere Modelle, die auf dem marktbasierten Blick beruhen, nennen die Autoren das Value Net nach Parolini, die noch im Entwurfsstadium begriffene Value-Shop-Spirale sowie das Business Web (vgl. ebd., 228). Die Autoren diskutieren Vorzüge und Nachteile der einzelnen Modelle und stellen auch Probleme und Uneindeutigkeiten des Porter-Modells dar (vgl. ebd., 208). Im Rahmen dieser Untersuchung werden das Value Net und das Business Web herangezogen. Die Value-Shop-Konfiguration hingegen bildet die Strukturen individualisierter Dienstleistungen ab und ist daher hier nicht von weiterem Interesse.

forderlichen Inputgrößen – z.B. Infrastruktur, HR, IT oder Beschaffung (vgl. Porter 1989, 62).

Die Value Chain stelle ein erprobtes Instrument zur Analyse des Prozesses der zu optimierenden Konfiguration der (industriellen) Leistungserbringung, mit dessen Hilfe Wettbewerbsvorteile bei Kosten oder Differenzierung ermittelt werden könnten, schrieb Rau im Jahr 2007 (vgl. ebd., 72f.). Klassischerweise diente die Porter'sche Wertkette als Entscheidungshilfe für die Frage, welchen Elementen der Leistungskette unter welchen Umständen welcher strategische Stellenwert zukommt. Denn sie hilft zu unterscheiden, welche Leistungen in Eigenfertigung und welche in Fremdleistung produziert werden sollen (vgl. ebd.). Im Zeitalter der Medienkonvergenz allerdings verliert die Wertkette diese Funktion: Zu ihren offenkundigen Nachteilen zählt die fast völlige Ausblendung der Rolle des Endkunden. Dessen Einbindung ist für die medienkonvergente Welt jedoch – wie dargestellt – konstitutiv. Porters Begriff der Wertschöpfung nimmt allein den Unternehmensnutzen ins Visier. Er bezieht diesen weder auf die immer wichtiger werdende Konsumentenrente noch auf Kostensituation oder Marktposition (vgl. Parolini 1999, 113). Demzufolge entziehen sich diesem Zugriff jegliche Interaktions- und Rückkopplungsformen. Zudem suggeriert allein die Begrifflichkeit der Kette der Leistungserbringung den vorhandenen konsekutiven bzw. sequentiellen Prozess. Die Porter-Kette setzt zudem eine langfristige Verbundenheit der unterschiedlichen Leistungsstufen voraus. Auch das trägt dazu bei, dass sich der Ansatz wenig zur Beschreibung von Dienstleistern oder Intermediären eignet, für die individualisierte Lösungsformen typisch sind (vgl. Picot/ Schmid/Kempf 2007).

Die zunehmenden Schwierigkeiten bei der adäquaten Erfassung der wichtigsten Stufen der Leistungserbringung lassen sich auch als der Übergang der Branche von der fordistischen Produktion in eine post-industrielle Zeit deuten. Dieser Wandel geht mit komplexeren Tauschprozessen auf unterschiedlichen Ebenen einher. Das klassische Porter-Modell kann die zunehmende Interaktion zwischen Produzenten und Abnehmern und die damit verbundenen Wettbewerbsvorteile nicht erfassen. So ist es unter den medienkonvergenten Bedingungen nur noch ansatzweise erklärungsfähig.

Kern der Wertschöpfung im Zeitungsgeschäft bleiben die Produktion, d.h. die Redaktion und Bündelung von Inhalten sowie deren finale Verbreitung (Vertrieb, Marketing, Distribution) zum Nutzer als konsumierenden Endkunden. Diese bilden auch in der medienkonvergenten Welt die wichtigste konsekutive und langfristige Sequenz der Leistungserbringung und dürfen unbesehen auch weiterhin zum atomischen Kern der Wertschöpfung von Zeitungen rechnen. Genauer betrachtet handelt es sich, im Sinne der Verbundproduktion, um zwei unterschiedliche Teilwertketten, die auf der Stufe der Bündelung verkoppelt wurden. Das entstandene Produkt wird dann gemeinsam vertrieben.

Auf der ersten Etappe dagegen unterscheiden sich diese beträchtlich. So wird das Informationsprodukt zuerst aus Rohstoffen (Informationsinput) hergestellt (d.h. recherchiert, geprüft, geschrieben, redigiert), gebündelt und dann vertrieben bzw. ausgebracht. Je nach Verbreitungskanal geht dieser Vertrieb auch mit einer physischen Herstellung einher. Der Vertrieb des Werbeteils (Sales) hingegen ist der Inhalteproduktion weitgehend vorgeschaltet (siehe dazu Abbildung 8). Auf der Ebene von Bündelung und Produktion werden diese beiden Ketten zusammengefügt und erreichen gemeinsam den Endkundenmarkt (Distribution). Auch die phasenverschobene und auf anderen Ebenen ablaufende Produktion dieser beiden Teilketten entzieht sich dem klassischen Porter'schen Modell. Neuartige Wertschöpfungsformen, die sich im digitalen Geschäft entwickelt haben, folgen einer anderen Mechanik, wie in Kapitel 3.4 zu beschreiben ist. Zunächst werden aber die Veränderungsvektoren der Wertschöpfung in horizontaler und vertikaler Sicht beschrieben.

Abbildung 8: Die zwei Teilketten der Zeitungsproduktion

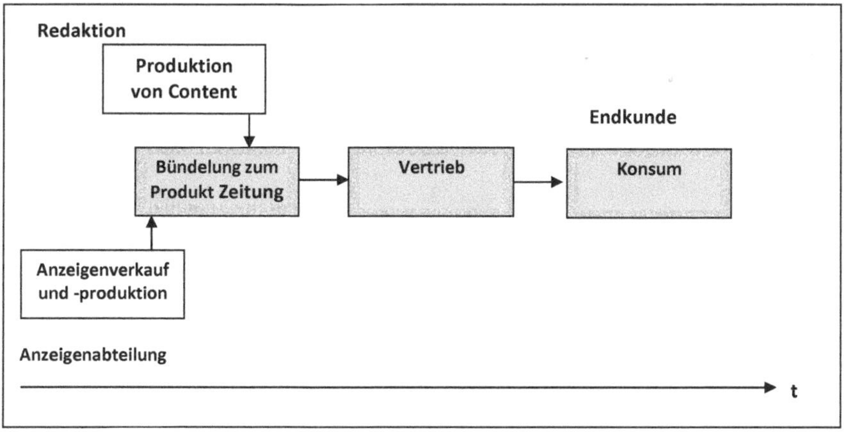

3.3.3.2 Die vertikale Dimension: Blickpunkt Kunde

In die vertikale Dimension fällt die Geschäftskette, nach der die Unternehmung organisiert ist. Im Rahmen der Wertschöpfung ist somit die im nächsten Kapitel besprochene Leistungstiefe ein entscheidendes Messkriterium. Darunter ist das Ausmaß zu verstehen, in dem benachbarte Aktivitäten der Wertschöpfung innerhalb eines Unternehmens erstellt werden (vgl. Picot 1991, 336). Die vertikale Perspektive auf die Wertschöpfung verläuft vom Produzenten hin zum Endverbraucher. Vertikale Integration von mehreren Wertschöpfungsstufen sichert für Unternehmen spezifische und als strategisch besonders bedeutsam erkannte Ressourcen ab. Diese Dimension ist bestimmt durch die Leistungstiefe der Herstellung (vgl. dazu Kapitel 3.3.3.3), den Grad der Einbindung der Endkunden und die Anzahl der Intermediäre (vgl. Hass 2002, 145ff.).

Anders als die analoge Wertschöpfung bezieht die digitale Wertschöpfung den Kunden mit ein: Hier herrscht das Bild eines teilaktiven Kunden, der auch über aktive Pull-Handlungen Medienangebote abruft und konsumiert bzw. nach eigenen Vorlieben konfiguriert (vgl. dazu Kapitel 2.1.2). Damit wird der Kunde deutlich zum aktiven Player im Prozess der Leistungserstellung. Mehr noch: Der Kunde erstellt dabei manche Teile des Angebots (via Rückkanal) selbst. Unter den digitalen Bedingungen ist der Informationstausch zwischen Produzenten und Kunden von erhöhter Bedeutung. Somit kommt den Konsumenten auf den einzelnen Ebenen der Wertschöpfung eine aktive Rolle zu.

Die Konsumtionsstufe wird im Zuge der Digitalisierung so wichtig, weil Konsumenten zunehmend auf unterschiedlichen Ebenen der Leistungserstellung eingreifen können, sei es etwa durch den Erwerb von Teilleistungen (einzelner Angebote), durch die Partizipation am Herstellungsprozess (sogenannter User Generated Content) und durch den zunehmend zeitunabhängigen Konsum der Inhalte. Zudem entscheidet wie dargestellt unter sich ständig verschärfenden Wettbewerbsbedingungen der (subjektiv empfundene oder tatsächlich vorhandene) Konsumentennutzen, die sogenannte Konsumentenrente, immer stärker über den Unternehmenserfolg. Die Kunden sind nicht mehr bloß die reinen Empfänger am Ende der „einen" Lieferkette, sondern Beobachter und Nutzer und sogar Produzenten (und damit selbst: Sender und gewissermaßen Partner) unterschiedlicher Darreichungsformen der Unternehmen an unterschiedlichen Stellen. Insofern ist die „Grenze zwischen Medienunternehmung und Mediennutzer nicht länger [als unidirektional, *d.A.*] fix vorgegeben, sondern strategische Gestaltungsvariable im Rahmen der Wertschöpfungsstruktur als Teil des Geschäftsmodells [...]" (Hass 2002, 21). Dadurch steigt die Durchlässigkeit deutlich. Es erweist sich, dass die vom Verlag beherrschte Leistungskette medialer Angebote und Dienstleistungen immer den unvermittelten Kontakt mit dem konsumierenden Endkunden beinhalten sollte. Dieser realisiert in seinem Akt der Nutzung und durch denselben erst den Wert und ermöglicht andererseits erst die uneingeschränkte Aufnahme einer Kundenbeziehung (dazu mehr in Kapitel 3.4). Ebenso typisch ist die beschriebene zunehmende Multimodalität und Crossmedialität des Medienkonsums (vgl. dazu u.a. Kapitel 2.4.1).

3.3.3.3 Leistungstiefe der Herstellung und Modelle der Kooperation

Die Leistungstiefe bezeichnet „das Ausmaß, in dem benachbarte Leistungsstufen – wie z.B. Entwicklung, Fertigung und Montage von Vorprodukten, weitergehende Montage zu Endprodukten oder die Schritte bis zur Vermarktung und zum Kundendienst – jeweils innerhalb eines Unternehmens erstellt werden" (Picot 1992, 104). Im analogen Zeitalter war es für Zeitungsverlage gewinnoptimal, die gesamte Leistungstiefe vertikal zu vereinnahmen, weil damit die Wertschöpfung optimiert wurde. Klassischerweise haben größere und schon viele mittelgroße Verlage daher die gesamte printspezifische Leistungskette im eigenen Unternehmen integriert und abgedeckt.

Im medienkonvergenten Zeitalter kommen nun parallele Vertriebsstrukturen für das stationäre und das mobile Internet – sowohl auf dem Werbe- als auch auf dem Lesermarkt – hinzu. Wertschöpfungsketten werden komplexer. Zudem ist eine steigende Leistungstiefe nicht grundsätzlich mit einer Erhöhung der Wertschöpfung verbunden, denn diese „berechnet sich als Differenz zwischen der Gesamtleistung (Umsatzerlöse, Bestandsveränderungen) abzüglich der Vorleistungen (zugekauftes Material, fremde Dienstleistungen, Zinsen)" (vgl. Picot 1992, 104.). Diese grundsätzliche Feststellung lässt sich auch an der Wertschöpfungsorganisation des „Business Web" darstellen, das in Kapitel 3.4.2 beschrieben wird. Der Ansatz macht deutlich, dass unter veränderten technologischen Rahmenbedingungen der Wertschöpfungsanteil der Verlage für ein vergleichbares Produkt deutlich sinkt.

Die Leistungstiefe einer Unternehmung bildet ein Instrument zur strategischen Unterscheidung zwischen lässlichen und unerlässlichen Unternehmensaufgaben, die es für den in dieser Arbeit zu untersuchenden Transformationsprozess der Verlagsbranche wertvoll macht. Mit der fortlaufenden Schwächung des angestammten Vertriebskanals oder – anders gesagt – dem Bedeutungsgewinn und der Auffächerung in Richtung neuer Vertriebskanäle verliert die oben beschriebene klassische Verlagsarchitektur an Stellenwert. In den stagnierenden oder sogar strukturell schrumpfenden Märkten überdenken viele Verlage bei wachsendem Kostendruck ihre Konzernstrukturen und damit auch die Leistungstiefe. Entscheidungen zur Leistungstiefe sind immer langfristig. Zudem wirken im Fall hoher Leistungstiefe große unternehmensinterne Beharrungskräfte, die die entsprechende Rechtfertigung ihrer eigenen Notwendigkeit schnell nachliefern. Nicht zuletzt wirkt die Kapitalbindung (etwa durch Druckereien, Logistik) im Rahmen der begrenzten Mittel auf die Handlungsfähigkeiten der Unternehmen zurück (vgl. Picot 1992, 106 und 114).

Picot entwickelt auf Basis der Transaktionskostentheorie ein Modell zur Entscheidungshilfe. Es berücksichtigt die Spezifität der zu erbringenden Leistung, deren strategische Bedeutung und die „Unsicherheit in Bezug auf qualitative, quantitative, terminliche oder technische Änderungen" (Picot 1992, 112f.). Zwischen den erstgenannten Eigenschaften existiert ein Konnex, da strategische Leistungen in der Regel spezifisch sind, um dem Unternehmen einen Wettbewerbsvorteil zu verschaffen. Umgekehrt gilt dieser Zusammenhang indes nicht.

Grundsätzlich kommen als strategische Wahlmöglichkeiten die Eigenerstellung, die vertikale (Kapitalbeteiligung etwa als Joint Venture, Entwicklungskooperation, strategische Partnerschaften) und die horizontale Kooperationsform (Leistungstausch mit Unternehmen auf der gleichen Wertschöpfungsstufe) bzw. der reine Fremdbezug von Leistungen in Frage. Letztgenannter bietet sich bei einfachen, strukturierten und standardisierten Prozessen an. In Eigenproduktion werden dagegen nach Picot strategisch wichtige, innovative, unternehmensspezifische Leistungen erstellt, besonders dann, wenn diese häufig anfallen. Als weitere Voraussetzung gilt jedoch, dass „das erforderliche Know-how vorhanden oder zumindest mit vertretbarem Aufwand entwickelbar ist" (Picot 1992, 119). Vertikale Kooperationsformen seien dann effizient, wenn ceteris paribus „unternehmensexternes Know-how deutlich überlegen ist". In der Verlagsbranche ist hier nun an die Technologieentwicklung zu denken, die von den Verlagen kaum im eigenen Hause abzubilden ist. Mit der Leistungstiefe steht ein differenziertes Instrument zur Analyse der Veränderung der Geschäftsmodelle zur Verfügung, das sich an die Analyse des Wertschöpfungssystems anschließt und zugleich darüber hinausgreift. Seine besondere Stärke liegt in der Vielseitigkeit der Anwendbarkeit und seinem „ganzheitlichen Zugriff", der „das Problembewusstsein aller Beteiligten in schärfender Weise unterstützt" (ebd., 122).

Vor dem Hintergrund des weiter steigenden Kostendrucks und der notwendigen Gewinnabsicherung der Verlage vor allem über die Kostenseite liegt in der Leistungstiefe ein strategischer Hebel, der im Rahmen des Wertschöpfungssystems abzubilden ist. Allerdings verbergen sich hinter vielen Einzelfragen für die Unternehmen strategische Fragen ersten Ranges, die derzeit in der in ihrer Wucht noch kaum zu schätzenden digitalen Substitution nur schwierig bzw. erst ansatzweise zu beantworten sind. So ist etwa nicht zu erahnen, welche langfristigen strategischen Nachteile sich gerade aus der Fremdfertigung technologischer Aufgaben ergeben können.

Die kurzfristige kostenbezogene Analyse blendet hier mögliche grundsätzliche Folgen – im Sinne von z.B. Kostennachteilen, die etwa aus dem Nichtzugriff auf wichtige Ressourcen resultieren, – fast komplett aus. Darüber hinaus kann die Technologie, wie in der Darstellung der neuen Wertschöpfungskonfigurationen in den Kapiteln 3.4.1 und 3.4.2 gezeigt, in digitalen Medienumgebungen immer mehr zum Schlüssel der Wertschöpfung werden. Anders formuliert: Es bürgt eine maximale Leistungstiefe unter digitalen Bedingungen nicht mehr unbedingt auch für eine maximale Werterzeugung.

Architektur der Verlagsorganisation

Mittels des Instruments der Leistungstiefe lassen sich Überlegungen zur optimalen Architektur der Verlagsorganisation anstellen, was im Folgenden geschehen soll. Sie beziehen sich auf die Organisation der Leistungserstellung und der Wertschöpfung. Üblicherweise wird dabei in Unternehmen zwischen primären Aufgaben und unterstützenden Aufgaben unterschieden. Zu den primären Aufgaben rechnen die unmittelbar wertschöpfungsrelevanten Aufgaben wie Produktion/Bündelung und Vertrieb. Zu den unterstützenden Funktionen des Unternehmens zählen nach klassischer Lesart (etwa bei Porter) interne Dienstleistungen wie

Personal, Verwaltung, Buchhaltung und Service (vgl. dazu Kapitel 3.3.3.1).

Im Zuge des entstehenden medialen Wettbewerbs und der Entflechtung der Wertschöpfungsprozesse stellt sich für Verlage immer mehr die Frage, wie sie mit diesen unterstützenden Abteilungen umgehen wollen. Unterschiedliche Strategien bieten sich an. Größere Verlage dürften diese Aufgabe zentral „poolen“ und als gemeinsames Service-Center im Unternehmensverbund (intern), aber auch extern als Zulieferungsleistung für Dritte anbieten. Je nach erreichter Dienstleistungsqualität und zwecks einer Verbesserung der eigenen Prozessqualität ist es möglich, zusätzliche Deckungsbeiträge zu erwirtschaften bzw. zur Refinanzierung der eigenen Kosten beizutragen. Diese Strategie bietet sich insbesondere dann und deshalb an, wenn die jeweiligen Abteilungen als nur intern wirtschaftende Einheiten keinem Marktwettbewerb ausgesetzt sind, was prinzipiell zu ineffizienten Abläufen führen kann. Verlage, die eine solche Strategie des Outsourcings wählen, tauschen fixe gegen variable Kosten ein, die sich in der Regel besser beherrschen lassen.

Auch primäre wertschöpfungsrelevante Aufgaben wie Produktion/ Bündelung und Vertrieb verändern sich: Im Zuge der Channelvervielfachung ist eine abnehmende Leistungstiefe im Vergleich zum Stammkanal Print festzustellen, die sich etwa schon im Online-Auftritt zeigt. Programmierungsleistungen wurden mangels eigener Kompetenz oft sinnvollerweise ausgelagert. Das hat einerseits mit der technologischen Hürde zu tun, die Verlage nicht oder nur in Teilen beherrschen, andererseits auch mit der Charakteristik des Geschäfts. So macht der Online-Verkauf etwa aufgrund der Kleinteiligkeit des digitalen Geschäfts erfahrungsgemäß eine separate Verkaufsstruktur nötig – zumindest im nationalen Geschäft (dazu siehe Kapitel 2.3.3.2). Auf die hohe Reichweiten verlangende Marktlage und die über Jahre zugleich spärlich fließenden Deckungsbeiträge haben die meisten Verlage mit einer Auslagerung bzw. Delegation ihres nationalen Werbungsverkaufs z.B. an die Online Marketing Service GmbH & Co. KG (OMS)) reagiert. Im mobilen Bereich lassen sich die Verlage eigene Apps als „Programmierungshüllen“ produzieren.

Auch in der Printvermarktung zeigt sich ein Trend zur Verbundvermarktung, der sich aus dem Druck des Anzeigenmarkts nach immer größeren Belegungseinheiten herleitet. In der Regel werden dadurch eigene Einheiten nötig, die der medienspezifischen Verarbeitung Rechnung tragen. Dies gilt in ähnlicher Weise auch oft für die kanalspezifische Aufbereitung. In der Regel verfügen die Verlage hier nicht über das dazu notwendige Spezialistenwissen und kaufen sich die entsprechenden (Programmier-)Leistungen extern zu. Die Verschiebung von der kanalspezifischen zur medien-neutralen Produktionsstruktur (wie in Kapitel 3.3.3.4 beschrieben) wirkt auch auf die Organisation der Print-Leistungskette zurück (vgl. dazu auch Fenez/Van der Donk 2009, 33). Unterstützende (sekundäre) Aktivitäten in diesem Bereich (Anzeigensatz, Druck, ggf. je nach gewählter Strategie auch Logistik) werden verzichtbar. Damit geht die Konzentration auf die Stufen Bündelung und Distribution von Inhalten einher, die die Produktion von Inhalten und Werbung und den Vertrieb (Infoprodukt, Werbung/Anzeigen) zumeist mit einschließt. Diese Stufe darf in der Folge als zentraler Realisationsort und Kern der Wertschöpfung gelten. Wie oben bereits dargestellt, muss der Vertrieb bis zum Endkunden beherrscht werden. Die Beherrschung des Vertriebs im Werbemarkt ist ein Ergebnis der über Jahre höchst ergiebigen Finanzierungsquelle. Wie die Leistungstiefe dazu im Einzelnen zu gestalten ist, stellt sich als eine der zu klärenden Fragen.

Dieser Block bildet die zentrale Wertschöpfung ab. Darüber hinausgehende Aufgaben werden die Unternehmen in zunehmendem Maße auslagern. Für die zentrale Wertschöpfung gilt dies nur unter bestimmten Bedingungen. So lassen sich klassischerweise kleine Heimatverlage den Mantelteil von einem größeren Anbieter zuliefern. Bekannte Beispiele bietet dafür die Zeitungsgruppe Stuttgart, bei der die *Stuttgarter Nachrichten* als Mantellieferant für viele Verlage in Baden-Württemberg fungieren und zugleich die Anzeigenvermarktung mit versehen. Ähnliches wird bereits seit über 40 Jahren in Nürnberg praktiziert. Auch hier existiert ein partnerschaftliches Verhältnis zwischen dem Pressehaus Nürnberg und einer Vielzahl von Familienverlagen im Umland, das aus Mantellieferung und Vermarktung, Druckdienstleistungen und der Übernahme weiterer zentraler Aufgaben besteht. In der Medienkonvergenz dürften sich die Lieferanten- und Kooperationsverhältnisse deutlich differenzieren. Verlage dürften wie dargestellt in zunehmendem Maße und in deutlich differenzierter Weise als Intermediäre auf (Content-)Märkten auftreten (siehe dazu Hess/Kempf 2007).

Die Entscheidung zwischen Eigen- und Fremdfertigung, Kooperationen sowie der Vermarktung von Eigenleistung als Service-Erbringer an Dritte steht Verlagen grundsätzlich auf allen Ebenen frei und dürfte je nach Markt- und Konkurrenzsituation und ökonomischem Druck ganz unterschiedlich entschieden werden. Hier stellt sich ganz klar die Frage nach Generalisierung und Spezialisierung im Angebot, nach Ausbau, Abbau und Veränderung von notwendigen eigenen Kompetenzen beim Übergang vom analogen ins medienkonvergente Zeitalter. Dabei dürften in zunehmendem Maße auch im Rahmen der vormaligen Printwirtschaft als unverzichtbar begriffene Leistungen zur Debatte stehen. Im Markt der Regionalzeitungen lassen sich zunehmend auf allen Ebenen Kooperationen und Dienstleistungen als Inputlieferung unterscheiden.

Verlage müssen sich dabei folgende Fragen stellen:

- Was ist die Kernkompetenz?
- Welche Aufgaben sind elementar oder werden so wichtig, dass sie in Eigenfertigung bleiben müssen?
- Welche Aufgaben sind elementar, aber nur als Kooperation oder sogar als Fremdbezug handhabbar bzw. lösbar?
- Was verliert an Bedeutung und kann dementsprechend ausgelagert werden?

3.3.3.4 Die horizontale Dimension: Vertriebskanäle im Fokus

Die horizontale Perspektive wendet sich an Unternehmen auf der gleichen Stufe der Wertschöpfung[20]. Auf horizontaler Ebene, das heißt auf der gleichen Stufe der Leistungserbringung, ist demnach von einer Vervielfachung der Wege der Leistungserbringung über mehrere Kanäle als Verwertungsstufen auszugehen, die das Unternehmen organisieren muss. Im Übergang zum Mehrproduktunternehmen erwachsen Verlagen in zunehmender Weise Aufgaben des Portfoliomanagements (siehe dazu Achtenhagen/Picard 2005, 42-48). Dies gilt immer mehr, da die Bedeutung des Leadkanals Zeitung abnimmt und die neuer Kanäle wächst (vgl. Becker 2012, 40).

Dabei entstehen kanalspezifisch unterschiedliche Anforderungen an Produktarchitekturen und die zu leistenden Aktivitäten. Diese sind als unterstützende Aktivitäten anzusehen, was etwa im Kanal Print einer Degradierung der Aktivitäten Druck/Herstellung („Hygienefaktor") und (Vertriebs-)Logistik entspricht. Ebenso steigen im Zuge der beschriebe-

20 Bei manchen Autoren tritt eine dritte Perspektive hinzu, die sie lateral nennen und die durch die Verbindung verschiedener branchenfremder Wertketten gekennzeichnet ist. Porter und der darauf aufbauende Hass hingegen fassen die horizontale Leistungsstufe schlicht breiter. So stellt Hass fest, dass alle horizontalen Veränderungen der Wertschöpfung auf den Übergang von einer Medien- zu einer Inhalteorientierung – und damit letztlich zu einer Zielgruppenorientierung – verweisen (vgl. Hass 2002, 155, zu den Ansätzen auch Picot/Schmid/Kempf 2007, 218).

nen Diversifizierung die Anforderungen im Bereich der technischen Verarbeitung und der informationstechnologischen Verarbeitung (IT) – sowie des Portfoliomanagements. Diese sichert die effiziente und zugleich medienneutrale Verarbeitung der Daten und schafft somit die Voraussetzung für die Ausnutzbarkeit von Synergien (Skaleneffekten). Darauf basiert jede erfolgreiche Contentverarbeitung, die sich hieraus bedienen muss und in der Lage sein soll, mit vertretbarem Aufwand verschiedene interessante und zugleich klar zielgruppenaffine Angebote zu erstellen.

Grau/Hess haben sich theoretisch mit den Möglichkeiten der Kostendegression durch die modulare und konvergente Inhalteproduktion auseinandergesetzt. In einem zweistufigen Produktionsprozess entstehen dann zuerst Inhaltsmodule in kleinstmöglicher Einheit (Text, Bild, Video), die anschließend in einem zweiten Schritt nach einem vorgegebenen Schema gebündelt werden (Unikat/First Copy). In einem dritten Schritt werden diese schließlich an ein bestimmtes Medium gekoppelt, reproduziert und distribuiert (vgl. Grau/Hess 2007, 32f.).

Dabei bestehen Möglichkeiten der Kostendegression über Skalen- und Verbundeffekte durch die Ausnutzung von massenhafter Ausbringung einerseits und durch die Leistungserstellung in der bestehenden Organisation und ihrer besseren Auslastung andererseits. Zugleich fallen durch das modulare Produktionssystem neue Erzeugungskosten für jedes einzelne Modul sowie Bündelungs- und Architekturkosten an. Konkret dürften diese durch den Bedarf an Portfoliomanagern (Controlling) und Vertriebskraft für die zusätzlichen Produkte entstehen. So bleibt der Basiseffekt der Kostenersparnis durch massenhafte Produktion in Kraft, wird aber zugleich durch neue Effekte ergänzt (vgl. Grau/Hess 2007, 34f.). Es besteht die Möglichkeit des Einbezugs von Nutzern (User Generated Content) in die modulare Produktion sowie ggf. das Potenzial der Individualisierung bzw. Customisierung der Inhalte (vgl. dazu auch Kapitel 2.1.2).

Im Zuge der Ausdehnung des Produktportfolios ist auch das Thema der Markenausdehnung angesprochen. Neuere Arbeiten (Siegert 2001; Habann/Nienstedt/Reinelt 2007) haben sich mit den Erfolgspotenzialen in einer Studie unter Studenten auseinandergesetzt. Habann/Nienstedt/Reinelt fanden heraus, dass Leser einer Zeitung gegenüber nicht-medialen Markenerweiterungen kritischer eingestellt sind als Nicht-Leser. Diese empfinden eher eine Verwässerung des Markenkerns und eine Kommerzialisierung der Produkte (vgl. dies. 2007, 56). Solche Markterweiterungsstrategien eignen sich eher zur Gewinnung von Kunden aus dem

Nichtlesersegment als für das Stammlesermarketing. Sie pendeln daher zwischen Neu-Lesergewinnung und Stammleserbetreuung.

3.3.3.5 Crossmediale Verwertungsketten

Im Zuge der komplexer werdenden Ausbringung bzw. der Diversifizierung der Kanäle verändern sich auch die dazu nötigen betrieblichen Strukturen. Als wichtiges Asset der Verlage ist ihre lokale Kompetenz zu betrachten, die sich – wie oben dargestellt – auf beide Märkte bezieht[21]. Im Zuge der veränderten Mediennutzung stehen Verlage vor der Aufgabe, ihr Produktportfolio regelmäßig zu überdenken und anzupassen. Die zugrunde liegende Hypothese unterstellt, dass man über die Kanäle unterschiedliche User (mit unterschiedlichen Nutzungsgewohnheiten) erreicht (vgl. dazu Kapitel 2.3.2). Das hier angesprochene medienneutrale bzw. themenzentrierte Arbeiten in Zusammenhang mit medienspezifischer Anpassung stellt die internen Produktionsabläufe in Redaktion und Verlag vor große Aufgaben. Neben den tageszeitungsspezifischen Produktionsablauf treten nun auch solche für weitere Ausspielkanäle.

Aus Teilen des bestehenden Content sind dabei jeweils situativ und zielgruppenspezifisch passende Produktbündel zu schnüren. Abbildung 9 stellt die Möglichkeiten der crossmedialen Contentverwertung schematisch dar. Verlage müssen ihre Angebote auf den unterschiedlichen gewählten Kanälen verfügbar machen, um einerseits den maximalen Vermarktungsertrag auf beiden Märkten zu erzielen und um andererseits die Durchschnittskosten zu senken. Anders gesprochen kann man auch mit den sinkenden Grenzkosten argumentieren, wenn man den vorhandenen Contentpool als existierende „Mastercopy“ begreift. Als innerbetriebliche Voraussetzung für einen reibungslosen Ablauf und die Umsetzbarkeit der viel besprochenen Contentsyndikation ist die Existenz von medienneutralen Contentmanagementsystemen erforderlich, ebenso ein medienneutraler Anzeigen- bzw. Lesermarktvertrieb. Die innerbetriebliche Synchronisation dieser Leistungen ist als erhebliche Aufgabe zu begreifen.

Bei der Zusammenstellung der Produktbündel gilt es die folgenden Punkte zu beachten:

21 Zur Unterscheidung von Kernkompetenz und Kerngeschäft auch Rau 2007, 67f.

- Die Verwertungsketten zeigen die unterschiedlichen Wege zum Endkunden über unterschiedliche Bündelungsformen auf (Produktarchitektur, Erlösmodell).
- Die Contentverarbeitung erfolgt mittels medienneutralem CMS – automatisches Einspeisen in unterschiedliche Kanäle statt ein manuelles Umheben darauf (Contentsyndikation).
- Das CMS muss anschlussfähig sein an unterschiedliche Ausgabekanäle wie Online, mobile Apps, TZ, Magazine und Archivfunktion und muss daher die unterschiedlichsten Medienspeicherformate bearbeiten können. So lassen sich etwa Transaktionskosten sparen.
- Das Einspielen der Vermarktung bzw. das Bundling von Inhalten und Werbung geschieht z.T. automatisch via Online-Programmierung und muss auch genauso geschehen.

Abbildung 9: Möglichkeiten der crossmedialen Contentverwertung

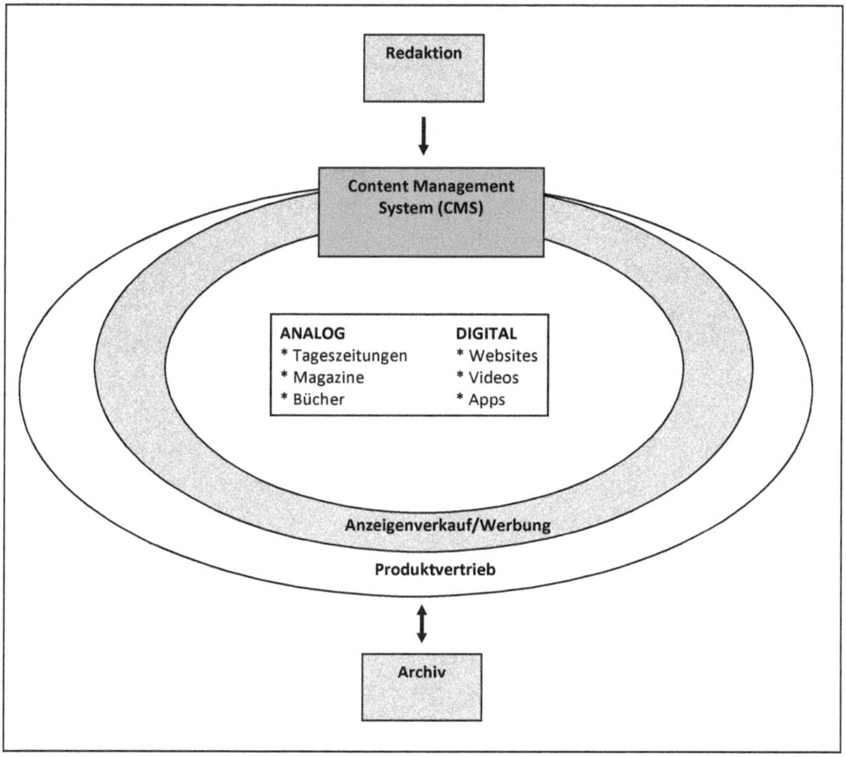

Aus der Menge der unterschiedlichen denkbaren Verwertungsketten, die sich bei Verlagen über unterschiedliche Printformate neben der Tageszeitung (auch Magazine, Bücher etc.) über digitale Angebot erstrecken können, seien hier im Folgenden zwei Beispiele vorgestellt.

Beispiel 1: Themenstrecke Gesundheit

Ein prädestiniertes Themenfeld, in dem Zeitungsverlage eine hohe Glaubwürdigkeit und große Vermarktungschancen besitzen, ist das Thema Gesundheit. Das beruht auf der großen Zielgruppenabdeckung bei der älteren Bevölkerung und der hohen Glaubwürdigkeit des Mediums Zeitung.

Ein mögliches Produktbündel könnte beinhalten:

– Beilage: Abo-Tageszeitung (Magazin), Vertrieb über den Kiosk (Hochglanzmagazin)
– redaktionelle Artikelserien, ggf. später als (angereicherte) Ratgeber-Buchveröffentlichung im Paket mit Video (Nutzwertinhalte)
– flankiert von Eventserie oder Messe unter Branding der Zeitung, etwa Expertengespräche bzw. Podien, Aktionen – Zugang für Abonnenten günstiger, Rabatte auf Gesundheitsaktionen
– Online/digital: Aufbereitung der Veranstaltung mit Fotos, Videos (Interviews mit Experten usw.), Reportagen

Auf Vermarktungsseite bieten sich an dieser Stelle unterschiedliche Verbundmodelle an, die die Abdeckung auch des nationalen Marktes ermöglichen. So können etwa auch Pharma- und Gesundheitskonzerne direkt angesprochen werden. Integrierte Konzerne können dabei auf die gemeinsame Vermarktung einer Gesundheitsbeilage für alle verlagseigenen Titel setzen. Stand-Alone-Verlagen bieten sich dabei informelle Vermarktungskooperationen und Prozessabstimmungen mit Vermarktungspartnern an. Zu denken wäre dabei an ein wertiges Hochglanzmagazin, das der Zeitung beiliegt, als Mehrwert die eigenen Abonnenten erreicht, aber zudem auch am Kiosk vertrieben wird. Beworben würde diese Beilage selbstverständlich intensiv über alle eigenen zur Verfügung stehenden Kanäle (Zeitung, Online, mobiles Internet). Die Beilage könnte eingerahmt werden von einer Veranstaltungsserie in beliebig skalierbarem Umfang, die von Expertenrunden bis hin zu einer Gesundheitsmesse reicht. Diese könnte der Verlag wenn schon nicht selbst organisieren, so doch zumindest vermarkten. Möglichkeiten wären also:

- Vertrieb im Verlagspool zur Reichweitenmaximierung und Abdeckung des nationalen Werbemarktes
- Vermarktungsmöglichkeiten dabei: Couponing (Gutscheinaktionen)
- Vertrieb von Gesundheitsreisen
- Bewerbung der Themenstrecke quer über alle Medien mit Kreuzverweisen

Dabei sollte die mediale Kompetenz in bewegten Bildern, mit Interviews usw. hilfreich sein. Abonnenten erhalten als Premiumkunden des Verlags Sonderkonditionen. Die Zeitung begleitet die Veranstaltung redaktionell durch eine intensive Berichterstattung und sollte sich bemühen, viele Hintergrundinformationen zu akquirieren. Diese könnten Grundlage zusätzlicher Verlagsangebote werden, sei es als Bücher (redaktionelle Serien usw.), Videos oder sonst wie. Zu den Veranstaltungen selbst sind auch Apps für mobile Endgeräte denkbar, die die Verlage als „Strukturhülle" besitzen und mit eigenen multimedialen Inhalten füllen. Zu denken ist an Video-Interviews, an Orientierungspläne, schnelle Informationen und so weiter.

Analoges lässt sich auch in Themenstrecken zu beliebigen Anlässen wie etwa Karneval durchdeklinieren.

Beispiel 2: Themenstrecke Karneval

- Beilage: Tageszeitung (Zeitungspapier) für Abonnenten, Kiosk-Vertrieb als Hochglanzmagazin für Touristen in der Stadt sowie als Kaufanreiz für Nicht-Abonnenten
- Online/digital: Aufbereitung der Veranstaltung mit Fotos, Videos (Interviews mit Teilnehmern, Prominenten, Honoratioren usw.), Reportagen
- Ggf. Karnevals-App: Der interaktive Karneval-Aktionsstadtplan mit entsprechenden Anwendungen (Paid-Anwendung)
- Vermarktungsmöglichkeiten dabei: Couponing (Gutscheinaktionen)
- Bewerbung der Themenstrecke quer über alle Medien mit Kreuzverweisen

Voraussetzung des Gelingens der dargestellten medienübergreifenden Arbeiten ist die Installation einer medienunabhängigen Produktions-, Vermarktungs- und Managementstruktur (Controlling).

3.4 Wertschöpfungskonstellationen in der Medienkonvergenz

Medienunternehmen müssen die Strecke von der Herstellung der Produkte bis zum Verbraucher (Vertrieb) bewältigen – und das auf zunehmend differenzierten Wegen, wobei der Verbraucher immer stärker selbst Bestandteil dieses Prozesses ist. Damit sind die beiden Phasen von Produktion und Bündelung sowie Distribution abgesteckt, die als unteilbarer Nukleus für im Rezipientenmarkt aktive (B-to-C) Medienunternehmen gelten können (vgl. auch Kruse 1996, 26). Bei Wirtz werden die drei Phasen etwas kleinteiliger in fünf Stufen unterschieden: die erste als Beschaffung von Informationen und Inhalten (Einkauf) sowie der Akquisition von Werbung (Einkauf), die zweite als Produktion und Aggregation von Content (Produktion) sowie der Platzierung von Werbung, die dritte als Packaging (auch Bundling/Bündelung) der Produkte, die vierte als technische Produktion und die fünfte als Distribution (vgl. Wirtz 2003, 55).

Andere Autoren raffen die einzelnen Prozessphasen noch stärker. So fasst Hass diese als Produktion, Redaktion und Bündelung, Distribution und Konsumtion zusammen, wobei er die Rezeption als Teil der in der Medienkonvergenz deutlich erhöhten Konsumentenaktivität der medialen Wertschöpfung explizit zurechnet (vgl. ders. 2002, 20). Picot/ Schmid/Kempf gehen noch einen Schritt weiter, wenn sie den konsumierenden Endkunden als den Ort der Wertschöpfung im eigentlichen Sinne bezeichnen, der sich im Tausch von Information und Aufmerksamkeit manifestiert (dies. 2007, 231). In diesem Zusammenhang verlieren die klassischen industrieökonomischen Erklärungsmodelle zunehmend an Deutungskraft.

Im Folgenden werden mit dem Value Net nach Parolini (1999) und den Business Webs nach Zerdick (1999) zwei Ansätze vorgestellt, die geeignet sind, der Komplexität der Wertschöpfungskonstellationen von Verlagen in Zeiten der Medienkonvergenz Rechnung zu tragen.

3.4.1 Das Value Net nach Parolini

Das Value Net der Bocconi-Ökonomin Cinzia Parolini ist ein komplexes Gesamtmodell einer „Value Constellation" (Wirtz 2011, 98), das andere industrieökonomischen Modelle gewissermaßen vereinnahmen kann. Es macht die Rolle des Endkunden darstellbar und eignet sich als Modell zur Beschreibung von Industrien im Wandel (vgl. Abbildung 10). Es handelt sich um eine Weiterentwicklung der bestehenden Ansätze von Porter und ist mit Transaktionskostentheorien nach Coase und Williamson kompatibel. Ein ganzes Kapitel ist der Beschreibung von Wertgewinnen in Netzwerkstrukturen gewidmet (Parolini 1999, 59-106), ein weiteres der Bedeutung von Wert (ebd., 106-149). Der erzeugte Wert wird zwischen Käufern und Teilnehmern des Value Creating Systems (VCS) aufgeteilt (ebd., 108). Den absoluten generierten Netto-Wert definiert sie als folgende Differenz: der absolute Kundennutzen durch das Produkt minus die dafür fälligen Kosten (ebd., 117).

Das Value Net zielt darauf, die Aktivität des Kunden im System darstellbar und zugleich die Komplementarität aufeinander folgender Wertschöpfungsaktivitäten deutlich zu machen: „The growing competitive pressures characterizing many sectors are forcing companies to adopt the perspective of their final customers in an attempt to understand what they consider to be the key elements in a supply system and thus determine the value received“ (Parolini 1999, 55). Dabei zeichnet sich das System durch die differenzierte Darstellung unterschiedlicher Beziehungsarten aus. So werden Material-, Informations- und Zahlungsströme unterschieden, zudem verschiedene Einflussbeziehungen abgebildet (vgl. ebd., 80). An dieser Stelle ist das Value Net anderen Ansätzen klar überlegen. Zugleich ist der Nachteil in dieser Differenzierung selbst angelegt. Da Parolini zwischen verschiedenen Knoten unterscheidet, die jeweils wertschöpfungsrelevante Einheiten bilden, wird das System beim Einbezug einer zu großen Anzahl von Einheiten schlicht unübersichtlich (vgl. auch Wirtz 2011, 98). Parolini spricht von einem „set of activities creating value for consumers” (dies. 1999, 62). Analog zu der Porter-Unterscheidung in primäre und unterstützende Aktivitäten benutzt sie die Differenz Realisierungs- und Unterstützungsaktivität (support), wobei letztere zunehmend an Bedeutung gewinnen (ebd., 9).

Aus den vorhandenen Modellen der Literatur ragt Parolinis Modell dadurch hervor, dass es die Unternehmensgrenzen transzendiert und ein gesamtes VCS darstellen will. Zwar bleiben Firmen „fundamental decision-making bodies“ (Parolini 1999, 53), sie müssen sich aber in zunehmendem Maße mit dem steigenden Ausmaß der zwischengeschalteten Verbindungen auseinandersetzen. Dazu gehört auch die wachsende Bedeutung von Systemprodukten, in denen sich wiederum parallele und simultane Prozesse vollziehen (dazu auch Kapitel 3.4.1). Als dritter wesentlicher Prozess lösen sich Warenströme zunehmend von Informationsströmen.

Abbildung 10: Darstellung eines Value Net: Traditionelle Grenzen von Buchverlagen

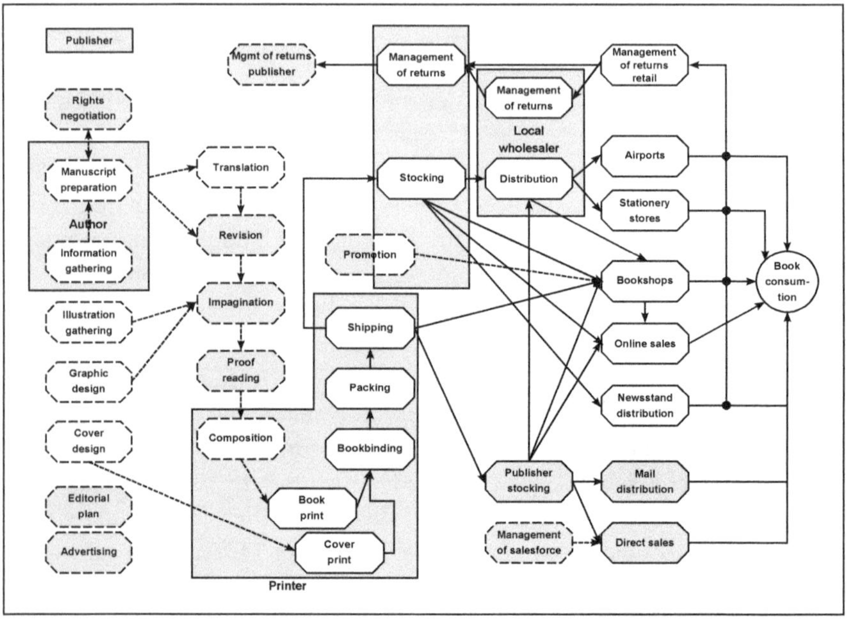

Quelle: Parolini 1999, 189.

Die Firmengrenzen werden dabei zunehmend in Frage gestellt und durch die Aktivitätszentrierung ersetzt: „It is true that value creatings systems do not have any boundaries, but it is also true that strategic analysts have to define how far they want to go, where to cut the relationships, which activities need to be explored in detail and which can be considered in a more summary manner“ (Parolini 1999, 67). In diesem Sinne sind die Unternehmensgrenzen subjektiv. Konsequent weitergedacht bedeutet dies: „A VCS can be defined as the set of value systems converging on the final customer“ (ebd., 75). Insofern verlagert sich auch die Blickrichtung des strategischen Denkens. Die Entscheidung, welche Aktivitäten Unternehmen tatsächlich ausführen sollen, steht nicht am Anfang, sondern ganz am Ende des strategischen Denkens. Dabei sollen die Elemente identifiziert werden, die zu einer Wertsteigerung des Systems führen und die zugleich die Innovationskraft stärken (ebd., 181).

Seit Veröffentlichung im Jahr 1999 wurde das Value Net wenig angewendet, was vermutlich mit der Komplexität des Modells zu tun hat. Entscheidend bei der Anwendung erscheint die angemessene Beschränkung der Knoten (= wertschöpfungsrelevante Einheiten) auf einem vernünftigen Aggregationsniveau. Wenn das nicht gelingt, so räumt Parolini selbst ein, wird das System zu komplex. Dabei ist der anwendende Forscher bei der Definition der Knoten (Original: nodes) gefordert, für die es keine objektiven Kriterien gibt (Parolini 1999, 83). Entscheidend sind die Knoten, die für Schwachpunkte bzw. Flaschenhälse im System stehen (ebd., 173). Wenn die Ausdehnung bestimmter Knoten möglich ist, lassen sich Wettbewerbsvorteile vermuten (ebd., 177). Die knotenbasierte Darstellung des Value-Systems ermöglicht die Darstellung der unterschiedlichen Einheiten innerhalb eines Systems und die differenzierende Darstellung der Aktivitäten der einzelnen Einheiten. So schärft das Modell den Blick auf den Zusammenhang zwischen den Einheiten und deren Aktivitäten und ermöglicht den Blick auf die Gesamtkonstellation.

Begriffliche Unklarheiten in Bezug auf definitorische Fragen seien an dieser Stelle nicht näher verfolgt (dazu die ausführliche Besprechung bei Picot/Schmid/Kempf 2007, 210).

Stärken des Parolini-Modells werden für diese Arbeit vor allem darin gesehen, dass darin die Unternehmensgrenzen als relevante Analyseeinheit überwunden werden. Dies reflektiert den bereits beschriebenen Entgrenzungsprozess der Medienwirtschaft. Auch lassen sich die deutliche Verkomplizierung der Wertschöpfungsprozesse auf dem Weg von der analogen in die digitale Welt abbilden (Picot/Schmid/Kempf 2007, 247). Diese Prozesse wiederum sind nicht mehr durch die klassischen industrieökonomischen Modelle (Porter) greifbar, sondern erfordern zur Erfassung die in unterschiedliche Richtungen wirkenden Einflüsse. Damit stellt Parolini ein dynamisches Modell zur Verfügung, das den Bedingungen der Internetwirtschaft bzw. der Medienkonvergenz Rechnung trägt. Das zugrundeliegende Value-System nach Parolini beruht daher nicht auf einer Anordnung von Unternehmen, sondern vielmehr auf einer Anordnung von werterzeugenden Aktivitäten oder Assets, die neu geordnet werden können. Im Rahmen dieser Arbeit soll das Parolini-Modell im Abschlusskapitel in Ergänzung zum Modell der Leistungstiefe (siehe dazu Kapitel 3.3.3.6) zur Beschreibung der Wertschöpfungsprozesse in

Verlagen herangezogen werden, wobei es mutmaßlich besonders geeignet ist, um idealtypische Veränderungen anzuzeigen.

Weitere Stärken des Parolini-Modells werden in folgenden Punkten gesehen:

- Das Untersuchungsobjekt wird in einen Zusammenhang gebracht (Value Net).
- Die Aktivitätszentrierung, die an die Stelle der Unternehmenszentrierung rückt, legt den Blick frei auf Kernaktivitäten.
- Die Art von Strömen (Einfluss, Geld, Information) innerhalb des Value Net (Subjekt, Aktivität) wird differenziert unterschieden.
- Die einzelnen Aktivitäten werden nach ihrem Beitrag zum Unternehmenserfolg unterschieden.
- Die Anordnung der Prozesse wird beschrieben. Deren Neuausrichtung kann nur am Idealtyp neu erfolgen.

3.4.2 Business Webs und digitale Ökosysteme

Digitale Formen der Wertschöpfung entziehen sich zumeist den klassischen industrieökonomischen Beschreibungsformen, da ihnen die klassische „In-Reihe-Schaltung" der Aktivitäten fehlt. Im Gegensatz zur einseitig und statisch ausgerichteten Wertkette, die der Idee der Fließbandproduktion entstammt, können die Netzwerkstrukturen mehrere parallele Wertschöpfungsstrukturen auch auf Branchen- oder gar Industrieebene sinnvoll abbilden, deren Entstehung und Wirkung mit der Digitalisierung einhergehen (vgl. Picot/Schmid/Kempf 2007, 249). Im Kern handelt es sich um für das Informationszeitalter typische Systemprodukte, die in der digitalen Welt immer häufiger auch als Ökosysteme gehandelt werden. Als bekanntes Beispiel ist hier etwa WINTEL (Windows und Intel) zu nennen. Weniger komplexe Systemprodukte aus der analogen Welt sind Rasierapparate, die gewisse Klingen erfordern, elektrische Zahnbürsten, die nur mit bestimmten Bürstenköpfen funktionieren oder Kaffeemaschinen, die auf bestimmte Pads oder Kapseln ausgelegt sind. In digitalen Umgebungen sind Systemprodukte bisweilen anspruchsvoller.

Die zumeist digitalen Business Webs nach Zerdick dienen der Beschreibung von Wertschöpfungssystemen, die durch solche Systemprodukte charakterisiert sind. Sie sind „hybride Koordinationsform", die den Wertschöpfungsprozess als „gepoolt" und „reziprok", aber nicht als

„sequentiell" erfassen (Picot/Schmid/Kempf 2007, 249). Besonders geeignet ist das Modell der Business Webs zur Beschreibung ganzer Gruppen virtueller Unternehmen, die jeweils Teilleistungen erbringen, die sich komplementär zu einem Ganzen ergänzen (vgl. Zerdick 2001, 182). Insofern setzt diese Konfigurationsform auf die Spezialisierung jedes einzelnen Unternehmens auf eine Kernkompetenz. Die Aggregation einzelner Leistungen schafft dann das Systemprodukt. Dieses wiederum bedingt direkte Netzwerkeffekte, da der Nutzen für die involvierten Akteure (Adapter und Endkunden) stark mit der Verbreitung korreliert (vgl. Picot/Schmid/Kempf 2007, 219).

Abbildung 11: Business Web

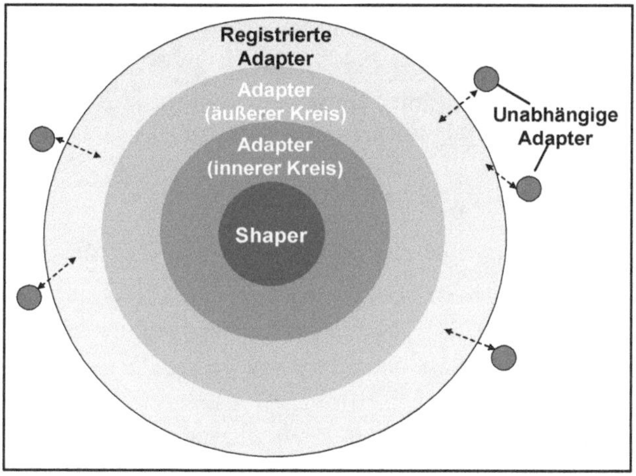

Quelle: Franz 2003, nach Picot/Schmid/Kempf 2007, 220.

Bei Business Webs handelt sich in keiner Weise um eine Kette, also auch nicht um eine konsekutive Struktur, da diese Anwendungen in die Systemarchitektur eingespeist werden. Als die wesentlichen Rollen in der Netzstruktur sind Shaper und Adapter zu unterscheiden. Der Shaper fungiert als Systemarchitekt. Er kontrolliert und koordiniert die Kernsubsysteme und stellt die Plattform zur Verfügung. Adapter nutzen das vom Shaper zur Verfügung gestellte Angebot und entwickeln dieses weiter, indem sie zur Systemarchitektur komplementäre Produkte erstellen. Es braucht also verschiedene Adapter, um die Infrastruktur des Netzes entstehen zu lassen. Adapter lassen sich nach ihrem Stellenwert wie folgt unterteilen: Die systemkritischen Komponenten („Adapter des inneren

Kreises“) werden wegen ihrer hohen Relevanz von den Shapern quasi internalisiert (etwa: App-Store, ITunes). Die „Adapter des äußeren Kreises“ sind hingegen etwa nur als Lizenznehmer aktiv. Abbildung 11 zeigt das Schema eines Business Webs mit einem Shaper und verschiedenen Adaptern.

Gemeinsam ist allen Business Webs also eine dezentrale, nicht-hierarchische Struktur. Wichtig für das Gedeihen dieser Konstellation ist eine angemessene Innovationsdynamik, beruhend auf einem Gleichgewicht zwischen Kooperation und Wettbewerb – jeweils verstanden aus Kundensicht. Apples Krise in den Neunziger Jahren führt Parolini etwa auf das Fehlen einer ausreichenden Menge an kundenfreundlichen Anwendungen zurück – was Apple trotz seiner guten Produkte (Hardware und Betriebssystem) gegenüber dem WINTEL-System ins Hintertreffen brachte (dies. 1999, 76). Die Entwicklung der Systemarchitektur für Iphone und Ipad unterstützte der Konzern 2008 und 2010 durch das Auflegen von Venture-Capital-Fonds mit insgesamt 200 Millionen US-Dollar (vgl. Kaumanns/Siegen-heim 2012, 24).

Verlage in digitalen Ökosystemen

Für die Verlage bildet derzeit der App-Store für Iphone und Ipad (Shaper: Apple) die Systemarchitektur, die sie als Adapter bzw. Lizenznehmer nutzen können. Die Netzstruktur zeigt zugleich die veränderte Machtkonstellation für diese Systemprodukte auf, die sich in den energisch geführten Auseinandersetzungen zwischen den Apple und den Verlagen widerspiegelt. Die Verlage degradieren mit ihren Angeboten in dem von Apple kreierten digitalen Ökosystem (Englert/Senft 2012) zu reinen Content-Providern im Sinne von Zulieferern, die die angebotenen Konditionen des Shapers akzeptieren müssen. Der Apple-Konzern gibt etwa Preismodelle vor, kontrolliert die Zahlungs- und Zugangsbedingungen und behält die Kundendaten in eigener Verwaltung (dazu etwa auch Wirtz 2011, 114f., 129).

Als Wertschöpfungsstufen verbleiben den Verlagen lediglich die Bundling-Stufe sowie der Vertrieb auf einer Marktseite (Werbung). Der Endkundenvertrieb (Retail) obliegt dagegen über den App-Store bislang den Geräteanbietern. Es ist evident, dass die Verlage diese Abwertung ihres Wertschöpfungsbeitrages so nicht hinnehmen wollen. Diese Form der Wertschöpfungskonfiguration entzieht den Verlagen die Stufe des Vertriebs und den Zugang zu Kundendaten bzw. zu unvermittelten Zahlungsströmen, da die Kontrolle dieser Daten komplett dem Shaper obliegt. Die Verlage können als Lizenznehmer in digitalen Ökosystemen nicht wie gewohnt ihre Abomodelle ausrollen, sondern unterstehen der Hoheit des Systemarchitekten, der die Standards in Bezug auf Offen- und Geschlossenheit der Systeme setzt. Die „Machtgefälle" zwischen Systemarchitekt und Kooperationspartnern sind in den einzelnenunterschiedlich stark ausgeprägt, was die Kooperationen für Verlage unterschiedlich interessant macht (Kolo 2013, 217).

Es ist indes darauf hinzuweisen, dass die Kontrolle der konsekutiven Stufen nicht für alle Ausspielkanäle in gleicher Weise gegeben ist. So lassen sich die Angebote (Apps) für das mobile Internet nur unzureichend mit der Wertkette beschreiben, denn es ist nicht nur ein Akteur beteiligt. Diese Anordnung der Wertschöpfung lässt sich am besten als Business Web verstehen, da es sich um eine Systemarchitektur handelt, die der Endgerätehersteller bzw. der Systementwickler entwirft.

Der von den drei Anbietern Apple, Google, Facebook und mit Abstrichen Amazon beherrschte Markt zeichnet sich derzeit durch „oligopolistische Strukturen" aus (Kaumanns/Siegenheim 2012, 26). Die Durchsetzung der nächsten technologischen Weiterentwicklung des Web-Standards HTML5 könnte die „App-Economy" und die Systemführerschaften durch die Verfügbarkeit von offenen Web-Apps über den Browser erneut deutlich verändern und die Macht geschlossener Systeme beschränken (ebd., 27). Schließlich leitet sich die Position der Stärke Apples, Googles und Co. aus dem sich selbst verstärkenden Kreislauf ab (Kolo 2013, 217).

Weitere Stärken der Zerdick'schen Business Webs als Beispiel digitaler Ökosysteme sind:

- Sie machen Beziehungsgefüge zwischen Systemarchitekten und Adaptern deutlich.
- Sie führen vor Augen, dass sich Leistungstiefe und Wertschöpfungsgewinn in der digitalen Welt nicht bedingen.
- Sie zeigen die klare Entkopplung von sequenziellen Wertschöpfungsprozessen auf.

3.5 Zusammenfassung der Erkenntnisse und Konsequenzen für die Untersuchung

In diesem Kapitel standen bisher allein die betriebswirtschaftlichen Effekte der Digitalisierung auf die Grundkonstellation der Geschäftsmodelle von Zeitungsverlagen im Fokus. Sie wurden auf Basis von Erlösmodellen und Produktangeboten diskutiert. Im Folgenden sollen sie abschließend systematisiert und im Sinne der Untersuchung operationalisiert werden.

Im Übergang in die medienkonvergente Welt ergeben sich erhebliche Verschiebungen im Vergleich zum analogen Geschäftsmodell von Zeitungen. Diese wirken auch auf den Prozess der Organisation der journalistischen Leistungserstellung, der sich von der klassischen Fließbandproduktion schrittweise entfernt und neue Formen annimmt, indem sie sich immer mehr auf den Endkunden, also den Leser, ausrichtet. Parolinis Value Net stellt ein interessantes Analyseinstrument zur Verfügung, mit dem die Veränderungen in Verlagen beschrieben werden können. Tiefgreifend sind zudem die Auswirkungen der Medienkonvergenz auf die Finanzierungssituation der Zeitungen. Die Zwei-Märkte-Theorie hilft dabei, die ablaufenden Prozesse zu verstehen.

3.5.1 Erkenntnisse aus der Zwei-Märkte-Lehre

Die Zwei-Märkte-Theorie eignet sich besser zur Beschreibung der Prozesse auf Leser- und Rezipientenmarkt als die Anzeigen-Auflagen-Spirale (Circulation Spiral). Gewissermaßen axiomatisch gilt die Interdependenz der beiden Marktseiten für Medienunternehmen. Handlungen auf der einen Marktseite wirken sich immer auch auf die andere Marktseite aus. Die von der gedruckten Zeitung geleistete komplexe Optimierung für ein Massenprodukt ist wie dargestellt auf täglicher Basis ohne Werbung nicht denkbar. Die Preissetzung wiederum geschah grundsätzlich eher zu „Lasten" des Werbemarktes, also im Sinne einer Subventionierung des Lesermarktes[22]. Rau beschreibt die Veränderung des Finanzierungsmixes der Massenmedien allgemein und die der Tageszeitungen im Besonderen

22 Hier ist auf unterschiedliche regionale Traditionen hinzuweisen, die die Verlagsmanager auch in den Gesprächen immer wieder ansprachen. So waren im deutschen Südwesten schon immer höhere Vertriebspreise etabliert als im deutschen Westen oder Norden – zu schweigen von den Verhältnissen in Ostdeutschland.

in den letzten Jahren als „Entdualisierung" (Rau 2006, 15). Er sucht nach einem Ausweg aus der „Zwangsjacke der dualen Ökonomie" (ebd., 15).

Soziale Medien ergänzen als neue dritte Säule den institutionell produzierten und von Endnutzern produzierten Content (Kolo 2013, 198). Ihre wachsende Bedeutung schwächt das klassische Quersubventionierungsmodell journalistischer Medien, da wie dargestellt, durch Soziale Medien der Prozess der Massenkommunikation und – damit einhergehend – die Zielgruppenformation gewissermaßen umgekehrt wird (vgl. dazu Kapitel 2.2). Zugleich verstärken Soziale Medien das von Verlagen gefürchtete De-Bundling. Schließlich gefährden Soziale Medien die optimale Werbeträgervermarktung, da sie selbst Werbeträger sind – schaffen zugleich aber auch neue Möglichkeiten der Nutzeransprache und Markenbildung schafft – etwa durch Facebook-Fanpages (vgl. Wolter/Altobelli 2012, 24).

Die Optimierung der Preissetzung wurde von Verlagen bislang vor allem für den Printmarkt erfolgreich verfolgt. Für weitere Kanäle existierten zum Zeitpunkt der Untersuchung noch wenige Preismodelle, ein verbindlicher Branchenkonsens Paid Content war noch nicht etabliert (vgl. dazu Kapitel 1.4). Im Online-Markt war die Formel über das gesetzte Null-Preisniveau im Rezipientenmarkt (Aufmerksamkeitsökonomie) bisher einfacher. Sie liefert wichtige Einschätzungen für das Preisgefüge und die Marktstrategien. An dieser Stelle stellt sich die Frage, in welcher Weise sich die interdependenten Einflüsse im strukturellen Abwärtstrend verhalten. Es wäre zu prüfen, ob sich Preiserhöhungen unter solchen Bedingungen anders auswirken als in stabilen oder steigenden Märkten und sich mithin andere Freiheitsgrade ergeben. Demnach könnten die indirekten, beidseitigen Netzwerkeffekte potenziell sinken, wodurch sich neue preispolitische Handlungsspielräume für die Verlage im Lesermarkt ergäben. Dies würde eine relative Preiselastizität der Nachfrage nach Zeitungen im Lesermarkt bei den Bestandskunden bedeuten. In den digitalen Märkten gestaltet sich das Bild hingegen erheblich differenzierter. So ist die Preisetablierung im stationären Internet bislang kaum gegeben, Preismodelle in den mobilen Internetmärkten hingegen stehen noch am Anfang.

3.5.2 Anreizumkehr: Die Verpflichtung zur Qualität

Die vorliegende Arbeit folgt der These, dass Verlage zu Qualitätsanbietern[23] werden müssen, um ihre Zukunft zu sichern. Die Qualität ihrer (vor allem: redaktionellen) Angebote erscheint geradezu als Grundvoraussetzung ihres Fortbestehens. Dabei handelt es sich um einen nicht zu überschätzenden Paradigmenwechsel, ging doch die bisherige ökonomische Literatur von adversen Anreizen für Verlage aufgrund der begrenzten Konkurrenzsituation in Bezug auf die Qualitätsorientierung aus.

Diese Situation wurde üblicherweise mit dem Akerlof-Prozess begründet[24], der von einer Qualitätsunsicherheit ausging. Die vereinfachte Argumentation gründete auf der Gütercharakteristik und lautet wie folgt: Da Konsumenten die Qualität der Information vor dem Kauf bzw. der Lektüre (d.h. a priori) nicht unterscheiden könnten, seien sie auch nicht zum Erwerb einer besseren (teureren) Qualität bereit. Folgerichtig hätten Anbieter nur geringe Anreize zur Produktion qualitativ hochwertiger Inhalte und brächten vor allem schlechte Produkte[25] auf den Markt. Dieser Prozess gehe so lange weiter, bis eine Umkehr der Anreizsituation entstehe, glaubt auch Sjurts (2005). Anreize zur Qualitätsverbesserung entstünden erst bei rückläufiger Nachfrage der Rezipienten und der Gefähr-

23 An dieser Stelle ist kurz auf den Stand der Qualitätsforschung einzugehen. Eine ausführliche Annäherung an das aus seiner Sicht „vielfach missverstandene Konstrukt" journalistischer Qualität hat Rau vorgelegt (ders. 2007). Er entscheidet sich für einen offenen Qualitätsbegriff, der nur im Rahmen konkreter Geschäftsmodelle bzw. eines konkreten Marktbezugs entscheidbar ist (ebd., 134f.). Um Qualität messbar zu machen, bedarf es aus Raus Sicht Vorgaben, Setzungen und Kategoriensysteme. Haller dagegen sieht (journalistisch-redaktionelle) Qualität und deren Sicherung als dauerhaften Aushandlungsprozess zwischen den Akteuren Verlag, Redaktion und Publikum, eingebettet in den Medienwettbewerb (ders. 2003). Da die Messung des Einbezugs einer externen „Leistungsnorm als Referenz" bedarf (ebd.), entwickelt er ein inzwischen vielfach eingesetztes Benchmark-Modell zur Qualitätsverbesserung des Lokalteils von Regionalzeitungen.
Im Rahmen der Anwendung in konkreten Geschäftsbezügen kann der Begriff der Qualität so viel wie Markenvertrauen in Vertrauenswürdigkeit, Wichtigkeit (Relevanz), Rechtschaffenheit und Redlichkeit der gegebenen Informationen bedeuten sowie darüber hinaus in die Zuverlässigkeit der Servicequalität der erbrachten Dienstleistung. In der vorliegenden Untersuchung war es nicht notwendig, den Begriff eigens zu operationalisieren. Für den komplexen redaktionellen Teil kommen dabei externe Bezugsgrößen in Frage, für unternehmensbezogene Leistungen könnten auch interne Standards herangezogen werden.

24 Das als Akerlof-Prozess geschilderte Problem der Qualitätsintransparenz geht auf dessen berühmten Aufsatz über Qualitätsunsicherheit auf dem US-Gebrauchtwagenmarkt zurück (ders. 1970; dazu auch Rau 2007 und einige weitere Forscher).

25 Dass auch Anreize zur Etablierung höherwertiger Produkte aus Gründen der Marktpositionierung bestehen können, versuchen Heinrich und Lobigs institutionenökonomisch nachzuweisen (vgl. Heinrich/Lobigs 2003).

dung des Erfolgs im Werbemarkt. „Eine Verbesserung der redaktionellen Inhalte werde so lange erfolgen, bis der Nachfragerückgang bei den Rezipienten gestoppt und das alte Reichweiten- bzw. Quotenniveau wieder hergestellt ist“ (ebd., 15).

Das muss nun im Rahmen des dramatisch verschärften medienkonvergenten Wettbewerbs präzisiert werden. Vor der Folie der sich wie dargestellt dramatisch verschiebenden Finanzierungssituation der Zeitungen und ihrer notwendigen Verteuerung im Lesermarkt lassen sich diese höheren Absatzpreise nur mit wahrnehmbaren Qualitätssteigerungen begründen – also der Steigerung der in diesem Kapitel so oft angesprochenen Wertschöpfung im Sinne des Konsumenten (vgl. dazu auch Picard 2006, 149). Dies gilt umso mehr unter dem erhöhten Grundwettbewerb im Informationsmarkt, der die etablierten Anbieter förmlich zwingt, zur „trusted source of information“ und „certifier of news“ zu werden anstelle des Lieferanten unverdauter Meldungen (vgl. Picard 2006, 151). Die starken Bemühungen der Medienunternehmen im Bereich der Markenbildung und -positionierung haben die Verhältnisse hier verändert. Der gesetzte Gratisstandard in manchen Marktbereichen (stationäres Internet) macht die Aufwertung der Medienmarken zur Grundvoraussetzung des Erhalts der Verkäuferposition.

Die Markensicherheit soll den Rezipienten Qualitätssicherheit geben und für die Differenzierung und Positionierung als seriöses und glaubwürdiges Qualitätsprodukt sorgen. Diese Positionierung ist zugleich die gedachte Voraussetzung für die Entstehung neuer Zusatzgeschäfte mit den Bestandskunden, die die Rückgänge im Stammgeschäft kompensieren sollen. Zugleich ist das Internet mit der kritischen Online-Community ein höchst aufmerksamer Wächter auch über die funktionsnormativen Fehlleistungen der Medien. Rufschädigende Gerüchte und Kampagnen verbreiten sich hier besonders schnell – mit fatalen Langzeitwirkungen für das Image und die Marktchancen eines Titels. Dies berücksichtigend, muss man die These der adversen Anreizsituation unter den Bedingungen der Medienkonvergenz wenn nicht ganz revidieren, so doch zumindest deutlich abschwächen. Die Qualitätsorientierung steht im Spannungsfeld des Kostendrucks und der geringer werdenden Budgets, was die Herausforderung an das Management nochmalig erhöht.

Die folgenden Fragen werden im Rahmen der empirischen Untersuchung zu klären sein:

- Wie schätzen Verlage die Bedeutung der Qualität ein?
- Wie wird diese über die unterschiedlichen Medienkanäle hinweg eingesetzt?
- Wie werden Qualitäts- und Preisstrategien vereinbart?

3.5.3 Systematisierung der Herausforderungen

Die in Kapitel 2 in interdisziplinärer Perspektive und die in Kapitel 3 in betriebswirtschaftlicher Logik angestellten Überlegungen fließen an dieser Stelle nun wieder in einem Gesamtbild zusammen, in dem es darum geht, die Haupteinflussfaktoren des Medienmarkts in der Konvergenz ausfindig zu machen. Abbildung 12 fasst die Einflüsse im Medienmarkt in einem Schaubild zusammen. Im Sinne der anschließenden Untersuchung müssen diese aus Verlagssicht gedacht werden.

Die gesellschaftlichen und lesermarktbezogenen Veränderungen des Zeitungspublikums lassen sich aus Verlagssicht als Fragen des Zielkundenmarktes bzw. der Zielgruppenorientierung beschreiben (vgl. dazu auch Kapitel 2.3.2). Klassischerweise fanden die Regionalzeitungen in der nivellierten Mittelstandsgesellschaft der Bundesrepublik Deutschland ihre Rolle als ein „Quasi-Jedermann-Medium“ und gewissermaßen als Monopolist bezüglich ihres regionalen Informationsangebots. Angesichts erheblicher gesellschaftlicher Fliehkräfte, einer drastischen Ausweitung des Medienangebots und sich schnell verändernder Modi der Mediennutzung im Alltag der Rezipienten verändert sich der Lesermarkt. In den Kapiteln 2.1.1 und 2.1.2 wurde das veränderte Mediennutzungsverhalten bereits beschrieben. Dieses geht, wie gezeigt, mit einer zunehmenden Fragmentierung des Gesamtpublikums in Teilgemeinschaften einher, was sich aus Verlagssicht in einer Schwächung des traditionellen Verbreitungskanals der gedruckten Tageszeitung manifestiert. Widersprüchliche Symptome sind die zunehmend schwächer werdende Verankerung der gedruckten regionalen Tageszeitung im Tagesablauf („Frühstückskultur“), das Verschwinden der Zeitung aus einigen Bevölkerungsgruppen – insbesondere den bildungsschwächeren Milieus und die gleichzeitig steigende digitalen Mediennutzung bzw. Zeitungsreichweite. Aus diesen Verschiebungsprozessen ergibt sich ein differenziertes Bild.

Abbildung 12: Einflussströme im Medienmarkt

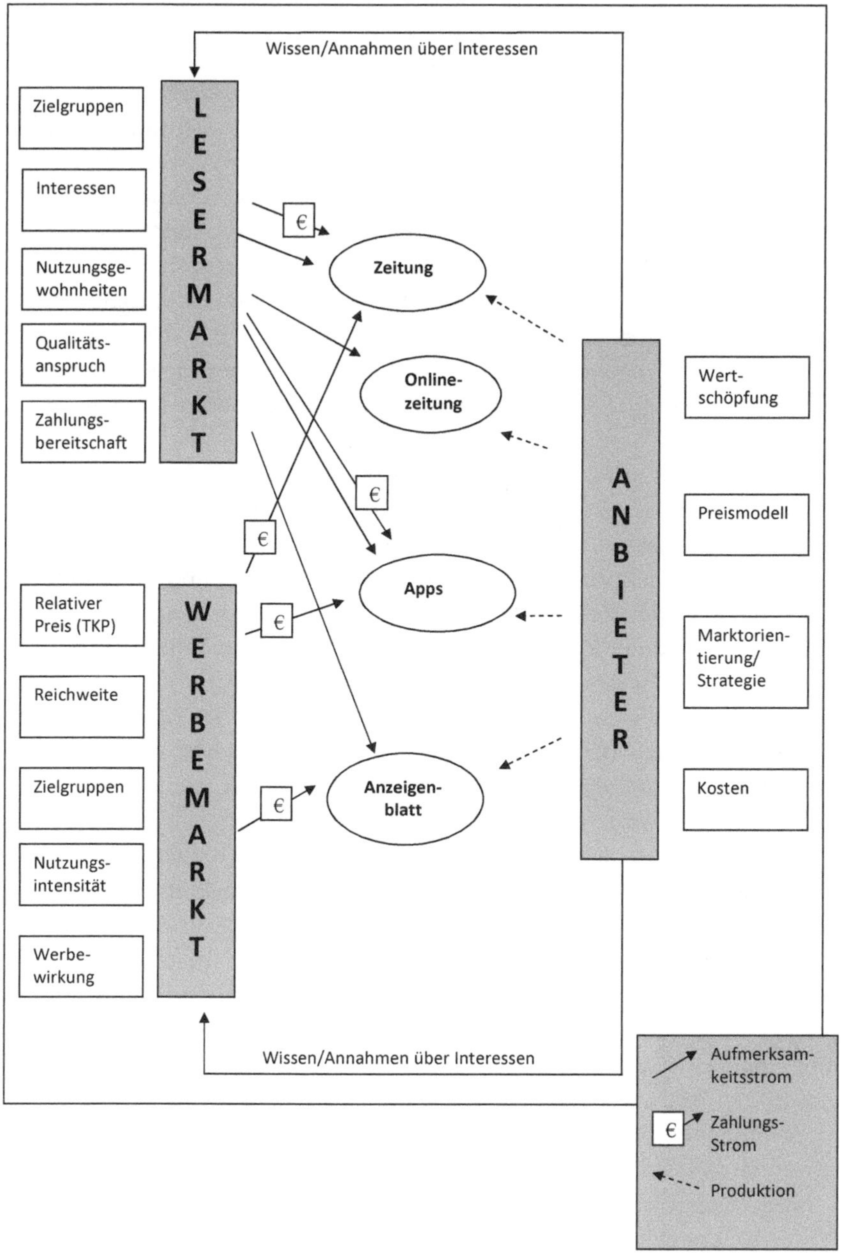

Neuerdings verstehen sich Zeitungen in zunehmendem Maße auch als Anbieter für differenzierte Produkte, indem sie sich vornehmlich an die besser Gebildeten und Verdienenden wenden, an eine ältere Bevölkerung und – teilweise kongruent – an überdurchschnittlich Interessierte. Der Individualisierung und Fragmentierung der Interessenlagen ist somit dadurch zu entsprechen, dass die gesetzten Anreize auch auf Produktebene der Zeitung selektiver werden. Dies erreicht die Zeitung, indem sie ihr Angebot deutlich auffächert. Damit ist auch die Funktionsverschiebung in teilweise dienstleistungsnähere Angebote verbunden. Diese Auffächerung bürgt im Sinne der hier vorgestellten angepassten journalistischen Zeitungsdefinition (siehe dazu Kapitel 2.3) für die Aufrechterhaltung des Status des massenaffinen Mediums. Über die so beschriebenen Tendenzen der Angebotsvervielfachung und -auffächerung sowie der erfolgenden Hybridisierung behaupten die Zeitungen ihren Rang als Massenmedien.

So ergibt sich für Zeitungsverlage die Aufgabe, ihr klassisches Produktangebot der veränderten Nachfragesituation anzupassen. Dies führt weg von der Einprodukt-Strategie der Vergangenheit zu einem kanalunabhängigen Medienportfolio (siehe dazu Kapitel 3.3.1 und insbesondere 3.3.3.4), das in der Zukunft bei den für wichtig erachteten Zielgruppen verankert ist und der Zeitung auch bei den absehbaren Prozessen der demographischen Veränderung einen Platz sichert. An dieser Stelle kollidiert die publizistische Sichtweise einmal mehr mit der ökonomischen. So handelt es sich bei den Fragen nach der inhaltlichen Natur um die ökonomische Frage der „Produktarchitektur", bei der auch das Problem der Erlösquellen zu berücksichtigen ist.

Als weiterer zwischen Nutzern und Anbietern wirkender (Gestaltungs-)Faktor kommt nun die Entwicklung channelübergreifender Preis- (Nutzerperspektive) und Erlösmodelle (Anbieterperspektive) hinzu, was gleich mehrere Fragekomplexe auf einmal aufwirft. In welcher Weise werden Vertriebs- und Werbeerlöse gemixt? Welche Publika und Märkte werden dabei angesprochen? Hier stellt sich die Aufgabe der Entwicklung einer konsistenten Markenstrategie (vgl. dazu auch grundlegend Siegert 2001). Marken sind dabei ein immer wichtigerer Schlüssel, damit auskömmliche Preise für die Verlage möglich sind. Dazu muss die wahrgenommene Produktqualität erhalten und weiter gesteigert werden.

Nach diesen über den Markt vermittelten Faktoren kommt mit dem Problem der gesamtbetrieblichen Wertschöpfungs- und Leistungsorganisation ein weiterer hinzu, der allein unternehmensbezogene Belange tangiert und für die Endkunden a priori nicht spürbar ist. Es geht um die in den Kapiteln 3.3 und 3.4 aufgezeigten Veränderungen der Wertschöpfungsprozesse von der primär analogen Wirtschaft in die digitale. Daran knüpft sich die Frage nach der von den Verlagen vorzuhaltenden optimalen Leistungstiefe und der zunehmenden Werterzeugung in Netzwerkstrukturen wie Business Webs oder Value Constellations.

Mit den Hinweisen auf die veränderte Wertschöpfungskonfiguration und die elementaren Phasen der Werterstellung wurden wesentliche Veränderungen beschrieben. Insbesondere wurde die steigende bzw. unveränderte Bedeutung des „unvermittelten" Zugangs der Produzenten zu den Zielmärkten bzw. Endkunden zur Aufrechterhaltung des vollen Wertschöpfungsumfangs deutlich (vgl. dazu auch Abbildung 5). Die Konsumtionsstufe wird im Zuge der Digitalisierung so wichtig, weil Konsumenten zunehmend auf unterschiedlichen Ebenen der Leistungserstellung eingreifen können – sei es etwa durch den Erwerb von Teilleistungen (einzelner Angebote), durch die Partizipation am Herstellungsprozess (User Generated Content) und durch den zunehmenden zeitunabhängigen Konsum der Inhalte. Zudem entscheidet unter sich fortlaufend verschärfenden Wettbewerbsbedingungen der (subjektiv empfundene oder tatsächlich vorhandene) Konsumentennutzen (Konsumentenrente) immer stärker über den Unternehmenserfolg. Die Kunden sind insofern längst nicht mehr bloß reine Empfänger am Ende der einen Lieferkette, sondern Beobachter und auf vielfache Weise Nutzer und sogar Produzenten (und damit selbst: Sender und gewissermaßen Partner) verschiedener Angebote der Unternehmen in unterschiedlichen Stellen. Dieser Integrationsgrad ist als Wertschöpfungsstruktur integraler Bestandteil des Geschäftsmodells (vgl. Hass 2002, 21), was auch im Blick auf die mögliche Customisierung von Medienprodukten (Vertrieb, Werbung, mit Abstrichen: bei Inhalten) zu lesen ist. Ebenfalls wurde die Gefährdung des unverstellten Kundenzugangs durch die in digitalen Umgebungen neu entstandenen und weiter entstehenden Konfigurationen deutlich. Auch dort, wo mobile digitale Inhalte verkäuflich werden, ändern sich die Wertschöpfungssysteme erheblich (Business Webs).

Was bedeutet dies nun wiederum für den Unternehmensaufbau von Verlagen? Wie wird der Prozess der Wertschöpfung vor dem Hintergrund der begrenzten und zukünftig womöglich noch weiter schrumpfender Ressourcen jeglicher Art (finanziell, personell), vor allem aber auch im Hinblick auf deren Steuerung organisiert? Das in Kapitel 3.3.3.3

vorgestellte Instrument der Leistungstiefe stellt dabei ein hilfreiches Tool zur Analyse dar.

Daran schließen sich die Überlegungen an, wie sich die Wertschöpfung und deren Organisation bis 2015 verändern könnten. Die Frage lautet also, was lässlich und was unerlässlich ist. Daraus erwächst die Aufgabe, eine gesamtbetriebliche Optimierungsformel zu finden. Verlage müssen ihre tief in der analogen Wirtschaft gründenden Prozesse mit den Möglichkeiten und Erfordernissen der digitalen Wirtschaft in Einklang bringen, die die Opportunität sinkender Grenzkosten nutzt. Zugleich müssen sie ihre fixkostenintensiven analogen Modelle, die immer noch einen Großteil der Gewinne liefern, erhalten und daraus die Zukunft gestalten. In diesem Zuge kann mutmaßlich eine deutliche Desintegration der presseproduzierenden Unternehmen erwartet werden, die mit einer klaren Spezialisierung von Aufgaben und Tendenzen zu einer schlanken Organisation einhergeht.

Die einzelnen Verlage verpflichtet dieser Mechanismus der Spezialisierung damit zur medienneutralen Organisation ihrer Wertschöpfung. Dazu wiederum müssen entsprechende Produkte entwickelt werden, die auch zukünftig als relevant erachtete Zielgruppen ansprechen können. Außerdem verändert sich die Selbstwahrnehmung der Verlage weiterhin im Zuge ihrer zunehmenden Spezialisierung auf Kernaufgaben. Das wiederum ist die Voraussetzung dafür, dass sie neue Formen der Wertschöpfung auf unter Umständen vorgelagerten Märkten wahrnehmen können. So ist es denkbar und wahrscheinlich, dass (vor allem größere) Verlage redaktionelle Dienstleistungen und eventuell weitere Leistungen auch Dritten als Zulieferung anbieten werden. Damit werden Verlage mehr und mehr zu Intermediären auf sich verändernden Medienmärkten, und zwar im End- und Geschäftskundenbereich (B-to-C und B-to-B). Dadurch differenziert sich die Rolle vom reinen Bündeler weiter auch zum Zulieferer und Intermediär in unterschiedlichen Konstellationen. Diese Angebotsformen erschließen einerseits neue Märkte und ermöglichen andererseits eine optimale Auslastung der vorhandenen Kapazitäten.

Ob dieses Neuverständnis und die Neuinterpretation der Verlagsrolle indes den strukturellen Schrumpfungsprozess umkehren können, der auf der Branche lastet, erscheint fraglich. Immerhin befinden sich diese Aktivitäten in Pfadabhängigkeit der allgemein rückläufigen Entwicklung und dürften demselben Druck ausgeliefert sein. Um den Prozess aufzuheben, benötigte die Branche neue Geschäftsfelder, die auf der Marke aufbauen und sich zugleich der Dynamik des volatilen und zugleich rückläufigen Anzeigengeschäfts entziehen (vgl. auch Kolo 2013, 208).

3.5.4 Anforderungen an das Medienmanagement

Die mit der Medienkonvergenz verbundenen praktischen Probleme stellen hohe Anforderungen an das Medienmanagement. Das Management von Innovation und Crossmedialität wird zu einem strategischen Imperativ, wie Kolo darlegt (Ders. 2013, 202).

Zu eingeschliffene Abläufe belasten indes die Entscheidungsdynamik der Medienunternehmen ganz erheblich (Ebd., 209). Die Akteure haben Schwierigkeiten, den strategischen Wendepunkt (auch: *strategic inflection point*[26]) zu erkennen. „Dieses pfadabhängige Einrasten im Laufe des organisationalen Lernens führt zu einer Schwerfälligkeit, sich Marktveränderungen anzupassen; der gelernte, dominante Modus blieb erst einmal bestehen und verhindert innovative Lösungsansätze“ (ebd.) (auch Rothmann 2013a 37f.).

Rothmann (2013 a) weist am Beispiel der deutschen Qualitätstageszeitungen mit einem evolutionsökonomischen Ansatz minutiös nach, dass sich der Lock-In für etablierte Verlage, die den Erfolgspfad verlassen haben, an markanten Wendepunkten als ein erheblicher Nachteil erweist. Schließlich verkleinert die rationale pfadabhängige Unternehmensoptimierung den strategischen Handlungsspielraum (Ders., 39). „Es müsste für Organisationen im Lock-In also darum gehen, die bestehenden Strukturen (im Sinne von strategischen Problemlösungsmustern) zu destabilisieren, die Organisation zu transformieren und zu befähigen, die Komplexität der Umwelt auf eine andere Art und Weise intern zu verarbeiten“ (ebd.). Die Erschließung neuer und die Aufgabe bestehender Ressourcen könne notwendig sein – genau dies jedoch erzeugt die größten Schwierigkeiten (ebd. 39f.).

Bedingt durch die hohe Veränderungsgeschwindigkeit, die in dieser Arbeit als dynamisches Modell der Medienkonvergenz diskutiert wurde, lassen sich zudem keine nachhaltigen Wettbewerbsvorteile mehr aufbauen (Kolo 2013, 203). Individuelles Talent und individuelle Erfahrung insbesondere „Expertise im Managament technologischen Wandels “ werden so zu einem erfolgskritischen Faktor (ebd., 218).

26 http://www.businessdictionary.com/definition/strategic-inflection-point.html.

Erschwert wird das Medienmanagement durch die notwendige ‚Beidhändigkeit' der Organisation (ambidextrous organisation) (ebd., 202 f.). Verlage müssen demnach in die Zukunft investieren, ohne das Bestandsgeschäft zu gefährden, das zumindest noch in der nächsten Zeit die wichtigsten Deckungsbeiträge und Zahlungsströme erzeugen wird. Dies verlangt den Konzernen simultan scheinbar unvereinbare Tätigkeiten ab – nämlich zugleich innovativ-kreativ und effizient zu sein. In welcher Organisationsform dies am besten geschehen kann, ist nur theoretisch beschreibbar (ebd., 193).

Damit ist das Problemumfeld der Verlagsbranche auf unterschiedlichen Ebenen (Markt und Unternehmen) am Übergang in die digitale Medienwelt umrissen worden. Abbildung 12 stellt die über den Markt vermittelten wechselseitigen Bedingungen zwischen Anbietern und Nachfragern systematisch dar. Im folgenden Kapitel werden die auf Basis der theoretiebezogen aufgeworfenen Fragen einer anwendungsbezogenen Prüfung unterzogen, um zu ermitteln, welche Wege die deutsche Regionalzeitungsbranche praktisch einschlägt.

4 Entwicklung des Untersuchungsansatzes

Nun stellt sich die Frage, mit welcher Methode die zukünftige Entwicklung von Geschäftsmodellen in Zeitungsunternehmen anhand der in den Kapiteln 2 und 3 identifizierten und sich gegenseitig bedingenden Einflussfaktoren (Mediennutzung, Zielgruppen, Produktangebot, Erlösmodell und Wertschöpfungsorganisation) erforscht werden sollte. In diesem Kapitel wird ein dazu geeigneter Untersuchungsansatz entwickelt.

4.1 Methodisches Vorgehen

Ziel der Untersuchung ist es, ein vertieftes Verständnis für die derzeitige und die kommende Marktentwicklungen zu erlangen und Zukunftsszenarien für Regionalzeitungen im zeitlichen Rahmen bis 2015 zu entwickeln. Dabei geht es nicht darum, im statistischen Sinne repräsentative Ergebnisse zu generieren. Ziel ist vielmehr, einen möglichst umfassenden und tiefen Einblick in die Erwartungen und Strategien ausgewählter Verlage zusammenzustellen. Ein rein quantitatives Vorgehen scheidet insofern a priori aus.

Doch auch ein rein qualitatives Vorgehen ist wenig geeignet. Schließlich sollen unterschiedliche Markteinschätzungen, Erwartungen und Strategien miteinander verglichen und zueinander in Beziehung gesetzt werden. Eine gewisse Standardisierung der Befragung sowie die Reflexion der Einschätzungen innerhalb der Gruppe der Befragten sind daher unverzichtbar. Das für die vorliegende Arbeit gewählte methodische Vorgehen muss daher quantitative und qualitative Elemente sinnvoll verbinden. Ein Ansatz, der dies leisten kann, ist die sogenannte Delphi-Methode.

4.1.1 Delphi-Methode

Die Delphi-Methode hat sich als Untersuchungsansatz in der strukturierten Zukunftsforschung bewährt, und zwar nicht nur als „method of last resort, der dann greift, wenn andere methodische Zugänge versagen“, wie Steinmüller (ders. 2005, 93) insinuiert, sondern auch als reguläre Forschungsmethode. Die Methode basiert auf einem strukturierten Gruppenkommunikationsprozess, in dessen Verlauf Sachverhalte mit unsicherem Ausgang von Experten beurteilt werden. Der Begriff ist dabei auf thematische Experten anwendbar, d.h. also sowohl für externe Experten wie auch für beteiligte, involvierte Personen, die demnach naturgemäß Partei in einer Befragung sind (vgl. Häder 2009, 21/ 24). Dabei werden „Wissen, Erwartungen und auch intuitive Fähigkeiten dieser ExpertInnen [...] mobilisiert, um die wichtigen Entwicklungstrends in unübersichtlichen Handlungsfeldern zu ermitteln" (Ammon 2009, 460). Das Subjekt rückt bei dieser Art der Befragung stark in den Vordergrund. Denn das Ziel ist es, eine genau definierte Gruppe von Befragten (das sogenannte Delphi-Panel) zu situationsunabhängigen und wohlüberlegten Einschätzungen und Aussagen zu bewegen.

Kennzeichnend für die Methode ist eine anonyme Befragungssituation. Befragt werden Experten (Häder 2009, 24), die sowohl als Personen als auch in Bezug auf ihre Einzelantworten untereinander anonym bleiben (ebd.). Diese Anonymität dient dazu, Intervieweffekte, die bei Expertenbefragungen üblicherweise auftreten[27], so weit wie möglich auszuschließen. Weiterhin gilt, dass die teilnehmenden Delphi-Panelisten keine Versuchspersonen sind. Es geht nicht darum, experimentell ihre Reaktionen zu testen, sondern vielmehr in einem strukturierten Prozess problemorientierte Vorschläge und Aussagen zu erarbeiten.

Ein weiteres Kennzeichen der Delphi-Methode besteht in der Wiederholung der Befragung über mehrere Runden (Iteration). Diese dient der Begründung und Verbesserung der Befragungsergebnisse. Nach der ersten Befragungsrunde werden eine statistische Gruppenantwort ermittelt und die Begründungen ausgewertet (vgl. Woudenberg 1991, 133f.). In systematisch eingesetzten Feedback-Gesprächen werden die Panelisten über die Ergebnisse der vorherigen Befragungsrunde informiert und zugleich gebeten, zu diesen Ergebnissen Stellung zu nehmen (vgl. Häder 2009, 150f.). Sie werden über Mehrheits- bzw. Minderheitsantworten ihrer Versuchsgruppe in Kenntnis gesetzt und haben so die Möglichkeit, ihre persönliche Positionierung innerhalb dieser Gruppe nochmals zu überdenken. Das Vorgehen löst somit kognitive Prozesse aus, die zu einer kritischen Reflektion des Erstergebnisses führen und die inhaltliche

27 Solche Effekte ergeben sich etwa durch die Orientierung an sozialer Erwünschtheit. Einen Überblick über Intervieweffekte geben z.B. Schnell/Hill/Esser 1999, 330ff..

Qualität der Befragungsergebnisse dadurch insgesamt verbessern. Grundsätzlich gilt, dass die größten Änderungen der Ergebnisse im Übergang von der ersten zur zweiten Runde stattfinden (ebd., 119f.).

Delphi-Untersuchungen sind im statistischen Sinne nicht repräsentativ. Die Auswahl des Delphi-Panels erfolgt in Abhängigkeit vom professionellem Wissen und Status der Befragten. Es handelt sich also um eine bewusste Auswahl der Panelisten. Anders als bei systemanalytischen Projektionen oder mathematischen Simulationen wird nicht versucht, subjektive Elemente auszuschalten. Die Panelzusammenstellung muss wohlüberlegt sein, da sie unter Umständen mit methodischen Problemen verbunden sein kann. So weist etwa Häder darauf hin, dass es bei einer homogenen Panelzusammensetzung aus ähnlich qualifizierten Experten zu einer systematischen Unterschätzung bestimmter Risiken kommen kann (vgl. ebd. 2009, 94).[28]

Delphi-Typen

In Abhängigkeit von ihrem methodischen Schwerpunkt und der Zielsetzung der Befragung haben sich in der Forschungspraxis vier verschiedene Typen von Delphi-Befragungen durchgesetzt (nach Häder 2009, 36[29]):

1. Ideenaggregationsdelphi (Typ I)
2. Vorhersage-Delphi (Typ II)
3. Delphi-Design zur Ermittlung und Qualifizierung von Expertenmeinungen (Typ III)
4. Konsens-Delphi (Typ IV)

Während die ersten zwei Typen – das Ideenaggregationsdelphi und das Vorhersage-Delphi – eher qualitativ ausgerichtet sind, arbeiten Typ III-Delphi und das Typ IV-Delphi stärker quantitativ. Typ IV ist sogar rein quantitativ angelegt und daher als Methode für die vorliegende Arbeit nicht geeignet. Gleiches gilt für das Typ I-Delphi, da dieser rein qualitativ angelegt ist. Im Folgenden werden daher nur die für den konkreten

28 In der sogenannten Finanzkrise 2010 wurde diese Problematik unter dem Stichwort „Schwarzer-Schwan-Ereignis“ vielfach diskutiert. So vertreten einige Wissenschaftler die Ansicht, dass die Finanzkrise auch dadurch ausgelöst wurde, dass die Akteure am Finanzplatz aufgrund ihrer Homogenität nur gewisse Ereigniskonstellationen für wahrscheinlich hielten und die dem Finanzsystem immanenten Risiken daher kollektiv unterschätzten bzw. blind für diese waren.

29 Woudenberg unterscheidet mit dem „Delphi to estimate unknown parameters“, dem „Policy Delphi“ und dem „Decision Delphi“ drei Einsatzmöglichkeiten (ders. 1991, 132).

Forschungskontext dieser Arbeit interessanten Typen II und III näher vorgestellt.

Sowohl bei dem Typ II-Delphi als auch bei dem Typ III-Delphi handelt es sich um verschränkte Verfahren, die quantitative mit qualitativen methodischen Ansätzen kombinieren. Das Vorhersage-Delphi ist etwas stärker qualitativ ausgelegt, da es darauf zielt, konkrete Aussagen über mögliche Zukünfte zu generieren. Grundlage der Untersuchungsmethode ist die Verwendung eines formalisierten Fragebogens, bei dem sowohl offene als auch geschlossene Fragen zum Einsatz kommen können. Die qualitative Runde kann zur Operationalisierung der Fragestellung genutzt werden.

Unterschiede zwischen Delphis vom Typ II und solchen vom Typ III bestehen hingegen in der Zielsetzung. Im Mittelpunkt des Typ II-Delphis stehen das Vorhersagen und die Zukunftseinschätzung im Sinne eines reinen Forecasting. Beim Typ III sollen Meinungen über einen noch weitgehend diffusen Sachverhalt qualifiziert und quantifiziert werden (vgl. dazu Tabelle 9).

Tabelle 9: Vergleich zwischen Typ II- und Typ III-Delphi

Merkmal	Typ II-Delphi	Typ III-Delphi
Ziel	klassische Vorhersage unklarer Zustände (Forecasting)	Meinungserhebung in konkret bestimmbarer Expertengruppe, Verbesserung der Qualität der Expertenurteile
Resultate dienen der...	konkreten Planung	Sensibilisierung für neue Themen, Ermittlung von Dringlichkeitsstufen, Schlussfolgerung für konkretes Intervenieren
Vorgehensweise in den Folgerunden	Sammlung von Expertenmeinungen	quantifizierende Bewertung von Expertenmeinungen, Prüfung ihrer Mehrheitsfähigkeit
qualitativ/quantitativ	qualitativ und quantitativ mit qualitativem Schwerpunkt	qualitativ und quantitativ mit quantitativem Schwerpunkt
Zweck der qualitativen Untersuchung	zur Operationalisierung	zur Operationalisierung
Verhältnis von Monitoringteam und Teilnehmern	etwa gleichberechtigt	etwa gleichberechtigt

Quelle: veränderte Darstellung nach Häder 2009, 36.

Die Delphi-Befragung ermöglicht die Ermittlung und Qualifikation von Expertenmeinungen über einen speziellen Gegenstand – in der vorliegenden Arbeit etwa über die Veränderung der Erlös- und Geschäftsmodelle von Regionalzeitungsverlagen unter den Bedingungen der Medienkonvergenz. Charakteristisch für das Typ II-Delphi ist die Strukturierung eines Themas, zu dem es viele unterschiedliche Meinungen gibt, nach der Relevanz der Aspekte. Dabei ist es wichtig, eine möglichst große Anzahl von Experten bzw. eine möglichst heterogene Expertengruppe zu befragen, um das gesamte Spektrum der relevanten Aspekte abdecken zu können und auf diese Weise ein qualifiziertes Mehrheitsurteil zu ermöglichen.

Auch der Weg der Rekrutierung der Untersuchungsteilnehmer unterscheidet sich bei Typ II und Typ III. Die Rekrutierung der Experten für Vorhersage-Delphis ist formal schwer beschreibbar und setzt bereits erste Arbeitshypothesen zur Auffindung der Experten voraus. Grundsätzlich kann keine Mindestteilnehmerzahl angegeben werden (vgl. Häder 2009, 95ff.). Das Typ III-Delphi hingegen geht oft den Weg der Totalerhebung bzw. der bewussten Auswahl der Teilnehmer. Das ist nicht notwendigerweise ein Widerspruch, erhöht aber die Anforderungen an die Transparenz der Expertenauswahl. Es gilt, dass die Aussagekraft der Ergebnisse mit steigender Panelgröße steigt (vgl. Häder 2009, 110).

Unterschiede zwischen Delphi und Gruppendiskussionen bzw. Experteninterviews

Wie bei jeder Form von Experteninterview gilt es auch bei Delphi-Untersuchungen, die Interviewpartner in ihrer unmittelbaren Expertise anzusprechen. Es sollten keine Faktenfragen gestellt werden, die auch über anderweitige Untersuchungsformen erhoben werden könnten (vgl. Häder 2009, 137). Delphi-Befragungen können insofern keine direkten, repräsentativen Erhebungen ersetzen.

Anders als bei Gruppendiskussionen oder Experteninterviews arbeiten Delphi-Untersuchungen mit mehrmaligen Befragungsrunden (s.o.). Delphi-Befragungen sind Gruppendiskussionen dann überlegen, wenn es darum geht, die Meinungen einer Reihe von Experten zu ermitteln und zu qualifizieren (vgl. Häder 2009, 58). Durch die Anonymität der Interviewsituation soll jeder Teilnehmer unbeeinflusst von der Gruppenmeinung antworten können. Von zentraler Bedeutung während des gesamten Delphi-Prozesses ist die Transparenz für die Befragungsteilnehmer:

Es ist Aufgabe des Befragers bzw. Forschers, die teilnehmenden Panelisten fortwährend über den Stand der Befragung, die Auswertung und die Ergebnisse der einzelnen Befragungen zu informieren (vgl. dazu auch Woudenberg 1991, 134).

Tabelle 10 fasst wichtige Eigenschaften der Methoden Expertengespräch und Delphi-Befragung zusammen und stellt die Gemeinsamkeiten und Unterschiede der Methoden dar.

Tabelle 10: Vergleich von Expertengespräch und Delphi-Befragung

	Experten-gespräch	**Delphi-Befragung**
Befragungsrunden	eine	mehrere
Grad der Standardisierung	teilweise	hoch
Feedback	nein	ja
Potenzial zur Strukturierung unbekannter Vorgänge	gering	hoch
Potenzial zur Ideengenerierung	hoch	hoch
Auslösen gezielter kognitiver Prozesse und Verbesserung der Expertenurteile	nein	ja
Zeitbedarf	niedrig	hoch
methodische Absicherung	gering	hoch

Quelle: nach Häder 2009, 55ff..

Transparenzanforderungen an Delphi-Untersuchungen

Wie jede wissenschaftliche Untersuchungsmethode ist auch die Delphi-Methode nicht unumstritten und wird aus verschiedenen Gründen kritisiert. So zieht etwa Woudenberg in einer Forschungsbilanz die Vorzüge der quantitativ angewandten Delphi-Methode gegenüber herkömmlichen Verfahren in Zweifel und deutet den entstehenden Konsens als Folge des Konformitätsdrucks unter den Panelteilnehmern (vgl. ders. 1991, 145f.). Andere Wissenschaftler richten ihre Kritik vor allem auf die unsystematische, wenig stringente Konzeption vieler Untersuchungen, durch die die Delphi-Methode den Vorwurf der Beliebigkeit auf sich zieht. So auch Rowe/Wright, die sich zwar grundsätzlich für die Delphi-Methode aussprechen, jedoch auf die große Bandbreite der Anwendungen hinweisen(vgl. dies. 1999, 353). Auch sie verweisen zudem auf das Problem des Prozesses der Urteilsänderung.

Mit einem transparenten, methodisch gut dokumentierten Vorgehen lässt sich diese Kritik jedoch entkräften. So formulierte etwa Häder einen der Transparenz der Delphi-Untersuchung dienenden Forderungskatalog, der auch dieser Arbeit zugrunde gelegt werden soll (vgl. ders. 2009, 104). Delphi-Befragungen müssen demnach …

1. 1den Typ der Delphi-Befragung erklären, d.h. alle Ziele der Delphi-Befragung müssen erläutert werden.
2. erklären, wie die Teilnehmer rekrutiert werden (etwa alle konsultierten Verzeichnisse benennen) und festlegen, welche Personen aus welchen Gründen als Experte gelten.
3. die Struktur der teilnehmenden Experten dokumentieren.
4. die Entstehung des Fragebogens dokumentieren, d.h. die Operationalisierung der Fragestellung sowie Pretesterfahrungen schildern und ggf. externe Quellen nennen, die zur Entwicklung des Fragebogens herangezogen werden.
5. den Teilnehmern fortlaufend Feedback geben.
6. technische Angaben zum Feldgeschehen machen, die die Plausibilität der Untersuchungsergebnisse belegen.

Ein weiterer häufig genannter Kritikpunkt an der Delphi-Methode bezieht sich auf die notwendige Panelgröße. Hierzu existieren bislang keine verbindlichen methodischen Standards. Grundsätzlich gilt zwar, dass sich die Qualität der Ergebnisse mit steigender Panelgröße verbessert (vgl. die Diskussion bei Häder 2009, 99f.). Dahinter verbirgt sich die erkenntnistheoretische Annahme, dass eine Gruppe mit n+1-Köpfen von Experten mindestens so gute Ergebnisse liefert wie ein einzelner hochkompetenter Experte (auch hierzu ebd., 47ff.). Zugleich ist von einem abnehmenden Grenznutzen durch einen weiteren Teilnehmer bei Erreichen eines relevanten Quantums von Befragten auszugehen.

Eine Mindestteilnehmerzahl von zehn Befragten wird in der Literatur als eine konsensfähige Mindestgröße angesehen (siehe dazu etwa die Forschungssynopse bei Häder 2009, 95f.). Bei stark qualitativ ausgerichteten Panels wurden auch schon Panels von sechs Teilnehmern realisiert. Drei Teilnehmer seien zu wenig, um die Mindestanforderungen an Informationsaustausch zu erfüllen, befindet Woudenberg (vgl. ders. 1991, 138). Die notwendige Teilnehmerzahl korrespondiert mit dem Untersuchungsziel. Für die vorliegende Studie, die nach einem stark qualitativen Forschungsdesign vorgeht und die nach Problembewusstsein und individuellen Lösungsansätzen fragt, erscheint die Teilnehmerzahl angemessen zu sein – für eine quantitativ angelegte Studie hingegen, die auf allgemein verwertbare statistische Daten abzielt, gälte dies eher nicht.

Delphi-Studien in der journalistischen Forschung

Delphi-Befragungen haben in der journalistischen Forschung in den vergangenen Jahren bereits eine lebhafte Rolle gespielt. An dieser Stelle sollen einige Arbeiten genannt werden, die in engerem thematischen Bezug zum eigenen Forschungsprojekt stehen.

Eine ältere, vielbeachtete Untersuchung im Forschungsumfeld der deutschen Verlage ist die Delphi-Untersuchung der Münchner Organisationsökonomen Eberhard Witte und Joachim Senn, die 1984 veröffentlich wurde (vgl. Witte/Senn 1984, 58ff.). Ziel der betriebswirtschaftlichen Untersuchung war die Ermittlung der Wettbewerbsstellung der Tageszeitung am Vorabend der Einführung des Kabelfernsehens. Es handelte sich um eine Werbeträgerstudie. Sie konnte auf die damals noch bestehende branchenweite Zeitungsstatistik für die Grundgesamtheit der deutschen Verlage zurückgreifen. Das Verfahren beruhte demnach auf einer Sekundäranalyse, die mit einem Delphi-Prognose-Verfahren gekoppelt wurde. In insgesamt vier getrennten „Delphi-Konferenzen" wurde die Entwicklung des deutschen Werbemarkts für die Jahre 1985, 1990 und 1995 geschätzt und zu „Szenarien" zusammengefasst. So konnten die Autoren letztlich Typen der Gefährdungslage deutscher Verlage bilden. Zu den noch immer interessanten Ergebnissen zählt etwa die schon zitierte Feststellung, dass es für (analog organisierte) Zeitungsverlage unterschiedliche optimale Betriebsgrößen geben kann (ebd., 15).

In einem verwandten inhaltlichen Kontext ist die als Dissertation an der Berliner Humboldt-Universität eingereichte interdisziplinäre Arbeit von Alice Keller zu nennen (vgl. Keller 2000 und 2001). Das Erkenntnisinteresse der Arbeit ist die Ermittlung möglicher Einsparpotenziale durch die Nutzung elektronischer Publikationsformen bei wissenschaftlichen Zeitschriften. Dabei stützte sich die Autorin auf ein Drei-Runden-Delphi (Untersuchungszeitraum Februar bis Dezember 1999), bei dem sie die Klärung der Standpunkte und eine teilweise Konsensbildung erreichte. Sie befragte in dem internationalen Panel 45 Experten in den Berufsrollen Verleger, Wissenschaftler, Bibliothekare, Journal Agents und Berater (vgl. Keller 2000, 187). Themen der Befragung, die auf eine Fünf- und Zehn-Jahres-Prognose abzielte, waren die Rolle der wissenschaftlichen Journalliteratur, Szenarien für das „Journal der Zukunft", die ökonomische Krise der Journalliteratur, Fragen der Archivierung sowie neue Preis- und Zugangsmodelle (ebd.). Keller prognostizierte in ihrer Studie einen Substitutionsprozess der gedruckten wissenschaftlichen Zeitung durch andere Publikations- und Kommunikationskanäle. Die Lösung der Finanzierungsprobleme liege nicht allein in der Digitalisierung, sondern vor allem in durch die Digitalisierung ermöglichten Diensten. Die Experten erwarteten eine Koexistenz von unterschiedlichen Preis- und Zugangsmodellen (ebd., 190-193). Keller bemühte sich vergleichsweise „theoriefrei" (Picot/Schmid/Kempf 2007, 234) auch um die Entwicklung von Szenarioaussagen zur Gattungsentwicklung, konnte diese aber nicht bestätigen (vgl. dazu Keller 2001).

Neuere relevante Delphi-Befragungen im Bereich der Journalismusforschung stammen von Weischenberg (2003) und Haller/Sattler (o.J.). Beide Studien fragten nach der Zukunft des Journalismus in Deutschland. Das Ziel der Untersuchungen lag darin, unter Journalisten einen Konsens für möglichst viele Trendeinschätzungen zu erhalten (vgl. dazu Haller/Sattler o.J.). Das Vorgehen war zweigleisig angelegt. Zunächst wurde eine einmalige kompakte Online-Befragung unter mehreren tausend Journalisten durchgeführt. Diese erste Phase lieferte „sozusagen den Unterbau" (ebd.) für persönliche Interviews mit einem Pool ausgewählter Journalisten in leitenden Funktionen (Delphi-Befragung). Die Befragung wurde in mehreren Wellen geführt. Bei Hallers Journalismus-Delphi wurde anders als bei Weischenberg der Delphi-Befragung noch eine Expertenbefragung mit ausgewählten Ökonomen, Genderforschern und Ingenieuren vorgeschaltet. Diese sollte dabei helfen, journalistische Rahmenbedingungen aus unabhängiger Expertensicht einzuschätzen. Diese Einschätzung floss in beide Fragekanones ein – also sowohl in die Online-Befragung als auch in die Delphi-Befragung. In den Folgerunden wurden die Fragen den Zwischenergebnissen jeweils angepasst.

Die Methode der fortwährenden Überprüfung der Zwischenergebnisse und deren Beurteilung durch Experten ermöglichte es, die Einschätzungen zu Prognosen zu verdichten, die weitgehend für gesichert (d.h. von den Fachleuten als zutreffend) einzuschätzen waren und darum als qualifizierte Voraussagen zur Zukunft des Journalismus für bis zu zehn Jahren galten. Dabei sollten die Einschätzungen im Horizont von fünf Jahren als „realistisch", die Projektion für zehn Jahre als „visionär" gelten (vgl. Haller/Sattler o.J.).

4.1.2 Szenariotechnik

Die Szenarioplanung stammt aus dem militärischen Bereich, wo sie im Preußen des 19. Jahrhunderts von Clausewitz und Moltke erstmals systematisch Anwendung fand. Institutionalisiert wurde ihr Einsatz dann in den USA nach dem Zweiten Weltkrieg im beginnenden Kalten Krieg, als die Zukunfts- und Strategieforschung in Mode kam. Sowohl die Delphials auch die Szenariotechnik wurden in den 1950er Jahren von der militärnahen RAND Corporation entwickelt. Die Delphitechnik diente als Methode der systematischen Erhebung und Synthese von Expertenmeinungen, die Szenariotechnik entsprach dem Bedarf nach Simulationsmodellen (vgl. Bradfield 2005, 798; Dönitz 2008, 7). In den späten 1960er Jahren emanzipierte sich der Ansatz von der militärischen Umklammerung und die ersten Unternehmen setzten die Szenariotechnik ein. Im Zuge der Ersten Ölkrise machten Konzerne wie Shell und General Electric gute Erfahrungen mit der Leistungsfähigkeit der Szenriotechnik, was die Popularität der Methode stark erhöhte (vgl. Bradfield 2005, 803).

Im Verlauf der Zeit bildeten sich drei Schulen heraus, die in der angelsächsischen Welt unter „Trend-Impact-Analysis", „Intuitive Logics" (auch „Shell-Methode" genannt) und „Cross-Impact-Analysis" firmieren (vgl. Bradfield 2005, 805). Sie unterscheiden sich durch den Grad ihrer Formalisierung und somit durch den Einsatz mathematischer Modelle. In den deutschsprachigen Raum übertrugen Kosow et al. die drei Herangehensweisen als sogenannte „trendbasierte Szenariotechniken" und „schlüsselfaktorbasierte Vorgehensweisen". Dabei lassen sich letztere nochmals in die „systematisch-formalisierten" (z.B. Cross-Impact-Analyse) und die „kreativ-narrativen" (darunter Intuitive Logics) untergliedern (Kosow 2008, 56). Bradfield wiederum schlägt als Schulen die „Probabilistic Modified Trends", die „Intuitive Logics" und die „La Prospective-Methode" vor (Bradfield 2005, 805; Synopse auf 807).

Schon diese Untergliederung zeigt: Der Begriff des Szenarios wird vielfach unklar verwendet. Das alltagssprachliche und das wissenschaftliche Verständnis gehen auseinander. Nach Steinmüller umfasst ein Szenario „eine qualitative, verbale Darstellung einer zukünftigen Situation sowie die Entwicklungswege, die zu dieser Situation führen" (ders. 2005, 97). Kahn und Wiener definierten bereits 1968: „Die Szenarien, die eine hypothetische Folge von Dingen darstellen, sollen die Aufmerksamkeit auf kausale Prozesse und Entscheidungsmomente lenken. Sie beantworten zwei Arten von Fragen: Wie mag eine hypothetische Situation Schritt für Schritt zustande kommen? Welche Alternativen gibt es in jedem Stadium für jeden Teilnehmer, um den weiteren Prozess zu verhindern oder in eine andere Richtung zu lenken?" (Kahn/Wiener 1968, 6). Die vorliegende Arbeit folgt diesen zwei Definitionen.

Es ist evident, dass es sich bei der Szenariobildung um einen konstruktivistischen Prozess handelt. Es werden bewusst manche Faktoren und Ereignisse eingeschlossen, andere ausgeschlossen. Das Ziel ist es, den Blick auf bestimmte interessante Aspekte zu lenken (vgl. Kosow 2008, 10). Anders als Prognosen haben Szenarien einen hypothetischen Charakter und einen ganzheitlichen Anspruch. Sie bündeln Annahmen zu Veränderungen der Umwelt, die für sich jeweils konsistent und widerspruchsfrei sein müssen. Sie verstehen sich aber nie als alternativlos und auch nicht als exakte Vorhersage (vgl. Steinmüller 2005, 98; Dönitz 2008, 6). Den Zweck umreißt Dönitz treffend wie folgt: „Szenarien sind Bühnenbilder, vor deren Hintergrund ein Unternehmen künftig agieren wird. Sie beschreiben die Rahmenbedingungen und spiegeln die Entwicklung des Geschehens wider" (dies. 2008, 7).

Kombinierbarkeit von Szenario- und Delphitechnik

Die Anschlussfähigkeit von Szenariotechnik an andere Forschungsmethoden ist gut belegt. Den verschränkten Einsatz von Szenario- und Delphitechnik legt schon die gemeinsame Entstehungsgeschichte (s.o.) nahe. Steinmüller sieht die Szenariotechnik als „verbindendes Instrument" der Zukunftsforschung schlechthin (ders. 2005, 97). Gerade die Integration von Delphi-Prozessen ist in vielen verschiedenen Studien nachgewiesen worden (vgl. dazu etwa die Studien von Von der Gracht/Darkow 2010; Wehnert et al. 2007).

Auch der Mehrwert der Methodenkombination scheint evident: So ermöglicht das Aufsetzen eines Szenarioprozesses auf Basis einer vorausgegangenen Delphi-Befragung eine „solide und validierte" Datenbasis, die zur Bildung der Schlüsselfaktoren herangezogen werden kann. Zugleich liegen bereits Erkenntnisse über die Ausprägung dieser Faktoren vor, die gewinnbringend eingesetzt werden können. Üblicherweise wird die Szenariotechnik dabei als eine Teilphase in Delphi-Untersuchungen eingebunden (vgl. Kosow 2008, 63ff.). So lassen sich die Bandbreiten mancher Schlüsselfaktorausprägungen an den Stellen reduzieren, wo keine Unsicherheiten vorliegen. Dadurch rücken in das Produkt der möglichen Szenarien auch Faktoren mit der Bewertung „1" ein, also Faktoren, die nur eine Ausprägung haben, was wiederum im notwendigen Reduktionsprozess der Szenariobildung vonnutzen ist. Häufig ist die Einbindung neuer Gesprächspartner in die Szenariokonstruktion sinnvoll, um das Verharren in alten Perspektiven zu vermeiden, wie Kosow et al. anregen (dies. 2008, 63ff.)[30].

Der übliche Zeithorizont der Szenarienbildung ist mit dem der Delphi-Befragung kompatibel, wenn sich diese – wie angesprochen – auch eher am unteren Ende der üblichen Spanne ansiedelt (vgl. Bradfield et al. 2005, 806).

Letztlich zielt der Einsatz der Szenariotechnik in dieser Arbeit als vierte und letzte Runde des Delphi-Prozesses auf den Gewinn von Tiefenschärfe. So werden die kausalen Bezüge – also die Wechselwirkungen zwischen einzelnen Einflussfaktoren – deutlich, die sich aus Delphi-Befragungen allein so nicht herstellen lassen. In der Vorgehensweise der Arbeit dient die Anwendung der Szenariomethode als weitere Variante der Verdichtung, d.h. Weiterverarbeitung der vorherigen Ergebnisse. Dies wiederum verspricht einen zusätzlichen qualitativen Erkenntnisgewinn, indem mittels der Visualisierung und der narrativ zuspitzenden Form nochmalige Reflektionsprozesse bei den Panelisten angeregt werden. Dabei wird darauf gesetzt, dass mutmaßlich andere als bisher gelagerte Reaktionen ausgelöst werden, weil andere Sinne angesprochen sind. Zudem bildet dieses Vorgehen im Rahmen des Feedback-Prozesses eine Gratifikation für die Teilnehmer[31]. Den gelieferten Szenarien war ein weiterer, kurzer Fragebogen beigefügt. Darin wurde um die Kommentierung der Szenarien und der explizit formulierten Prämissen gebeten.

Im Rahmen dieser Arbeit kommt aus der Fülle der im Rahmen der Szenariotechnik möglichen Verfahren nur ein betont qualitatives Verfahren in Betracht. Dies entspricht der Zielsetzung der Arbeit, die eine Tiefenanalyse anstrebt und auf das verstehende Nachvollziehen abstellt.

Phasen des Szenarioprozesses

Unabhängig von der konkret gewählten Szenariotechnik gliedert sich der Szenarioprozess grundsätzlich in vier Phasen: die Feldbestimmung, die

30 Bei Kosow findet sich auch ein konziser Überblick bisher ausgemachter Erfolgsfaktoren des verschränkten Einsatzes von Delphi- und Szenarioverfahren (dies. 2008). Bradfield hingegen formuliert in seinem Forschungsrückblick die Klarheit der Zielsetzung als Erfolgskriterium von Szenarienuntersuchungen aus (vgl. Bradfield 2005, 806).

31 Die Endergebnisse der Untersuchung erhalten die Panelisten im Zuge des Abschlusses dieser Arbeit.

Identifikation der Schlüsselfaktoren, die tatsächliche Szenario-Generierung und deren optionalen Transfer. Einen kritischen Punkt markiert die Herstellung der Kausalitätsbeziehungen bzw. Wechselwirkungen zwischen den Variablen, die die Ausgangslage für die Szenarien bilden. Stärker formalisierte Verfahren wie der sogenannte Morphologische Kasten oder Vesters Sensitivitätsmodell setzen hier nachdrücklich auf quantitativ-mathematische Modelle (vgl. dazu auch Ritchey 2007; Wilms 2006). Weniger formalisierte Verfahren hingegen berufen sich auf Intuition und kreativ-narrative Ansätze. Bei diesen Formen der Szenariotechnik werden zudem das prozesshafte Element und der Kommunikations- und Partizipationsansatz betont (vgl. Kosow 2008, 64f.). Vielfach haben sich inzwischen auch hybride Ansätze durchgesetzt (ebd., 26).

Ein Vorteil der formalisierten Verfahren ist in der Verpflichtung zur exakten Definition der Schlüsselfaktoren zu sehen. Kreativ-narrative Verfahren haben dagegen den Vorteil, weniger explizit Schlüsselfaktoren auswählen zu müssen. Daher können sie mehr Aspekte, Nuancen und Faktoren beachten, was aber häufig auf Kosten der Detaillierung und der Systematik geschieht. Durchgängig gilt, dass die elementare Analyse der Schlüsselfaktoren immer und bei allen Verfahren subjektive Züge trägt (vgl. Kosow 2008, 45f.). Weiterhin ist zu beachten, dass die Grenzen des Denkbaren auch die in Szenarien gebannte Welt begrenzen (ebd., 26f.). Dies spricht für ein qualitativ orientiertes Verfahren, um sich den Fragestellungen dieser Arbeit zu nähern.

Die Szenarioentwicklung in dieser Arbeit stützt sich auf das von Wilson 1998 vorgestellte sechsstufige Verfahren der „Intuitive Logics“. Den Ausschlag für diese Wahlentscheidung gab das in weiten Teilen sehr ähnliche Erkenntnisinteresse. Das Intuitive Logics-Verfahren eignet sich aus mehreren Gründen für das qualitative Untersuchungsdesign. So versteht es sich als entscheidungsbezogen und befragt daher verantwortliche Executives bzw. Unternehmensmanager (vgl. Wilson 1998, 82). Die qualitative Zielsetzung des Wilson'schen Ansatzes entspricht der strikten Entscheidungsorientierung des in dieser Untersuchung angewandten Verfahrens. Dabei kann die Auswertung auf die Gesamtheit der im Untersuchungsablauf durch die unterschiedlichen Mittel erhobenen Daten zugreifen und bezieht insbesondere qualitative Momente in den Szenarioprozess mit ein.

Die Szenarien dienen im Untersuchungsprozess dazu, den Beteiligten die möglichen Konsequenzen des eigenen Handelns vor Augen zu führen und so die Entscheidungen mit zu prägen (vgl. Wilson 1998, 86). Dabei setzt das Intuitive Logics-Verfahren darauf, dass sich die Untersuchungsteilnehmer mit den Ergebnissen identifizieren – also auf ein hohes Involvement bzw. die wahrgenommene Ownership für die Szenarien. Explizit wird der Transfer der Ergebnisse angestrebt. Im Zentrum des Prozesses der Szenarioentwicklung steht somit die Entwicklung einer logischen Rationale und einer Struktur für die Szenarien, die für die Tiefenbetrachtung ausgewählt werden. In dieser Phase spielen das nachvollziehende Verstehen (Wilson nennt dies „insight"), die Intuition und Kreativität die größte Rolle (ebd., 89f.). Bradfield et al. weisen darauf hin, dass die erzeugten Szenarien in der Regel gleich wahrscheinlich sind (vgl. dies. 2005, 809).

Durch die explizite Aktivierung auch impliziten Wissens der Teilnehmer durch „Querdenken" (Wilson spricht von „lateral thinking") können demnach neue und kreative Ideen entstehen (vgl. Wilson 1998, 106). Am Ende des Verfahrens steht das Ziel des Transfers von Entscheidungen in die unternehmerische Praxis bzw. die Überprüfung der Stärken und Schwächen von Strategien. Bradfield schreibt: „The final output of the intuitive logics methodology is a coherent set of logically linked scenarios in a discursive narrative form and the narratives are often embellished with pictures, newspaper clippings and vivid graphics for effect, most in which are contrived" (ders. 2005, 809).

Wie bei Szenario-Verfahren üblich liegt die kritische Phase auch im Wilson-Schema in der Bestimmung der Schlüsselfaktoren und deren Interdependenzen. Wilson beschreibt als Ziel seines Prozesses: „[...] Building a good conceptual model of the relevant environment. One that is as complete as possible, including all the critical trends and forces. It should map out the key cause-and-effect-relationships among the forces" (ders. 1998, 86). Als Vorstufe der Scenario-Logics (Phase 4) müssen die Kräfte auf eine möglichst kleine Zahl (3 bis 4) beschränkt werden, die aber dennoch den Möglichkeitsraum umfassen soll. Die angesprochenen Punkte müssen nach den Kriterien der Plausibilität, Differenzierung und Konsistenz sowie nach ihrem Beitrag zur Entscheidungshilfe und Herausforderung geprüft und zusammengefasst werden (ebd., 91).

Die sechs Phasen der Intuitive Logics nach Wilson (1998, 95-106) sehen wie folgt aus:

1. Entscheidungsorientierung
2. Identifikation der Schlüsselfaktoren
3. Bewertung der Schlüsselfaktoren nach dem Grad ihrer Unsicherheit bzw. ihrer Wirkungsstärke mit dem Ziel, die Wechselwirkungen zwi-

schen den Faktoren bzw. deren Beziehung zu erfassen und die Bestandteile des Systems miteinander ins Verhältnis zu setzen
4. „Szenario-Logics": Faktoren ohne große Unsicherheit werden in einer einzigen Ausprägung einfließen, Faktoren mit Unsicherheitspotenzial dagegen in mehreren; Fokus auf kritische Faktoren
5. Szenarioauswahl in Abhängigkeit vom Ziel des Szenarioprozesses
6. Entscheidungsfindung, Abwägen von Chancen und Gefahren, ggf. SWOT-Prüfung

Nachteile des Wilson'schen Verfahrens liegen in der hohen Abhängigkeit von der Güte der Experten und einer verfahrensbedingten Intransparenz, da das Zustandekommen der Szenarien „hinter verschlossenen Türen" geschieht (Kosow 2008, 49) und es annähernd so viele Verfahren der Szenariokonstruktion wie Verfahrenspraktiker gibt (vgl. Bradfield 2005, 800). Wilson selbst dagegen nimmt für sein Verfahren in Anspruch, dass es kritisch überprüft werden kann (vgl. ders. 1998, 106). In dieser Arbeit soll jeder Schritt so nachvollziehbar und transparent wie möglich geschildert werden.

Zur Operationalisierung der Szenariobildung

Das gewählte, im Sinne Steinmüllers expertenbasierte Verfahren ist bewusst explorativ und nicht normativ orientiert (vgl. auch ders. 2005, 89). Es setzt auf den Ergebnissen des Delphi-Prozesses auf und entwickelt diese in gewisser Weise nochmals weiter, was für ein zweifaches Vorgehen bei der Datenauswertung spricht. In die Auswertung der Ergebnisse des Delphi-Prozesses können die stärker als Mainstream anerkannten Aspekte einfließen, die sich im Sinne der Konvergenz der Ergebnisse auch erhärten, d.h. im Feedbackprozess untermauern ließen. In die Szenariobildung geht dagegen nur ein Teil der Untersuchungsergebnisse ein. Dies sollen vor allem solche Themenkomplexe sein, bei denen sich unterschiedliche Lager gebildet haben. Sie bieten Konfliktpotenzial und öffnen zugleich den Möglichkeitsraum.

Eine weitere Quelle der Auswertung liegt im qualitativen Vergleich der einzelnen „Unternehmensstories". Für die Szenariokonstruktion sind insbesondere die Konfliktthemen zwischen den Verlagen interessant, da sich hierin die wirklichen Unsicherheiten über die zukünftigen Entwicklungen verbergen. Aus diesen mit Unsicherheit und potenziell hoher Wirkungskraft hinterlegten Faktoren entsteht der Möglichkeitsraum unterschiedlicher Zukünfte, die sich als Szenariotrichter aufspannen lassen.

In dieser Runde sollen dann Wechselwirkungen zwischen den Faktoren deutlich hervortreten.

Die Frage des Einbezugs fremder Teilnehmer ist in der ersten Phase zu vernachlässigen. Allerdings kann diese in der kritischen Phase der Bewertung der szenariorelevanten Paare von Schlüsselfaktoren als konsistent bzw. inkonsistent in kleiner Runde erwogen werden. Die Veranstaltung von Work-shops mit den Teilnehmern konnte aufgrund der starken zeitlichen Einbindung der Experten in ihre beruflichen Aufgaben hingegen nicht eingelöst werden.

Zusammenfassend wird der Szenarioprozess im Rahmen dieser Arbeit also die folgenden Punkte berücksichtigen:

- Das Ziel der Untersuchung liegt in einer möglichst konkreten Strategieberatung für die Branche sowie der Gewinnung von Ansätzen zur Entscheidungsfindung für die einzelnen Unternehmen.
- Durch die Erweiterung und Konkretisierung der Delphi-Befragung über die Szenariotechnik findet eine Verdichtung und Visualisierung der Ergebnisse statt. Dies dient der Entscheidungsfindung.
- Wichtig ist, dass sich die Teilnehmer des Panels eng mit dem Untersuchungsgegenstand und mit dessen Ergebnissen identifizieren. Dies sichert einerseits ihre weitere Teilnahme und trägt andererseits zur Entwicklung der „Ownership“ bei, was auch in Bezug auf die Beurteilung der Strategieempfehlungen bedeutsam ist (vgl. Wilson 1998, 92ff.).
- Durch eine konkrete sprachliche Ausformulierung von möglichen Szenarien und die Ansprache mehrerer Sinne bzw. unterschiedliche Befragungsmethoden soll die Kreativität der Teilnehmer angeregt werden.

4.2 Untersuchungsdesign

Wie bereits dargestellt erscheint ein Delphi-Prozess als geeignete Methode, die mit der Zukunft von Regionalzeitungen in Deutschland verbundenen Fragestellungen zu diskutieren und mögliche Zukünfte zu entwerfen. Um das Untersuchungsdesign genauer zu bestimmen, werden im Folgenden die Zusammensetzung und die Größe des Panels, die konkrete Auswahl der Gesprächspartner und der genaue Ablauf der Untersuchung diskutiert und festgelegt.

4.2.1 Auswahl und Größe des Panels

Als Grundgesamtheit der deutschen Verlage werden zunächst die bei Schütz (2009a) als Grundgesamtheit der publizistischen Einheiten aufgeführten Verlage angenommen. Aus dieser Grundgesamtheit wird bewusst eine Teilmenge gezogen, die für die zu untersuchende Fragestellung besonders geeignet erscheint. Die Eignung entscheidet sich anhand verschiedener Merkmale:

1. Größe des Einzugsgebietes der Regionalzeitung
2. relatives Ost-West-Gleichgewicht
3. Größe des Verlags
4. Abbildung der Marktstruktur

Ad 1) Für die konkrete Fragestellung relevante Untersuchungsräume sind vorrangig die besonders verdichteten Räume in Deutschland. Zum Zeitpunkt der Untersuchung traf dies für insgesamt 24 Verlage in Deutschland zu. Als verdichtete Räume sind in erster Linie deutsche Großstädte mit mehr als 500.000 Einwohnern zu verstehen. Interessant sind darüber hinaus Zeitungen in deutschen Großstädten (über 100.000 Einwohner), die einem Ballungsraum (etwa Rhein-Main oder Rhein-Ruhr) zugehörig sind oder in denen eine auffällig hohe Pendlerquote vorliegt. Dort leben besonders viele junge, aktive, mobile Menschen. Trends werden hier schneller aufgegriffen als in ländlichen Räumen.

Ad 2) Zudem ist eine Unterscheidung zwischen Ost- und Westdeutschland zu treffen, da das wirtschaftliche Gefälle Ost- und Westverlage bei insgesamt dennoch vergleichbaren Rahmenbedingungen unterschiedlich trifft. Verlage in Ostdeutschland sollen daher im Panel in etwa proportional zu ihrem Gewicht an der Bevölkerungsverteilung in Deutschland berücksichtigt werden.

Ad 3) Die Größe eines Verlags kann anhand verschiedener Kriterien gemessen werden. Eine jährlich aktualisierte Liste der größten Zeitungsverlage gibt Röper heraus. Er misst die Größe der Verlage anhand der kumulierten Gesamtauflagen (vgl. ders. 2010).

Ad 4) Darüber hinaus sollte das Befragtenpanel auch die Gewichtung der deutschen Verlage wiedergeben. Es ist daher wünschenswert, die Konsolidierungssituation auf dem deutschen Markt auch bei den Befragten abzubilden. Das bedeutet, dass die gemäß der Branchenstatistik (etwa nach Röper 2010 oder nach Schütz 2009a, 2009b) dominanten deutschen Konzerne im Panel vertreten sein sollten. Konzerne mit einem Jahresumsatz von mindestens 500 Millionen Euro haben mutmaßlich den Vorteil, über ausreichend Management- und Finanzkraft zu verfügen, um strukturierte Programme bezüglich der Digitalisierung aufzusetzen. Zudem erscheint es sinnvoll, Verlage mit marktführender Stellung zu befragen, da diese mutmaßlich über bessere Marktgestaltungsmöglichkeiten verfügen.

Aufgrund des qualitativ angelegten Untersuchungsverfahrens ist eine vergleichsweise geringe Panelgröße ausreichend. Häder weist ausführlich auf den fehlenden Konsens in Bezug auf die notwendige Panelgröße hin. Diese sei kaum theoretisch zu definieren: „Durchaus plausibel erscheint es immerhin, wenn bei qualitativ ausgerichteten Befragungen auf eine große Anzahl an Teilnehmern verzichtet wird“ (ders. 2009, 96). So wurden schon Delphi-Untersuchungen mit einer Panelgröße von nur sechs Teilnehmern durchgeführt.

Für die vorliegende Untersuchung wird eine Panelgröße von (mindestens) zehn Delphi-Teilnehmern angestrebt. Dies erklärt sich aus dem qualitativen Ansatz einerseits und dem Interesse an einer „Tiefenbohrung“ andererseits. Zudem erlaubt es diese Panelgröße, in Verbindung mit der Besetzung einer Prädelphi-Runde (s.u.) neben dem gruppenbezogenen Vorgehen auch eine Einzelfallbetrachtung (Case Study) zu vollziehen. Bei qualitativ orientierten Delphi-Befragungen hat sich eine Mindest-Panelgröße von zehn Personen in der Vergangenheit bereits mehrfach bewährt (vgl. Häder 2009, 95f.). Zudem erscheint die Auswahl von zehn Panelteilnehmern im Hinblick auf die zu untersuchende Fragestellung gemessen an der verfügbaren Menge von 24 Verlagen (s.o.) durchaus als relevante Teilmenge. Im Rahmen des Erkenntnisinteresses scheinen prima vista diese Verlage besonders von den Umwälzungen am Markt betroffen zu sein.

Zusammenfassend sollte sich das Panel der zehn teilnehmenden Verlage also wie folgt zusammensetzen:

- zehn Verlage aus Großstädten mit über 500.000 Einwohnern oder aus Städten in Ballungsraum- bzw. Ballungsraumrandlage, die in ihren jeweiligen Verbreitungsgebieten am Markt führend sind
- acht westdeutsche und zwei ostdeutsche Verlage

- Berücksichtigung der Liste der zehn größten Verlage nach Röper 2010, wobei die *F.A.Z.*- bzw. Fazit-Zeitungen aus forschungslogischen Gründen ausscheiden[32]

Abbildung 13 zeigt einen Überblick über die an der Untersuchung teilnehmenden Verlage in Bezug auf ihre Konzerngröße und die räumliche Verdichtung ihres Verbreitungsgebietes.

Abbildung 13: Merkmalsausprägungen des Untersuchungspanels

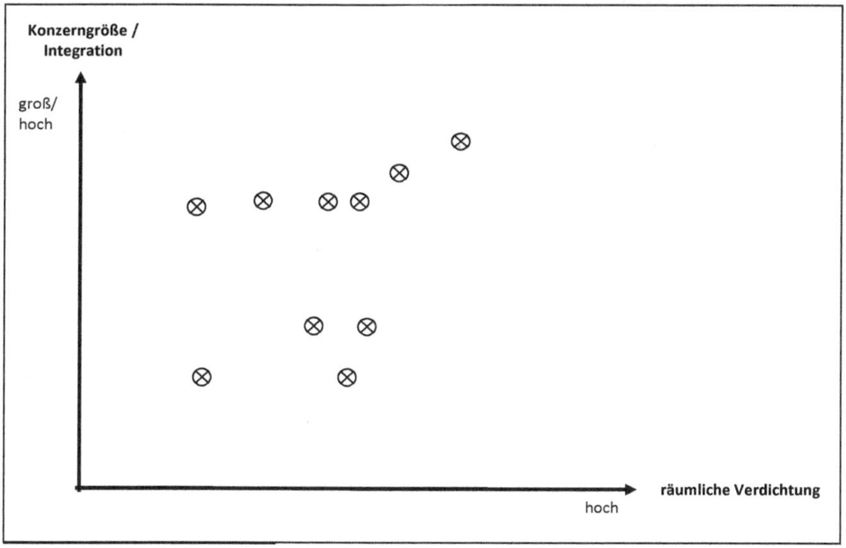

Auswahl der Gesprächspartner

Die für die Untersuchung interessanten Experten sind auf der Seite des Verlags anzutreffen, da im Sinne des Erkenntnisinteresses durchweg kaufmännische Belange angesprochen sind. Die Experten sollten über gute Kenntnisse der Geschäftsentwicklung sowie der bilanziellen Zahlen des Unternehmens verfügen und in die strategischen Entwicklungsprozesse der Verlage eingebunden sein. Gesprächspartner können demnach

32 Im Fall der zum F.A.Z.-Schwesterkonzern Frankfurter Societäts Medien gehörenden Frankfurter *Neuen Presse* ist darauf hinzuweisen, dass der Autor diese aus der Grundgesamtheit der zu analysierenden Titel ebenso ausgeklammert hat wie die *Märkische Allgemeine Zeitung* in Potsdam, die zum Untersuchungszeitraum noch Teil des F.A.Z.-Konzerns war. Dies beruht auf dem Ausschluss möglicher Interessenskonflikte, die im Zusammenhang mit der Förderung dieser Arbeit durch die Fazit-Stiftung einhergehen können.

Geschäftsführer der Verlage oder je nach Organisationsstruktur auch Vorstände oder „Transformationsbeauftragte" sein. Letztere können auch zur Strategieabteilung bzw. zur Finanzabteilung des Unternehmens oder zu Projektteams zählen. Sie sollten typischerweise allerdings zur Verlagsgeschäftsführung gehören oder von dieser benannt sein. Schließlich ist nach aller Erfahrung anzunehmen, dass die Veränderungsprozesse von „oben" initiiert und gesteuert werden. Es gilt der methodische Grundsatz, die Experten allein im Rahmen ihres Wissens zu befragen. Themen, die sich mit journalistischen Fragen beschäftigen – und daher am besten vom Chefredakteur beantwortet werden könnten – werden in der Untersuchung nicht direkt berücksichtigt bzw. nur im Zusammenhang mit der Geschäftsentwicklung angesprochen.

Der Rekrutierungsprozess setzte Ende Januar 2011 mit der Kontaktierung der Geschäftsführungen der als relevant erkannten Verlage per E-Mail oder per Telefon ein. Angesprochen wurden rund 20 deutsche Verlage. Bei den Teilnehmern handelte es sich um zehn Männer mit westdeutscher Sozialisation im Alter zwischen 41 und 60 Jahren. Das Durchschnittsalter betrug 49,5 Jahre.

4.2.2 Ablauf der Untersuchung

Die Untersuchung umfasst vier Befragungsrunden (Wellen), von denen die Wellen 2 und 3 als klassische Delphi-Wellen angesehen werden können. Dies folgt der Erkenntnis, dass die größten Änderungen erfahrungsgemäß zwischen der ersten und zweiten Runde auftreten und danach oft relative Konstanz eintritt.

Der Untersuchungsprozess läuft in den folgenden Schritten ab:

1. Welle 1 (Prädelphi): Face-to-Face-Leitfadengespräche
2. Anpassung des Fragebogens für Welle 2
3. Welle 2 (Delphi 1): standardisierte Online-Befragung
4. Auswertung der ersten zwei Wellen
   a) quantitative Auswertung der Online-Befragung (vertikale Auswertung)
   b) Konstruktion von Unternehmensgeschichten bzw. Case Studies (horizontale Auswertung)
5. Welle 3 (Delphi 2): telefonische Feedbackrunde

   a) Stellungnahme zu Ergebnissen von Welle 2
   b) Kommentierung der Unternehmensgeschichten
6. Auswertung von Welle 3 und Entwurf von Szenarien
7. Welle 4 (Delphi 3): standardisierte Online-Befragung mit Bewertung der Szenarien

Die Prädelphi-Runde der **ersten Welle** setzt die Untersuchung bereits als Leitfadengespräch mit den Panelteilnehmern um, d.h., sie verzichtet auf den Einsatz einer externen Forschungsgruppe. Dieses Vorgehen begründet sich durch die Einschätzung, dass die Grundlagenkapitel der Arbeit (Kapitel 2 und 3) das Thema schon in ausreichender theoretischer Breite und Interdisziplinarität aufgeschlossen haben. Die Voruntersuchungsrunde dient daher der Anpassung des für Welle 2 konzipierten Fragebogens an die Unternehmenswirklichkeit sowie der Operationalisierung und des Gewinnens weiterer Kriterien (vgl. zu diesem Vorgehen auch Krekel/Ullrich 2000, 360f.).

In der Befragung der **zweiten Welle** geht es dann um Informationen zum eigenen Unternehmen und um Einschätzungen in Bezug auf die Entwicklung der Branche. Diese Welle wird auf zwei Ebenen ausgewertet: Zunächst erfolgt eine quasi quantitative Auswertung der Online-Befragung und damit ein Vergleich der Antworten der verschiedenen Verlage bzw. der verschiedenen Experten untereinander. Dieser Vergleich wird als „vertikale Auswertung" begriffen. Darüber hinaus ermöglicht die zweite Welle aber noch eine zusätzliche verstehensbetonte Auswertung – quasi auf „horizontaler Ebene": So können die vergangene und die prognostizierte Entwicklung der einzelnen Unternehmen als Ertrag der ersten beiden Befragungsrunden zu zehn einzelnen Unternehmensgeschichten bzw. Case Studies verdichtet werden. Diese Unternehmensgeschichten können im Anschluss auf gemeinsame Merkmale hin überprüft und in Hypothesen überführt werden (vgl. zu diesem Vorgehen auch Schnell/Hill/Esser 1999, 235ff.).

Ziel der Untersuchung im Rahmen der **dritten Welle** ist die Ermittlung von Szenarien. Szenarien werden hier als verdichtete Form mehrerer Annahmen in Bündeln verstanden. Diese können dazu beitragen, die einzelnen, oft betont abstrakten Sachverhalte zu konkret vorstellbaren Komplexen zusammenzufassen. Dazu sind am Ende des Delphi-Teils des Fragebogens von den Befragten einige Hypothesen (Projektionen) zu kommentieren und bewerten. Ziel ist es, auch ein Makroszenario für das Branchenumfeld zu entwerfen, das bei der Einordnung der zuvor getätigten Aussagen hilft. Es ist zu erwarten, dass einige der vorgelegten Aussagen sich durch die Zustimmung erhärten lassen können, andere dagegen verworfen werden. Die Forschungslogik unterstellt dabei nicht implizit, dass die Mehrheit recht hat. Aber die Mehrheitsmeinungen und -erwartungen werden hier abgebildet. Daneben werden den Experten im Rahmen der dritten Welle auch die unternehmensspezifischen Analysen zur Kommentierung und Diskussion vorgelegt.

Nach der dritten Untersuchungsphase erfolgt eine Weiterentwicklung dieser Unternehmensgeschichten zu Szenarien. Diese berücksichtigen sowohl die Aussagen der Gruppe zur Unternehmens- und zur Branchenentwicklung im Gesamten als auch die Unternehmensgeschichten. Die Szenarien werden den Panelteilnehmern in der **vierten Welle** zur abschließenden Einschätzung und Bewertung vorgelegt. Dieses spezielle Verfahren ermöglicht sowohl eine vertikale Auswertung der beiden Delphi-Runden nach der Gruppe als statistisches Vorgehen als zugleich auch die horizontale Analyse der einzelnen Unternehmensgeschichten und deren systematischen Vergleich auf qualitativer Ebene. Dieser in gewisser Weise zangenartige Zugriff wiederum wird als vorteilhaft angesehen, da dadurch die Prüfung und Einordnung der Einzelbefunde an der Gruppe und zugleich in der Gruppe an den Einzelergebnissen möglich werden. Das komplexe und zugleich auswertungsintensive Untersuchungsdesign lässt indes nur ein kleines Panel zu.

Abbildung 14: Horizontale und vertikale Ebenen des Forschungsdesigns

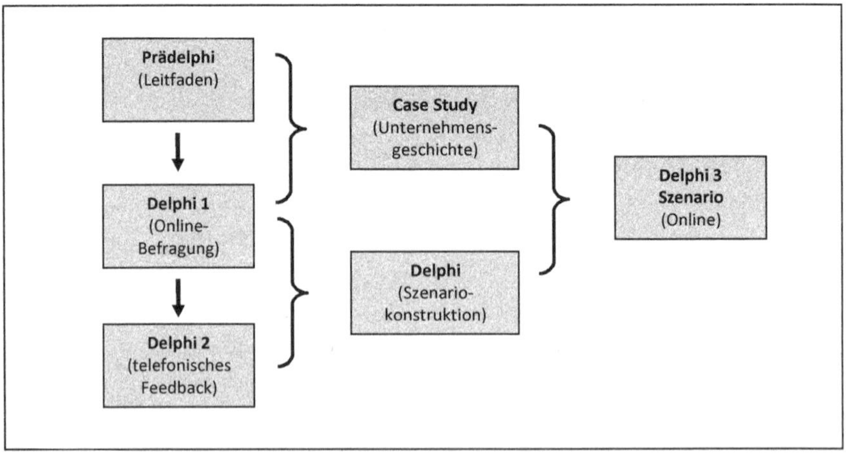

In einem weiteren Schritt der Analyse werden die heute ergriffenen (und erfragten) Strategien der Unternehmen den Brancheneinschätzungen der Unternehmen für die Zukunft gegenübergestellt, und zwar sowohl konkret als auch abstrakt als Szenario. Daraus sind konkrete Erwartungen an die Geschäftsmodelle der Zukunft gekoppelt. Es ist Aufgabe der Arbeit zu prüfen, wie die einzelnen Teile zueinander passen, diese Einschätzungen mithin konsistent sind. Am Ende der Untersuchung soll es möglich sein, eine Art strategische Roadmap für Verlage aufzuzeigen. Daraus wiederum werden tatsächlich nachvollziehbare Handlungsanweisungen generiert. Zudem werden die Veränderungen der Geschäftsmodelle auf Ebene der Wertschöpfungsstufen diskutiert und Szenarien aufgezeigt, die als wahrscheinlich gelten können.

Tabelle 11 auf Seite 118 fasst das komplexe Vorgehen noch einmal im Überblick zusammen.

Einordnung der Methode

Aus den in der theoretischen Literatur unterschiedenen vier Grundtypen von Delphi-Befragungen kommen im konkreten Anwendungskontext dieser Arbeit insbesondere die Delphi-Typen II und III in Betracht (vgl. dazu die Ausführungen zu Delphi-Typen in Kapitel 4.1.1). Beim Erstgenannten steht die Vorhersageleistung und somit die Zukunftseinschätzung im Sinne einer reinen Zukunftsbestimmung im Blickpunkt. Beim Zweitgenannten sollen Meinungen über einen „diffusen Sachverhalt“ qualifiziert und quantifiziert werden (vgl. dazu Tabelle 9 auf Seite 106). Dies ermöglicht die Ermittlung und Qualifikation von Expertenmeinungen über einen speziellen Gegenstand, hier die Veränderung der Geschäftsmodelle von Regionalzeitungsverlagen unter den Bedingungen der Medienkonvergenz. So entspricht das Befragungsziel der beiden Delphi-Wellen der Ermittlung und Qualifizierung von Experteneinschätzungen (Typ III). Dieser Delphi-Typ ist aus erkenntnislogischer Sichtweise daran zu messen, dass die Ergebnisse methodisch einwandfrei zustande gekommen sind und dass eine Verbesserung der Ergebnisse im Laufe des Prozesses zu erwarten ist (vgl. Häder 2009, 33).

Bei der Befragung und Szenarienbildung wird in dieser Arbeit ein Zeithorizont von maximal vier Jahren ins Visier genommen. In der Literatur ist der Horizont möglicher Zukunftsprojektionen umstritten. Im Vergleich zum Journalismus-Delphi von Haller/Sattler (vgl. dies. o.J.) wurde der Ausblickszeitraum in die Zukunft im Rahmen der vorliegenden Befragung deutlich reduziert. Haller/Sattler hatten noch argumentiert, dass Einschätzungen auf fünf Jahre als „realistisch", solche auf zehn Jahre als „visionär" angesehen werden könnten (ebd.). Dies wird vor dem Hintergrund der beträchtlichen Entwicklungsgeschwindigkeit von Technologien und deren Adaption in den vergangenen Jahren in Frage gestellt. Im hochgradig veränderlichen Medienumfeld mit rasant steigenden Änderungs- bzw. Adaptionsgeschwindigkeiten für Technologie erscheint schon der gewählte kürzere Zeithorizont hinreichend fern gewählt zu sein. Zudem entspricht der hier gewählte Zeitraum von vier Jahren in etwa dem Rahmen der üblichen betrieblichen Unternehmensplanung. Längere Zeiträume, wie etwa die auf 15 Jahre angelegte Befragung zur Zukunft der Logistik (vgl. Von der Gracht/Darkow 2009), werden in zunehmendem Maße spekulativ. Darüber hinaus dient der starke Bezug auf das eigene Unternehmen der Erhöhung der Prognosegenauigkeit. Der Vierjahreszeitraum überschreitet den üblichen Dreijahreszeitraum der betrieblichen Unternehmensplanung (Forecasting) nur geringfügig. Dies ermöglicht den Vergleich von Annahmen für das eigene Unternehmen (horizontale Ebene) und für die Branche. Dieser Zangengriff soll die Ergebnisse weiter verdichten helfen.

Tabelle 11: Systematik des Forschungsablaufs

Was	Relevanz	Methode	Inhalt	Ziel/Ergebnis	Auswertung
Welle 1	– Prädelphi – Einzelfall-studie Teil 1	– Leitfadengespräch (Face-to-Face, mit individuellen Schwerpunkten)	– Bestandsaufnahme/ Rückblick zur Unternehmensentwicklung	– Operationalisierung der Fragestellung – Warm-Up zwischen Teilnehmern und Forscher, Vertrauensaufbau – Bilanz der letzten Jahre – Vertiefungen von Themen bzw. Fragen – erster Ausblick in die Zukunft	– Berücksichtigung der Ergebnisse im Fragebogen der Delphi-1-Runde – Transkript als Zitatenschatz
Welle 2 (zwei Teile)	– Delphi 1 – Einzellfall-studie Teil 2	– Online-Befragung (standardisiert mit einigen Möglichkeiten der freien Äußerung)	– Unternehmenszukunft – Branchenzukunft		– Gruppenantwort, Bandbreite an Antworten (vertikale Ebene) – Unternehmensgeschichten bzw. Case Studie als Aggregat von Welle 1 und Welle 2 (horizontale Ebene)

Was	Relevanz	Methode	Inhalt	Ziel/Ergebnis	Auswertung
Welle 3	– Delphi 2 – Feedbackrunde	– strukturiertes Feedback (telefonisch)	vertikale Auswertung (Gesamtpanel): – Informationsaustausch – inhaltliche Nachfragen (Verständnis), Prüfung von Inhalten aus Kapitel 3.1 und 3.2, Begründungen horizontale Auswertung (Einzelunternehmen): – strukturiertes Zusammenbringen der Ergebnisse und Kommentierung der Einzelfallstudie für jeden Verlag	– Bestätigung der Ergebnisse – Gewichtung und Qualifizierung der Ergebnisse durch Argumente	– „Unternehmensgeschichten“ auswerten, in groben Linien zusammenfassen
Welle 4	– Delphi 3 – Szenariobewertung	– Online-Befragung	– Szenarien und deren Treiber qualifiziert bewerten und begründen	– erhöhte Trennschärfe der Ergebnisse durch Wechselwirkungen zwischen den Variablen – Handlungsorientierung	– Auswertung – Einordnung – Endergebnisse

Mit Blick auf die einschlägige, bereits zitierte Literatur zu Delphi- und Szenariotechnik lassen sich für das geplante Untersuchungsdesign folgende Merkmale und Besonderheiten zusammenfassen:

- Die Teilnehmer werden auf Basis einer Totalerhebung bewusst ausgewählt (zu den Kriterien der Auswahl vgl. Kapitel 4.2.1).
- Die Zahl der Teilnehmer liegt bei zehn. Das Panel wird absichtlich klein gehalten, da im Zentrum der Untersuchung ein in die Tiefe gehendes Verständnis der Positionen der Teilnehmer steht.
- Es wird keine externe Expertengruppe eingesetzt (s.u.).
- Die Teilnehmer sind untereinander anonym. Der Forscher kann die Datensätze allerdings individuell zuordnen und auswerten.
- Die Befragung läuft über vier Runden, das Delphi-Design über zwei bzw. drei Wellen.
- Der Befragungsmodus wird gewechselt, um „Abnutzungseffekte“ zu vermeiden.
- Das Vorgehen ist qualitativ mit quantitativen Elementen und nur begrenzt verallgemeinerbar. Zahlen spielen hier im Grunde nur eine untergeordnete Rolle. Das „Wie“ zählt.
- Die Auswertung der Untersuchung mündet sowohl in eine horizontale als auch in eine vertikale Analyse.

Die Fragebogenentwicklung für die Online-Befragung der zweiten Welle erfolgt in Anlehnung an die Vorgaben für Delphi-Befragungen nach Häder (vgl. ders. 2009, 25ff.) und an die allgemein gültigen Maßgaben nach Schnell/Hill/Esser (vgl. dies. 1999, 319ff.). In dem durchgängig standardisierten Fragebogen werden systematisch offene Fragen eingesetzt. Es finden sich darin Fragen nach Einstellungen, Meinungen, Wissen, Verhalten und Eigenschaften der befragten Person. Auf die Fragen wurde um verbale Rückinformation gebeten. Der Vorteil gegenüber schriftlichen Verfahren wurde in der Zeitersparnis gesehen. Die erste und die vierte Delphi-Runde waren online codiert, was sich in den letzten Jahren immer mehr durchgesetzt hat (vgl. Häder 2009, 163f.)[33].

33 Der bei Häder aufgeführte Nachteil der mangelnden Zugangskontrolle konnte dank technischer Hilfe des verwendeten Survey-Instruments eliminiert werden (ders. 168). Den Teilnehmern wurden individuelle Einladungen per E-Mail zugesendet, die mit einem individuellen Code versehen waren. Allein die Frage nach den Auswirkungen der Wahl der Online-Befragung im Vergleich zu schriftlichen Verfahren kann hier nicht abschließend beantwortet werden. Im Sinne des Forschungsprozesses überwogen hier klar die Verfahrensvorteile.

Die Feedbackrunde (Delphi 2) fand in einem durch den Verfasser persönlich geführten Telefoninterview statt. Die Abschlussrunde war wiederum aus Gründen der Forschungsökonomie und der optimalen, zeitunabhängigen Bedienbarkeit durch die Teilnehmer nochmals online codiert. Dies hat mit der gewählten Vorgehensweise zu tun. Der Fragebogen verzichtet auf eine eingehende Kompetenzprüfung der befragten Experten. Diese wurden bewusst ausgewählt und weitgehend in ihrer aktuellen beruflichen Zuständigkeit und Expertise angesprochen. Als Ausweichmöglichkeit wird die Antwortkategorie als „Kann ich nicht sagen“ eingeräumt. Zudem hat der Einsatz des Selbstklassifierungskriteriums bislang keine zwingenden Ergebnisse gezeitigt, so dass die Kompetenz der Experten angenommen werden konnte (vgl. Häder 2009, 187).

4.2.3 Die vier Untersuchungsphasen: Feldgeschehen

Welle 1 (Prädelphi): Leitfadeninterviews

In der ersten Phase der Untersuchung werden Leitfadeninterviews eingesetzt. Es handelt sich um ein probates Mittel, um „einen Einblick in die Relevanzstrukturen und die Erfahrungshintergründe des Befragten zu erhalten“ (Schnell/Hill/Esser 1999, 355). Schnell/Hill/Esser kritisieren die geringe Vergleichbarkeit der Ergebnisse, den höheren Zeitaufwand im Vergleich zu standardisierten Befragungen sowie die geringe Vergleichbarkeit der Ergebnisse und die damit verbundene schwierige Auswertung. Auch seien die Interviewereinflüsse höher als bei anderen Erhebungsinstrumenten (ebd., 356). Im vorliegenden Untersuchungsdesign kommt diesen dennoch ein außerordentlicher Wert zu. Er bezieht sich auf das oben angesprochene Verständnis für den Interviewten wie auch auf den Beziehungsaufbau mit ihm im Rahmen des Untersuchungsprozesses und letztlich auf die Beurteilbarkeit bzw. Einschätzbarkeit der Unternehmensaussagen.

Methodisch diente die qualitative Prädelphi-Runde der praktischen Überprüfung der auf Basis der Literaturrecherche erfolgten Schwerpunktsetzung (Operationalisierung). Der Fragebogen war auf die Generierung neuen Wissens angelegt und insgesamt im Forschungsablauf auf den Abgleich der Literaturmeinung mit der Unternehmensrealität – dies insbesondere in der Form, dass die Untersuchungsteilnehmer stets selbst aufgefordert waren, Schwerpunkte zu setzen.

Die Interviews fanden in einer direkten und persönlichen Gesprächssituation statt (Face-to-Face) und wurden in der Zeit vom 25. Februar 2011 bis zum 18. April 2011 geführt. Sie dauerten zwischen einer und zwei Stunden, wobei der Durchschnitt etwa bei 75 Minuten lag. Der Fragebogen bildete die Grundlage des Verfahrens. In einzelnen Fällen konnte vom Fragebogen abgewichen werden. Das konnte insbesondere dann geschehen, wenn die befragten Unternehmen eine besonders ausführliche Jahresberichterstattung über die Geschäftsentwicklung anboten. Dies ist traditionell bei vielen Verlagen nicht der Fall. Entsprechend wurden betriebswirtschaftliche Details vor allem da abgefragt, wo diese nicht aus der offiziell veröffentlichten Unternehmensberichterstattung (Jahresabschluss im E-Bundesanzeiger bzw. Geschäftsberichte) zu ermitteln waren. In diesen Fällen wurde konsequent die Möglichkeit genutzt, an entscheidenden Stellen eigene Schwerpunkte zu setzen und Aspekte individuell dort zu vertiefen, wo einzelne Aspekte und die Expertise der Befragten das hergaben. Insgesamt kann der Datensatz als komplett betrachtet werden. Die Befragten waren mit wenigen Ausnahmen unter Zusicherung der Wahrung der Anonymität der gemachten Angaben bereit, auch nicht öffentliche Informationen zu liefern.

In der Konsequenz wurden in der Nachbearbeitung bzw. der Vorbereitung des zweiten Untersuchungsteils (der Anpassung der Zukunftsfragen) einige Aspekte, die noch in der Prädelphi-Runde vorkamen, weggelassen bzw. weiterentwickelt (wie Kosten, Wertschöpfungskonfiguration). Die mit Zustimmung der Teilnehmer angefertigten Tonbandaufzeichnungen der Gespräche wurden anschließend transkribiert.

Es ging um ein qualitatives Nachforschen nach den Gründen. Das „Warum und Wie“ standen im Mittelpunkt des Interesses. Es gehört zudem zu den Besonderheiten des Untersuchungsdesigns, dass in der ersten Runde trotz des grundsätzlichen retrospektiven Charakters in den freien Antworten der Untersuchungsteilnehmer ein Ausblick auf zukünftige Entwicklungen erfolgte.

Welle 2 (Delphi 1)

Im Anschluss an die offen gehaltene Prädelphi-Runde, deren Gesprächsinhalt im weitesten Sinne eine Retrospektive bzw. eine Bestandsaufnahme der bisherigen Verlagsaktivitäten war, bestand das Ziel der zweiten Befragungsrunde (Delphi 1) darin, gut vergleichbare Antworten zu erzeugen. Der Standardisierungsgrad war entsprechend hoch. Es wurden daher im Fragebogen der zweiten Welle vor allem geschlossene Fragen verwendet, zu denen dann immer wieder freie Begründungen ermöglicht wurden. Diese waren in der Regel nicht verbindlich.

Diese Runde, die weitgehend ähnliche Schwerpunkte enthielt wie die zuvor im Leitfadeninterview gestellten Fragen und die Inhalte nun in die Zukunft transponierte, wurde online codiert. Insgesamt umfasste der Fragebogen 37 Fragen, von denen einige als Filterfragen konzipiert wurden. Die geschätzte Dauer des Ausfüllens lag bei rund 30 Minuten. Die Auswertung der Fragebögen erfolgte individuell und kollektiv. Die Teilnehmer wurden persönlich per E-Mail zu der Befragung eingeladen. Dabei erhielten sie einen individuellen Zugangsschlüssel, der den Zugang zu der Befragung ermöglichte. Die Fragebögen wurden zwischen Mitte März und Ende April 2011 ausgefüllt.

Die Programmierung als Online-Tool (Lime Survey) entspricht der Erwägung potenziell auftretender Ermüdungseffekte, die durch Methoden- und modale Wechsel vermieden werden sollten. Erkenntnisse konnten somit verfestigt werden, indem die individuellen Unternehmensgeschichten von der jüngsten Vergangenheit in die Zukunft weitergeschrieben wurden. Zudem wurde im zweiten Teil des Fragebogens auch nach der Branchenentwicklung gefragt. Dazu wurden den Untersuchungsteilnehmern zum Abschluss der zweiten Runde rund 20 Hypothesen zur Stellungnahme vorgelegt. Dieser Teil bildet die Grundlage, um den Erwartungshorizont der Experten für ihre Branche auszuloten, und gestattete die Weiterentwicklung zu verdichteten Einschätzungen.

Auswertungsrunde 1

In der Auswertung der ersten und zweiten Fragerunden konnten die Antworten für Rückblick und Vorausschau pro Untersuchungsteilnehmer „nebeneinandergelegt“ und mit den vorgebrachten Argumenten (individuell) unterlegt werden. Daraus ergaben sich Umrisse der zukünftigen „Unternehmensgeschichten“. Darin wurden die zukünftige Strategie und Ausrichtung der Unternehmen auf Basis der zwei Runden formuliert.

Grundlage der Auswertung der ersten Fragerunde war die Transkription der Leitfadengespräche. Zugleich konnte die Online-Fragerunde auch quantitativ-statistisch ausgewertet werden. Daraus ergibt sich im Abgleich mit der Gruppenmeinung die zweite mögliche Auswertungsform.

Welle 3 (Feedback: Delphi 2)

Die dritte Runde (Delphi 2) wurde als Feedbackrunde konzipiert. Darin erhielten die Teilnehmer in strukturierter Weise Rückmeldung zum Stand des Verfahrens bzw. zu ersten Ergebnissen. Im Mittelpunkt der telefonisch durchgeführten Gespräche stand eine Gegenüberstellung der persönlichen Antworten der ersten Delphi-Runde mit den Antworten der gesamten Untersuchungsgruppe. Dabei wurden die Argumente der Gruppe vorgestellt und zur Kommentierung vorgelegt. Ziel der Runde war die Überprüfung der Antworten und die kommentierende Bewertung der Antworten der Gruppe. Auf diese Weise wurden Argumente gesammelt.

Des Weiteren wurden Nachfragen zum Verfahren gestellt. Mutmaßliche Unklarheiten bei der Begriffsverwendung wurden geklärt durch die Einordnung in Framingprozesse (vgl. Scheufele 2013), um den Bezugspunkt der Antworten und das Begriffsverständnis zu klären. Außerdem wurden in strukturierter Weise nochmals Argumente und Begründungen zu einzelnen gegebenen Antworten abverlangt. Aufgrund der gebotenen Zeitökonomie (Gesprächsdauer durchschnittlich rund 50 Minuten) waren dabei klare Schwerpunkte zu setzen.

Dies musste naturgemäß dort geschehen, wo individuelle Antworten gegenüber der Gruppenmeinung in besonders auffälliger Weise abwichen und/oder wo es uneinheitliche Meinungen gab. Dort waren diese nochmals zu kommentieren und erklären, und zwar jeweils im Vergleich zur ermittelten Gruppenmeinung. Freie Argumente wurden präsentiert, und es wurde um deren Kommentierung gebeten. Außerdem konnten einige Missverständnisse in Bezug auf das Frageverständnis geklärt werden. So wurden die Panelisten auf besonders auffällige Antworten angesprochen – diese waren zum Teil bewusst und zum Teil irrtümlich zustande gekommen. Auf diese Weise konnten sowohl Meinungsänderungen als auch Korrekturen fixiert werden.

Zur Vorbereitung der Feedbackgespräche wurden die Untersuchungsteilnehmer per E-Mail über den Ablauf der Gespräche informiert. Dabei wurde ihre individuelle Unternehmensgeschichte mit der Bitte um Kommentierung (in der Regel schriftlich) vorgestellt. Auch bei den Brancheneinschätzungen wurden Auffälligkeiten aufgegriffen und zur Kommentierung vorgelegt. Die Feedbackrunde wurde vom 16. Mai 2011 bis zum 28. Juni 2011 durchgeführt. Die Durchschnittsdauer der Gespräche, die nicht aufgezeichnet wurden, lag bei rund 50 Minuten. Das kürzeste Gespräch dauerte 23 Minuten, das längste 1 Stunde 45 Minuten.

Wiederum machte nur ein Teilnehmer Anmerkungen zum Verfahren: Teilnehmer 2 bemängelte im Telefongespräch das Fehlen einer schriftlichen Auswertung der Befragung als Gedächtnisstütze für die Feedbackrunde. Alternativ hätte er sich die Funktion „Ausdrucken" in der Delphi-Runde gewünscht.

Nach bzw. in Welle 3 erfolgten …

- die ausführliche Auswertung und Verschriftlichung der Ergebnisse
- die Auswertung der Veränderung des Stimmungsbildes der Branchen- und der Unternehmenseinschätzung
- die Sammlung und strukturierte Verschriftlichung der Argumente und Anmerkungen
- die Bestätigung zehn individueller Unternehmensgeschichten, mit denen sich die Verlage identifizieren
- der Vergleich der Bandbreite der Einschätzungen und Argumente auf Übereinstimmung und Widersprüche
- die Auswertung als Branchenbild (Delphi 1 und 2)
- die Auswertung der einzelnen Verlagsgeschichten (Prädelphi)
- die Bestimmung der kritischen unsicheren Einflussfaktoren für die Szenariobestimmung
- die Gewichtung der Schlüsselfaktoren anhand der in den Wellen 1-3 ermittelten Merkmalsausprägungen zum „Aufspannen" des Szenariotrichters
- die Formulierung von drei möglichen narrativen Szenarien nach Wilson (1998)

In Welle 4 wurde/n …

- Szenarien vorgelegt, die in einem Online-Fragebogen anhand einer Skala nach Wahrscheinlichkeit und Normativität („wünschenswert") zu kommentieren waren (quantitative Skala und freie Argumente)
- die den Szenarien zugrunde liegenden Prämissen und möglichen Potenziale bewertet. Dies gestattet die ansatzweise Herstellung von Kausalitäten
- aus unterschiedlichen „Unternehmensstories" und kollektiven Aussagen ein Raster gewonnen, das mit den gewichteten Einzelfaktoren verbunden wird

- ein Gesamtbild mit mehreren Szenarien gewonnen. Auswertungsprozess: „Dem ordne ich mich zu." Bzw. „Das halte ich für die Branche für wahrscheinlich."

Der abschließenden Szenariorunde ging eine ausführliche Auswertungs- und Verschriftlichungsphase der Ergebnisse voraus. Dabei wurden die noch offenen Fragen im Sinne von Schlüsselunsicherheiten für die Industrie herausgearbeitet (zum konkreten Prozess des Szenarioschreibens vgl. auch Kapitel 5.7). Daraus wurden drei Szenarien destilliert, die dem Teilnehmerpanel nochmals in schriftlicher Form (als E-Mail-Anhang) vorgelegt wurden. Dazu gab es einen kurzen Fragebogen. Die Einladung zur Abschlussrunde der Studie erfolgte am 16. August 2011. Der rund 40 Fragen umfassende Fragebogen – ein großer Teil davon bezog sich auf geschlossene Fragen – wurde zwischen dem 17. August und dem 23. September 2011 von neun Teilnehmern beantwortet. Ein Teilnehmer sagte nach der dritten Runde seine weitere Teilnahme am Verfahren ab.

Zwei Teilnehmer gaben unmittelbares Feedback zu den vorgelegten Szenarien bzw. zum Untersuchunsgverfahren in dieser Runde. Teilnehmer 7 schrieb: „Die entwickelten Szenarien haben die Conclusio gut getroffen. Das Spannungsfeld der Verlage bezüglich der Zukunftsfestlegungen ist treffend abgebildet." Teilnehmer 2 bezeichnete die vorgelegten Szenarien als „schlüssige Beschreibung" möglicher Entwicklungen in der digitalen Welt für Verlage. Zwei weitere Teilnehmer machten Anmerkungen zur Selbstverortung der Verlage in die angebotene Szenariostruktur, die in die Auswertung eingebettet werden (dazu Kapitel 5.7.2).

Nach bzw. in Welle 4 erfolgten die …

- Auswertung und Interpretation der Ergebnisse
- methodenkritische Überprüfung des Verfahrens auf Potenziale, Gefahren usw.
- Unterscheidung zwischen bestätigten und nicht bestätigten Prämissen
- Erhöhung der Trennschärfe zwischen den einzelnen Variablen

5 Geschäftsmodelle im Wandel

In diesem Kapitel werden die Ergebnisse der empirischen Untersuchung sowie die Diskussion mit den Untersuchungsteilnehmern über diese Ergebnisse aspektbezogen vorgestellt. Der Gliederung erfolgt – sofern nicht anders angegeben – chronologisch. Zunächst werden also die Befunde aus den Leitfadengesprächen der Prädelphi-Welle betrachtet (siehe dazu auch die Zusammenstellung der Leitfragen im Anhang 8.1). Dann folgen die Ergebnisse aus den zwei Delphi-Wellen und den ihnen jeweils angeschlossenen Feedbackrunden (siehe dazu auch die Fragebögen und Ergebnisse der Befragungen in den Anhang-Kapitel 8.2 bis 8.5). So oft dies möglich war, wurden die Antworten der Teilnehmer in die den Antworten zu Grunde liegenden jeweiligen Framingprozesse (vgl. Scheufele 2013) eingeordnet und damit die Framingprozesse bei den Teilnehmern berücksichtigt.

Mit Rücksicht auf die den Teilnehmern bei der Rekrutierung zugesicherte Anonymität in Bezug auf sensible Firmendaten werden im Folgenden keine Klarnamen benutzt. Die Teilnehmer wurden als Teilnehmer 1 bis 10 durchnummeriert und durchgängig so bezeichnet (vgl. dazu

Tabelle 12: Übersicht über die Untersuchungsteilnehmer

	Konzernart	Verlagsstandort	Ballungs-raumlage
Teilnehmer 1	integrierter Konzern	Großstadt mit über 500.000 Einwohnern	nein
Teilnehmer 2	Stand-Alone-Unternehmen	Großstadt mit bis zu 500.000 Einwohnern	nein
Teilnehmer 3	integrierter Konzern	Großstadt mit bis zu 500.000 Einwohnern	nein
Teilnehmer 4	integrierter Konzern	Metropole*	ja
Teilnehmer 5	integrierter Konzern	Großstadt mit bis zu 500.000 Einwohnern	ja
Teilnehmer 6	integrierter Konzern	Metropole	ja
Teilnehmer 7	integrierter Konzern	Großstadt mit über 500.000 Einwohnern	nein
Teilnehmer 8	integrierter Konzern	Großstadt mit über 500.000 Einwohnern	ja
Teilnehmer 9	Stand-Alone-Unternehmen	Großstadt mit über 500.000 Einwohnern	ja, mit Abstrichen
Teilnehmer 10	Stand-Alone-Unternehmen	Großstadt mit bis zu 500.000 Einwohnern	ja

* Als Metropolen werden hier die fünf größten Städte Deutschlands verstanden.

auch Tabelle 12). Konsequenterweise mussten auch die Nennungen der verlagseigenen Titel unkenntlich gemacht werden. Entsprechendes gilt für „verräterische“, also eindeutige Details zum Unternehmen.

Die in Kapitel 4.2 erwähnten „Unternehmensgeschichten“ werden ebenfalls nur eingeschränkt wiedergegeben. Um die Anonymität der befragten Unternehmen zu wahren, werden sie – anders als die Ergebnisse der standardisierten Befragungsrunden – der Auswertung nicht vollständig separat beigefügt. Die Unternehmensgeschichten dienten vor allem als wichtige interne Feedbackschleife im Untersuchungsprozess und halfen bei der Weiterentwicklung und Verdichtung der Ergebnisqualität. Insofern gehen sie indirekt selbstverständlich in die Ergebnisse der Untersuchung ein.

5.1 Unternehmensentwicklung

Die Darstellung der empirischen Ergebnisse beginnt mit der Auswertung der Fragen nach der Geschäftsentwicklung. Diese wurde sowohl in den Blöcken B und C im Leitfadengespräch (vgl. Anhang 8.1) als auch in der Online-Befragung der ersten Delphiwelle (vgl. Anhang 8.2) thematisiert. Die Gespräche bzw. Fragen widmeten sich sowohl einem Rückblick auf die vergangenen drei Jahre als auch der Bestandsaufnahme und einem Ausblick auf die Jahre bis 2015.

5.1.1 Geschäftsentwicklung

Bekanntlich ist das Thema der Geschäftszahlen in der Verlagsbranche, die nicht den üblichen Veröffentlichungspflichten unterliegt, heikel. Zu den Umsatz- und Gewinnzahlen machten in den Leitfadengesprächen daher auch nicht alle Unternehmen detaillierte Angaben. Dies trifft z.B. auf das Unternehmen von Teilnehmer 3 zu. Auch der Geschäftsführer von Unternehmen 4 machte für den relevanten Geschäftsbereich keine über den Geschäftsbericht hinausgehenden Angaben. Er ließ jedoch wissen: „In der Summe steht ein Minus“. Die Qualitätsunterschiede in den Antworten sind in diesen Fällen hinzunehmen, dienten sie doch nicht der statistischen Auswertung im Sinne der Ermittlung repräsentativer Angaben für die Branche, sondern vielmehr als Material, dessen Kenntnis zur besseren Beurteilung der Gesamtsituation beitragen sollte.

Die Angaben zur Geschäftsentwicklung, die die befragten Verlagsvertreter in den Leitfadengesprächen machten, spiegeln insgesamt die in Kapitel 2 dargestellten allgemeinen Branchentrends wider: Die Umsatzerlöse sind in den Jahren 2008 bis 2010 gesunken. Von 2008, für das der Index 100 gesetzt wurde, fielen die Umsatzerlöse in den befragten Verlagen bis 2009 in der Regel um rund 6 Prozent ab – also auf einen Indexwert von 94. Im Jahr 2010 erholten sie sich leicht. Allerdings fiel diese Erholung recht unterschiedlich aus. Während die Umsätze bei den meisten Verlagen deutlich unter dem Niveau von 2008 blieben (etwa bei 93 bis 95 im Vergleich zu einem Index von 100), zeigte Verlag 8 eine Erholung fast auf den Vorkrisenstand: Der angegebene Indexwert beträgt hier 98. Zwei Verlage verzeichneten Sondereffekte durch die erstmalige Vollkonsolidierung (Logistik) bzw. die Ausgliederung von Sparten (Druck), was in einem Fall auch im Katastrophenjahr 2009 zu einem Umsatzanstieg auf einen Indexwert von 103 führte, im anderen Fall zu einen Rückgang durch die Nicht-Mehr-Konsolidierung.

Einige Gesprächspartner verwiesen darauf, dass die Geschäftserholung wesentlich von der Kostenseite her gesteuert wird. Teilnehmer 6 berichtet: „Alles, was wir in 2010 [an Gewinn; *d.A.*] gemacht haben, war kostenmäßig getrieben gewesen. Wir können nicht immer nur auf die Kostenbremse treten. Wir müssen irgendwann auch wieder die Umsätze dazu kriegen. Das ist die Herausforderung." Der Umsatz ist in dieser Zeit nur um ein knappes Prozent gestiegen und lag noch immer deutlich unter dem Niveau von 2008. Ähnlich formulierte auch Teilnehmer 5. Er betonte die Notwendigkeit eines „Wachstums in stagnierenden Kernmärkten, das der Preis- und Kostenentwicklung entspricht", und ordnete dieses sogar unter die drei primären Herausforderungen für sein Unternehmen ein, nach denen am Anfang der Leitfadengespräche gefragt worden war.

Entsprechend hoch war der Druck auf die Personalkosten, die traditionell zu den größten Kostenposten zählen (vgl. dazu die BDZV-Branchenstatistik aus den jeweiligen Jahrbüchern). Stellvertretend sei hier Interviewteilnehmer 8 angeführt, der von einem starken Personalabbau in Höhe von über 20 Prozent seit 2008 berichtete. Auch Teilnehmer 3 nannte immerhin noch 15 Prozent in den letzten drei Jahren. Die Einsparungen betrafen in der Regel alle Unternehmensbereiche, vor allem jedoch die Verwaltung (Services), die Anzeigenverwaltung, Druck und Herstellung etc. Die Redaktionen hingegen waren zumeist nur in unterdurchschnittlichem Maße vom Personalabbau betroffen. Verlag 9 hat demgegenüber keine Schritte zur Einsparung im Personalbereich ergriffen, was mit der besonders sozialen Ausrichtung des Unternehmens begründet wurde. Dieser Verlag verzeichnete auch in den Geschäftsjahren 2009 und 2010 Verluste. Andere Teilnehmer gaben an, genauer zu prüfen, ob durch Fluktuation oder Pensionierungen frei werdende Stellen neu besetzt werden müssten.

In vielen Verlagen blieb die Ergebnislage aber trotz der schweren Einbrüche stabil. Wie rentabel das Stammgeschäft in manchen Verlagen noch immer ist, sei am Beispiel des Unternehmens 8 verdeutlicht. Im Leitfadeninterview sagte der Untersuchungsteilnehmer dieses Unternehmens: „Die Rendite war in 2009 nur einstellig positiv und das erstmalig seit Menschengedenken. 2009 war, was die Rendite betrifft, das eindeutig schlechteste Jahr. Keine Ahnung, ob es das je gegeben hat. Wahrscheinlich nicht!“

Trotz der strukturellen Rückgänge des Zeitungsgeschäfts ist die Geschäftslage der befragten Unternehmen auffallend solide. An dieser Stelle ist allerdings darauf hinzuweisen, dass die befragten Unternehmen in ihren Märkten die jeweils führenden Verlage sind. Nur zwei Unternehmen (9 und 10) gaben im Leitfadengespräch der Prädelphi-Welle an, dass sie infolge der schweren Krise Verluste hatten realisieren müssen. Im Fall von Verlag 10 gingen diese mit hohen einmaligen Aufwendungen für die Druckerei einher.

Prognosen zur Geschäftsentwicklung bis 2015

Während die Ist-Situation vor allem in den Leitfadengesprächen erörtert wurde, liefert die Online-Befragung der zweiten Welle Informationen über die Zukunft der befragten Unternehmen. Die Auswertung der Frage nach einer Prognose für die Geschäftsentwicklung in den kommenden drei Jahren ergibt ein gemischtes Bild.

Ein Teil der Befragten geht von steigenden Umsätzen aus (vgl. Tabelle 13). Bei einem Basiswert von 100 für das Jahr 2010 erwarten diese Befragten bis zum Jahr 2015 einen Anstieg des Indexwertes auf 105 (zwei Befragte), 110 (drei Befragte) oder in einem Fall sogar auf 115. Der andere Teil der Befragten ist eher pessimistisch: Zwei Befragte erwarten, dass die Umsätze stagnieren, d.h. sie rechnen mit einem stabilen Wert von 100 bis zum Jahr 2015. Andere meinen, der Index werde auf 95 oder 96 sinken, d.h. die Umsätze werden leicht zurückgehen. Der Mittelwert der Schätzungen lag bei einem Indexwert von 105. Dabei war jedoch auffäl-

Tabelle 13: Umsatzschätzungen der befragten Verlage für das Jahr 2015

(Antworten auf die Frage: „Wie hoch schätzen Sie den Umsatz Ihres Unternehmens im Jahr 2015 ein, wenn Sie 2010 dabei als 100 annehmen?", N=10)

Umsatzschätzungen in der 2. Welle	**korrigierte Umsatzschätzungen in der 3. Welle**	
115		
110	100	
110		
110		
105		
105		
100		
100		
96		
95		
106	*105*	*Mittelwert*

lig, dass gerade die Pessimisten stark betonten, wie konservativ bzw. realistisch sie planten und die Rückgänge im klassischen Geschäft (d.h. vor allem bei den Anzeigen) einpreisten. Teilnehmer 6 bekräftigte im Feedbackgespräch, dass er bis 2015 mit einem fortdauernden Schrumpfungsprozess rechne. Ähnlich äußerte sich auch Teilnehmer 5.

Die pessimistischen Teilnehmer bewerteten im Feedbackgespräch der Welle 3 indes auch die von den anderen Verlagsvertretern erwarteten Umsatzsteigerungen als zu optimistisch. Ihre Kritik deckt sich mit dem Befund, dass die optimistischen Teilnehmer von ihren Schätzungen weniger überzeugt schienen. Wie stark gerade die Umsatzprognosen vom Tagesgeschäft und den dort gewonnenen Eindrücken geprägt sind, verdeutlicht folgende Begebenheit: Teilnehmer 7, der sich zunächst optimistisch geäußert hatte, korrigierte seine im April gemachten Angaben aus der Delphi-Runde 1 nach offenbar ernüchternd verlaufenen Verhandlungen mit Lebensmitteldiscountern im Feedbackgespräch am 15. Mai 2011 von 110 auf 100 (vgl. dazu auch Tabelle 13 und die Ausführungen zur Entwicklung des Werbemarktes in Kapitel 2.3.3.2).

Im Einzelnen notierten die Befragungsteilnehmer im Online-Fragebogen der Delphi 1-Runde folgende Argumente, um ihre Einschätzungen zur Geschäftsentwicklung zu begründen[34]:

Im Zusammenhang mit einer positiven Einschätzung brachten die Verlagsgeschäftsführer folgende Argumente vor:

1. Erhöhung der Vertriebspreise
2. Erhöhung der Vertriebspreise, Werbemarkterholung[35]
3. neue Produkte
4. Logistik, Dienstleistungen

Im Zusammenhang mit einer pessimistischen oder neutralen Einschätzung begründeten die Befragten ihre Prognose mit den folgenden Argumenten:

1. Werbeerlöse gehen leicht zurück
2. Vertriebserlöse werden gesteigert, aber der Werbemarkt stagniert
3. positive Auswirkungen eines Konjunkturaufschwungs werden durch negative Struktureffekte verwässert
4. stagnierende bzw. rückläufige Werbeerlöse können durch höhere Vertriebserlöse und – auf niedrigem Niveau – steigende Online-Umsätze überkompensiert werden
5. der raschen (Weiter-)Entwicklung bestehender und neuer Geschäftsfelder steht ein weiterer relevanter Verlust in den Anzeigen-Rubrikenmärkten gegenüber
6. stark sinkenden Print-Anzeigenerlösen stehen zwar digitale Erlöse gegenüber, die aber nicht alle Verluste auffangen

Der Blick auf diese Argumente zeigt: Sie sind insgesamt ähnlich gelagert und variieren hauptsächlich in Bezug auf die jeweilige Akzentsetzung. Im Kern läuft es auf die Frage hinaus, ob die Erlöse aus dem Neugeschäft die Einbrüche aus dem Stammgeschäft kompensieren können. Davon hängt die Konzernentwicklung ab.

34 Die Angaben sind hier wie auch im Folgenden fortlaufend nummeriert, d.h. die Nummerierung deckt sich nicht mit der Nummerierung der Teilnehmer. Die sprachliche Formulierung der freien Antworten wurde zur besseren Lesbarkeit mitunter vereinheitlicht, ohne dabei jedoch die Inhalte zu verändern.

35 Dieser Befragte hatte das Feld in der Onlinerunde (Delphi 1) offen gelassen. Die Angabe wurde im Feedbackgespräch ermittelt.

5.1.2 Stellenwert der Regionalzeitung im Verlag

Der Stellenwert der Regionalzeitung, das zeigten die Leitfadengespräche der Prädelphi-Runde, ist in den befragten Verlagen derzeit sehr hoch. Vom Bereich Tageszeitung hängen in den befragten Unternehmen bzw. in den relevanten Sparten ungefähr zwischen 75 und über 85 Prozent der Umsätze ab. Als zweitwichtigstes Geschäftsfeld rangiert die Anzeigenzeitung dahinter, gefolgt von der Sparte Logistik. Dabei ist darauf hinzuweisen, dass das Logistikgeschäft nicht von allen Verlagen vor Ort betrieben wird. Es herrscht hier – offenbar je nach Marktsituation – ein geteiltes Meinungsbild vor. Während manche Verlage sich davon ein solides und sogar noch wachsendes Zusatzgeschäft versprechen, das zur Stabilisierung des vorhandenen Zustellernetzes einerseits, der Ausschöpfung des Arbeitsmarkts und der Substitution von Anzeigen durch Prospekte bzw. Direktwerbung andererseits beiträgt, haben zwei andere Verlage die Geschäfte mangels Erfolgsaussichten verworfen. Ein weiterer Verlag hat die Logistik nach einigen erfolglosen Jahren in ein Joint Venture eingebracht. Dem Thema Konkurrenz und Lohnkosten scheint dabei eine große Bedeutung zuzukommen. Insbesondere in Großstädten, die üblicherweise eine geringere Abodichte aufweisen, wird die Logistik kritisch gesehen.

Nach dieser Einschätzung zur Ist-Situation wurden die Verlagsgeschäftsführer in der Online-Befragung der zweiten Welle nach den künftig wichtigen Geschäftsfeldern des Verlags gefragt. Mehrere Fragen des Online-Fragebogens widmeten sich zudem explizit der Einschätzung zur Entwicklung verschiedener Geschäftsfelder.

Die Antworten zeigen, dass sich alle Delphi-Teilnehmer zunächst einig sind, dass sich der Stellenwert der Regionalzeitung innerhalb ihres Unternehmens nicht verändern wird: Sie wird auch weiterhin klar den Schwerpunkt der Unternehmenstätigkeit bilden (vgl. Tabelle 14). Den Umsatzanteil der Zeitung als crossmediale Marke bzw. Produktfamilie inklusive digitaler Erlöse erwarten die Befragten im Mittel bei 78,5 Prozent der Gesamtleistung des Unternehmens, wobei die Spreizung von 60 bis 90 Prozent reicht.

Als zweitwichtigstes Geschäftsfeld nannten sechs Verlage die Anzeigenzeitung, zwei den Bereich Digital und zwei weitere den Bereich Logistik (vgl. Tabelle 14). Als zukünftig wachstumsstärksten Unternehmensbereich sehen neun der zehn Befragten das digitale Geschäft. Dabei kann es sich um zeitungsähnliche und zeitungsunähnliche Produkte handeln (dazu mehr in Kapitel 5.3.3). Ein Befragter sieht Dienstleistungen als größten Wachstumsbereich seines Verlags.

Tabelle 14: Wichtige zukünftige Geschäftsfelder der befragten Verlage

(Antworten auf die Fragen „Was wird Ihrer Einschätzung nach 2015 das wichtigste (das zweitwichtigste) Geschäftsfeld der Verlagsgruppe sein?", N=10)

Geschäftsfeld	Anzahl der Nennungen „WICHTIGSTES Geschäftsfeld"	Anzahl der Nennungen „ZWEITWICHTIGSTES Geschäftsfeld"
Regionalzeitung	10	0
Anzeigenzeitung	0	6
Digital	0	2
Logistik	0	2
Druck	0	0
Dienstleistungen	0	0

Der Stellenwert der regionalen Zeitungen innerhalb des Gesamtunternehmens soll gleichwohl „in etwa gleich bleiben", wie neun der zehn befragten Verlagsgeschäftsführer angaben. Nur in einem befragten Unternehmen soll dieser bis zum Jahr 2015 vergleichsweise sinken. Diese Erwartung ist jedoch nicht auf einen absoluten Rückgang des Zeitungsgeschäfts, sondern auf das Wachstum anderer Geschäftsfelder – und damit auf einen relativen Bedeutungsverlust der Regionalzeitung innerhalb des Unternehmens – zurückzuführen. Ihre Antworten auf die Frage nach dem zukünftigen Stellenwert der Regionalzeitung begründeten die Befragten wie folgt:

1. Stabilisierung des Zeitungsgeschäfts durch unterschiedliche Maßnahmen auf der Kosten- und der Erlösseite
2. Exklusivität regionaler Inhalte wirkt als Schutz
3. in der langfristigen Tendenz ist der Stellenwert sicherlich sinkend, bei intensiven Bemühungen aber erst nach 2015
4. Online verdrängt Print im Regionalen nicht so schnell
5. Wachstum der anderen Bereiche ist nicht so schnell wie notwendig, um die Lokalzeitung im Stellenwert abzuzinsen (Kern- und Trägermarke)
6. regionale Zeitungen sind der Ausgangspunkt für erweiterte Informations- und Werbedienstleistungen

7. Werbeverluste können durch Vertriebspreiserhöhungen kompensiert werden
8. Zeitungen positionieren sich als Qualitätsanbieter

Die Delphi-Teilnehmer lieferten hier also auf unterschiedlichen gedanklichen Ebenen angesiedelte Argumente. Die Punkte 1, 3, 5 und 7 sind eher „technischer" Natur, indem sie die Veränderung der Einnahmensituation beschreiben. In den Punkten 2, 6 und 8 scheinen inhaltliche Argumente für den Bedeutungserhalt auf. Punkt 4 spielt auf die digitale Substitution an. Insofern ist zunächst nicht von einer Abzinsung der Zeitung innerhalb der Unternehmen auszugehen. Anders herum deuten die letzte hier aufgeführte Antwort sowie die drittletzte Antwort auf eine indirekt steigende Bedeutung der Regionalzeitung innerhalb des Verlags hin. Dabei wird die Zeitungsmarke zur Plattform für erweiterte Dienstleistungen und damit zum Schlüssel für jedwedes Neu- und Zusatzgeschäft über den Markentransfer (vgl. dazu auch Kapitel 3.3.3.5).

Zwei Delphi-Teilnehmer äußerten sich in den Leitfadengesprächen der Prädelphi-Welle ausführlich zur Bedeutung der Marken, die aus ihrer Sicht in zunehmendem Maße wichtige und verwertbare Assets werden. Teilnehmer 7 sagte dazu: „Der Markenwert [hat] zwei immanente Bestandteile, die für alle anderen Geschäftsfelder von extremer Wichtigkeit sind. Erstens hat er die höchste Markendurchdringung im Markt, zweitens transportiert er das Thema Glaubwürdigkeit." Teilnehmer 8 sagte: „Wo […] Zeitung drauf steht, gibt es ein unglaubliches Vertrauen. Auch bei jungen Leuten übrigens, weil sie zumindest das übernommen haben, auch wenn sie die […] Zeitung nicht täglich lesen. […] Die Zeitungsmarke hat einen unglaublichen Wert und ist natürlich übertragbar auf andere Angebote, aber die Qualität muss stehen; man darf die Marke auch nicht irgendwie verwässern, sonst heißt es: Jetzt bieten die schon irgendwelchen Schrott an."

Dass die Regionalzeitung innerhalb des Verlags auch künftig eine herausgehobenen Stellung haben wird, zeigte sich ferner in einer weiteren Frage der Online-Befragung: So gaben alle zehn befragten Verlagsgeschäftsführer an, die Regionalzeitung bzw. die Dachmarke werde auch künftig aus strategischer Sicht den höchsten Stellenwert haben. Daneben betrachten sieben der zehn Befragten das digitale Geschäft als strategisch wichtig. Jeweils einmal wurden zudem Dienstleistungen und Anzeigenblätter genannt.

Tabelle 15: Strategisch wichtige Geschäftsfelder der befragten Verlage

(Antworten auf die Frage: „Welche Geschäftsfelder werden strategisch gesehen die wichtigsten für Ihr Unternehmen sein?“, N=10, Mehrfachnennungen möglich)

Geschäftsfeld	Nennungen
Regionalzeitung (Dachmarke)	10
digitales Geschäft	7
Dienstleistungen	1
sonstiges*	1
Logistik	0
Hörfunk/Fernsehen	0

* Als „sonstiges“ wurden hier Anzeigenblätter genannt.

5.1.3 Ertragslage und wichtige Erlösquellen

Neben dem Umsatz ist die Ertragslage eine weitere wichtige Stellgröße der Unternehmen. Dies gilt insbesondere in einem Umfeld insgesamt stagnierender oder sogar rückläufiger Branchenumsätze. Dennoch sehen die meisten befragten Verlage ihre Ertragssituation auch in der Zukunft gelassen (vgl. Tabelle 16). Fünf Verlage erwarten Umsatzrenditen zwischen 5 und 10 Prozent, drei zwischen 10 und 15 Prozent, ein Befragter, dessen Verlag (nach publizierten Geschäftszahlen) bekanntermaßen zur Spitzengruppe der Verlage gehört, machte hierzu keine detaillierten Angaben für den Geschäftsbereich. Nur ein Verlag bezifferte die Renditeerwartungen zwischen 0 und 5 Prozent.

Tabelle 16: Erwartete Entwicklung der Ertragslage in den befragten Unternehmen

(Antworten auf die Frage: „Wie wird sich die Ertragslage Ihrer Verlagsgruppe bis 2015 voraussichtlich entwickeln?“, N=10)

Veränderung der Ertragslage	Nennungen
Der Ertrag wird um über 15 Prozent steigen.	0
Der Ertrag wird um über 10 bis 15 Prozent steigen.	3
Der Ertrag wird um über 5 bis 10 Prozent steigen.	5
Der Ertrag wird um 0 bis 5 Prozent steigen.	1
Ich erwarte Verluste.	0
keine Antwort	1

Eine wichtige betriebswirtschaftliche Frage ist die der Erlösquellen. Sowohl im Leitfadengespräch der ersten Welle als auch in der Online-Befragung der zweiten Welle wurden die Verlagsvertreter daher nach der künftigen Bedeutung der großen Erlösquellen befragt.

Ein Ergebnis der Befragungen ist, dass die klassischen Anzeigenerlöse nach Einschätzung der Befragungsteilnehmer bis zum Jahr 2015 in ihrer Bedeutung stagnieren bzw. sogar an Bedeutung verlieren werden (vgl. Tabelle 17). Wichtiger werden hingegen die Erlöse aus dem Vertrieb, dem Handel und durch Gebühren. Auch im Hypothesenteil der Onlinebefragung wurde das Thema der Erlösentwicklung branchenbezogen diskutiert. Die These „Vertriebserlöse gewinnen an Bedeutung“ erwies sich dabei als weitgehend unstrittig. Acht Teilnehmer äußerten hierzu Zustimmung, zwei verhielten sich neutral. Ähnlich präsentierte sich das Meinungsbild zu der These: „Erlöse aus anderen Verkäufen bzw. Dienstleistungen gewinnen an Bedeutung.“ Neun von zehn Teilnehmern stimmten hier der Auffassung zu, dass neue Erlösquellen zukünftig mehr zum Gesamterfolg der Unternehmen beitragen müssten.

Tabelle 17: Voraussichtliche Bedeutung unterschiedlicher Erlösquellen im Jahr 2015

(Antworten auf die Frage: „Wie wird sich die Bedeutung der folgenden Erlösquellen für Ihr Unternehmen bis 2015 verändern?“, N=10)

Erlösquelle	deutlich wichtiger	wichtiger	bleibt gleich	weniger wichtig
Anzeigenerlöse	0	0	8	2
Vertriebserlöse	2	7	1	0
Handelserlöse (etwa Buchverkäufe, Transaktionserlöse aus Couponing)	2	6	2	0
Gebühren (etwa Beilagen, Direktmarketing, Briefgeschäft)	3	4	3	0

Stellenwert digitaler Erlöse

Angesichts der medienkonvergenten Entwicklung ist davon auszugehen, dass das digitale Geschäft künftig nicht nur strategisch (vgl. dazu Tabelle 15), sondern auch als Erlösquelle an Bedeutung gewinnen wird. Sowohl im persönlichen Gespräch der Prädelphi-Welle als auch in der Online-Befragung der zweiten Runde wurde daher auf dieses Thema eingegangen. Zum strategischen Stellenwert der Digitalisierung in den bevorstehenden Jahren äußern sich die Verlagsvertreter insgesamt eher zurückhaltend oder skeptisch.

Die persönlichen Gespräche zeigten zunächst, dass der Anteil digitaler Erlöse im Jahr 2010 zwischen 1 und 7 Prozent der Gesamterlöse lag, im Durchschnitt jedoch zwischen 1 und 2 Prozent. In vielen Gesprächen wurde die seriöse Bilanzierung der eigenen Online-Umsätze betont, die ein künstliches Hochrechnen ausschließt und nur tatsächlich genuin online generierte Umsätze in diesem Bereich verbucht[36].

In den kommenden Jahren rechnen die befragten Verlage damit, dass sich der Anteil ihrer digitalen Erlöse relativ gemessen am Gesamtumsatz dynamisch entwickeln wird. Im Durchschnitt erwarten sie, dass die Erlöse rund 10 Prozent (Mittelwert: 10,4) zum Gesamtumsatz des Unternehmens beisteuern. Die Spreizung der Antworten war allerdings beachtlich: Während vier Verlage den Durchschnittswert fast exakt abbildeten, lagen zwei Verlage mit 15 Prozent und 21 Prozent recht deutlich darüber. Das andere Ende bildeten zwei Verlage, die für das Jahr 2015 mit je 5 Prozent digitalen Erlösen rechnen, und zwei Verlage, die 7 bzw. 8 Prozent anpeilen. In den Feedbackgesprächen der dritten Welle entspann sich denn auch eine rege Diskussion über diese Ergebnisse. Dabei löste vor allem die Schätzung von 21 Prozent der Umsatzerlöse eine Debatte aus.[37]

Nur die Teilnehmer 1 und 6 gaben sich im Hinblick auf die Gesamtbedeutung der Paid Content-Angebote bzw. der Bedeutung der Digitalisierung für die Unternehmensumsätze im Jahr 2015 optimistisch. Teilnehmer 8 ging auf den relativen Charakter quotaler Angaben ein. Starke Veränderungen bei den digitalen Erlösen, so sein Argument, verwiesen eben nicht nur auf satte Steigerungen im betreffenden Bereich, sondern auch auf einen möglicherweise besonders starken Verfall des Altgeschäfts: „Ich bin da optimistisch bezüglich des Bestands des alten Geschäfts und zurückhaltend beim Optimismus bezüglich des digitalen Geschäfts.“ Ähnlich äußerte sich Teilnehmer 5, der auf konservative eigene Planungen mit hohen Planungssicherheiten hinwies. Seine bisherigen Erfahrungen mit digitalen Erlösen ließen keine gewaltigen Sprünge aus diesem Bereich vermuten, erklärte er und sagte: „Da passiert schon was, aber das geht nur ganz langsam voran.“ Teilnehmer 3 bezweifelte, dass

36 Die Unternehmen am oberen Ende der Spanne vereinnahmen auch weitere Erlöse in der Digitalsparte, etwa durch die Produktion von TV- bzw. Bewegtbildinhalten.

37 Zur Einordnung ist zu sagen, dass der Wert von einem Unternehmen genannt wurde, das einen etwas anderen Zuschnitt hat, als bei den meisten anderen Verlagen üblich.

ein digitaler Umsatzanteil von 21 Prozent an den relativen Gesamterlösen allein im regionalen Markt zu erreichen sei. Teilnehmer 7 wurde noch grundsätzlicher: „Ich weiß nicht, was das Gegengewicht sein soll. Die Diskussion kommt ja immer wieder; da gibt es ja fast schon eine Konditionierung, die ist teilweise wirklich schon ganz interessant. Ich weiß nicht, ob das Heil wirklich vollständig in dem Thema Digitalisierung liegt. Daran würde ich 23 Fragezeichen machen, weil der Umsatz, den wir dort erzielen, auch auf Sicht im Verhältnis zu den Restumsätzen verschwindend gering ist."

Auch Teilnehmer 4 hat begrenzte Erwartungen, was die Umsatzentwicklungen durch digitale Angebote auf neuen Endgeräten in den kommenden Jahren anbelangt, und berücksichtigte diese in seiner Umsatzprognose nicht. Teilnehmer 3 relativierte die Bedeutung der Digitalisierung für die nahe Zukunft in seiner Region. Er verwies dabei auf die technischen Schwierigkeiten der flächendeckenden Breitbandversorgung auf dem Land und die niedrige Durchdringung der Region mit digitalen Endgeräten. Dann sagte er: „Das heißt nicht, dass dies eine digitale Strategie von vorne herein aussichtslos erscheinen lässt. Man muss nur einen längeren Atem haben. Man muss bestimmt technische Rahmenbedingungen im Auge haben, und das Dritte ist, man muss beim Investieren etwas vorsichtiger sein."

Um das große Feld der „Erlöse aus dem digitalen Geschäft" näher einzugrenzen, wurden die Untersuchungsteilnehmer in der Online-Befragung der zweiten Welle explizit danach gefragt, welche Erlösquellen im Digitalgeschäft für ihren Verlag besonders wichtig seien bzw. im Jahr 2015 sein werden. Hierzu machten die Befragten folgende Angaben:

1. Anteile aus dem Verkauf von crossmedialen Angeboten, Online-Plattformen für regionale und lokale Kunden
2. Werbung, Paid Content
3. Paid Content, crossmediale Produkte (z.B. Branchenbuch)
4. mobile Dienste, transaktionsbedingte Geschäfte
5. Online-Werbung
6. Online-Erlöse (gut positionierte Webagentur, nationale OMS-Erlöse, Online-Stellenmarkt: innovative regionale Stellensuchmaschine setzt sich weiter durch)
7. digitale Werbeformen, Freemiumerlöse, Handelsplattformen
8. Online-Rubrikenerlöse und weitere Werbeformen (regionaler/lokaler Handels- und Dienstleistungskunden) werden in den nächsten drei bis sieben Jahren dynamisch wachsen.

9. lokale und regionale Inhalte auf mobilen Endgeräten
10. Online-Portale, nationale Vermarktung (OMS), Tablet-Computer, mobile Dienste

Zusammenfassend heißt das: Die Teilnehmer unterscheiden drei Hauptkategorien von Erlösquellen im digitalen Geschäft:

1. Werbeerlöse (Anzeigenvermarktung, Rubriken [auch: Stellensuche, Webagentur] etc.)
2. Paid Content (Freemium, mobile Dienste)
3. transaktionsbedingte Erlöse (v.a. Handelsgeschäfte)

Auffällig ist, dass die Delphi-Teilnehmer dem Thema Paid Content deutlich unterschiedlich großen Wert beimaßen. Es wurde hier nur viermal explizit als bedeutende Geschäftsquelle genannt (siehe oben sowie dazu auch Kapitel 5.3.2.3). Einige Delphi-Teilnehmer berücksichtigten gar keine Einnahmen aus dem möglichen Paid Content-Verkauf für ihre Umsatzprognosen. Die Zunahme der Online-Werbeerlöse bzw. die Verschiebung der Gesamtwerbebudgets galt den befragten Verlagsmanagern dagegen weithin unumstritten.

Ganz objektiv hat bei der Frage nach den Möglichkeiten für Paid Content in den Jahren 2012 und insbesondere 2013 vor dem Hintergrund der fortlaufend schwachen Werbemarktentwicklung ein deutliches Umdenken eingesetzt. Ende 2013 hatten bereits fünf der befragten Verlage ein Paid-Content-Modell eingeführt (zum Stand der aktuellen Debatte auch Kapitel 1.4).

5.1.4 Aktuelle Herausforderungen

Die Leitfadengespräche begannen mit einer denkbar offen gestellten Frage nach den drei größten Herausforderungen für die Unternehmen in ihren betreffenden Märkten. Diese wurde zumeist in sehr langen Ausführungen beantwortet. Das Ziel dieser Frage lässt sich auf unterschiedlichen Ebenen darstellen, nämlich: Problemstrukturierung und -gewichtung der Untersuchungsteilnehmer ermitteln sowie einen Einblick in die Denkstrukturen erhalten.

Die Aufgabe wurde von den Unternehmen ganz unterschiedlich strukturiert und hierarchisiert (Framing) und auf ganz verschiedenen Ebenen von den Teilnehmern gelöst. Genannt wurden unternehmensbezogene, konkret marktbezogene sowie eher abstrakte und externe (Makro-) Einflüsse. Auch die philosophisch-gesellschaftliche Ebene wurde dabei gestreift. Jedes Mal wurde das Thema Lesermarkt bzw. als Makroentwicklung die veränderte Mediennutzung genannt, viermal das Thema des Werbemarkts. Zweimal wurde das Querschnittsthema Personal als expliziter Erfolgsfaktor benannt. Als weiterer externer und zugleich marktwirksamer Faktor wurde das Thema der demographischen Entwicklung angesprochen, dessen Beeinflussung sich den Unternehmen indes entzieht.

In Bezug auf die Unternehmensorganisation nannten die Befragten konkret die folgenden Herausforderungen:

1. interne Organisation als Führungsaufgabe
2. das richtige Personal finden und halten (Dieser Punkt wurde von drei Befragten angesprochen.)
3. Verknüpfung von analogem und digitalem Geschäft
4. in stagnierenden Kernmärkten das der Preis- und Kostenentwicklung entsprechend notwendige Wachstum erzeugen; Geschäftstransformation des hochmargigen alten Geschäfts in neues Geschäft (Kostenarbeit) (Neu- vs. Altgeschäft)
5. Kerngeschäft nicht vernachlässigen, Digitales Geschäft aufbauen (Neu- vs. Altgeschäft)

Auch marktbezogene Fragen waren für viele Befragte ein wichtiges Thema. Sie nannten explizit die folgenden Punkte:

1. Lesermarkt/Mediennutzung als solches (Dieser Punkt wurde von allen Befragten genannt.)
2. Neukunden gewinnen, Neu- vs. Altgeschäft (Diesen Punkt nannten zwei Befragte.)
3. alte Leser halten (ebenfalls zwei Nennungen)
4. alte Produkte stabil halten (Neu- vs. Altgeschäft)
5. neue Produkte vermarkten (Neu- vs. Altgeschäft)
6. Werbemarkt (Dieser Punkt wurde von drei Befragten erwähnt.)
7. produzierte Inhalte wie auch immer zum Nutzer zu bringen

Stellvertretend für die wohl direkteste und zugleich pragmatischste Lösung dieser Aufgabe sei hier die Antwort von Teilnehmer 1 aufgeführt: „Leser binden, alte Produkte stabil halten, neue Produkte verkaufen." In ähnlichem Grundtenor, aber etwas ausführlicher äußerte sich Teilnehmer 7 zu den Herausforderungen für seinen Verlag: „Also Neulesergewinnung, immer unter der Überschrift, die Zeitung hat einen ganz hohen Wert für dein tägliches Leben. Zweitens Leserbindung, eigentlich unter derselben Überschrift nur mit anderen Mechanismen, und das dritte ist die grundsätzliche inhaltlich- strukturelle Ausrichtung einer Tageszeitung, einer Heimatzeitung vor dem Hintergrund der Wettbewerbssituation, die wir heute durch digitale Medien und Fernsehen usw. haben."

Teilnehmer 6: „Das ist nun einmal unser Kerngeschäft, das Vermitteln von Nachrichten und Werbeinhalten auf allen verfügbaren Kanälen. Das müssen wir ausbauen und dabei das Printgeschäft nicht vernachlässigen. Ganz im Gegenteil, wir glauben nicht nur, sondern sind uns sicher, dass das Printgeschäft ganz stark sein wird, auch in Zukunft, nur dass es etwas anders sein wird als heute. Es ist also nicht „nur" die gedruckte Tageszeitung, sondern es sind Satelliten, die sich um die Tageszeitung herum bilden werden."

In Bezug auf das Medienumfeld nannte ein Befragter den Punkt „demographischer Wandel" als eine wichtige Herausforderung. Auf der philosophisch-gesellschaftlichen Ebene lassen sich die folgenden Anmerkungen verorten: „Zeitung bei den Menschen verankern (als integraler Bestandteil des Lebens)" und „Zukunft der Zeitung als strukturell unterlegenes Medium sichern".

Veränderungen der Marktanteile

Im Zusammenhang mit der Diskussion um die Medienkonvergenz und damit verbundene Herausforderungen für die Verlage geht es immer wieder auch um die Frage nach der Entwicklung der Marktanteile. In der zweiten Befragungswelle, der Online-Befragung, wurden die Teilnehmer daher gebeten, den Marktanteil der zehn größten deutschen Zeitungsverlage bis 2015 zu schätzen. Zum Zeitpunkt der Befragung lag dieser bei 58 Prozent. Im Durchschnitt erwarteten die Teilnehmer eine fortschreitende Konzentration mit einem Mittelwert von 63,4 Prozent (vgl. Tabelle 18).

Besonders interessant ist die Antwort von Teilnehmer 7, der den Konzentrationsgrad auf 50 Prozent schätzte. Im Feedbackgespräch erläuterte er seine Antwort. Er erwarte nicht ernsthaft den angegebenen Rückgang. Durch seine Antwort wolle er indes deutlich machen, dass er nicht wie bisher an ein weiteres reines Aufkaufen (im Original: „Einsammeln") maroder Verlage durch die Großen der Branche glaube. Diese hätten alle selbst schwer an den erheblichen, oft kreditfinanzierten Zukäufen der letzten Jahre zu tragen, die unter heutigen Bewertungsmaßstäben oft zu teuer gewesen seien. Daher erwarte er für schwierige Fälle in

Tabelle 18: Marktanteile der zehn größten deutschen Zeitungsverlage 2015

(Antworten auf die Frage „Der Marktanteil der zehn größten deutschen Zeitungsverlage liegt derzeit bei 58 Prozent. Wie groß wird er 2015 sein?", N=10)

Geschätzter Marktanteil	
70	
68	
66	
65	
65	
65	
65	
65	
60	
50	
63,4	*Mittelwert*

den kommenden Jahren auch Zeitungsinsolvenzen. Akquiriert werden dürften nur noch Top-Häuser. Dies würde für Akquisitionen eher aus der zweiten Reihe der Verlagshäuser sprechen und für einen sinkenden Marktanteil der Top Ten. Teilnehmer 5 formulierte im Feedbackgespräch: „Die Großen stoßen derzeit an ihre Grenzen. Die Begehrlichkeiten des Zukaufs haben sich in den letzten Jahren reduziert. Es wird nur noch das zugekauft, was sich sicher refinanzieren lässt." Diese Markteinschätzung wurde in einigen Feedbackgesprächen den anderen Teilnehmern gegenüber referiert und stieß auf Zustimmung.

Neben der Frage nach einer generellen Einschätzung zu Marktanteilen der Verlage in Deutschland widmete sich die Befragung der Untersuchungsteilnehmer auch der konkreten Situation ihrer Verlagshäuser. In der Online-Runde der zweiten Welle wurden sie ganz explizit danach gefragt, welche Veränderungen sie für ihr Unternehmen erwarten. Dabei zeigte sich, dass die Untersuchungsteilnehmer die Wettbewerbsintensität in ihren Märkten sehr unterschiedlich einschätzen. Die meisten Verlage gingen davon aus, dass ihr Marktanteil im regionalen Markt bis 2015 weitgehend konstant bleibe. Vier Teilnehmer rechnen mit eher steigenden Marktanteilen. Drei Teilnehmer erwarten in ihrem regionalen Umfeld neue Marktteilnehmer im Bereich Anzeigenblätter, sieben erwarten dies nicht. Auch bezogen auf die Stellung im gesamten deutschen Markt sehen sich die meisten befragten Verlage – sechs von zehn – eher auf gleichbleibendem Niveau. Drei Verlage gehen davon aus, dass sich ihr Anteil am gesamten deutschen Markt steigern wird, ein Verlag erwartet einen sinkenden Marktanteil.

Um die eigenen Marktanteile zu halten bzw. zu steigern, haben die Zeitungsverlage ihre Marktbearbeitung durch die unternehmenseigenen Verkaufsabteilungen verstärkt. Die forcierte Verkaufsorientierung resultiert aus der Umkämpftheit der Märkte und führt dazu, dass die Verlage die Anzeigenabteilungen personell verstärken. Zudem wurden die Salesabteilungen häufig umstrukturiert. Teilnehmer 7 sagte dazu: „Wenn es an inhaltliche Dinge geht oder in den Verkauf, halte ich mich sehr zurück [Kontext: Personalabbau, *d.A.*], denn für den Verkauf haben wir eher noch aufgebaut. Wir haben heute mehr Verkäufer am Start im Markt, als es vorher war."

An dieser Stelle erscheint ein Rückblick auf die Veränderungen in den jüngsten Jahren hilfreich. Dazu nahmen die Untersuchungsteilnehmer in den Leitfadengesprächen ausführlich Stellung. Teilnehmer 5: „Wir wollen aus einer Verwaltungsorganisation eine Verkaufsorganisation machen. Wir gucken stark, wo sind Dinge, die wir nicht brauchen, die wir nicht tun müssen, um dafür in den Verkauf zu investieren, in Verkauf und Redaktion. Wir haben vor vier Jahren, glaube ich, angefangen mit Nachwuchsverkäufern zu arbeiten, die wir zusätzlich in die Organisation hineingegeben haben – zu diesem Thema: Wie geht eigentlich Online? [...]"

Teilnehmer 8 entwickelte im Leitfadengespräch Ideen zur möglichen neuen Bedeutung und Rolle von Anzeigenabteilungen in seinem Verlag: „Anzeigenabteilungen waren relativ häufig Abwicklungsabteilungen gewesen. Das sind heute Kreativabteilungen, die viel mehr leisten, als sie noch vor wenigen Jahren leisten mussten. Heute haben sie meistens in einer Person so etwas wie eine Agentur, also im Sinne von Kreativagentur, Mediaplanung und Verkäufer in einem. Das ist jetzt eine Wunschkonstellation, die haben wir so natürlich nicht in allen Fällen. Damit will ich nur sagen, die strategische Bedeutung ist gestiegen im Sinne von: Dieser Bereich muss mehr Beitrag leisten zum Unternehmenserfolg angesichts schrumpfender Märkte in diesem Bereich."

Teilnehmer 4 nannte im Leitfadengespräch im Kontext der Herausforderungen: „[...] Multimedialität. Wir versuchen, immer mehr Umsätze und Angebote crossmedial zu machen. Das ist ein Langfristprojekt natürlich, indem wir die Sales-Abteilungen in einer Verkaufsabteilung zusammenführen. Wir wollen nicht mehr einzeln Online und einzeln Print verkaufen, sondern wir wollen einen Verkäufer, der die Marke verkauft und den Weg zum crossmedialen Verkäufer schafft. Das ist ein ganz wichtiges Ziel, was auf der Kunden- und Agenturseite abgebildet werden muss. Da gibt es weitgehend noch eine Trennung. Wir glauben daran, dass es eine Zukunft haben wird, das muss man noch intern abbilden."

Der deutlich höhere Aufwand in diesem Bereich zeitige unterm Strich dennoch fortlaufend sinkende Erträge. Anders gesagt sinke der Grad der Querfinanzierung der Zeitung durch die Anzeigen derzeit deutlich. Einen verminderten Rang der Anzeigen in der strategischen Gesamtbedeutung erkennen die Verlagsgeschäftsführer dennoch nur in begrenztem Umfang, da sich auch die Anzeigen selbst verändern und nicht statisch bleiben. So agieren Verlage auch im Anzeigenbereich als Dienstleister, die neue digitale Umfelder (z.T. auch Contentumfelder) selbst produzieren. Teilnehmer 4 sagte: „Wir haben in den Jahren 2009 und 2010 ganz erhebliche Neuumsätze erzielt, also im Jahr 2009 haben wir neue Umsätze, die es vorher nicht gab, entweder mit neuen Kunden oder über neue Felder gemacht, einfach nur durch Marktbearbeitung. Das sind Hochglanzmagazine, die wir beilegen, eine Erhöhung der Anzahl an Sonderveröffentlichungen, neue Konzeptideen. Außerhalb des Anzeigenbereichs haben wir die Anzahl der Bücher, Buchreihen, Sonderprodukte, DVDs ganz deutlich erhöht, weil wir gesagt haben, eine Marke ist mehr als die Zeitung, sondern die muss auf vielen Wegen zu den Leuten kommen."

Umgekehrt kommt dem Bereich Lesermarkt eine zunehmende Bedeutung zu. Teilnehmer 8 stellte fest, nachdem zuvor die Rede von der Bedeutung der Anzeigen gewesen war: „Vertrieb sehe ich als Thema Lesermarkt. Das ist die Bearbeitung der Lesermärkte, Nutzermärkte, ob Print oder Online – das ist völlig egal. Dieser Bereich ist noch viel stärker gefordert, das bei den Lesern und Nutzern zu generieren, was wir auf der Erlösseite hier verloren haben im Markt. Hier kann man wirklich sagen, dass es gewissermaßen eine Verschiebung hinsichtlich der Bedeutung gibt, was den Beitrag zum Gesamterfolg betrifft. In dem Bereich müssen wir sehen, dass wir steigende Vertriebspreise auch im Markt umsetzen."

5.2 Selbstverständnis und Kernkompetenzen

Ein informelles Konstrukt, das gleichwohl wichtige Erkenntnismöglichkeiten über Strategien, Selbstverortung und Vorgehensweisen ermöglicht, ist das Selbstverständnis (Selbstbild), dessen Entwicklung zwischen Vergangenheit und Zukunft vermessen werden sollte. Dabei geht es auch darum, wo das Unternehmen seine jetzigen und zukünftigen Kernkompetenzen (vgl. Rau 2007, 67f.) sieht.

5.2.1 Selbstverständnis heute und morgen

Das Selbstbild und das Selbstverständnis des Verlags waren wichtige Themen in den Leitfadengesprächen der Prädelphi-Runde. Die Gespräche zeigten, dass die meisten Befragten ihr Unternehmen nicht mehr allein als Printmedienanbieter, sondern als Medienhaus sehen und bezeichnen. Nur ein Befragter (Teilnehmer 10) bezeichnete seinen Verlag noch als reines Printmedienhaus. Dazu ist erklärend hinzuzufügen, dass es sich bei diesem Unternehmen um einen Verlag mit unterschiedlichen Aktivitäten handelt, die aber nicht unter dem gemeinsamen Dach einer Holding konsolidiert werden.

Die anderen Befragten verwiesen auf unterschiedliche Aktivitäten ihres „Medienhauses“ in anderen Medienbereichen, etwa im Hörfunk oder TV. Bei vielen, aber nicht allen Unternehmen ist das Selbstverständnis als Medienhaus bereits in den Unternehmensnamen reflektiert. Teilnehmer 5 beantwortete die Frage nach dem Selbstbild mit einem Verweis auf die Corporate Mission seines Hauses: „Wir haben hier in dem Haus eine Mission entwickelt, damit jeder weiß, worum es uns geht. Und das ist für ein regionales Medienhaus nicht besonders kompliziert. Wir haben gesagt, das, was uns ja alle gemeinsam verpflichtet, das ist das Motto ‚Dem Menschen in der Region verpflichtet'. Das heißt, dass wir es als unsere Kernaufgabe verstehen, den Menschen, die in dem Verbreitungsgebiet unserer Medien unterwegs sind, hier wohnen, diesen Menschen eine aktive Teilnahme am Geschehen zu ermöglichen.[…] Ich denke, dass wir im Kern die Informationsdrehscheibe sein wollen, für das, was hier in diesem Gebiet passiert. […] Ein weiteres Thema ist, dass wir schon glauben, dass wir in Werbemärkten noch große Kompetenz haben, weil es auch hier bei unseren Medien so ist, dass eine gewisse Filterfunktion da ist. Hier hat eben nicht jeder die Gelegenheit, alles hineinzustellen. Und es ist auch klar, dass das Bezahlen von werblichen Inhalten seine Vorteile hat, weil Sie in unseren Produkten, egal ob Print oder Online, nicht den Schrott finden, den Sie woanders finden.“

Den starken Bezug zum Lokalen betonte auch Teilnehmer 7: „Wir sind DAS lokale Medienunternehmen. [...] Wir sind der lokale Platzhirsch. Wenn jemand lokale Informationen, sublokale Informationen haben möchte, muss er irgendetwas aus unseren Services [wahrnehmen], bei uns vorbeikommen. [Aber] soweit sind wir noch nicht. Da gibt es leider noch andere, und da hat man sich hier im Haus in den vergangenen Jahren extrem auf die Tageszeitung konzentriert, was heutzutage unserer Ansicht nach so nicht mehr ganz funktioniert. Das ist unser Selbstverständnis. Wir gestalten aber auch die Region und das Lokale mit."

Einige Verlagsgeschäftsführer geben ihrem Unternehmen zudem schon eine weitere Entwicklungsrichtung vor, indem sie es im Gespräch als Dienstleistungsunternehmen bezeichnen. Teilnehmer 3 sagte: „Wir sehen uns als Medienhaus mit der Perspektive Dienstleistungsunternehmen mit Schwerpunkt Medien. Medienhaus sind wir jetzt schon zunehmend, das andere werden wir irgendwann hoffentlich sein." Fast gleichlautend äußerte sich Teilnehmer 7: „Wir sind ein Medienunternehmen und zugleich auch ein Dienstleistungsunternehmen. Diese beiden Eigenschaften sind zunehmend miteinander verschränkt."

Zukünftige Veränderungen des Selbstverständnisses

Die Frage nach dem Selbstverständnis des Unternehmens wurde auch in der zweiten Befragungsrunde, der Online-Befragung, wieder aufgegriffen. Hier wurden verschiedene Möglichkeiten des Selbstbildes vorgeschlagen, und die Teilnehmer wurden um eine Zuordnung zu einer der Kategorien gebeten – wobei nicht das aktuelle Selbstverständnis, sondern das Ziel für das Jahr 2015 abgefragt wurde (vgl. Tabelle 19).

Tabelle 19: Zukünftiges Selbstverständnis der befragten Verlage

(Antworten auf die Frage: „Was ist das Selbstverständnis Ihres Verlags 2015?", N=10)

Selbstverständnis	Nennungen
Medienhaus	8
Printmedienhaus	1
Dienstleistungsunternehmen	1
Zeitungshaus	0
Sonstiges	0

Der Blick auf die Antworten der Befragten zeigt, dass sich die Selbsteinschätzungen der Unternehmen im Hinblick auf die nahe Zukunft weitgehend mit dem bisherigen Selbstbild decken. Ein Unternehmen sieht sich auch weiterhin als Printmedienhaus, acht Verlage bezeichnen sich als Medienunternehmen, ein Verlag betrachtet sich als Dienstleistungsunternehmen. Im Feedbackgespräch der dritten Welle erläuterte Teilnehmer 10, der sein Unternehmen künftig als Dienstleistungsunternehmen sieht, er wolle mit seiner Wahl vor allem die Entwicklungsrichtung des Unternehmens deutlich machen.

Um die abgefragten Selbsteinschätzungen noch einmal zu hinterfragen bzw. zu festigen, wurden die Antworten auf die Frage auch in den Feedbackgesprächen der dritten Welle diskutiert. Insgesamt zeigten die Erläuterungen der Befragten in diesen Gesprächen unterschiedliche Prioritätensetzungen und letztlich unterschiedliche Strategien in den einzelnen Verlagen. Im Kern der Debatte stand der Dienstleistungsbegriff. Um diesen entspann sich eine rege Diskussion. Obwohl die Teilnehmer ihn zum Teil selbst häufig benutzten, wiesen sie darauf hin, dass es sich potenziell um eine „Black box“ (Teilnehmer 3) handle. So könne man auch Informationen und Logistikaktivitäten unter dem Rubrum Dienstleistungen subsumieren. Teilnehmer 10 sieht seinen Verlag auf dem Weg vom Medienhaus zum Dienstleistungsunternehmen, „das die Region miteinander verbinden kann“. Dies deutet an, dass unter dem Begriff doch mehr zu verstehen ist. Hinter dem Begriff der Dienstleistungen verbergen sich für ihn neue Geschäftsfelder, die vor allem Transaktionserlöse abwerfen. Daraus ergibt sich auch eine Veränderung der bisherigen Wertschöpfung im Sinne einer Verlängerung (vgl. dazu Kapitel 3.3.3).

Analog sieht Teilnehmer 3 seinen Verlag zunehmend als Dienstleistungsunternehmen im Drittgeschäft aktiv. Dabei denkt er an Tickets für Veranstaltungen und Leserreisen. Teilnehmer 8 füllt den Begriff Dienstleistungen für sein Haus wie folgt mit Leben: „Ich meine Dienstleistungen rund um das Aufbereiten und Verbreiten von Informationen und Services. Unsere Rolle hat sich verändert, wir müssen versuchen, alle Kanäle abzudecken, und uns auch mit Feldern beschäftigen, die noch nicht zu unserer Kernkompetenz zählten. Dazu rechnen ebenso Bewegtbild im Internet und Hörfunk. Dazu rechnet aber auch die Vernetzung bei der Vermarktung. Wir müssen eine Agenturleistung im Sinne einer Mediaagentur und einer Inhalteagentur erbringen. Schließlich bedeutet Dienstleistung auch im logistischen Sinne die Verteilung weiterer Medienprodukte. Das könnten zukünftig ja auch verstärkt Zeitschriften sein.“

Für Teilnehmer 7 bedeutet der Begriff der Dienstleistung ein „lokales Mehrwertkonzept“, das auch schon Basis der Zeitung ist. An deren Markendurchdringung anknüpfend bietet der Verlag weitere ganz lokale Dienstleistungen an. Diese beziehen sich auf unterschiedliche Märkte im B-to-B-Bereich. Es ist evident, dass mit der verstärkten Dienstleistungsorientierung auch Verschiebungen im Bereich der Wertschöpfung einhergehen.

5.2.2 Kernkompetenzen und Kerngeschäft

Bereits in den Face-to-Face-Gesprächen der Prädelphi-Welle wurde die Frage nach strategierelevanten Kernkompetenzen und dem Kerngeschäft des Verlags mit den Befragungsteilnehmern diskutiert. Hier sollte in der avisierten Weise ein Ist-Wert für jeden einzelnen Verlag erhoben werden, der als Basis den für die Zukunft ermittelten Werten gegenübergestellt werden konnte. Zusammenfassend nannten die Befragten in diesen Gesprächen die folgenden Kernkompetenzen:

1. regionale Infos aller Art, Logistik der „letzten Meile“
2. journalistische Kompetenz als Full-Service-Anbieter
3. lokale/regionale Berichterstattung
4. Informationsdrehscheibe
5. lokaler Marktplatz
6. lokale Inhalte produzieren

Diesen ersten Einschätzungen schloss sich in der zweiten Welle der Online-Befragung eine geschlossene Frage nach den zukünftigen Kernkompetenzen des Unternehmens an (vgl. Tabelle 20). Alle Teilnehmer nannten hier den Bereich der Information, fünf nannten Dienstleistungen als Kernkompetenz und drei den Bereich Logistik.

Tabelle 20: Kernkompetenzen der befragten Verlage im Jahr 2015

(Antworten auf die Frage: „Welches sind die Kernkompetenzen Ihres Verlags 2015?“, N=10, maximal zwei Antworten möglich)

Kernkompetenzen	Nennungen
Information	10
Dienstleistungen	5
Logistik	3
Handel	0
Sonstiges	0

Anschließend an die Frage nach den Kernkompetenzen wurden die Teilnehmer gebeten einzuschätzen, ob ihr Unternehmen bis 2015 weitere neue Kernkompetenzen entwickeln müsse. Hier ergab sich interessanterweise ein sehr gespaltenes Meinungsbild: Während eine Hälfte der Befragten, also fünf Teilnehmer, davon ausgeht, dass sie mit ihren bisherigen „Bordmitteln“ schon zukunftssicher ist, glaubt die andere Hälfte, ebenfalls fünf Teilnehmer, neue Kernkompetenzen entwickeln zu müssen. Vier der fünf Teilnehmer, die meinen, neue Kernkompetenzen definieren zu müssen, machten hierzu auch genauere Angaben:

1. Technologie
2. lokale Dienstleistungen, regionale, zielgruppengenaue Mehrwertprodukte und -services rund um die eingeführten Marken
3. medienneutrales Arbeiten in allen Redaktionen
4. Dienstleistungen auch außerhalb der Kernkompetenz „Information“, die sich aber stets mit den verschiedenen Medienkanälen gut bewerben lassen

In der dritten Welle, der Feedbackrunde nach der Online-Befragung, wurden auch diese Ergebnisse und die eigenen Antworten auf die Fragen nach den Kernkompetenzen noch einmal mit den Befragungsteilnehmern diskutiert. Dabei begründete Teilnehmer 4 ausführlich seine feste Überzeugung, dass Technologie in der Medienkonvergenz zum festen Bestandteil der Wertschöpfung wird (s.o.): „Bisher spielte Technologie in der Wertschöpfung von Verlagen keine große Rolle. Früher war das egal.“ In der Medienkonvergenz würden die Infoflüsse hingegen umgeleitet auf neue Kanäle wie beispielsweise das Ipad; die Aufmerksamkeit würde darüber hinaus in sozialen Netzwerken gebunden. „Auf dem Ipad wird die Technologie zum Bestandteil des Produktes, somit bestimmt die Technologie mit über die Wertschöpfung. Verlage müssen aufpassen, dass sie nicht in zu große Abhängigkeit von anderen geraten und damit nicht ein bloßer Dienstleister der neuen Anbieter werden, sondern Partner; deshalb müssen wir darin eine Kernkompetenz entwickeln.“ Der Verlag arbeite selbst mit Technologiekonzernen wie Google als Weiterverkäufer eng zusammen. Diese Kooperation soll sich in einem Lernprozess zu einer Partnerschaft hin entwickeln. In diesem Sinne ist der Verlag auch als Dienstleister im Drittgeschäft aktiv.

Kerngeschäft

Eng verbunden mit der Frage nach den Kernkompetenzen ist die Frage nach dem Kerngeschäft (vgl. Rau 2007, 67 f.) des Verlags. In den ersten persönlichen Gesprächen beantworteten die Befragten die zweite Frage mit den folgenden Hinweisen:

1. Plattform für journalistische und kommerzielle Inhalte aus der Region
2. Print: Zeitung, Anzeigenblatt
3. Publizieren von lokalen und regionalen Inhalten und Marktplatz/ Plattform
4. Vermitteln von Nachrichten und Werbeinhalten auf allen möglichen Plattformen
5. lokaler Marktplatz (gleich Kernkompetenz)

Die standardisierte Online-Befragung hakte auch hier nach und forderte die Untersuchungsteilnehmer auf zu entscheiden, ob das Kerngeschäft der Verlag im Jahr 2015 eher im Bereich des „doppelten Marktplatzes" oder der „Dienstleistungen" bzw. eventuell in noch anderen Bereichen zu sehen sei. Acht der zehn Befragten entschieden sich hier für den doppelten Marktplatz. Zwei Teilnehmer nannten Dienstleistungen als zukünftiges Kerngeschäft ihrer Verlage und spezifizierten dies als Redaktion (1 Teilnehmer) und als Handel (1 Teilnehmer).

Während das grundsätzliche Festhalten der Verlage an der Zwei-Märkte-Wirtschaft deutlich belegt ist, wird die Frage, wie dieser „neue Marktplatz" aussehen könnte, bis zur Diskussion der Zielgruppenveränderungen und der Veränderungen der Wertschöpfungsprozesse am Ende dieses Kapitels zurückgestellt. Insbesondere die Art der Dienstleistungen muss noch näher definiert werden. Die neue Ausgestaltung des Marktplatzes Zeitung betrifft darüber hinaus weitere Unternehmensbereiche der Verlage.

5.3 Lesermarktentwicklung

Das Thema Lesermarkt hat für die Verlage wie dargestellt eine zentrale Bedeutung. Aus diesem Markt und den dort erzielten Leistungen leitet sich ein großer Teil der zukünftigen Unternehmensleistungen ab. Entsprechend umfassend wurde die Entwicklung des Lesermarktes in der Untersuchung beleuchtet und abgebildet.

5.3.1 Auflagenentwicklung

Die Auflagenentwicklung der vergangenen Jahre war in allen befragten Verlagen eher unerfreulich. Und auch in naher Zukunft erwarten die Untersuchungsteilnehmer keine Besserung.

Auflagenentwicklung 2008 bis 2010

Die Entwicklung der Lesermärkte gestaltete sich in den Jahren 2008 bis 2010 unterschiedlich. Insgesamt war die Entwicklung negativ: Die Auflagenverluste der befragten Verlage, das ergaben die Leitfadengespräche der Prädelphi-Runde, lagen bei durchschnittlich minus 2 Prozent. Verlage mit Standort in eher ländlichen Gebieten stehen dabei deutlich besser da als solche in städtischen Räumen.

Ein Problem, das alle befragten Verlage teilen, ist die Überalterung der Leserschaft. Sie führt zu einem Rückgang des Geschäfts, der angesichts der unzureichenden Erschließung der jungen Zielgruppen mit den verlagseigenen Produkten nicht kompensiert werden kann. Teilnehmer 8 äußerte sich dazu wie folgt: „Was generell ein Problem ist […] für unsere Zeitung […], ist das Thema der älteren Leser, die entweder sterben, krank werden oder uns aus sonstigen gesundheitlichen Gründen nicht mehr lesen wollen. Wir haben z.B. bei der [([redacted]) Zeitung] eine überalterte Leserschaft, ganz eindeutig. Die steigen dann irgendwann aus, nicht erst mit dem Tod, sondern schon vorher, so um die 80. Sie sagen, ich kann eh kaum noch lesen und jetzt bestelle ich meine Zeitung ab. Der Anteil derer, die sagen, aus wirtschaftlichen oder Kostengründen will ich mir die Zeitung nicht mehr leisten, ist schon relevant. Das sind oftmals Rentner, die sparen wollen oder müssen. Die Jüngeren kommen eben nicht in ausreichendem Maße nach. Das muss man sagen. Der Leser bei uns ist schon eher 40 als 25. Also: Unsere so genannten jungen Nachwuchsleser sind tendenziell auf jeden Fall über 30."

Verschärft wird dieses Problem durch eine wachsende Untreue der Bestandskunden, die vor allem für Städte und Metropolregionen typisch ist. Ein Untersuchungsteilnehmer benannte diesen Punkt im Leitfadengespräch der Prädelphi-Runde bereits ganz zu Beginn des Interviews als eine der wichtigsten aktuellen Herausforderungen für seinen Verlag. Die Abohaltedauer bei Neukunden sei dramatisch gesunken und habe sich aus seiner Sicht in den vergangenen Jahren halbiert. Teilnehmer 10 führte im Leitfadengespräch dazu aus: „Die ganz Alten waren die Treuesten, aber sie können wegen des schlechter gewordenen Augenlichts, einer Demenz oder anderen körperlichen Gebrechen nicht mehr lesen. Das macht uns ein bisschen zu schaffen, weil die sonst noch bei der Stange wären. Aber das kann man wirklich nicht beeinflussen." Auch Teilnehmer 4 wies darauf hin, dass die Haltbarkeit der Abos je nach Vertriebsweg um die Hälfte gesunken sei. Teilnehmer 8 machte vergleichbare Erfahrungen: „Soweit wir es messen können, kann man sagen, dass die Haltedauer, die Bindungsdauer insbesondere neu gewonnener Abonnenten eigentlich permanent sinkt. [...] Wenn wir heute einen Abonnenten neu gewinnen, dann ist die Zahl derer, die nach zwei Jahren noch da sind, im Vergleich zuvor von drei oder vier Jahren deutlich gesunken. Wir verlieren die meisten Abonnenten innerhalb der ersten drei Jahre. [...] Im Trend verändert sich die jeweilige Haltedauer nach unten, je später die Abonnenten hinzu gestoßen sind. Also bei Abonnenten, die wir heute gewinnen, gehen wir davon aus, dass über 50 Prozent nach 18 Monaten schon nicht mehr dabei sind."

Auf die Entwicklungen ihrer Auflagen reagieren die befragten Verlage mit unterschiedlichen Strategien. Manche bauen größere Mengen an unrentabler, d.h. nicht verkaufter Auflage ganz bewusst ab, um ihre Rendite zu optimieren. Andere setzen auf Auflagenerhalt durch Vertriebsmaßnahmen. Die Wahl einer entsprechenden Strategie korrespondiert stets mit der Stellung des Verlags im Werbemarkt (vgl. dazu Kapitel 3.2.3 und 3.2.4). Teilnehmer 4 etwa begründete die Strategie seines Verlags wie folgt: „Wir verfolgen hier ganz klar das Prinzip der rentablen Auflage. Wir haben eben keine kritischen Auflagengrößen. Worauf wir achten müssen, ist die Relevanz, was Reichweite angeht. Wir müssen natürlich eine Reichweite haben, die uns nach wie vor zu einem relevanten Player in dem Media-Mix werden lässt; denn wenn immer mehr andere Werbemöglichkeiten entstehen, dann ist Print nur eine davon, früher war Print die einzige."

Auflagenentwicklung bis 2015

Nachdem die Gespräche der Prädelphi-Runde vor allem die vergangene Entwicklung thematisierten, widmete sich die zweite Welle der empirischen Untersuchung dem Blick in die nahe Zukunft. Die Ergebnisse waren allerdings kaum positiver: Bei einem gesetzten Index für die verkaufte Auflage von 100 im Jahr 2010 erwarten die Untersuchungsteilnehmer für das Jahr 2015 im Durchschnitt eine verkaufte Auflage von 92 (vgl.

Tabelle 21). Das entspricht einem jährlichen Abschmelzen der verkauften Auflage von etwas über 2 Prozent.

An der Spitze steht die Schätzung des Erhalts von 96 Prozent der bisherigen verkauften Auflage, was der Teilnehmer mit der Erwartung eines schnellen Vordringens zu einer „Kernleserschaft" begründete. Am Ende der Spannweite bewegen sich die Werte zwischen 85 und 88, die jährliche Auflagenverluste zwischen 3 und 4 Prozent mit einpreisen. Das Unternehmen, das die größten Rückgänge der verkauften Auflage erwartet, hatte in den vergangenen Jahren auch eine entschiedene Strategie zum Abbau unrentabler Auflagenteile ergriffen und zugleich die Vertriebspreise stark erhöht.

Die Teilnehmer begründeten ihre Wahl mit der Fortschreibung der bisherigen – „nicht guten" – Auflagenentwicklung in die Zukunft mit den oben bereits dargestellten Argumenten. Teilnehmer 6 gab schon im Leitfadengespräch zu bedenken, dass ein jährlicher Auflagenverlust im Bereich von zwei Prozent auch in Zukunft bereits ein „toller Erfolg" sei, den man sich hart erarbeiten müsse.

Tabelle 21: Erwartete verkaufte Auflagen der Regionalzeitung im Jahr 2015

(Antworten auf die Frage „Wie hoch dürfte(n) die verkaufte(n) Auflage(n) Ihrer Regionalzeitung(en) sein, wenn Sie die heutige Zahl als 100 ansetzen?", N=10)

Geschätzter Auflagenverkauf	
96	
95	
95	
93	
92	
92	
92	
90*	
88	
85	
92	*Mittelwert*

* Einer der Teilnehmer korrigierte seine in der ersten Delphi-Runde irrtümlich gemachte Angabe von 105 im Feedbackgespräch später auf 90.

5.3.2 Veränderungen der Vertriebspreise

Der Entwicklung der Vertriebspreise kommt in den Verlagen in immer größerem Maße eine strategische Bedeutung zu, da sie einen immer größeren Anteil an den Verlagsumsätzen ausmachen. Die Werbeerlöse schrumpfen diesen gewissermaßen entgegen. Viele Verlage waren dazu gezwungen, ihre Mindereinnahmen aus dem Anzeigenverkauf durch Mehreinnahmen im Bereich des Lesermarktes abzumildern. Teilnehmer 2 wies auf die Korrelation der Umsatzentwicklung seines Verlags mit der Höhe der Vertriebspreise hin. Ein weiterer Teilnehmer betonte seine Hoffnung auf die Überkompensation der Werberückgänge durch stärkere Vertriebspreiserhöhungen. Insgesamt rechnen alle Untersuchungsteilnehmer auch in Zukunft mit steigenden Vertriebspreisen.

Veränderungen der Zeitungspreise 2008 bis 2010

In den Jahren zwischen 2008 und 2010 haben alle befragten Verlage ihre Vertriebspreise deutlich erhöht, und zwar sowohl im Einzelverkauf als auch im Abo. Das jeweilige Ausgangsniveau war recht unterschiedlich, ebenso die konkreten Schritte bei der Erhöhung. So wurden die Preiserhöhungen in unterschiedlicher Weise umgesetzt. Während manche Verlage konsequent schon vor Jahren mit relativ linearen Erhöhungen in der Größenordnung von jeweils etwa 3,5 bis 4 oder sogar 5 Prozent pro Jahr operiert hatten, ergriffen andere Verlage die „Notstrategie" einer starken Preiserhöhung von über oder rund 10 Prozent im Krisenjahr 2009.

Zu den Verlagen, die ihre Abo- und Einzelverkaufspreise in den vergangenen Jahren bereits kontinuierlich leicht erhöht haben, zählt der von Teilnehmer 1. Dieser berichtet: „Ich glaube, wir haben in den letzten drei, vier Jahren, sechs bis acht Euro zugelegt. Also wir kommen von knapp 23 Euro, wenn ich jetzt das Jahr 2007, 2008 nehme." Auch im Verlag von Teilnehmer 4 wurden die Zeitungspreise in den vergangenen Jahren kontinuierlich erhöht. So gelang es sogar, die Vertriebserlöse insgesamt zu verbessern: „Im Lesermarkt [...] sehen wir rückläufige Auflagen. Wir haben es aber geschafft, eine deutliche Preiserhöhung durchzusetzen, was dazu führt, dass wir steigende Vertriebserlöse haben, eigentlich in den letzten zehn Jahren. Wir haben in den letzten drei Jahren dreimal hintereinander den Vertriebspreis um 10 Cent im Einzelverkauf und um 2 Euro im Abo angehoben, ohne dass es nennenswerte Reaktionen der Leserschaft gab. [...] Im Einzelverkauf haben wir um 25 Prozent erhöht in drei Jahren, das ist auch ordentlich. Wir erkennen sowohl in den Leserbeschwerden oder Kündigungsstatistiken als auch in den Auflagenverläufen keine nennenswerte Reaktion. Also wenn die Qualität stimmt, ist der Leser bereit, dafür auch mehr Geld auszugeben. Die muss aber stimmen."

Die Erfahrung, dass eine kontinuierliche, moderate Preiserhöhung nicht zu einem Verlust an Lesern führt, machte auch der Verlag von Teilnehmer 6. Dieser sagte zur Marktstrategie seiner Zeitung: „Wir haben zuletzt jeweils rund 3 bis 4 Prozent im Jahr erhöht und planen die nächste Erhöhung in diesem Jahr. Die Leser gehen diese Erhöhungen mit. Das Problem besteht allerdings darin, dass man neue Hürden errichtet für neue Kunden. Auch wenn man erklärt, dass der Preis nur einem Espresso entspricht, den man einfach mal runterkippt."

Die Erlebnisse der Verlage, die zu starken bzw. außerplanmäßigen einmaligen Erhöhungen gegriffen hatten, indes waren andere: So berichteten die entsprechenden Untersuchungsteilnehmer 9 und 10 von durchaus spürbaren Effekten auf die Lesermarktnachfrage. Solche Maßnahmen, so erklärten beide Teilnehmer, seien nicht Jahr für Jahr zu wiederholen. Sie planen zukünftig mit deutlich moderateren Preisanpassungen.

Es ist auffällig, dass viele Geschäftsführer auf die regionalen Besonderheiten und Traditionen bei der Preissetzung hinwiesen. Teilnehmer 3, 6 und 8 hoben etwa hervor, dass Zeitungen im Norden und Westen Deutschlands traditionell einen günstigen Einzelverkaufspreis gehabt hätten, aber im Südwesten schon immer über traditionell vergleichsweise hohe Vertriebspreise etabliert gewesen seien. Absolut gesehen am günstigsten seien die Zeitungen kaufkraftbedingt im Osten Deutschlands. Allerdings haben sich die Marktverhältnisse in den letzten Jahren wie beschrieben in dramatischer Weise verändert. Und so ist es manchen Verlagen gelungen, auch etablierte Preisgefüge zu verändern.

Erwartete Veränderungen der Zeitungspreise bis 2015

In der zweiten Welle der Befragung wurden die Teilnehmer gebeten, ihre Erwartungen zur künftigen Vertriebspreisentwicklung zu beziffern. Bei einem Index von 100 für das Jahr 2010 ergab sich hier eine Projektion des Zeitungspreises im Jahr 2015 von durchschnittlich 114 (vgl. Tabelle 22).

Deutlich überdurchschnittlich sind die erwarteten Preiserhöhungen mit Indexwerten von 125 und 123. Diese wurden den Untersuchungsteilnehmern 4 und 6 genannt, deren Unternehmen in Metropolen zu Hause sind. Teilnehmer 4 gab an, mit rigiden Vertriebspreiserhöhungen in der Vergangenheit bereits gute Erfahrungen gemacht zu haben: „Hier traue ich mir was zu." Zugleich verzeichnete der Verlag auch eine unterdurchschnittliche Performance im Lesermarkt. Einen Konnex bestritt der Teilnehmer aber entschieden. Die Response auf die höheren Abopreise sei kaum messbar. Die schlechte Auflagenentwicklung seines Zeitungstitels sei relativ unabhängig von der Preispolitik auf grundlegende Gegebenheiten des Lesermarktes zurückzuführen – etwa die hohe Mobilität bzw. Fluktuation in der Stadt. Insofern handle es sich bei den Preiserhöhungen nicht um ein bewusstes Abschmelzen der Auflage. Zeitungen seien vielmehr in Deutschland noch immer zu billig. Beim Abopreis traue er sich daher „weiterhin etwas zu." Angst vor einer digitalen Kannibalisierung habe er auch nicht. Wichtig sei, dass insgesamt bezahlt würde.

Tabelle 22: Erwartete Entwicklung der Abopreise bis zum Jahr 2015

(Antworten auf die Frage „Wie teuer wird Ihre Zeitung 2015 sein, wenn Sie den derzeitigen Abopreis als 100 ansetzen?", N=10)

Geschätzter Auflagenverkauf	
125	
123	
118	
115	
115	
115	
115	
115	
108	
108	
114	*Mittelwert*

Anzumerken ist hier, dass die abgefragten Preiserwartungen nur relativ sind, d.h. immer im Verhältnis zu den bisherigen Vertriebspreisen stehen und keine Aussage zum absoluten Verkaufspreis zulassen. Die genannten Preiserwartungen sind daher differenziert zu betrachten und nur in Teilen zu vergleichen. Teilnehmer 2 bemerkte zu Recht: „Bei der Entwicklung des Abopreises ist immer die Frage entscheidend: Wo kommen die her?" Zur Situation seines Verlags sagte er: „Wir haben da ganz sicher noch Luft nach oben, zumal die Umsatzentwicklung weitgehend aus der Abopreisentwicklung abgeleitet ist." Teilnehmer 7, dessen Verlagsprodukte „nach üblichen Kaufkrafttabellen zu den teureren Zeitungen gehören", sagte: „Wir benutzen [...] gefühlte Preisindikatoren, die uns anzeigen, dass wir 2012 und 2013 erhöhen können. Danach wird es kritisch mit weiteren Preiserhöhungen."

Die steigenden Vertriebspreise rechtfertigen die Verlage zum Teil mit wachsenden Leistungen für die Abonnenten. Diese erhalten den Zugriff auf viele zusätzliche Angebote der Häuser. Teilnehmer 7 sagte: „Wir haben das Problem, den Wert dieses Abopreises zu vermitteln. Ich will dahin kommen – lokale Lebenswelten nach dem Mehrwertprinzip –, dass wir den Leuten so viele Mehrwerte bieten, dass sich unser Abopreis der Zeitung für die Menschen in ihrem jeweiligen Lebensgefüge völlig relativiert. Also: Am Ende des Tages möchte ich den Leuten vorrechnen, dass sie mit einem Tageszeitungs-abo Geld verdienen."

5.3.3 Zahlungsbereitschaften

Im Folgenden werden die Einschätzungen der Untersuchungsteilnehmer zu den (unterschiedlichen) Zahlungsbereitschaften über die verschiedenen Vertriebskanäle hinweg betrachtet.

Zahlungsbereitschaft im Print

Die Ausführungen zur erwarteten Entwicklung der Zeitungspreise haben bereits gezeigt, dass die Untersuchungsteilnehmer insgesamt von einer gewissen Preisbereitschaft der Print-Leser ausgehen. Die für das Jahr 2015 erwarteten durchschnittlichen Preiserhöhungen für Regionalzeitungen ließen sich sonst nicht durchsetzen.

Teilnehmer 1 etwa sieht eine hohe Preiselastizität der Nachfrage, solange die Qualität der Zeitung stimmt: „Um heute zwölf Mal 30 Euro, also 360 Euro, auf den Tisch zu legen, da glaube ich schon, dass es nur für den Haushalt oder Leser interessant ist, der auch sagt: Ich habe was davon. Ich kriege was dafür." Vor allem bei den älteren Zielgruppen sei die Preissensibilität gering, das Qualitätsbewusstsein hingegen sehr hoch. „Die alten Abonnenten sind sehr gewöhnt an unsere Produkte, das Abo ist durchweg 18 Jahre haltbar und auch nicht preissensibel, ich darf Ihnen das ruhig so sagen [...]. Eigentlich weiß kein Abonnent, was er für sein Abo bezahlt, oder ganz wenige nur." Das eigentliche Problem sei, so Teilnehmer 1, „neue Abonnenten nachzukriegen" bzw. „Neu-Abos zu gewinnen" und „die jungen Leute zum Lesen zu kriegen".

Teilnehmer 9 hingegen schätzt die Preisbereitschaft der Leser seiner Verlagsprodukte kritischer ein. Eine deutliche Vertriebspreiserhöhung, so sagt er, räche sich in Form erhöhter Kündigungsraten. Für sein eigenes Haus prophezeit er bis 2015 die schrittweise Annäherung an die „Schallmauer von 30 Euro pro Monat". Er sieht dabei aber durchaus die Gefahr des Verlusts mancher Käuferschichten. Diese würden de facto „aufgegeben". Auch das Wegfallen von Anzeigen spiele hier eine Rolle, denn Anzeigen seien auch Lesestoff. Sollten etwa Anzeigen des Lebensmitteleinzelhandels wegfallen, so müsse man die Zeitung wohl auch in redaktioneller Hinsicht umstellen. Zugleich relativierte er seine eigene Einschätzung durch den Hinweis, dass das Thema hausintern Gegenstand kontroverser Debatten sei. Die Premiumstrategie, die seine Zeitung (etwa über hochwertige Magazinbeilagen) verfolge, sieht er als „falsches Pferd, auf das man setzt."

Für Teilnehmer 8 hingegen dienen die Preisstrategie und unterschiedliche Preisbereitschaft verschiedener Zielgruppen durchaus als wichtige Elemente der Steuerung. Er sagte: „Wir werden unsere Zielgruppenentwicklung über die Preissetzung beeinflussen: Unsere neuen Angebote sehe ich im Bereich der anspruchsvollen Kunden."

Zahlungsbereitschaft im stationären Internet

Kostenpflichtige Angebote im Internet werden für Verlage in Zukunft immer wichtiger. Der im Online-Fragebogen der zweiten Welle formulierten Hypothese „Kostenpflichtige digitale Angebote gewinnen für Regionalverlage an Bedeutung" stimmten alle Befragten zu. Konkret sind die Einschätzungen zur Preisbereitschaft der Online-Leser und die Angebote der befragten Verlage aber sehr unterschiedlich.

Bislang sind die Angebote der befragten Verlage im stationären Internet vorwiegend frei, d.h. sie folgen dem noch dominanten Gratisstandard im Netz. In einigen Verlagen gewinnt Paid Content aber schon an Bedeutung. Teilnehmer 4 etwa, dessen Verlag bereits ein Paid Content-Angebot hat, berichtete: „Wir sind sehr zufrieden […] mit dem Verkauf von bezahlten Inhalten im stationären Internet seit einem Jahr. Das war die absolut richtige Entscheidung, damit sind ja zwei Effekte verbunden: Der eine damit, dass ich den bestehenden Kunden einen Mehrwert biete, das ist für mich der größte Effekt. Daneben gibt es Effektzusatzerlöse, nämlich die Leute, die nun gar kein Abonnent sind, die sagen, sie wollen auch gar kein Abonnent werden, aber die Inhalte nutzen. Und die bezahlen dafür."[38] Auch Teilnehmer 3 denkt über die Errichtung einer Zahlschranke für das stationäre Internet nach. Er könne sich ein Freemium-Modell vorstellen, sagte er. Ein Teil des Online-Angebots wäre demnach frei zugänglich, ein anderer dagegen kostenpflichtig. Im Leitfadengespräch erklärte er, er glaube, dass dazu im regionalen Markt durch die gute Wettbewerbsposition als Alleinanbieter im Bereich der hohen Informationstiefe auch die Voraussetzungen bestehen. Andere Verlage, bei denen Ausweichmöglichkeiten auf Alternativanbieter bestünden, hätten diese Möglichkeit nicht. Zugleich gibt er an, bisher ohnehin nur geringe Erlöse aufs Spiel setzen zu müssen.

Mit der Überzeugung, dass exklusive regionale Inhalte bei den Lesern auch online auf eine Preisbereitschaft stoßen, steht er nicht allein da. Die Hoffnung auf Vertriebserlöse im digitalen Bereich ist durchaus groß. Der in der Online-Befragung formulierten Hypothese „Exklusive regionale Inhalte werden künftig kanalunabhängig kostenpflichtig sein." stimmten acht der zehn befragten Delphi-Teilnehmer zu. Nur ein Teilnehmer glaubte nicht daran, ein weiterer wählte die Antwortoption „neutral". Teilnehmer 3 unterstrich in den Interviews mehrfach die wachsende strategische Bedeutung exklusiver regionaler Inhalte für die Zukunftssicherung der Unternehmen. Bei konsequenter Umsetzung der Strategie ergäben sich Gestaltungsspielräume.

Nicht alle Verlage allerdings gehen davon aus, in naher Zukunft Paid Content im Internet anbieten zu können. Viele Verlage berücksichtigen das Thema Paid Content bei ihren Umsatzplanungen daher noch nicht. Vor allem die kleineren Verlage sehen sich oft nicht in der Position, die Märkte selbst gestalten und Paid Content durchsetzen zu können. Die Preisbereitschaft der Online-Leser schätzen sie demnach eher geringer ein. Teilnehmer 6 sagte im Leitfadengespräch der ersten Welle: „Wir haben die Nutzer nur, weil wir frei sind. In absehbarer Zeit werden die Zeitungsportale auch frei bleiben. Wir sagen klipp und klar: Mit den neuen Produkten wie Apps – ja, damit wollen wir Geld verdienen, da wollen

38 Hierzu ist zur Einordnung anzumerken: In diesem Verlag wurde die Paid-Content-Lösung gewissermaßen „reichweitenneutral" umgesetzt. Da der Verlag erfolgreich im Bereich der Suchmaschinenoptimierung operiert und darüber hinaus nur einen Teil der Inhalte von der freien Nutzung ausschließt, gelingt es ihm, den Traffic auf seinen Seiten weiterhin stabil zu halten und durch Zusatzmaßnahmen sogar noch zu steigern.

wir nicht alles frei machen. Wir wollen nennenswerte Erlöse erreichen durch Abo-Modelle, z.B. im Bereich Applikation, egal auf welchen Endgeräten. Wenn wir es im Internet-Bereich schaffen wollen, tatsächlich eine Bezahlschranke irgendwo vorzusetzen, dann nur durch Spezialdienste, und die müssen dann auch richtig gut sein, so dass jemand bereit ist, dafür zu zahlen." Als Beispiel nannte er eine gute Archivauswertung. Durch die Erlöse aus der nationalen OMS-Vermarktung und durch die vielen Zugriffe auf seine Homepage habe der Verlag eindeutig den größeren Markterfolg im Vergleich zu einer Bezahlschranke. „Wir würden automatisch nationale Werbung verlieren durch weniger Zugriffe und deshalb weniger Umsatz machen mit diesen Bereichen, als es heute der Fall ist. [...] Wir haben hier so viele Angebote inzwischen, die klassisch Nachrichten aus [...der Stadt...] anbieten, dass ich eigentlich nur für eines sorge, dass die Kunden, die bisher bei uns waren, nicht zu den Konkurrenten gehen." Diese bedienten häufig kleine Nischen, z.B. durch Stadtteil-Websites. Gefragt danach, ob der Verlag seinen eigenen Angeboten bei der redaktionellen Qualität wenig zutraue, antwortete der Teilnehmer: „Nein, das ist jetzt das Problem der Zielgruppe, die Zielgruppe achtet nicht auf die Qualität möglicherweise, um schnell, ich spreche jetzt von der schnellen Information, um schnell informiert zu sein. Das ist wie mit dem Hörfunk: Der Hörfunk muss 24 Stunden rund um die Uhr funktionieren, und für Radio zahlen Sie auch keinen Cent. Für keinen privaten Rundfunk. Sie zahlen ihre Gebühren für den Öffentlich-Rechtlichen, [...] und deswegen trauen wir trauen uns sehr viel zu, weil wir hervorragende Zugriffe haben [...]. Aber nur, weil wir geöffnet sind im Augenblick und nicht, weil wir geschlossen sind."

Teilnehmer 8 äußerte sich im Zusammenhang mit Paid Content ebenfalls kritisch: „Das ist ein generelles Thema: Wo setzen wir die Bezahlschranke, ohne die Menschen abzukoppeln von unseren Angeboten?" Die Teilnehmer im stationären Internet seien eine zu flüchtige Zielgruppe, die man nicht auf Seiten des Lesermarktes monetarisieren könne. Zudem wies der Delphi-Teilnehmer auf die deutlich steigenden Werbeerlöse im Netz hin (vgl. dazu auch die Entwicklung der Erlösquellen in Kapitel 5.2.1). Auch Teilnehmer 7 sagte: „Wir brauchen das Netz als Werbefläche für unsere Angebote."

Zahlungsbereitschaft im mobilen Internet

Während der Gratisstandard das Internet noch dominiert und Verlagen daher eingeschränkten Handlungsspielraum lässt, sind Angebote des mobilen Internets häufig kostenpflichtig. Die Einschätzungen der befragten Verlagsvertreter zur Zahlungsbereitschaft für Verlagsangebote auf dem Smartphone fallen daher auch merklich optimistischer aus – auch wenn die ersten Verkaufserfahrungen nicht immer erfolgreich verliefen. Teilnehmer 1 beispielsweise äußerte sich geradezu euphorisch zu den neuen Möglichkeiten: „Im Moment haben wir noch keine absolut verwertbaren Ergebnisse. Aber wir sehen da schon eine Entwicklung, und da schließe ich mich dem Votum von Springer-Chef Dr. Döpfner an, letztlich hat Steve Jobs einen tollen Job gemacht (Teilnehmer 1 lacht), indem er diese mobilen Endgeräte entwickelt, das Bezahlsystem als gelebte Tugend verbreitet und die Kostenlosmentalität abgeschafft hat. [...] Es ist überhaupt kein Problem für den, der ein G4-Smartphone hat, für 79 Cent eine mobile Zeitungsanwendung runterzuladen. Überhaupt kein Problem!"

Andere Teilnehmer machten deutlich, dass sie vor allem in der regionalen Orientierung ihrer Angebote eine Chance sehen. Teilnehmer 8 sagte beispielsweise: „Ich glaube, dass wir tatsächlich mit Zusatzangeboten Geld verdienen könnten, und zwar immer dann, wenn wir Inhalte für bestimmte Zielgruppen anbieten, die wir ohnehin produzieren oder bei denen wir die Kompetenz haben, sie zu produzieren. Ich denke dabei in Richtung Freizeitgestaltung. Ich denke, dass die Leute 1,59 Euro für einen gut gemachten Gasthofführer-App bezahlen oder wenn sie ein Einkaufsangebot erhalten, im Moment boomt gerade dieses Couponing. Auch damit kann man Geld verdienen – aus meiner Sicht nicht als Billigheimer, sondern immer mit guter Qualität. Wir machen eine App des regionalen Fußballbundesligisten und bieten diese an unter unserer Marke, und sie wird vielleicht 70.000 Mal runtergeladen, und wir können da auch noch Werbung verkaufen. Wir haben bei bestimmten Themen einen Upgrade, was eben Geld kostet, und solche Modelle kann ich mir gut vorstellen. Es gibt eine Basisinformation auf einer mobilen Anwendung kostenlos, aber wenn du mehr haben möchtest, musst du jetzt irgendwie 79 Cent zahlen."

Auch Teilnehmer 3 ist von den Möglichkeiten eines regionalen Angebots überzeugt. Er sagte: „Das ist also ganz konkreter Ausdruck unserer Regionalisierungsstrategie, also Fokus auf regionale Relevanz. Unser plattformunabhängiges Mobilportal [...] enthält bereits eine Regionalisierungsmöglichkeit für Lokalnachrichten aus bestimmten, abrufbaren Regionen [...]. Aber unser erstes reinrassiges App, das wir für das Iphone entwickelt und jetzt relauncht haben, ist das Sportapp. Dieses App ist eben auch nicht national. Sie können auch die Erste Bundesligaspiele finden; das ist nur ein Add-On, im Kern geht es da um regionale Ballsportergebnisse. Sie finden dort alle Spielklassen bis runter zur Kreisklasse [... der Stadt]. Nicht nur Kreisklasse, sondern die alten Herren, die Herren, die Schülerklassen bis runter zur C-Jugend. Das ist regionales Angebot. Da haben wir uns fokussiert. Das hat sonst niemand."

Eine wichtige Frage, die sich an die Frage der Zahlungsbereitschaft für Online-Inhalte – ob stationär oder mobil – anschließt, ist die, ob online generierte Erlöse möglicherweise die durch die Printausgabe der Tageszeitung generierten Erlöse schmälern. Im Online-Fragebogen der zweiten Welle wurde den Befragten daher eine entsprechende Hypothese mit Bezug auf mobile Endgeräte zur Bewertung vorgelegt. Die Aussage „Kostenpflichtige Anwendungen auf Endgeräten kannibalisieren die Printausgabe" rief kontroverse Einschätzungen unter den Teilnehmern hervor. Die Antworten deckten ein breites Spektrum ab. Zwei Teilnehmer befürchteten Kannibalisierung der Printzeitung, vier äußerten sich neutral, vier stimmten der These nicht zu. Besonders interessant für Nachfragen in der Feedbackrunde waren die neutralen Antworten.

In den Feedback-Gesprächen der dritten Welle wurden die Antworten der zweiten Welle umfassend mit den Teilnehmern diskutiert. Viele von ihnen begründeten ihre Einschätzungen noch einmal. Die folgende Liste gibt die Argumente wieder:

1. „Hauptsache, die Nutzer bezahlen. Wenn Sie links etwas vom Umsatz wegbeißen, wächst rechts etwas nach. (Antwort: neutral = weder noch)"
2. „Das ist eine schwierige Frage. Es gibt eine gute Chance, positive Effekte durch mehr Umsätze daraus zu ziehen, auch wenn sich eine bestimmte Quote verabschieden wird. (Antwort: neutral = weder noch)"
3. „Das ist eine Frage des Medienbudgets, das wiederum stark konjunkturabhängig ist. Wir erwarten insgesamt mehr Zusatzgeschäft als Kannibalisierung."
4. „Ich erwarte keine Kannibalisierung des Stammangebots durch die neuen Angebote! Ältere (Silver Surfer) nutzen diese zusätzlich, und die Jungen kommen vielleicht als regelmäßige User dazu."

5. „Wir erwarten keine Kannibalisierung, sondern nehmen eine komplementäre Nutzung an, auch wenn wir noch keine Erfahrungen dazu haben."
6. „Eine Kannibalisierung ist nicht erkennbar. Das ist eine Frage der Positionierung der Angebote und Kanäle. Es kommt auf den Mix aus Print, Website und mobil an."
7. „Nein, das sehe ich nicht. Ich sehe die Komplementarität von Angeboten im Rahmen eines „Flatrate-Abos" bzw. Rundum-Pakets. Schnelle Meldungen müssen mobil sein. Ausgeruhte Geschichten finden hingegen in der Zeitung statt."

Man kann die Antworten so zusammenfassen, dass eine Mehrheit der Befragten davon ausgeht, dass die Vorteile die Nachteile überwiegen. Sie rechnen sich bessere Chancen im Verhältnis zu den möglichen Risiken aus, wie sich den Argumenten 1, 2, 3 und 4 entnehmen lässt. Zudem sehen die Verlage Kannibalisierung immer als eine Frage der Produktpositionierung (Argument 5, 6, 7) an. Diese Aussagen lassen auf ein mutiges Vorangehen bei der Entwicklung neuer Angebote hoffen.

Die Stellungnahmen der Untersuchungsteilnehmer zu einer weiteren Hypothese unterstützen die Einschätzung, dass die Verlage vor allem auch die Chancen der Digitalisierung erkennen und nutzen wollen. So ist die Mehrzahl der Befragten der Überzeugung, dass eine medienkonvergente Ansprache der Leser die Kundenbindung stärkt. Alle Teilnehmer stimmten der Hypothese „Die Zielgruppenansprache der Leser über verschiedene Kanäle stärkt die Kundenbindung" zu. Teilnehmer 4 erklärte im Feedbackgespräch ausführlich, wie die Regionalzeitung durch eine medienkonvergente Ansprache zur Marke wird. Er erklärte: „Wir haben Paid Content eingeführt [...], d.h. Teile unseres Online-Angebotes müssen bezahlt werden, aber nur von Nichtabonnenten. Abonnenten, und das ist eigentlich unsere große Strategie in diesem ganzen Bereich der Transformation, ist eigentlich das Markenabo, und unter Markenabo verstehen wir, dass ein Abonnent, der die Zeitung abonniert, gleichzeitig auch die meisten anderen Vertriebskanäle kostenlos dazubekommt. Ich kaufe quasi ein Paket. Wenn ich Printabonnent bin für zurzeit knapp 30 Euro, bekomme ich einen kostenlosen IPad-Zugriff, einen kostenlosen IPhone-Zugriff, einen kostenlosen Zugriff auf die kostenpflichtigen Inhalte von [redacted].de, und ich bekomme dazu noch Exklusivangebote auf einer Abo-Exklusivseite alle zwei Wochen, Ticketing, Veranstaltungen, Einzelhandelsaktionen. Ich bekomme Bücher teilweise billiger, wo die Buchpreisbindung es erlaubt. Das ist ein Paket, bei dem ich im Vergleich zu den Einzelpreisen argumentieren kann, dass es schon über 50 Prozent Rabatt hat. Das ist eine Strategie, um die Abonnenten zu halten und diese stark gesunkene Haltbarkeit von Printabos zu stabilisieren."

Noch eine weitere grundlegend formulierte Hypothese vermaß das Spannungsfeld zwischen reiner Werbemarktfinanzierung und einer positiven Preissetzung im Lesermarkt. Sie lautete „Gratis oder bezahlt ist vor allem eine Frage der Zielgruppenansprache." Neun zustimmenden Antworten stand hier nur eine ablehnende Antwort gegenüber. In drei Feedbackgesprächen wurden dazu noch neue und weitere Argumente vorgebracht. Diese lauteten im Einzelnen wie folgt:

1. „Gratis oder bezahlt ist eine Frage des Ausspielkanals, der Inhalte und der avisierten Zielgruppen."
2. „Gratis- oder Bezahlangebote sind eine Frage der Marktmacht."
3. „Das heißt doch: Ältere müssen zahlen, Jüngere nicht. Das stimmt nicht. Das richtige Angebot überspringt auch die Bezahlschranke. Junge zahlen etwa für Spiele."

Zusammenfassung der Ergebnisse zur Zahlungsbereitschaft

Die Entwicklung der Zahlungsbereitschaften richtet sich insgesamt stark nach dem zu betrachtenden Vertriebskanal und der dort jeweils realisierten Wettbewerbsposition (Marktmacht). Für das klassische Printabo-Geschäft mit der Stammklientel ist diese vergleichsweise hoch, hier sind Preissteigerungen fast ohne Verluste durchsetzbar. Allerdings erhöhen die Vertriebspreise stetig die Einstiegsbarriere für Neuleser.

Einen schwierigen Fall stellt das stationäre Internet dar. Nur eine Minderheit der Teilnehmer traut sich dort die Etablierung eines Preismodells zu, da einerseits die Nutzerschaft als zu flüchtig und wenig preisbereit eingeschätzt wird, andererseits auch die Konkurrenz als zu stark. Preisspielräume ergeben sich dort, wo Verlage eine starke und ungefährdete Marktstellung in Bezug auf Inhaltsangebote besitzen. Im Kern ist dabei eine Potenzialrechnung anzufertigen. Dabei stehen auf der einen Seite die möglichen Zusatzeinnahmen durch Vertriebserlöse und auf der anderen Seite die möglichen Anzeigenverluste durch geringere Zugriffszahlen. Erfolgreiche Versuche zeigen, wie dieses Thema auch „reichweitenneutral" zu lösen ist. Im Sinne des Bestandskundenmarketings bietet sich eine weitere Option an. Diese Kunden werden zu Markenabonnenten und erhalten freien Zugang auf die Angebote über alle Kanäle, was die

Wertschätzung der Kunden steigern und ihre Preisbereitschaft wiederum erhöhen dürfte.

Im mobilen Internet sehen dagegen die Teilnehmer klare Erlöspotenziale mit regionalen Angeboten. Auf den mobilen Endgeräten herrsche eine andere Preisbereitschaft vor, lautet die Überzeugung der Teilnehmer. Unklar ist noch, welcher Art die erfolgreichen Angebote sein könnten. So versprechen sich einige Teilnehmer gute Erlösmöglichkeiten über Bundleangebote der Endgeräte (Tablet-PCs) im Verbund mit Abolösungen. Darüber hinaus glauben die Teilnehmer an eine Reihe exklusiver regionaler Angebote, die mit der Zeitung nicht in Verbindung stehen. Diese reichen in den Bereich Freizeit (Ausgehen, Gasthofführer usw., Sport) bzw. Dienstleistungen und können unterschiedliche Zielgruppen avisieren.

Allerdings sind die Größenordnungen möglicher Umsätze noch völlig offen. Die wenigsten Teilnehmer preisten diesbezüglich schon feste Umsatzerwartungen in ihre kalkulierten Geschäftsentwicklungsprognosen ein (vgl. Kapitel 5.3.3).

5.3.4 Veränderung der Zielgruppen und Nutzer

In Kapitel 2.3 wurde bereits ausführlich dargestellt, wie sich das Mediennutzungsverhalten der Menschen verändert und welche Folgen diese Veränderungen für die Lesermärkte von Regionalzeitungen haben. Die Untersuchung ging daher der Frage nach, welche Veränderungen die Verlage derzeit bereits spüren bzw. wie sich ihre Zielgruppen in der heutigen medienkonvergenten Zeit verändern.

Die Einschätzungen, die die Befragungsteilnehmer in den Gesprächen der ersten Welle äußerten, zeigen, dass die Entwicklungen durchaus unterschiedlich sind. Beim Vergleich der zehn Beschreibungen der Zielgruppenbilder für die Zeitung bzw. der Entwicklung des Lesermarktes waren klare Differenzen erkennbar. Zusammenfassend lassen sich zwei unterschiedliche Lager ausmachen: Während ein Teil des Panels der Meinung ist, dass sich die Kundenbasis in den vergangenen Jahren nicht nennenswert verändert habe, sieht der andere Teil der Panelisten klare Verschiebungen in ihrer Kundenbasis hin zu einem deutlich selektiveren Bevölkerungszugang.

Teilnehmer 9 etwa gab an, seine Zeitung wende sich nach wie vor an die breite Masse: „Otto Normalbürger – jedermann, das ist unsere Zielgruppe." Auch Teilnehmer 3 sagte: „Nein, wir haben keine Kernzielgruppe." Er hielte dies auch für falsch bzw. verwies darauf, dass es seinem Verlag nicht möglich sei, sich auf einzelne Zielgruppen zu fokussieren. „Unser Markt ist vergleichsweise so klein, [...] dass wir es uns gar nicht leisten könnten, uns auf einzelne Zielgruppen zu fokussieren. Wir müssen sehen, und das ist vor allem in den Köpfen von Verlagsmenschen wie von Redakteuren irgendwie zu hinterlegen, dass der Inhalt künftig nicht mehr an einen Vertriebsweg gebunden ist. [...] Aber von Hause aus die Vorstellung zu vertreten, wir richten uns an eine immer geringer werdende, aber anspruchsvolle Schicht von durchaus wohlhabenden und gebildeten Menschen, die eben an valider Information aus aller Welt interessiert sind, das halte ich für abwegig. Da würden wir uns zu einem extremen Nischenprodukt machen und derart an Reichweite verlieren, dass wir diesen ganzen Apparat hier nicht mehr bezahlen können. Wir sind ein Massenmedium. Da darf man sich nichts vormachen." Er räumte allerdings ein, dass auch sein Haus den Trend des schwierigen Zugangs zu bildungsfernen Klassen spüre. Eine Milieubeschreibung wie Sinus funktioniere aber nicht, erklärte er, da Bildung und Einkommen in Ostdeutschland – wo sich der Standort seines Verlags befindet – nicht miteinander korrelierten.

Auch Teilnehmer 10 sieht seine Regionalzeitung als Massenmedium und beantwortete die Frage nach den Zielgruppen mit „jeder oder alle." Er erklärte: „Die Tageszeitung, so hat es mein Großvater als Chefredakteur dieses Hauses in der Sprache seiner Zeit in den 50er Jahren mal gesagt, muss von der Kuhmagd bis zum Hochschulprofessor jedem etwas bieten. Wir gucken aber, dass wir seit ein paar Jahren auch gezielt wirklich zielgruppengerecht Special Interest-Titel machen. Aber wir sehen es als Nischenprodukt im Vergleich zur Tageszeitung. Vom Volumen her kann das nicht mithalten." Teilnehmer 5 bezeichnet seine Zeitung als „General Interest-Medium" und erläuterte: „Wir sind keine Special Interest-Medium. Wenn wir bestimmte Zielgruppen bedienen, dann mit zusätzlichen Angeboten. [...] Wir sind ein General Interest-Medium. Natürlich ist das so. Da können Sie jede Untersuchung nehmen, als Beispiel: Bei jeder Wahl, ob Bundestags- oder Landtagswahl, gehen wir hin und analysieren die Wahlbezirke mit der Abdeckung der Abonnentendichte. Wo die Wahlbeteiligung hoch ist, ist die Abonnentendichte hoch. Die Frage ist: Was bedingt was? [...] Tageszeitungen werden auch künftig die Gebildeten, die Interessierten erreichen, sie werden die erreichen, die über entsprechende Haushaltsnettoeinkommen verfügen. Und die damit auch für den Konsum usw. interessant sind. Ein allgemeines Thema ist, dass die Zeitungen die bildungsfernen Schichten noch nie erreicht haben, also auch in der Vergangenheit nicht. [...] Wir untersuchen das natürlich, sind da natürlich auch mit den Sinus-Milieus unterwegs und versuchen, auch das, was wir über unseren Klassiker nicht erreichen, über neue Produkte aber auch im Printbereich abzudecken. Das... (Teilnehmer zeigt ein Magazin) ist ein neues Stadtmagazin für die Hedonisten, und für diese Leute oben in diesem Sinusmilieu, die die Bürger in unserer Klasse ja nicht erreichen, haben wir uns da einen jungen Mann dazu geholt, der im Stadtmagazin schon viel unterwegs war und dies mit neuen Themen und mit anderer Aufmachung mit einem großen Erfolg für uns versucht."

Teilnehmer 7 erklärte das Zielgruppenkonzept seiner Zeitung wie folgt: „Wir haben eine unheimlich diversifizierte Leserschaft, die wir versuchen, in diesen neun Zielgruppen abzubilden. Darauf versuchen wir uns produktmäßig und zusatzproduktmäßig ein bisschen so auszurichten, dass wir die einzelnen Gruppen ansprechen. [...] Wir haben jeden Tag einen bestimmten Umfang und eine bestimmte Struktur, mit der wir unsere Zeitung machen können. [...] Es ist nicht möglich, das ist eine tiefe Überzeugung von mir, in einer Zeitung wirklich alle Interessensgruppen so abzubilden, dass sie vollständig befriedigt werden können. Wir haben unterschiedlichste Menschen in unterschiedlichsten Interessensgruppen durch unser informatorisches Angebot abzudecken. Das geht nicht in einer Zeitung. Das geht allenfalls schattenrissartig. Ich halte nichts von diesen Ghettoseiten. [...] Deswegen versuchen wir – wir nennen das das Konzept der lokalen Lebenswelten – Angebote ergänzend zur Zeitung zu machen, die Menschen in ihren jeweiligen Lebenssituationen interessieren. Und das bauen wir immer mehr aus."

Im Verlag von Teilnehmer 4 besteht ebenfalls die Meinung, dass eine Zeitung „eine gewisse Mitte bedienen muss". Dennoch entwirft der befragte Untersuchungsteilnehmer ein recht klares Bild seines typischen Zeitungslesers: „Wenn Sie jetzt mal in Sinus-Milieus denken, dann ist es für uns durchaus die Gruppe der Etablierten und teilweise auch der Konservativen, die einen hohen Anteil haben. Aber wenn ich langfristig denke, in einer Zehnjahressicht beispielsweise, [...] wer wird da noch Zeitung lesen? Dann sind das die Zielgruppen, die bei den Sinus-Milieus oben rechts stehen, die Postmodernen und die Neoperformer, weil das Leute sein werden, die in guten Stadtteilen in einer Stuckvilla im vierten Stock wohnen, gar kein Auto mehr fahren oder nur Smart, keinen Fernseher mehr haben. Die gehen zu Rewe einkaufen und nicht zu Aldi, sind an postmateriellen Dingen interessiert und suchen die Information hinter der Information. Sie verdienen relativ gut und suchen das, was sie im Internet nicht bekommen, nämlich Orientierung und vor allem auch Tiefe. Dafür müssen Sie ein Image anpassen und dafür müssen Sie die tatsächlichen Inhalte anpassen.“ Zeitungen wie *Die Zeit* und *Die Süddeutsche*, so sagt er, seien Vorreiter bei der entsprechenden Positionierung und dem Aufbau des entsprechenden Produktimages. „Da ist man mit einer klassischen Regionalzeitung so ein bisschen hinterher, das ist so ein bisschen piefig in so einem Metropolmarkt. Und in solchen Bereichen, wie ich sie gerade etwas beschrieben habe, ist die *Süddeutsche Zeitung* halt stark, und da müssen wir auch ganz stark hin. Wir werden nicht verhindern, dass in sozialschwachen Stadtteilen mit hohem Migrationshintergrund keine riesigen Verkäufe erzielt werden. Da gucken die Leute samstags nachmittags „Richterin Barbara Salesch“, und jetzt übertrieben gesagt, da werden Sie mit Qualität nicht sonderlich weit kommen, aber in den Zielgruppen, wie ich sie beschrieben habe, ja. Und das werden Nischen sein, und diese Nischen werden nicht bedroht sein vom Internet oder vom Fernsehen. [...] Aber eine tiefer gehende Zielgruppendefinition halte ich ehrlich gesagt auch nicht für notwendig. Viele gehen schon gar nicht mehr auf Zielgruppen. Aber das ist etwas, wo ich sagen kann, das ist die Richtung, in die wir gehen wollen und für die wir auch eine Zeitung machen wollen, immer stärker als früher.“

Ein weiterer Verlag, der durchaus in Zielkundengruppen denkt, ist der von Teilnehmer 1. Dieser führte zur Frage nach den Kernzielgruppen der Zeitung aus: „Ich würde sagen, wir versuchen immer noch, die Breite zu erwischen, aber wir werden doch diese Zielgruppe zunehmend im Auge haben. [...] Es ist zunehmend das Bildungsbürgertum, das auch über eine entsprechende Kaufkraft verfügt und das, auch wenn die Kaufkraft nicht da ist, Spaß am Gemeinwohl hat oder am Leben hat und sich einmischen möchte. Es sind Menschen, denen es nicht ganz egal ist, was hier so passiert, die sich einbringen, die engagiert sind, die ihre Meinung bilden möchten, die kompetent sind, auch das zu verstehen, was sie lesen, und daraus ihre eigenen Schlüsse ziehen. Also von daher muss ich heute leider sagen: Es ist schon das Bildungsbürgertum[...].“ Im Feedbackgespräch der dritten Welle ergänzte der Teilnehmer noch: „Man muss schon lesen wollen, sonst hat das keinen Zweck.“

Der Verlag von Teilnehmer 6 richtet sich an ähnliche Zielgruppen. Der Befragte sagte: „Also, wir adressieren ganz stark das gehobene

Großstadtpublikum, das lässt sich auch durch die Reichweite belegen, 30 Prozent unserer Leserschaft [...] haben Abitur und/oder eine Hochschulausbildung. Das ist für eine Regionalzeitung sehr hoch. [...] Wir adressieren ganz stark das Großstadtpublikum, das in das ländliche Umfeld der Metropole gezogen ist [...], aber weiterhin einen ganz starken Bezug zu ihr hat. Die Großstadt spielt in allen Ausgaben eine große Rolle. Der entsprechende Lokalteil läuft überall mit durch."

Zusammengefasst zeigen die Antworten, dass die Befragten die Regionalzeitung überwiegend (noch) als Massenmedium verstehen, das eine breite Bevölkerung erreichen will und kann. Die Antworten zeigen aber auch, dass die Diskussion über eine stärkere Orientierung auf einzelne Rezipienten oder auf Zielgruppen bereits in allen Verlagen angekommen ist und dort offenbar lebhaft geführt wird. Interessant ist also, welche Entwicklungen die befragten Verlagsmanager in den kommenden drei Jahren erwarten. Die Untersuchung widmete sich dieser Frage in der zweiten Untersuchungswelle, der Online-Befragung.

Entwicklung der Zielgruppen bis 2015

Massenmedium oder Nischenmedium? Dieser Frage sollten die Untersuchungsteilnehmer unter anderem durch die Bewertung einer Hypothese zur Branchenentwicklung beantworten. Die Hypothese lautete: „Die gedruckte Form der regionalen Zeitung wird immer mehr zum Nischenmedium." Das Ergebnis zeigt, dass die Regionalzeitung von der Mehrheit der Befragten auch künftig noch eher als Massenmedium verstanden wird. Acht Teilnehmer lehnten die These ab, zwei standen ihr neutral gegenüber, Zustimmung gab es nicht. Im Feedbackgespräch der dritten Welle wiesen einige Teilnehmer darauf hin, dass sie die Regionalzeitung selbst bei rückläufigen Auflagen noch als Massenmedium verstehen.

Doch nicht nur eine allgemeine Einschätzung, auch die konkrete Planung im eigenen Verlag war Thema der Online-Befragung. So wurden die Teilnehmer gebeten, die Entwicklung der Zielgruppen ihrer Zeitung in die Zukunft fortzuschreiben. Sie sollten die Kernzielgruppe ihrer Regionalzeitung 2015 definieren und Unterschiede zum heutigen Stand benennen. Auf diese offene und zur freiwilligen Beantwortung gestellte Frage wurde neunmal reagiert. Die zuvor genannten zwei Lager bildeten sich im Teilnehmerpanel auch in der Vorausschau ab.[39]

39 Die Antworten wurden zugunsten der besseren Lesbarkeit sprachlich bearbeitet und vereinheitlicht, ohne deren Sinn zu verändern.

Dem Lager der Teilnehmer mit einem traditionelleren Zeitungsbild entsprachen die folgenden Antworten:

1. Otto Normalbürger
2. keine Unterschiede zum heutigen Stand, Zielgruppendifferenzierung nach Vertriebswegen
3. a) derzeit: sehr breite Definition der Kernzielgruppe mit dem Schwerpunkt auf Berufstätige, Familien und Senioren
   b) zukünftig: Leser werden älter, gleichwohl müssen wir die jüngeren Leser bzw. User im Blick halten

Dem Lager der Teilnehmer, die ein selektiveres Zeitungsbild erwarten, ist folgende Liste von Antworten zuzuordnen:

1. kaufkräftige Bevölkerung mit einem hohen Bildungsniveau und starker lokaler bzw. regionaler Verwurzelung
2. a) urbanere Bevölkerung mit höherer Formalbildung und postmateriellen Werten
   b) Etablierte: gutbürgerlich, traditionell und wohlhabend
3. weiter ganz breite Zielgruppe, allerdings Trend zu höheren Einkommens-, Bildungs- und Werbegruppen, zielgruppenspezifische Mehrwertprodukte, konvergente Ansprache
4. Die Kernzielgruppe ist die sogenannte Bürgerliche Mitte plus anspruchsvolle Leser aus dem intellektuellen Milieu. Das Durchschnittsalter der Printausgabe wird weiter steigen, das Durchschnittsalter der Leser der redaktionellen Angebote insgesamt wird tendenziell sinken.
5. Bildungsbürgertum
6. Die Bedeutung der Zielgruppe 50 plus nimmt nochmals zu.

Durch eine weitere, diesmal geschlossene Frage wurde die Entwicklung der Leserschaft noch einmal eingegrenzt. Dabei zeigte sich, dass neun der zehn Befragungsteilnehmer davon ausgehen, dass ihre Leser bis zum Jahr 2015 durchschnittlich älter werden (vgl. Tabelle 23). Sieben Befragte erwarten künftig eine einkommensstärkere Leserschaft, weitere sechs eine gebildetere. Zwei Befragte gehen davon aus, dass sich die Leserschaft ihrer Regionalzeitung nicht nennenswert verändern wird. Keiner der Befragten erwartet eine „Verjüngung“ der Leserschaft.

Tabelle 23: Veränderungen der Leserschaft von Regionalzeitungen bis 2015

(Antworten auf die Frage „Wie wird sich die Leserschaft Ihrer Zeitung bis 2015 verändern?“, N=10, Mehrfachnennungen möglich)

Veränderung	Anzahl der Nennungen
Leser werden älter.	9
Leser werden einkommensstärker.	7
Leser werden gebildeter.	6
Zielgruppen bleiben unverändert.	2
Leser werden jünger.	0

Für die Zukunft erwarten die meisten Teilnehmer also eine Veränderung der Kernzielgruppen der gedruckten Zeitung hin zu einer älteren, höher gebildeten und wohlhabenderen Bevöl-kerungsklientel. Zugleich erwarten die Befragten eine zunehmende Spreizung der Zielgruppen in Bezug auf unterschiedliche Nutzungskanäle. Für die crossmedialen Angebote erwartet die Mehrheit der Befragten eher jüngere Nutzer als für das Printangebot (s.o.). Geht man also von einer künftig stärkeren Selektivität der Zeitungsangebote aus, ergeben sich maßgebliche Folgen für die Produktgestaltung. So ist zu fragen, in welcher Weise das Produkt Zeitung an die neuen Herausforderungen anzupassen ist. Es steht zu vermuten, dass die starke Zielgruppenorientierung mit dem Grad an Urbanität bzw. „Metropolität“ korreliert. Mit anderen Worten: Es bilden sich in Metropolen stärker differenzierte Lebensformen heraus als in weniger stark urbanisierten Räumen.

5.3.5 „Problemgruppen“ der gedruckten Zeitung

Sowohl im persönlichen Gespräch in der Prädelphi-Runde als auch in der Online-Befragung wurden im Zusammenhang mit der Definition von Zielgruppen der Zeitung auch „Problemgruppen“ diskutiert, also Zielgruppen, die für das Produkt Zeitung schwer erreichbar sind. Dabei kristallisierten sich drei Bevölkerungsgruppen heraus: Migranten, bildungsferne Schichten bzw. „Nicht-Leser“ und junge Menschen.

Migranten oder auch „Ausländer“ (Teilnehmer 5) wurden von insgesamt vier Teilnehmern explizit und spontan genannt. Teilnehmer 8 führte dazu aus: „Da könnte ich jetzt auch sagen: Jedermann. Aber das ist eine Illusion aus meiner Sicht. Was ich ganz klar sagen kann, wir haben keine ausdrückliche Strategie in Richtung Migranten. Nicht dass wir sie nicht haben wollen. Wir haben für diese Menschen nicht wirklich ein Angebot." Teilnehmer 1 sagte: „Also wir stellen fest, dass wir Stadtteile haben mit überwiegenden Migrantenhaushalten, die auch in der dritten Generation keine Leser geworden sind."

Teilnehmer 7 erklärte, dass seine Zeitung vor allem bei den bildungsfernen Schichten Probleme habe. Er führte aus: „Mein Hauptwettbewerb findet statt um die Nichtleserhaushalte. Also um Menschen, die in Marktbefragungen auf die Frage ‚Lesen Sie eine Tageszeitung?' antworten ‚Ja, wir lesen den Tipp!' – also das Werbeblatt von Kaufland. Ein Anzeigenblatt, von einem Discounter selber gemacht. Unser Hauptproblem sind die Nichtleserhaushalte. [...] Ich glaube, der Hauptkonkurrent für uns ist das Bildungsniveau unserer Leser. Das ist jetzt eine ganz verquaste Formulierung. Je gebildeter die Leute, je interessierter die Leute, desto besser verkaufen wir Zeitung. Umso höher ist auch der Anspruch an unser Produkt, dem wir uns stellen müssen. Aber unser Hauptproblem sind Nichtleserhaushalte, die Leute, die damit zufrieden sind – ganz Tendenz – im Anzeigenblatt verkaufte Inhalte zu kriegen." Auch anderen Befragungsteilnehmer nannten bildungsferne Haushalte als „Problemgruppe". Auf die Nachfrage, wie man diese Haushalte erreichen könnte, gab es wenige ermutigende Einschätzungen. Gerade die Ballungsräume erwiesen sich dabei als Problemgebiete. Stellvertretend sei hier die Antwort von Teilnehmer 1 zitiert, der sagte: „Das ist schwer! Wenn einer lesen kann und nicht lesen will, dem können Sie nur bunte Bilder geben, das ist schwer."

In vielen Migrantenhaushalten wie auch in bildungsfernen Haushalten erreicht die Zeitung weder die Elterngeneration noch die jüngere Generation. Das Problem, die jüngeren Leser zu erreichen, ist hier besonders groß. Teilnehmer 10 erklärte im Leitfadengespräch: „Es sind die jüngeren Leute, die eben anders sozialisiert sind zum Teil, die zunehmend aus nicht zeitunglesenden Haushalten kommen und das gar nicht kennen von zu Hause aus, dass da eine Zeitung liegt, und eben durch ihre digitalen Medien sowieso nicht mehr auf den Trichter kommen. [...] Ich weiß eigentlich nicht, wogegen wir da konkurrieren, aber immer wieder hört man das Thema: Ich habe keine Zeit. Was absurd ist, weil ich für alles Zeit habe, wenn es mir wichtig genug ist." Unabhängig von der Sozialisation im Elternhaus benannten auch andere Teilnehmer die jungen Menschen als „Problemgruppe". Teilnehmer 2 etwa sagte im Feedbackgespräch der dritten Welle: „Wir kommen nicht im selben Maße an die jungen Leser heran."

Auch in Zukunft werden die genannten „Problemgruppen" nach Einschätzung der befragten Verlagsgeschäftsführer schwer anzusprechen sein. Auf die Frage danach, welche Zielgruppen ihrer Meinung nach für sie 2015 noch schwerer zu erreichen sein werden als heute und warum, nannten sie die folgenden Gruppen bzw. Erklärungen:

1. junge Leser nehmen ab wegen der soziodemographischen Entwicklung und des geänderten Mediennutzungsverhaltens
2. junge Zielgruppen (veränderte Mediennutzung), bildungsferne Zielgruppen (Kaufkraft, Interesse)
3. Jüngere (Verlust an Internet), schlechtere Formalbildung (Verlust an Internet und TV), geringeres Einkommen (steigende Vertriebspreise)
4. vor allem jüngere Leser wegen des geänderten Mediennutzungsverhaltens
5. Ausländer wegen der Sprachbarriere
6. Singles, Jugendliche
7. überregionale Leser, weil sich das Leserinteresse noch stärker an regionalen Marken orientieren wird; für die Printausgaben wird die Gewinnung junger Leser noch aufwändiger
8. junge Menschen (Zeitung ist nicht sexy)
9. Zielgruppen zwischen 20 und 40
10. keine

Als Trend zeichnet sich ab, dass junge Leser nochmals schwieriger zur gedruckten Zeitung finden dürften. Weiterhin dürfte sich die sozial-hierarchische Spaltung fortsetzen, die sich in einem schlechteren Zugang zu den geringer gebildeten und schlechter verdienenden Zielgruppen ausdrückt. Nicht zu unterschätzen ist in diesem Zusammenhang auch die fortlaufende Erhöhung der Vertriebspreise der Zeitung, die zusätzliche Einstiegsbarrieren setzt. Teilnehmer 6 wies besonders darauf hin. Diese Entwicklungen zeigen, dass die Verlage neue Strategien benötigen, wenn sie die junge Leserschaft künftig mit ihren Produkten erreichen wollen. Eine Möglichkeit besteht darin, die Inhalte der analogen Zeitung zu erweitern und crossmedial anzubieten.

Crossmediale Angebote

Mit einer crossmedialen Zeitungsmarke, so die vorherrschende Einschätzung der Befragten, könnten sie vor allem die Gruppe der jungen, gebildeten Menschen besser erreichen (vgl. Tabelle 24). Die meisten Befragten erwarten zudem generell eine bessere Abdeckung der sozial-hierarchisch höheren Zielgruppen. So gehen acht von zehn der Befragten davon aus, mehr junge Gebildete (unter 30 Jahren) mit ihren Angeboten zu erreichen. Auch bei der mittleren Generation im Alter von 30 bis 50 Jahren erwarten die meisten eine Zunahme, während diese Erwartung bei der älteren Generation dann in eine Pari-Situation abkippt. Hier steht der Erwartung einer besseren Zielgruppenerschließung durch fünf Befragte ein ebenso großes Lager von Teilnehmern gegenüber, die hier keine Veränderungen erwarten.

Tabelle 24: Erwartete Veränderung des Erreichungsgrades unterschiedlicher Zielgruppen durch crossmediale Angebote

(Antworten auf die Frage „Welche Zielgruppen werden Sie mit einer crossmedialen Zeitungsmarke im Gegensatz zur analogen Ansprache erreichen?“, N=10)

Zielgruppe	**besserer Erreichungs-grad**	**unveränderter Erreichungs-grad**	**schlechterer Erreichungs-grad**
Gebildete unter 30 Jahren	8	1	1
weniger Gebildete unter 30 Jahren	2	4	4
Gebildete von 30 bis unter 50 Jahren	6	4	0
weniger Gebildete von 30 bis unter 50 Jahren	2	4	4
Gebildete ab 50 Jahren	5	5	0
weniger Gebildete ab 50 Jahren	0	9	1

Bei den sozial-hierarchisch niedrigeren Gruppen lassen sich diese Entwicklungen hingegen weniger deutlich ausmachen. Bei der jüngeren und bei der mittleren Gruppe der weniger Gebildeten erwarten je zwei Teilnehmer eine bessere Erreichung dieser Zielgruppe durch ihre Produkte, jeweils vier sehen dagegen einen schwierigeren Zugang, der sich in einer abnehmenden Durchdringung manifestiert. Jeweils vier erwarten eine unveränderte Situation. Ein klares Bild bietet sich hingegen wieder bei den älteren weniger gebildeten Zielgruppen. Neun von zehn Teilnehmern erwarten hier einen unveränderten Zugang. Dabei ist darauf hinzuweisen, dass dieses Kriterium im Fragebogen nicht näher definiert wurde, da es sich gemäß der bekannten Lebensstiltypologien um gängige Größen handelt.

Von der konvergenten Ansprache erwarten die Verlage insgesamt eine steigende Gesamtreichweite für die Zeitung. Zur branchenbezogenen Hypothese „In der Summe ihrer crossmedialen und nischenbezogenen Angebote erzielt die Zeitung künftig höhere Reichweiten." äußerte sich die große Mehrheit von insgesamt steigenden Gesamtreichweiten überzeugt: Acht Teilnehmer stimmten der Hypothese zu. Die verbleibenden zwei äußerten sich zurückhaltend und begründeten das mit Bauchgefühl.

Fraglos stecken in diesen Antworten klare Hypothesen über das Zielgruppenverhalten mit weitreichenden Implikationen für die Unternehmen in Bezug auf ihre Produktangebots- und Preispolitik und als Resultat daraus dann auf die Unternehmensaufstellung. Teilnehmer 2 sagte im Feedbackgespräch der zweiten Welle: „Die Digital Natives bleiben auch über crossmediale Funktionen schwer erreichbar." Dagegen seien die älteren Leser durchaus ansprechbar mit digitalen Angeboten. Teilnehmer 3 gab an, er erkenne eine Zielgruppendifferenzierung nach Vertriebskanal. Über die Schiene Print würden die traditionellen Kunden erreicht, über digital die jüngeren Leser. Teilnehmer 5 meinte, er glaube basierend auf den Ergebnissen einer Studie nicht an eine große digitale Erschließbarkeit älterer Zielgruppen mit digitalen Angeboten. Nur eine Minderheit der Kunden sei dadurch ansprechbar. Alles andere sei eine reine Vermutung. Teilnehmer 1 berichtete dagegen begeistert über seine eigenen Testmarkterfahrungen und gute Erfolge bei der Annahme solcher Produkte. Im Anschluss äußerte er sich zu Potenzialen für digitale Angebote. Teilnehmer 1: „Aber ich denke schon, dass fünf bis zehn Prozent unserer heutigen Abonnenten gleiche oder andere Produkte aus unserem Hause über andere Vertriebswege erhalten werden. Die werden dann nicht mehr über die klassische Zeitung transportiert."

Auf die Frage, ob hier digitale Angebote im Sinne eines Transfereffekts analoge substitutierten oder ob es sich um zusätzliche Abonnenten handle, sagte Teilnehmer 1 weiter: „Wir können zwei Gruppen ausmachen, die sich herauskristallisieren. Das sind die sogenannten Silver Surfer, das sind unsere klassischen Zeitungsabonnenten, die werden beides nutzen. Und dann gibt es die Gruppe der Neukunden, die das Papier nicht mehr nutzen wird, sondern die neuen Angebote. Inwieweit die Alten sich später auch an das neue Transport-Medium oder das neue Digital-Papier gewöhnt haben, das kann ich heute noch nicht sagen. Wir haben einen Test gemacht. Den erzähle ich Ihnen jetzt, der ist ganz spannend: An 20 von 50 dieser Abonnenten, die Papier kriegen und das pdf auf dem IPad, haben wir nach sechs Monaten mal die Zeitung nicht geschickt. Es hat keiner angerufen.“

Teilnehmer 6 äußerte sich zu Zielgruppenpotenzialen: „Die Jungen sprechen wir genauso mit unseren mobilen Angeboten an, wohlwissend, dass unsere reichweitenstärkste Gruppe ab 40 aufwärts ist und deren Durchschnittsalter über 50 liegt. Das wird immer so als ganz schlimm abgetan. Da vertrete ich eine völlig andere Meinung. Wenn Sie eine Zielgruppe haben, die heute Geld hat und bereit ist, das Geld auszugeben, dann ist es die Gruppe ab 50 Plus. Sie steht im Gegensatz zu unserer Elterngeneration, die hat noch Geld gesammelt und immer auch vererbt. Heute sagt die Generation: Vererben? Zuerst einmal will ich leben, und zwar auch im Alter, weil sich jeder mindestens zehn Jahre jünger fühlt. Der 80-Jährige fühlt sich wie 70, und der will mit 80 Jahren auch noch verreisen, oder nehmen wir den 70-Jährigen, der sich wie 60 fühlt und noch richtig aktiv ist und reisen, leben und auch Geld ausgeben will. Diese Zielgruppe, die die Tageszeitung so ausschöpft wie kaum ein anderes Medium, die erreiche ich eben mit der Tageszeitung, und das wird heute noch viel zu wenig von vielen Markenartiklern ausgenutzt.“ Das Denken sei dagegen oft noch ganz stark in der Zielgruppe 19 bis 49, oft sogar nur bis 39 verhaftet. Es würde richtigerweise immer argumentiert, das sei die hippe, die künftige Zielgruppe. Aber man sollte die älteren Zielgruppen nicht unterschätzen.

5.3.6 Veränderungen des publizistischen Profils

Wie bereits in Kapitel 2 und 3 theoretisch reflektiert und in den Ergebnissen praktisch erhärtet, wirkt die Veränderung der Leser- und Werbemärkte der Zeitung zurück auf deren journalistische Gestaltung. Dies geschieht schon allein deshalb, weil sich die Wettbewerbsposition der Zeitung durch die Verfügbarkeit alternativer Angebote in fast jedweder Form verändert hat. Die Untersuchung ging daher der Frage nach, wie die Verlagsgeschäftsführer das publizistische Profil ihrer Zeitung bewerten und welche Handlungsoptionen sie für die Zukunft ihres Verlags sehen.

Die Befragung zeigte, dass die Verlage in Bezug auf ihre Wettbewerbssituation und ihre Zukunftschancen durchaus positiv gestimmt sind, jedoch auch Veränderungen ihres aktuellen Profils erwarten bzw. für notwendig halten, um die Zukunft des Verlags zu sichern. Teilnehmer 7 etwa bewertete im Leitfadengespräch die eigene Wettbewerbssituation wie folgt: „Als reine Regionalzeitung [ist die Wettbewerbsposition] wirklich schlecht. Wenn du nur die Zeitung hast, wird es richtig schwierig. [...] Also wenn ich [...] mich nur auf die Tageszeitung konzentriere, sehe ich das sehr kritisch, weil die Erlössysteme der Tageszeitung sich dramatisch wandeln werden. Das Anzeigengeschäft wird sich dramatisch aufsplitten [...]. Ich brauche zusätzliche Erlöskanäle. Einer wäre Radio, hoch interessant fürs Lokalgeschäft! Ich brauche Zusatzprodukte, ich brauche Online, ich brauche Bewegtbild über das Internet."

Teilnehmer 5 sieht vor allem in der Qualität der von seinem Verlag produzierten Inhalte einen entscheidenden Wettbewerbsvorteil. Die Tiefe der Berichterstattung, erklärte er, sei ein klarer Vorteil auf Seiten der klassischen Verlage. Da könne kein Blog mithalten. Diese seien alle interessengeleitet, was man auch schnell merken könne. Ähnlich äußerte sich Teilnehmer 8, der sagte: „Im Grunde genommen haben wir als Regionalzeitung, wenn wir das Geschäft richtig machen, sehr gute Voraussetzungen, in diesem Wettbewerb zu bestehen. Wir haben die lokale, regionale, sublokale Nachrichtenkompetenz wie kein anderer. Das ist auch unverändert so. Allerdings gibt es auch große Herausforderungen auf der Seite des Werbe- und Anzeigenmarktes. [...] d.h. aber für uns als Gesamthaus haben wir mit dem Pfund der Inhalte ganz gute Voraussetzungen." Als Hauptkonkurrenten im medialen Wettbewerb sieht er zukünftig vor allem Online-Angebote. Diese werden seiner Einschätzung nach auch das Fernsehen zukünftig stärker belasten.

Auf die Konkurrenz durch Online-Angebote ging auch Teilnehmer 4 ein. Im Leitfadengespräch erklärte er, dass die Menschen früher etwa bei einem Umzug in eine neue Stadt quasi auf die Regionalzeitung angewiesen waren, um sich vor Ort zurechtzufinden: „Früher, noch vor 15 Jahren [...] da musste ich die Zeitung abonnieren. Ich hätte nicht gewusst, wie ich zum Einwohnermeldeamt komme, ich hätte nicht gewusst, wie ich eine Wohnung überhaupt miete. Ich hätte noch nicht einmal gewusst, wo das nächste Schwimmbad ist. Man war auf die Tageszeitung angewiesen. Diese Mussfunktion hat eine Tageszeitung total verloren, und das führt dazu, dass Leute sich schneller woanders informieren, und das ist halt oft ein kostenloses Angebot im Internet. Deswegen müssen wir Leser anders binden und begeistern. Das geht nicht mehr automatisch wie früher, und gleichzeitig müssen wir den Lesermarkt zu einem Usermarkt ausdehnen. Das ist eigentlich die große Herausforderung, indem wir nicht mehr sagen, eine Zeitung ist etwas Gedrucktes auf Papier und kommt zu dir in den Briefkasten. Vielmehr sind wir eine Marke, und die Marke kommt auf dem Weg zu euch, den ihr euch wünscht. Das kann über das Handy passieren, über das IPad, über die Zeitung, über ein Kompaktformat, wie auch immer oder übers Internet. Diese Entwicklung von einer Zeitung gedruckt in Papier zu einer […] Informationsmarke, das ist im Lesermarkt die große Herausforderung."

Teilnehmer 3 entwarf ein Bild von der möglichen institutionellen Bedeutung der Zeitung: „Speziell mit Blick auf die älteren Leser wird es immer wichtiger sein, […] die Marke aufzuladen mit emotionalen Inhalten, d.h. Tageszeitung muss künftig viel mehr noch, als es heute auch schon ist oder sein sollte, Kommunikationsplattform sein, muss soziale Zusammenhänge herstellen, die in der subjektiven Lebenswirklichkeit der Menschen so gar nicht mehr vorhanden sind. […] Sehr viel weniger abstrakt formuliert, wir müssen das Medium sein, das der allein lebenden 65-jährigen Frau in irgendeinem Plattenbau ihre Region und ihr Umfeld erschließt. Das ist das große Thema. Denn es gibt immer weniger tatsächlich Gemeinschaft stiftende Institutionen, glaube ich. Im Osten gibt es die aus nahe liegenden Gründen nicht mehr. Da gibt es noch immer große Reserven, weil man eben zwangsverdonnert war zur Mitgliedschaft bei diversen Massenorganisationen. Aber so etwas wie früher Nation, Kirche, Bundeswehr, […] die früher Gemeinschaft stiftend waren, die gemeinsame Erfahrungen und damit auch soziale Verbindungen erzeugt haben, gibt es in der Form nicht mehr. Ich glaube […], in dieser […] Riesenlücke, da kann der Platz der Tageszeitung sein." Das Thema Nutzwert habe daher eine herausragende Bedeutung.

Teilnehmer 6 betonte im Leitfadengespräch ebenfalls die Rolle des Nutzwertes bzw. von Serviceelementen in der Zeitung. Der Nutzwert sei enorm wichtig für den Stellenwert im täglichen Leben der Menschen. Er sehe seine Zeitung daher als „Beraterzeitung." Teilnehmer 7 sprach in ähnlichem Zusammenhang von der Heimatzeitung als „lokalem Marktplatz". Zum Selbstverständnis seines Verlags sagte er: „Also für mich ist das Geschäftsmodell des Lokalverlags und der Heimatzeitung der lokale Marktplatz, so nennen wir das. Mit diesem Begriff arbeiten wir auch. Dieses Geschäftsmodell bedeutet: Wir wollen eigentlich dahin kommen, dass jeder Mensch in unserem Verbreitungsgebiet uns als wichtigen Informations- und aber auch Servicedienstleister wahrnimmt. Mein Lieblingsspruch ist der Werbespruch eines kleinen amerikanischen Blattes: ‚Touches your life every day'. Ich habe noch keine gute deutsche Übersetzung gefunden. Wir wollen die Menschen in unserer Region eigentlich jeden Tag mit irgendeinem unserer Produkte beglücken, berühren und dazu verführen, uns ein wenig ihres mühsam verdienten Geldes abzugeben.“

Teilnehmer 2 ist der Meinung, dass der Wunsch nach regionalen und lokalen Inhalten künftig steigen wird, allerdings, so betonte er, seien zwei wichtige Aspekte dabei zu beachten: „Erstens muss die Regionalzeitung auch weiterhin einen soliden, umfassenden Mantelteil anbieten. Zweitens wird der Leser bzw. User die regionalen und/oder lokalen Inhalte auf unterschiedlichen Plattformen und auch mobil nachfragen. Hier muss sich das Medienunternehmen breit aufstellen. Die stärkere Nähe zum lokalen Leser erfordert einen zunehmenden Spagat des journalistischen Anspruchs: einerseits die wächterpreiswürdige Lokalstory, andererseits aber auch der vermeintlich belanglose Bericht vom letzten Vereins- oder Kirchenfest, gerne mit vielen Fotos.“

Teilnehmer 5 formulierte die Corporate Mission seines Hauses: „Den Menschen in unserer Region verpflichtet.“ Als rein lokal ausgerichtetes Unternehmen bedeute dies aber nicht die Aufgabe der durch die Regionalzeitung offen gelassenen Zielgruppen im Gesamtmarkt. Er sieht die Möglichkeit, neue Formen von Anzeigenzeitungen in den Märkten zu verankern, insbesondere in solchen Stadtteilen, die über eine kaufkräftige und jüngere Bevölkerung verfügen und zugleich über eine niedrige Abdeckung durch den Regionalzeitungstitel.

Teilnehmer 7 äußerte den Ehrgeiz, auch weiterhin alle Teile der Bevölkerung erreichen zu wollen – wenn schon nicht mit der Regionalzeitung, so doch wenigstens mit der Anzeigenzeitung. Das ist mit Blick auf das gesamte Geschäftsmodell auch nicht möglich. Das Thema der Restmarktabdeckung bleibt damit durchweg auf der Tagesordnung (vgl. dazu auch 4.3.3.3); die Tageszeitung wird zunehmend nur noch einer von mehreren Werbeträgern zur werblichen Gesamtausschöpfung der regionalen Märkte.

Vier von zehn Verlagen in dieser Studie sind mit jeweils zwei Zeitungstiteln in den regionalen Märkten vertreten, was eine gewisse Spreizung des Angebots auf unterschiedliche Zielgruppen bzw. die unterschiedliche Positionierung der Titel ermöglicht. Zwei der Zweittitel werden dabei stark als Heimatzeitungen platziert, während die Erstmarken jeweils als die urbanere Zeitung und insgesamt stärkere Marke gesehen wird. Diese sehen die Verlage dann als aussichtsreicher für zusätzliches oder neues Geschäft an. Das hat auch mit der Leserstruktur der genannten Heimatzeitungen zu tun, die die Untersuchungsteilnehmer unisono als überaltert charakterisierten (s.o.). Ein anderer Zweittitel ist eher von der politischen Ausrichtung her anders positioniert, ein weiterer wendet sich mehr einer jüngeren Zielgruppe zu als die Hauptmarke.

Entwicklung des publizistischen Profils bis 2015

Der Umfang der gedruckten Zeitung dürfte sich nach Meinung des Gros der Befragten bis 2015 nicht wesentlich ändern. Das Panel schätzte die Ausgabenstärke durchschnittlich auf 98 Prozent gemessen am Umfang von 2010 (Index 100). Ein Befragter ging von einem Rückgang um 10 Prozent aus und begründete dies mit Anzeigenverlusten. Auch die Erscheinungsweise der Zeitung dürfte sich nach Einschätzung der Verlagsgeschäftsführer in den kommenden Jahren nur wenig verändern. Sieben von zehn Befragten erwarten, dass sich diese „gar nicht" verändern werde, immerhin drei rechneten mit „mehr Ausgaben", was sie in der Folgefrage dann erläuterten. Sie rechneten mit mehr kleinteiligen, sublokalen Ausgaben sowie thematischen Ausgaben. Ein Teilnehmer erwartete mehr Magazine als Beilagen. Teilnehmer 5 hält „eine Fülle weiterer Printprodukte im sublokalen Bereich" für wahrscheinlich, darunter Stadtteilzeitungen. Für Teilnehmer 8 ist die noch stärkere Regionalisierung ein strategisches Thema, das auch vom unternehmensbezogenen Insourcing vorher eigenständig geführter Lokalredaktionen begleitet wurde.

Auf die konkrete Frage danach, wie sich das publizistische Profil Ihrer Zeitung in Zukunft verändern wird, antworteten die befragten Verlage in der Online-Befragung der zweiten Welle folgendermaßen:

1. wesentlich stärkere Lokalisierung auch nationaler Themen
2. deutliche Regionalisierung
3. Konzentration auf Metropole, Einordnung bzw. Hintergrund vor Nachricht
4. noch lokalere Berichterstattung, noch mehr auf die Interessen der Leser eingehend
5. noch mehr Serviceelemente
6. Der eingeschlagene Weg einer stärkeren Fokussierung auf lokale und sublokale Inhalte (crossmedial gespielt) wird verstärkt werden.
7. Stärkung des lokalen bzw. regionalen Profils
8. keine Veränderung in Planung
9. Lokales und Regionales nimmt noch weiter zu.
10. keine

Insgesamt geht die Mehrzahl der befragten Verlagsgeschäftsführer – nämlich neun von zehn – davon aus, dass die Regionalzeitung sich künftig noch stärker an regionalen Themen orientieren wird (vgl. Tabelle 25). Eine Hälfte ist der Meinung, die Regionalzeitung werde auch überregional orientiert bleiben. Die andere Hälfte ist dies nicht. Drei von zehn Befragten erwarten, dass die Regionalzeitung künftig inhaltlich anspruchsvoller werde.

Tabelle 25: Erwartete Veränderungen des publizistischen Profils der Regionalzeitung

(Antworten auf die Frage „Bedeutet das, die Zeitung wird...“, N=10, Mehrfachnennungen möglich)

Die Zeitung wird ...	**Anzahl der Nennungen**
regionaler	9
auch überregional orientiert bleiben	5
inhaltlich anspruchsvoller	3
inhaltlich weniger anspruchsvoll	0

Die Zeitungen kämpfen um ihren Platz im täglichen Leben der Menschen, der in der analogen Welt, in der sie zur Alltagsorientierung benötigt wurden, fast selbstverständlich vorgegeben war. Heute müssen sich die Zeitungen ihre Rolle als Institution erkämpfen und ihre Relevanz ständig nachweisen. Dabei müssen sie ihre Kompetenz als Marke über unterschiedliche Kanäle hinweg belegen.

Die Befragungsergebnisse zeigen einen eindeutigen Trend zur noch stärkeren Lokalität bzw. in Großstädten zur Sublokalität der Angebote, die zum Teil auf Kosten der überregionalen Berichterstattung geht. Ein Teilnehmer berichtete im Leitfadengespräch ausführlich vom Relaunch seiner Zeitungen, bei dem die regionale Berichterstattung durch das ganze Blatt gedacht deutlich aufgewertet wurde. Das Überregionale hingegen wurde derweil deutlich reduziert. Auch nationale Themen werden immer mehr regionalisiert. Der regionalen Berichterstattung kommt also ein auffällig wachsender Stellenwert zu. Auch hier indes tut sich ein Spannungsfeld auf, denn viele Leser erwarten von ihren Zeitungen auch im Überregionalen eine für sie befriedigende Berichterstattungsqualität. Auf die divergierenden Erwartungen der Leserschaft wiesen die Teilnehmer 7 und 8 daher auch explizit hin.

5.3.7 Potenziale der digitalen Rezipienten-, Leser- und Useransprache

Eine künftig wichtige Aufgabe der Regionalzeitungen wird sein, unterschiedliche Zielgruppen mit für sie passenden Angeboten zu versorgen bzw. diese damit anzusprechen. Die Leitfadengespräche diskutierten daher die Möglichkeiten, Zielgruppen mit neuen digitalen Abo-, Preis- und Angebotsmodellen anzusprechen. Diese können auf ganz unterschiedliche Zielgruppen ausgerichtet sein und entsprechend unterschiedliche Finanzierungsformen haben. Im Folgenden werden einige Ideen der befragten Verlage vorgestellt.

Die Verlage entwickeln derzeit unterschiedliche Modelle bzw. versuchen auf unterschiedliche Weise, bestimmte Zielgruppen für sich zu gewinnen bzw. zu binden. Teilnehmer 1 entwickelte seine Vorstellung der Zielgruppenansprache mit digitalen Abomodellen: „Wir machen das ganz eng am Kunden, und zwar beginnend mit den Altkunden, und rollen das dann auf neue Zielgruppen aus. Diese Zielgruppen sprechen wir ganz direkt werblich an. Mit attraktiven Preisen ermöglichen wir den Einstieg in diese neue Werbeform – so, dass das Abo sich selber bezahlt, über die Hardware und über die Telefonie. Die jungen Zielgruppen sollen sich dann sagen: ‚Mensch, wenn ich dann die Telefonie 50 Prozent billiger kriege und das Gerät 30 Prozent billiger kriege, dann bin ich bereit, ein Abo für fünf Euro abzuschließen oder für 7,50 Euro. Das rechnet sich.' Das rechnen wir ihnen vor."

Ähnlich äußerte sich Teilnehmer 6: „Das Zusatzgeschäft mit Stammkunden ist ganz wichtig und muss immer weiter ausgebaut werden. Wir müssen unsere Angebote einfach immer weiter fassen." Dazu könne sich der Verlag auf seinen „Supernamen" stützen und über diesen „wunderbar weitere Angebote machen, wenn die Produkte dazu passen. [...] Jetzt kommen wir zu den Zielgruppen, die wir natürlich gerne erreichen wollen. Das sind hier z.B. die Singles. [...] Natürlich wollen wir diese vielen Singlehaushalte erreichen, und da wissen wir eines, die erreichen wir tatsächlich nicht mehr mit der täglichen Tageszeitung. Die erreichen wir sehr wohl, das wissen wir aus Marktforschungsuntersuchungen, am Wochenende, wenn man viel Zeit hat, dann will man lesen. Aber unter der Woche frühstückt man morgens nicht mehr, und die Zeitung ist ja ein sehr starkes Frühstücksprodukt. Der Tag beginnt mit dem Zeitungslesen. Das machen viele nicht mehr. Die stehen morgens auf und sind weg. Die müssen wir erreichen über andere Wege, und das ist dann oft nicht das Printprodukt, sondern das sind jetzt die digitalen Medien. [...] Wir müssen mehr Mobile-Applikationen schaffen, um die Leute auch mit Push-Diensten, mit allem drum und dran zielgerichtet zu erreichen. Das ist meiner Ansicht nach ein wichtiges Geschäftsmodell."

Im Rahmen der Digitalisierung und der Medienkonvergenz verändert sich zudem insgesamt das Produktportfolio. Nur ein Teil der Angebote kreist dabei noch direkt um die Zeitung. Hierzu sagte Teilnehmer 1: „Ja, es wird eine Markenfamilie, wo diese alte Zeitung, egal ob sie nun als digitale Zeitung erscheint, aber immer noch irgendwo die herausragende Rolle spielen wird. Aber sie wird begleitet durch eine Produktpalette, ich sag das mal so, wie ein Blumenstrauß aus verschiedenen Blumen. [...], das ist dann eben noch die Zeitung, das ist doch die große Blume, die dann noch herausragt und die noch ganz besonders prächtig ist. Aber alle anderen kommen auch hinterher und werden auch innerhalb dieses Straußes künftig eine andere Entfaltung vornehmen. Dieser Blumenstrauß wird sich nach und nach verändern."

Aber auch das Digitalpapier ist anders als das Print. Teilnehmer 6 wies darauf hin, dass die multimedialen Zeitungsapps nur noch einen kleinen Teil der Inhalte der Zeitung umfassten – diesen dafür allerdings intensiver aufgearbeitet.

Hinzu kommt eine Reihe möglicher ergänzender Angebote neben der Zeitung. Teilnehmer 8 sagte im Kontext neuer digitaler Erlösmöglichkeiten: „Ich könnte mir ein [...] Reiseportal rund um die Zeitung mit zusätzlichen Services vorstellen, mit ergänzenden Informationen über Reiseziele mit Buchungsmaschinen, mit allem Möglichen. Das wäre denkbar, funktioniert unter Umständen mit Hilfe der Marke, nicht unbedingt national, aber zumindest im erweiterten regionalen Raum. Diese Dinge werden wir noch mehr tun müssen."

Teilnehmer 7 äußerte sich zu dem Portfolio crossmedialer Nischenangebote, das sein Verlag vorbereitet: „Wenn wir jetzt aus dem Lesermarkt, der publizistischen Seite, reingehen in den Anzeigenmarkt, hat es einen zweiten Vorteil. Da rede ich von neuen Kühen und neuen Weiden. Wir kriegen bestimmte Anzeigenkunden [...] in der Tageszeitung nicht. [...] Also der ökonomische Wert ist der, wir erreichen zusätzliche Anzeigenkunden, die wir in der normalen Tageszeitung so nicht finden würden. Das ist das Ziel. Das gelingt auch gut. Farbenfrohe Bilder fürs Kinderzimmer, warum soll der Anzeigenkunde in die Zeitung gehen? Da hat er Streuverluste, zahlt viel mehr für so eine Anzeige, hier ist er relativ zielgruppengenau. Ich kannibalisiere die Zeitung nicht, sondern ich ergänze sie, und das ist ökonomisch das Ziel."

Die zeitungsfremden bzw. nicht mehr zeitungsähnlichen Produkte gewinnen offenbar an Bedeutung: Teilnehmer 4 etwa erklärte im Feedbackgespräch der dritten Welle: „Wir reden nicht mehr von online, sondern von digital, da vieles nichts mehr mit der Zeitung zu tun hat.“ Teilnehmer 6 stellte stellvertretend für die Gruppe der Befragten ein Projekt vor, dass so oder ähnlich von mehreren Häusern verfolgt wird: „Was wir demnächst auf den Markt bringen werden im digitalen Bereich, ist ein Branchenbuch, das mehr kann als ein normales Branchenbuch. Um ein ganz simples Beispiel zu nennen: Ich habe Geburtstag, ich möchte eine Feier machen mit 50 Gästen, suche eine Kneipe, die ein Nebenzimmer hat, ich suche einen Blumenladen, ich suche eine Musikkapelle, ich weiß nicht, was alles. Meine Suchkriterien gebe ich ein, und dann kriege ich eine entsprechende Auswahl aus den Geschäften hier in der Region. Das ist unser Anspruch.“

Darum ranken sich aber eine Menge nicht mehr zeitungsähnlicher digitaler Angebote. Diese bieten die Verlage in zunehmendem Maße an, da der Markt für hochwertige Information – gemessen an der relativen Bevölkerungsabdeckung – schrumpft und jüngere Zielgruppen dafür nur noch in Teilen ansprechbar sind. Auch hierher leitet sich der oben bereits diskutierte Begriff der Dienstleistungen ab, also der Bereich, in dem sich viele Anbieter zukünftig verstärkt engagiert sehen (zu dem Begriff vgl. die Auseinandersetzung in Kapitel 5.2.1). Verlage wechseln mit neuen Angeboten das Betätigungsfeld, indem sie sich von der Information der Freizeit zuwenden. Teilnehmer 8 etwa sagte im Leitfadengespräch: „Alles, was im weitesten Sinne mit der Gestaltung der Freizeit und mit dem Einkaufen zu tun hat, wird mobil sein.“

Teilnehmer 1 wies im Leitfadengespräch darauf hin, dass mobile Apps durchaus nicht dem Anspruch gerecht werden müssten, die breite Masse zu versorgen. Sie können in Nischen vorstoßen, die die Zeitung nicht oder nur unzureichend bedienen kann. Der Teilnehmer sagte: „Von mobilen App-Angeboten stellen wir uns eine ganze Menge vor. Das kann bis zu kleinen Zielgruppen von 5.000, 6.000 Menschen gehen, die hier über Applikationen oder über gewisse Inhalte dann digital beworben werden. Mit der klassischen Tageszeitung hat das aber nichts zu tun. Es sind trotzdem interessierte Menschen, die Informationen haben möchten, aber Leute, die sie anders konsumieren möchten als über die klassische Zeitung.“ Die Finanzierung der Applikationen stelle dabei für größere Häuser keine Hürde dar. Der Teilnehmer erläuterte: „Sie können ja heute zu einem IT- oder Software-Entwickler gehen und sagen: ‚Bau mir doch mal eine App'. Lassen Sie die mal irgendwo zwischen 25.000 und 80.000 Euro kosten." Umgelegt auf die Gesamtauflage der Zeitungen im Sinne der Pro-Stück-Kosten lägen die Kosten auf vertretbarem Niveau. Zur Bedeutung der Technologie sagte er, die Verlage müssten einmal eine Art Grundlagenforschung in Bezug auf die App-Technologie betreiben. Diese stehe dann für jedwede Anwendungen zur Verfügung: „Welche Inhalte Sie dann auf diese Technologie packen, ist eigentlich wurscht! Das ist eine reine Inhaltssache. Aber Sie haben einmal Ihre Bausteine, die Sie konzipiert haben als sogenannten Inhalt-Container, als Applikation, und was Sie dann da reinbringen, in welcher Form, ist eigentlich egal."

Teilnehmer 2 stellte eine Modellrechnung an für die Refinanzierung einer aufwändigen multimedialen App: „Nur ist es dann eine wirtschaftliche Frage, da brauchen Sie ein Team von fünf Leuten. Und dann können Sie es relativ einfach rechnen, wie viele Abos Sie dann bräuchten für 10 Euro vielleicht. [...] Dann haben Sie fünfmal, ich sag mal 60.000, das heißt, Sie hätten sicherlich mit Hardware-Kosten usw. eine halbe Million, die Sie im Jahr erlösen müssten. Und wenn Sie eine halbe Million Euro Kosten bei 10 Euro haben, also 500.000 Euro durch zwölf Monate, durch 10 Euro geteilt, dann bräuchten Sie bei einer reinen Vertriebsfinanzierung gut 4.000 Abonnenten für eine IPad-Ausgabe. Wenn Sie dann noch den Faktor 50:50 von der Tageszeitung übertragen, obwohl ich nicht weiß, ob man das machen kann, dann brauchen Sie noch 2.000 Abonnenten."

Die benötigten Verlagsstrukturen ändern sich für die digitalen zeitungsunähnlichen Produkte ganz erheblich. Dazu erläuterte Teilnehmer 1: „Das ist ein ganz spannendes Thema – da gibt es nicht mehr diese klassische Organisation, die Sie jetzt vor Augen haben." Je nach Gestaltung der App benötige man zu deren Betrieb keine klassischen Redakteure mehr, so dass die Kostenbasis der Angebote vergleichsweise schlank bleibt.

Teilnehmer 10 stellte seine Ideen zu neuen Produkten vor: „Mein Sohn macht jetzt Abitur, ich habe es hautnah mitgekriegt. Die haben ihre Vorfinanzierungsaktivitäten: Vofi-Feten. Es gibt Abi-Move, Abi-Parade, Abi-... Weiß der Teufel, was alles! Und die leben ein Jahr mindestens in diesem Abi-Thema. In der Tageszeitung, was findet da statt, [...] da habe ich das Bild von dem Müllhaufen nach der Abi-Parade, wenn die mit ihren 17 Zugwagen durch sind, und wir haben von jeder Schule eine Liste mit Abiturienten. Das ist es aber mehr oder weniger. Wenn wir also sagen, da wollen wir auch mal ran an so junge Leute. Und jetzt spinne ich bewusst ein bisschen rum, aber so haben wir es auch bei uns im Haus diskutiert. Wir haben ein Abi-Thema, und das wird auf allen Kanälen bespielt. Und einen Push-Dienst aufs IPhone und dies und jenes. Wir lassen die tollste Vorfinanzierungsveranstaltung kreieren und die Leute ihre Bilder einstellen in die Galerie und machen einen Wettbewerb um das tollste T-Shirt-Motto, all so Geschichten. Ob das jetzt wirklich Redaktion ist, wie wir es im Moment kennen vom Printbereich her, weiß ich nicht, wahrscheinlich wird das kein Redakteur sein müssen. Aber wir müssen uns viel mehr um Inhalte kümmern, die wir heute noch nicht haben. “

Teilnehmer 7 berichtete von seinen Erfahrungen mit Couponing-Modellen. Diese seien der Schlüssel zu einer neuen Kundenzielgruppe im Anzeigenmarkt: „Das Deal-Portal schafft uns einen Zugang zu dem, was wir Potenzialkunden nennen. Es gibt ganz, ganz viele Kunden, und die schöpfen wir noch lange nicht ausreichend ab, für die selbst eine 200 Euro-Anzeige in der Zeitung viel zu viel Geld ist. Das sind so die 30 bis 50 Euro-Anzeigenkunden, die hießen hier im Haus früher C-Kunden. Den Begriff mag ich gar nicht, weil das so eine Kategorisierung ist, bei mir heißen die Potenzialkunden. [...Das Couponing-Geschäft] ist eine Möglichkeit, diese Kunden für unser Haus zu gewinnen mit einem Produkt, bei dem sie zuerst einmal vordergründig überhaupt gar kein Geld bezahlen müssen, nur wenn der Deal zustande kommt. Das ist inzwischen fast immer der Fall.“ Einschränkend erläuterte Teilnehmer 7 dazu, dass es sich zwar um ein Projekt mit schönen Renditen handele, im absoluten Verhältnis zu den Größenordnungen des traditionellen Geschäfts indes gering sei. Auch bei diesem Projekt ist auffällig, dass es sich um eine andere Kategorie von Verkäufern handelt als bei den Verkäufern im traditionellen Verlagsgeschäft.

5.4 Entwicklung der Wertschöpfung

Ein Schwerpunkt der Befragung lag auf der Entwicklung der Prozesse der Leistungserstellung. In der ersten Delphi-Runde, also der Online-Befragung der zweiten Welle, wurden die Untersuchungsteilnehmer gefragt, wie sich diese bis 2015 in ihrem Unternehmen entwickeln werden. Sechs Teilnehmer gingen dabei von einer Diversifizierung der Wertschöpfung aus, ein Teilnehmer von einer Verlängerung der Wertschöpfung, ein

Teilnehmer von einer Verkürzung (vgl. Tabelle 26). Die Begründung dafür lautete, dass die Leistungstiefe im Unternehmen eher abnehmen werde. Zwei Teilnehmer nahmen an, die Wertschöpfung in ihren Unternehmen werde sich in den nächsten Jahren nicht wesentlich verändern.

Im Feedbackprozess wurde der Begriff der „Diversifizierung" der Wertschöpfungsprozesse näher beleuchtet. Stellvertretend für das Panel seien hier die Definitionen der Untersuchungsteilnehmer 4 und 7 angeführt, die als Diversifizierung der Wertschöpfung die „Vervielfachung der Ausspielkanäle und Erlöskonzepte" verstehen (Teilnehmer 7). Teilnehmer 4 führte dazu aus: „Die Erlöse werden sich auf mehrere Standbeine verteilen." Als stabiles und größtes Standbein sieht er dabei die Vertriebserlöse der Regionalzeitung. Hinzu kommt eine Fülle von einzelnen Standbeinen, die kleiner und flacher seien als die Vertriebseinnahmen der Regionalzeitung und die neuen Erlösquellen bildeten. „An dieser Stelle gab es früher nur Rubrikenanzeigen. Heute sind da Hochglanzmagazine (Golf), crossmediale Angebote, mediale Erlöse, die nicht Zeitung sind: etwa Bücher, digitale nicht-mediale Erlöse aus Merchandising (etwa Wein-Club)." Dabei wird die Zeitung zur Transaktionsplattform.

Tabelle 26: Erwartete Veränderungen der Wertschöpfungskette im eigenen Unternehmen

(Antworten auf die Frage: „Wie wird sich die Wertschöpfungskette in Ihrem Unternehmen bis 2015 verändern? Wird sie sich …?", N=10)

Veränderung	Nennungen
diversifizieren	6
gar nicht verändern	2
verlängern	1
verkürzen	1

Angeschlossen wurde die Bitte, die Veränderungen der Wertschöpfung zu erläutern. Fünf Teilnehmer kamen dieser Aufforderung nach, indem sie das freie Antwortfeld für eigene Anmerkungen nutzten. Folgende fünf Argumente wurden vorgebracht:

1. redaktionsübergreifende Bündelung innerhalb des eigenen Hauses; Fixkostenflexibilisierung durch Outsourcing in Produktion, Druck und Weiterverarbeitung; Optimierung von Logistikleistungen durch Kooperationen

2. Ausweitung der Vertriebskanäle, Entwicklung von zielgruppenspezifischen Sonderprodukten, Steigerung des Drittgeschäftes (Dienstleistungen, Handel u.ä.)
3. sehr viel mehr Dienstleistungen und zusätzliche, für die Anzeigen- und Abokunden wertige Mehrwertangebote
4. am wahrscheinlichsten weitere zielgruppengerechtere Ausdifferenzierung der Informations- und Werbeangebote – sowohl Print als auch Online
5. immer kleinere und damit schnellere Einheiten übernehmen neue Dienstleistungen – intern wie extern

Bei der Betrachtung der Antworten fällt auf, dass ganz unterschiedliche Ebenen angesprochen werden, worauf Teilnehmer 7 im Feedbackgespräch zu Recht hinwies. So ist im zuletzt genannten Punkt die Organisation von Wertschöpfung angesprochen. Insofern kann man diesen Aspekt als pragmatische Manifestation der im darüber stehenden Punkt genannten Ausdifferenzierung und der zielgruppenspezifischen Auffächerung des Produktangebots ansehen (Teilnehmer 6).

Teilnehmer 7 selbst ging in seiner Antwort in abstrahierender Weise auf die Art der Prozessveränderungen und die Qualität der zukünftigen Leistungserstellung ein. Diese Antwort lässt sich gut mit der hier an zweiter Position aufgeführten Antwort in Einklang bringen (Teilnehmer 8). Diese ergänzt die vorherige Antwort um den Aspekt der Märkte- bzw. Kundenorientierung. Die erste aufgeführte Antwort wiederum beschreibt auch Aspekte der inneren Konfiguration und Organisation von Wertschöpfung in den einzelnen Verlagen vor allem in Bezug auf den Aspekt der Leistungstiefe der Herstellung (Teilnehmer 5).

5.4.1 Interner Unternehmensumbau bis 2015

Die beschriebenen Veränderungen des Umfeldes, in dem die Verlage agieren, und auch der Anforderungen, die die Kunden an sie stellen, führen dazu, dass auch innerhalb der Verlage Umstrukturierungen und veränderte Schwerpunktsetzungen stattfinden. In einer Matrixfrage wurden die Untersuchungsteilnehmer zunächst nach den Veränderungen der strategischen Bedeutung unterschiedlicher Unternehmensbereiche zum Gesamterfolg des Unternehmens gefragt (vgl. Tabelle 27). Die Antworten zeigen einen klaren Trend: Die Redaktion wird als Unternehmensabteilung deutlich wichtiger, wie neun von zehn Teilnehmern angaben. Ein

Teilnehmer sah sie als gleich wichtig an. Auch der Vertrieb nimmt an Bedeutung zu, allerdings in etwas geringerem Umfang, wie sechs Teilnehmer angaben. Vier sahen ihn in seiner Bedeutung weiterhin auf unverändertem Niveau. Die Weiterverarbeitung wurde zweimal als wichtiger, siebenmal als gleich wichtig und einmal als weniger wichtig angesehen.

Den Druck bezeichneten sechs Teilnehmer als gleich wichtig, vier als weniger wichtig. Die Zeitungslogistik bzw. die Abteilung Logistik sahen vier Verlage als wichtiger an, sechs betrachten diese zukünftig als weniger wichtig. Das lässt auf deutlich unterschiedlich gelagerte Geschäftserwartungen schließen, die dem analogen Geschäft unterschiedliche Bedeutung beimessen.

Tabelle 27: Veränderung der strategischen Bedeutung einzelner Unternehmensbereiche

(Antworten auf die Frage „Die Veränderungen an den Zeitungsmärkten dürften die strategische Bedeutung einzelner Unternehmensbereiche verändern. Wie entwickelt sich die Bedeutung der folgenden Bereiche in Ihrem Verlag bis 2015?")

Bereich	deutlich wichtiger	wichtiger	gleich wichtig	weniger wichtig	deutlich weniger wichtig
Redaktion	2	7	1	0	0
Vertrieb (beide Richtungen)	0	6	4	0	0
Produktion	0	0	7	3	0
Weiterverarbeitung	0	2	7	1	0
Logistik	0	4	6	0	0
Druck	0	0	6	4	0
Querschnittsbereiche (etwa IT)	2	7	0	1	0

Acht der befragten Unternehmen wollen ihren Personalbestand vor allem in den Bereichen Produktion bzw. Druck reduzieren sowie im Bereich Anzeigen, wo die Hälfte der Befragten einen Abbau erwartet. Drei Teilnehmer antworteten „gleich bleibend". Wie sich in den Feedbackgesprächen abzeichnete, sind vor allem die verwaltenden Bereiche und kaum der aktive Vertrieb betroffen. Ein Befragter machte bei dieser Frage keine näheren Angaben.

Tabelle 28: Erwartete Veränderungen im Personalbestand der befragten Unternehmen

(Antworten auf die Frage zu Veränderungen im Personalbestand: „In welchen Bereichen erwarten Sie eine Veränderung der Beschäftigung?")

Bereich	Zunahme	keine Veränderung	Abnahme	keine Antwort
Redaktion	2	6	1	1
Vertrieb	0	9	0	1
Anzeigen	1	3	5	1
Logistik	1	8	0	1
Querschnittsbereiche (etwa IT)	3	4	2	1
Produktion/Druck	0	1	8	1

Veränderungen der Unternehmensstruktur

In den Jahren 2008 bis 2010 haben die untersuchten Verlage bereits begonnen, ihre Strukturen den neuen Anforderungen anzupassen. Wie schon erwähnt steigen die Kosten für den Vertrieb, bedingt durch die intensivere Marktbearbeitung und die größere Anzahl der zu vermarktenden Produkte. Teilnehmer 10 erklärte das so: „Für uns gilt es mit Blick auf den Werbemarkt im weiteren Sinne, dass im Printbereich die Anzeigen runter gehen, auch die Anzeigenerlöse, aber da spielt sich ja so vieles anderes ab. Da brauche ich eben Leute, die unsere Abi-Geschichten vermarkten. Also, das wird in der Vermarktung mit Sicherheit nicht an Bedeutung verlieren können. Ganz ausgeschlossen, weil vielmehr Kanäle bespielt werden müssen. Ich brauche eine andere Qualifikation der Mitarbeiter, ich brauche möglicherweise mehr eigene, oder ich muss mit Freelancern auf Provisionsbasis was machen, je nachdem, worum es nun konkret geht. [...] Gezielt sagen wir: Versuchen wir eher im Verwaltungsbereich und in allem, was man dazu rechnen kann, mal ein bisschen zu schrumpfen, aber in allem, was Marktbearbeitung anbelangt, den Stand zu halten oder je nachdem, was für Erlössituationen wir von gewissen Aktivitäten erwarten, auch leicht auszubauen."

Teilnehmer 6 sagte: „Wir haben massiv noch einmal das lokale Geschäft ausgebaut. Wir haben ganz bewusst eine Tochtergesellschaft gegründet, die [...] massiv daran ist, neue Produkte Print, aber auch crossmedial zu entwickeln. Das hat außergewöhnlich gut am Markt eingeschlagen. Wir haben Kunden zurückgewonnen aufgrund dieser Strategie.

[…] Es sind auch deutlich kleinere Einheiten bei den heutigen Produkten."

Aber auch der notwendige Informationsaustausch zwischen den unterschiedlichen Abteilungen in den Verlagen wird vor dem Hintergrund der neuen Aufgaben intensiver. Dadurch verändert sich auch die unternehmensinterne Rollenverteilung. Teilnehmer 3 sagte: „In Wahrheit ist das eigentliche Thema, wie ich die alle hier zusammenkriege. Ich glaube, diese klassische Trennung zwischen Verlag und Redaktion ist nach wie vor wichtig, um die Glaubwürdigkeit, die Vertrauenswürdigkeit des Mediums nicht zu untergraben, zu unterhöhlen. Gleichwohl ist die alte Aufteilung, die Redaktion ist autonom und ist zuständig für das Wahre, Schöne und Gute und der Verlag soll sich gefälligst darum kümmern, dass das Zeug irgendwie an den Mann kommt, auch überholt. Also heute muss es eine ganz enge strukturierte Kommunikation geben zwischen diesen beiden Bereichen."

Teilnehmer 5 formulierte: „Was sich gravierend niederschlagen wird, ist das Thema der Durchgängigkeit und der Konvergenz – wir versuchen das hier massiv umzusetzen und die Bereichsgrenzen, diese Mauern herunter zu reißen und zu sagen: Die Dinge sind heute so miteinander verwoben und die Bereiche müssen so eng miteinander zusammenarbeiten, dass auch die klassischen alten Organisationsformen auf Dauer meiner Meinung nach nicht haltbar sind. Was in unserem Unternehmen momentan eine große Bedeutung hat, das ist das Thema der Prozesse und der Prozessoptimierung. Denn sie haben sehr viele gewachsene Strukturen. […] Das haben wir schon immer so gemacht, das hilft uns aber im Moment nicht mehr weiter, es hindert uns eher."

Teilnehmer 7 äußerte folgende Einschätzung: „Heute haben wir eine Geschäftsleitung, die besteht aus insgesamt mit mir neun Leuten, also Geschäftsführung plus acht, und alle Marktbereiche sind dort entsprechend vertreten. Also der Logistiker sitzt in der Geschäftsleitung, der Anzeigenblattgeschäftsführer sitzt in der Geschäftsleitung. Bei uns, ganz wichtig, sitzt der Chefredakteur in der Geschäftsleitung, und er nimmt auch an allen Sitzungen [...] teil. Ich hasse Chinese Walls! Das steht bei mir nahezu unter Todesstrafe, wenn einer versucht, seinen Bereich so zu führen, indem er keinen anderen reingucken lässt. Wir besprechen in der Geschäftsleitung alle Punkte. […] In der Geschäftsleitung gibt es zwei, die eine bestimmte Sonderrolle haben, das ist der Chefredakteur und das ist der kaufmännische Leiter, der auch gleichzeitig mein Stellvertreter ist, und ansonsten versuche ich, wir sind wie gesagt zu neunt, dass wir wirklich alle Marktbereiche voll abbilden."

Die Interviews deuten bereits an, dass im Zuge der konvergenten Verschiebungen in den regionalen Verlagen immer mehr die traditionellen Bereichsgrenzen geschleift werden. Gesamtbetrieblich gesteuerte Zusammenarbeit und strukturierte Kommunikation sind gefragt – auch zwischen den so wichtigen Bereichen Redaktion und Vertrieb. In den Unternehmen ist dies indes, wie herauszulesen ist, nicht unbedingt populär, da immer auch alte Erbhöfe betroffen sind. Zugleich wird aus der Vielzahl der angegebenen Aktivitäten der hohe Veränderungsdruck deutlich.

5.4.2 Veränderungen der Leistungstiefe: Outsourcing und Kostenmaßnahmen

Das Thema der Verkürzung der Wertschöpfungsprozesse kann auf unterschiedliche Weise umgesetzt werden. Eine Möglichkeit davon ist echtes Outsourcing, eine andere sind Kooperationen. Die Kosten zu reduzieren hat für die Verlage aufgrund der strukturell rückläufigen Marktsituation des Stammgeschäfts hohe Priorität. Das Ausmaß der zu erbringenden Sparleistungen war in der Regel evidenterweise an die erwarteten Rückgänge des Stammgeschäfts gekoppelt. In allen Verlagen waren Einsparungen ein wichtiges Thema. Den in dieser Untersuchung beteiligten Verlage stehen hierzu aufgrund ihrer Unternehmensstruktur ganz unterschiedliche Möglichkeiten zur Verfügung. Die Aufgabe hieß stets „Kerngeschäft konsolidieren und Kosten runterfahren", wie Teilnehmer 7 formuliert, und zwar ohne Einbußen bei der Qualität hinnehmen zu müssen. Dabei steht laut Teilnehmer 7 all das in den Verlagen auf dem Prüfstand, was nicht unersetzlich ist bzw. in der Formulierung des Teilnehmers: „All das, was Commodity ist!"

An dieser Stelle muss deutlich zwischen den verschiedenen Strategien und Möglichkeiten bei integrierten Konzernen und bei Stand-Alone-Verlagen unterschieden werden. In Konzernen besteht grundsätzlich die Möglichkeit der stärkeren Zentralisierung bzw. zentralen Bündelung von Unternehmensaufgaben auf Ebene der Zentrale oder Holding. Auf diese Weise können Synergien erzielt werden. Diese würden zunehmend notwendig auch für Verlage in einer Auflagengröße von 200.000 bis 300.000 Exemplaren, erläuterte Teilnehmer 6 seine Überzeugung. Dies wurde in den befragten Unternehmen insbesondere in den Bereichen Dienstleistung und Verwaltung (auch IT) gemacht, und zwar vor allem unter Aspekten der Kostenoptimierung. In den integrierten Verlagskonzernen wurden auch Redaktion und Vermarktung in Teilen zentralisiert und im Verbund angeboten. Dies war bei fünf von zehn befragten Unternehmen der Fall.

Aufschlussreich ist in diesem Zusammenhang folgender Auszug aus dem Leitfadeninterview mit Gesprächspartner 1: „Outgesourct haben wir alle Dienstleistungen. Insourcing hat es in dieser Form gar nicht gegeben, es hat eigentlich nur ein Outsourcing gegeben, wobei ich sage: Dieses Outsourcing ist auch noch nicht beendet. Es wird weiter gehen, weil wir aus den alten Verlagsstrukturen kommen, die in Teilen aus der alten Form heraus gar nicht bewegungsfähig sind, sie haben zu wenige Gestaltungsspielräume. Das hat was mit bestehenden Tarifen zu tun, mit gelebtem Wertesystem zu tun, wo wir dann sagen: Es hat wenig Sinn, bestimmte Entwicklungen in Altstrukturen zu lassen." Dabei müssten alle Wertschöpfungsstufen überdacht und je nach Dringlichkeit restrukturiert werden.

Im Leitfadeninterview 5 erklärte der Gesprächsteilnehmer ausführlich die Kostenstrategie des Unternehmens: „Es gibt noch einen weiteren Unternehmensschwerpunkt, der heißt, aus Fixkosten variable Kosten machen. Wir haben da eine Fülle von Dingen gemacht. Ein Beispiel: Wenn Sie 100 Anzeigen haben und 100 Leute beschäftigen, und Sie haben nur noch 60 Anzeigen, dann können Sie keine 60 Leute beschäftigen. Das war so, als ich hier anfing. Mittlerweile ist es so, dass die Anzeigenbearbeitung, also alles, was mit Anzeigensatz zu tun hat, von externen Dienstleistern gemacht wird – mit mindestens genau der gleichen Qualität, weil das Standard ist. Das heißt, wenn Anzeigen zurückgehen, dann können Sie wunderbar an unseren monatlichen Controlling-Berichten sehen, wie die Anzeigenherstellung von der Kostenseite her zurückgeht." Er wolle aus dem Verlag eine atmende Organisation machen, d.h. dafür sorgen, dass sich bei sinkenden Umsätzen auch die Kosten im ähnlichen Umfang reduzieren und vice versa.

In zwei Unternehmen fanden im Betrachtungszeitraum seit 2008 Outsourcing-Maßnahmen in Bezug auf die Druckerei statt. Die Bedeutung des Drucks wurde indes fast durchweg (bis auf ein Unternehmen) als sinkend angesehen. Stellvertretend dazu hier die Passage aus dem Leitfadeninterview mit Delphi-Teilnehmer 8: „Druck und Herstellung sind [...] deshalb gesunken, weil wir erstens einen gewaltigen Margendruck im Bereich Druck haben und es zweitens für mich auch nicht von der großen strategischen Bedeutung für die Zukunft ist. Also: wer mit wem und wo ich drucke, spielt aus meiner Sicht in Zukunft eine untergeordnete Rolle. Das ist auch kein gegenüber dem Wettbewerb abgrenzendes Kriterium. Das sehen Sie auch überall. Eine Reihe von Medienhäusern baut gemeinsam große Druckzentren. Das wäre vor zehn Jahren noch nicht denkbar gewesen. Spielt quasi keine Rolle mehr, ganz im Gegenteil! Es ist sinnvoll, das gemeinsam zu tun."

Insgesamt ergab sich in den Leitfadengesprächen somit folgende Tendenz: Nicht-strategische Bereiche werden aus Kostengründen immer stärker gepoolt (Services, IT) oder ausgelagert (Anzeigenherstellung), im Druck werden zunehmend Synergien gesucht (Joint-Ventures). Kleinere Verlage können sich vor echten Auslagerungsaktionen oft gut Austauschaktionen und informelle, doch dauerhafte Kooperationen mit anderen Verlagen vorstellen, wie die Untersuchungsteilnehmer 2 und 10 zu Protokoll gaben. Inwiefern diese institutionalisiert werden können, steht dahin.

Delphi-Teilnehmer 2 kann sich dabei neben einer Konsolidierung auch den deutlich verstärkten Ausbau der Kooperation zwischen Verlagen vorstellen, und zwar auf wesentlich mehr Ebenen als bisher. Darin steckten für die eigenständigen Verlage noch erhebliche Maßnahmen der Kostenstraffung, sagte er. Diese deckten den gemeinsamen Einkauf, die gemeinsame Finanzbuchhaltung und die gemeinsame Koordinierung von Projekten und deren Vertrieb im Verbund (Beilagen, digitale Projekte). Auch seien redaktionelle Kooperationen denkbar, etwa die Kooperation von 14 regionalen Verlagen bei der Sportberichterstattung. Durch die abwechselnde Entsendung von Korrespondenten, die für den Zweckverbund berichten, zu den sportlichen Höhepunkten etwa könne jeder Verlag Geld sparen. Trotz Kostensharing könne man den Lesern so eine besondere Dienstleistung anbieten. Der Teilnehmer sieht die Verlage auf einer gefährlichen Gratwanderung zwischen optimaler Zentralisierung und Dezentralisierung. Dabei hat er für sein Haus die Entscheidung getroffen, dass die Märkte dezentral bespielt werden müssten. Dies formulierte er in der rhetorischen Frage: „Wie heimatlich verbunden wirkt eine Zeitung noch in Frankfurt, die in Berlin produziert wird?"

Über das Thema der optimalen Gestaltung der Leistungstiefe dachte besonders Teilnehmer 5 intensiv nach: „[...] Was ist eigentlich tatsächlich Kernkompetenz, was bleibt da tatsächlich übrig? In England gibt es mittlerweile einen Verleger, der nur noch Redaktion und Verkauf selber macht. Das ist zum Schluss das, was übrig bleibt, wenn man das ganz bis hinten hin denkt."

Entwicklung des Outsourcings bis 2015

Outsourcing erscheint in vielen Verlagen ein gangbarer Weg, um die wirtschaftliche Situation des Hauses zu verbessern. Gefragt danach, in welchen Bereichen sie in ihrem Verlag am ehesten Outsourcing erwarten, waren sich die befragten Verlagsgeschäftsführer einig, dass der Bereich Redaktion in diesem Zusammenhang nicht angerührt werden sollte. Vier Teilnehmer halten eine Ausgliederung der Redaktion für ausgeschlossen, sechs für unwahrscheinlich (vgl. Tabelle 29). Im Bereich Produktion, Druck und Weiterverarbeitung sah das Bild anders aus. Vier Teilnehmer halten hier eine Auslagerung für potenziell möglich, sechs halten das noch für unwahrscheinlich. Im Bereich Vertrieb bzw. Logistik glauben drei Teilnehmer an die Möglichkeiten des Outsourcings, sieben halten das für ausgeschlossen.

Tabelle 29: Erwartetes Outsourcing bis zum Jahr 2015

(Antworten auf die Frage: „In welchen Bereichen erwarten Sie in Ihrem Verlag bis 2015 am ehesten Outsourcing?")

	wahrscheinlich	**unwahrscheinlich**	**ausgeschlossen**
Redaktion, Bündelung	0	6	4
Produktion, Druck, Weiterverarbeitung	4	6	0
Vertrieb, Logistik	3	7	0

Insgesamt erwarten die Befragten, dass Outsourcing künftig wichtiger wird. Der Hypothese „Outsourcing gewinnt an Bedeutung" stimmten acht von zehn Befragten zu. Zwei verhielten sich dazu neutral. Eine weitere These in Bezug auf die Organisation der Leistungserstellung in Unternehmen lautete: „Branchenweite Kooperationen gewinnen an Bedeutung" – das glauben ebenfalls acht Teilnehmer, während sich zwei Teilnehmer eher unentschlossen äußerten.

Für kleinere Verlage stellt sich das Thema der optimalen Organisation der Leistungserstellung in anderer Form als für die integrierten Konzerne. Das Feedbackgespräch mit Teilnehmer 2 lieferte hierzu wertvollen Input. Er glaubt an die Organisation von Austausch- und Kooperationen zwischen Partnerverlagen auf allen Ebenen auf einer Basis ohne Kapitalverflechtung der Gesellschaften.

Teilnehmer 5 hatte für sein Unternehmen eine Verkürzung der Tiefe der Leistungserstellung angenommen. Er sagte: „Das ist die Frage: Welche Dinge werden wir selber machen, welche nicht? Ich glaube, dass wir uns in einem Prozess befinden, dass wir weitere Dinge nicht mehr selbst machen werden.“ Bei der Frage nach Sparpotenzialen, die qualitätsneutral bzw. sogar qualitätssteigernd etwa durch Effizienzgewinn umsetzbar sind, handelt es sich um ein höchst strategisches Thema, das am Ende dieser Arbeit nochmals aufgenommen wird.

5.5 Veränderungen des Unternehmensfokus

In diesem Abschnitt werden wesentliche Veränderungen in der Unternehmensstrategie thematisiert. Diese beziehen sich auf neue Endmärkte und dabei zu erbringende Leistungen sowie auf dazu notwendige Finanzierungsstrategien. Zugleich verweisen sie auf die Tatsache, dass sich die Verlage neue Wege erschließen müssen, die nicht der Pfadabhängigkeit der allgemein rückläufigen Trends und des zunehmenden Kostendrucks unterliegen.

Märkte und Leistungen

Ein zunehmend wichtiger Markt für Verlage sind Geschäftskunden im Bereich des B-to-B-Business. Er ergänzt das klassische B-to-C-Geschäft der Verlage und zieht sich von der Erbringung redaktioneller Dienstleistungen wie Mantellieferungen oder Corporate Publishing an Dritte (Unternehmen 7, 8, 9, 10) bei Logistik und Druck und interne Dienstleistungsbereiche (Service-Center) über alle Unternehmensbereiche hinweg. Auch die internen Aufgaben verändern sich in den Unternehmen. Teilnehmer 8 trug seine Idealvorstellung des Verkaufs vor: „Media- und Kreativagentur" gewissermaßen in einem, d.h. den Kunden durch das gesamte eigene Angebot zu navigieren, anstatt ihm einfach nur Printangebote anzubieten (s.o.).

Ein anderer Untersuchungsteilnehmer betonte im Feedbackgespräch der dritten Welle, es sei notwendig, neue Geschäftsfelder auch außerhalb der Kernkompetenz Information zu entwickeln: „Wir müssen die Intermediärsrolle neuartig auslegen und dabei auch immer stärker quer denken. Es kommen auch Geschäftsfelder außerhalb des bisherigen Portfolios in Frage. Beispiel: Warum sollten wir uns nicht an Immobiliengesellschaften beteiligen, deren Angebote man dann vermarkten könnte?" Unklar wären in solchen Fällen indes die Auswirkungen auf andere Immobilienanbieter in ihrer Rolle als potenzieller Anzeigenkunde für das Unternehmen. Indes seien solche Erweiterungen des Tätigkeitsfeldes unumgänglich, da das Zeitungs- und Zeitschriftengeschäft endlich sei: „Irgendwann haben Sie die 'zigte Beilage zur Stadt gemacht." Zentral sei, dass alles unter dem Motto Qualitätsanbieter stehe. In der hier beschriebenen Weise würden die Verlage dann deutlich stärker als bisher und in anderen Rollen zu Intermediären und zur Handelsplattform.

Veränderungen der Refinanzierung

Die Haupterlösquelle Anzeige der Verlage sind wie beschrieben in den vergangenen Jahren stark unter Druck geraten. Entsprechend orientieren sich die Unternehmen neu. Das Verhältnis zwischen Werbe- und Lesermarkt muss bei der Finanzierung neu geklärt werden. Diesem Thema näherten sich einige Fragen in den Leitfadengesprächen und in der Online-Befragung an. Bei letzterer waren die Teilnehmer beispielsweise gebeten, die folgende Hypothese zu bewerten: „Nicht bezahlte Reichweite ist nicht erstrebenswert." Diese These war heftig umstritten. In ihrer bewusst offenen, aber normativen Formulierung sollte sie polarisieren und freie Assoziationen erlauben, was mit dem Blick auf die breit gestreuten Ergebnisse als gelungen angesehen werden kann. Während die Hälfte der Teilnehmer zustimmte, stand die andere Hälfte der These neutral (vier Antworten) bis ablehnend (eine Antwort) gegenüber. Überraschend sind die unterschiedlichen Kontexte, in die die Zeitungsmanager diese Frage einordneten. Folgende Argumente wurden in der Feedbackrunde zur Online-Befragung, also in der dritten Welle, formuliert:

1. Nicht bezahlte Reichweite ist wichtig für die Markenstützung und die Markenverbreitung. Über 70 Prozent der Leser lesen die Zeitung auch online.
2. Meinen Sie das als Frage der Zielgruppenansprache? Ältere müssen zahlen, Jüngere nicht. Das stimmt nicht. Das richtige Angebot überspringt auch die Bezahlschranke. Junge zahlen für das, was ihnen wichtig ist, etwa für Spiele.

3. Das ist ja die Frage: Verschenken wir unsere Inhalte? Wir bekommen so oft das Feedback: Es steht so viel auf der Online-Seite, da brauche ich die Zeitung gar nicht mehr.
4. Darin steckt die Erwartung von Paid Content. Wir haben diesbezüglich keine Erwartungen, da man das als kleiner Verlag nicht beeinflussen kann.
5. Eine kostenlose Zeitung ist nicht erstrebenswert.
6. Man muss an dieser Stelle genau klären, um welche Angebote es sich handelt. Handelt es sich um Info- oder Serviceangebote für spezielle Zielgruppen? Das kommt wirklich darauf an, für welche Angebote. Einige Info- und Serviceangebote bleiben sicher rein werbemarkt-finanziert. Insofern stimme ich nicht zu.
7. Ich stimme der These grundsätzlich zu. Dennoch wird es sie immer geben (Antwort im Online-Fragebogen war neutral, verstanden als „sowohl als auch“).
8. Ich freue mich über bezahlte Abos und Exemplare, deren Weiterreichung an nicht-zahlende Leser hingegen ist durchaus gewünscht. „Wir verschenken keine Auflage und streben deshalb keine Maximierung der Reichweite in Bezug auf Print an. Online ist ein anderes Spiel. Ich glaube hier nicht mehr an die Durchsetzung von Preisen im stationären Netz (Antwort war neutral).
9. Bei einem Paid Content-Freemium-Modell gehe ich nur ein begrenztes Risiko ein, da sich dieses in nur lokalen Märkten schlecht refinanzieren lässt.

Eine weitere Hypothese vertiefte das Thema. Sie lautete: „Auch im Print ist mit einer Zunahme an Gratisinhalten zu rechnen (etwa Pendlerzeitung).“ Hier waren die Befragten klar der Auffassung, dass dies nicht so kommen werde. Sieben Befragte stimmten der These nicht zu. Ein Teilnehmer stand der Frage neutral gegenüber, während zwei Teilnehmer der These unter Verweis auf neue Formen von Anzeigenblättern zustimmten. Die genannten Argumente für eine Zunahme der Gratisinhalte lauteten:

1. Es könnte neue Formen der Anzeigenblätter geben, bei denen online generierte Inhalte gedruckt werden. Diese orientieren sich an Rubrikenmärkten (etwa im Immobilien- und Autobereich).
2. Wir spüren eine starke Nachfrage nach zeitungsähnlichen Produkten, die die Resthaushaltsabdeckung bewirken. Deshalb könnten neue An-

zeigenblätter hinzukommen. Diese waren schon in der Krise kaum rückläufig.

Zwei weitere Hypothesen gingen näher auf die Veränderung der Finanzierungsmodelle ein: Die erste Hypothese lautete: „Das duale Erlösmodell wird durch komplexere Modelle ersetzt.“ Sie stieß auf breite Zustimmung, wobei die Teilnehmer die folgenden zwei Argumente zur Begründung vorbrachten:

1. Abo-Modelle würden künftig komplizierte Bündel, etwa mit Flatrate-, auch mit Bundle-Lösungen. Sie würden sich zu einem ganzen, komplexen Angebotskorb entwickeln.
2. Im analogen Bereich würden Mehrwertabos an Bedeutung gewinnen.

Die zweite, normativ formulierte Hypothese lautete: „Verlage sollten sich weniger stark am Anzeigenmarkt orientieren“. Sie zielte in den Kern des Konfliktbereichs und rief ein differenziertes Meinungsbild hervor. Sechs Teilnehmer äußerten sich neutral, vier stimmten tendenziell zu. Über diese These wurde in den Feedbackgesprächen viel diskutiert. In diesen Diskussionen brachten die Untersuchungsteilnehmer die folgenden Argumente vor:

1. Verlage sollten über Inhalte punkten. Wenn das gelingt, ist auch wieder die Stärke des eigenen Werbeträgers gegeben, und wenn das passiert, kann man die Stärke der eigenen Medienwährung auch gewinnbringend einsetzen bzw. sind das starke Argumente für die Produkte auch im Werbemarkt. (neutrale Antwort)
2. Das hat ganz viele Dimensionen. Je nachdem für welches Produkt ich hier antworte, fällt die Antwort unterschiedlich aus. Es wird aber nicht ohne Weiteres möglich sein, auf die Werbeangebote zu verzichten. Bei einigen Inhaltsangeboten sehe ich gleichwohl, dass bei diesen der Werbemarkt nicht mehr im Vordergrund steht. Es stimmt, dass wir uns mehr darauf orientieren, am Lesermarkt zu finanzieren. (neutrale Antwort)
3. Man muss sich dem Anzeigenmarkt mit Akribie stellen und noch tiefer eindringen als bisher. Innerhalb des Unternehmens sinken die Refinanzierungskraft und damit auch die Bedeutung der Abteilung. Dennoch vertrete ich eher die gegenläufige These, dass zukünftig noch mehr werbefinanzierte Medien entstehen werden. Für manche Stadtteile mit normaler Kaufkraft sind neue gehobene Anzeigenblattmodelle interessant, die zwei- bis dreimal pro Woche erscheinen.

4. Die These stimmt einerseits, andererseits ist es unumgänglich, auch weiterhin Werberlöse zu haben.
5. Das ist der Unterschied zwischen Wunsch und Wirklichkeit in den Verlagen. Ohne Werbeerlöse wären wir alle pleite. Die Tendenz der These stimmt dennoch. Es ist aber kein Verzicht möglich.

Die Betrachtung dieser Ergebnisse zeigt ein klares Bekenntnis aller befragten Verlagsmanager zum Festhalten am (doppelten) Marktplatz. Zugleich wird deutlich, dass sich dieser Marktplatz verschieben wird – in neue Bereiche, in neue Nischen und mit neuen Produkten. Dies wiederum ist mit der These zu verknüpfen, dass die duale Finanzierungsform künftig durch komplexere Finanzierungsmodelle abgelöst wird. Während die Verschiebung und Neubestimmung der Marktplätze mit einer steigenden Komplexität einhergehen, gilt dies auch für das Erlösmodell insgesamt.

In denkbar grundlegender Weise war dies in der These formuliert worden, dass „Nicht bezahlte Reichweite [...] nicht erstrebenswert [sei]". Auch hier wurde auf das komplexe Spannungsfeld hingewiesen, in dem sich die Verlage bewegen. Darin wird deutlich, dass sich die Frage des Finanzierungsmodells von Medienprodukten über (mindestens) zwei Märkte nur im Einzelfall und nicht apodiktisch lösen lässt. Es fließen die Variablen Marktmacht (Konkurrenzsituation), strategische Bedeutung, Angebotsstruktur und Zielgruppen mit ein. In vielen Fällen dürfte es Mischformen der Finanzierung geben. Grundsätzlich erhöht die Vielzahl von Erlösquellen die Freiheitsgrade eines Unternehmens.

Personalarbeit als strategisches Thema

Das Thema Personal entwickelt sich in den Betrieben von einem reinen Kostenfaktor zu einem immer stärker strategischen Thema. Immerhin gilt es, die Aufgaben der Unternehmensentwicklung zu bewältigen und die Verlage auf die Herausforderungen der Medienkonvergenz vorzubereiten. Die Personalarbeit des Verlags war daher ein weiteres zentrales Thema der ersten Befragungswellen.

Die Überzeugung, dass das Personalthema von hoher strategischer Bedeutung ist und im Rahmen der Medienkonvergenz immer größere Bedeutung erhält, wird von verschiedenen Verlagen geteilt (Unternehmen 6, 3, 10, 4). Mit Einsparungen allein ist es indes nicht getan: Unisono streben die Verlage die Verbesserung ihrer Personalqualität an. Teilnehmer 3 sagte: „Personal ist für mich ein ganz wichtiger strategischer

Bereich, und zwar in beiderlei Hinsicht. Erstens hat das mit der spezifischen Situation in unserem Bundesland zu tun. Qualifizierung, Weiterbildung, Fachkräftegewinnung – das sind inzwischen ganz große Themen. Früher standen die Leute Schlange, wenn wir eine Stellenanzeige gemacht haben. Inzwischen ist es nicht mehr selbstverständlich, dass die Leute zu uns kommen. Das wird sich noch verschärfen durch die demographische Entwicklung. Und natürlich genauso wichtig im Hinblick auf die – was wir alle hinter uns haben und noch vor uns haben – Kostenreduzierung. [...] Zur Zahl der Mitarbeiter ist noch zu sagen: Es gibt keinen kausalen Zusammenhang zwischen der Zahl der Leute und der Qualität des Produkts. Also, eine Redaktion mit 100 Leuten macht nicht notwendiger Weise eine bessere Zeitung als eine mit 50 Leuten." Andererseits werde eine Redaktion mit 20 Leuten nicht notwendigerweise eine bessere Zeitung machen als eine mit 100 Redakteuren.

Auf die Frage nach den wichtigsten Herausforderungen für sein Unternehmen antwortete Teilnehmer 6: „Mit welchen Mitarbeitern kann ich diese auch bewältigen? Das ist eine große Aufgabe, denn der klassische Verlagskaufmann, so wie wir ihn von früher kennen, beherrscht das nur bedingt." Dies gelte in gleicher Weise auch für die Redaktion, fügte er später hinzu: „Mit dem Denken des klassischen Redakteurs von vor zehn Jahren kann ich die heutigen Aufgaben einer Redaktion nicht lösen."

Teilnehmer 4 betonte, es sei notwendig, viel Geld für dieWeiterqualifikation und Weiterbildung des eigenen Mitarbeiterbestands auszugeben, um diese auf die neuen Unternehmensaufgaben vorzubereiten: „Und die dritte Herausforderung ist anders gelagert. Das ist insbesondere auch eine Führungsaufgabe und bezieht sich auf die interne Verfassung in so einem Verlag. Das bedeutet ja, dass wir ganz stark die Einstellung und das Selbstverständnis auch verändern müssen. Mal ganz einfach gesagt: Vor zehn Jahren saßen in der Anzeigenabteilung Leute und haben auf das Fax geguckt und sich darüber gefreut, dass ein Auftrag nach dem anderen da herausquoll. Die große Herausforderung bestand darin, das alles dann am Sonnabend auf 168 Seiten zu drucken. Heute erscheinen wir mit 64 Seiten, und wir müssen diese Anzeigen hart verkaufen." Dies erfordere eine andere Qualifikation und im Anzeigenbereich eine Transformation von der Anzeigenannahme zum Anzeigenverkauf. „Aber das erfordert insgesamt auch eine andere Kultur. Diese herbeizuführen ist die dritte große Aufgabe. Sie hängt aber mit den ersten beiden zusammen."

Zusammengefasst stehen die Verlage also vor der Herausforderung, wachsende Aufgaben der Neupositionierung und Neugenerierung von

Geschäft mit weniger Personal bewältigen zu müssen. Zudem ist ein großer Teil des Personals mutmaßlich von begrenztem Wert für die neuen Aufgaben in der Medienkonvergenz, da hier einerseits noch das printkanalspezifische Denken vorherrscht, andererseits aber auch Technologie und Produktgestaltung nur noch wenig mit der traditionellen Zeitung zu tun haben.

5.6 Zusammenfassung der Ergebnisse

An dieser Stelle können nun einige der wichtigsten der in den Grundlagenkapiteln dieser Arbeit aufgeworfenen Fragen beantwortet werden. Es ist evident, dass dem Forschungsdesign entsprechend vor allem solche Fragen zu beantworten waren, die sich auf die Anbieterseite beziehen bzw. von der Verlagsseite aus gestaltet werden können.

Zielgruppenansprache

Es gibt unterschiedliche Erwartungen in Bezug auf die Schnelligkeit der Digitalisierung und auf die digitale Ansprechbarkeit unterschiedlicher Zielgruppen. Verschiedene Einschätzungen zeigen sich auch bei der Fortschreibung der Zielgruppen. Einige Delphi-Teilnehmer glauben klar an die zunehmende Aufwertung der Zeitungsleserschaft auf die sozioökonomisch höherstehenden Gruppen der Sinus-Milieus und nehmen dabei Verluste in der unteren Mitte und am unteren Rand in Kauf. Dies verkleinert im Ergebnis die Zielgruppen für die Regionalzeitung auf „Bildungsbürger“ bzw. sozial-hierarchisch höherstehende Muster und wertet die Zeitung zugleich auf. Andere dagegen halten an der Universalität („Jedermann“) fest. Allerdings räumen selbst diese Teilnehmer analoge Verschiebungen in der Zielgruppenabdeckung ein. In einem Fall ist das Festhalten am alten Zeitungsbegriff auf die nicht-elitäre Bevölkerungsstruktur in Ostdeutschland zurückzuführen, die keine Hochpreisstrategie ermöglicht.

Die Zielgruppenbeschreibung ist in den Verlagen sehr unterschiedlich ausgeprägt. Während einige Verlage diese intensiv betreiben und auch mit Lebensstiltypologien arbeiten, halten andere Verlage dies nicht für notwendig.

Strategien zur Zielgruppenansprache werden vor allem über die neuen mobilen Kanäle in Angriff genommen. Diese Kundengruppen können als Käufer der mobilen Endgeräte dabei gezielt angesprochen werden. Hier sind differenzierte Angebotsformen möglich. Die Zielgruppenstrategien der Verlage verweisen dabei auf den in den Häusern vorhandenen Zeitungsbegriff. Wenn die Regionalzeitungen als Mittel der Gesamtmarktansprache (Leser und Werbung) verstanden werden, sind eher die bekannten Strategien anzutreffen. Dort, wo die Zeitung als nur ein Wettbewerbsprodukt unter vielen gesehen wird, ist der Zielgruppenzuschnitt genauer.

Uneinig sind sich die Delphi-Teilnehmer auch über die zukünftigen digitalen Mediennutzungsweisen. Während ein Teil des Panels davon ausgeht, über mobile Endgeräte auch ältere Nutzer ansprechen zu können, glaubt dies der andere nur im Hinblick auf neue Zielgruppen. Bei den Verlagen, die eine starke Dynamik der Medienkonvergenz erwarten und aktiv mit Zielgruppenbeschreibungen arbeiten, lässt sich dabei eine doppelte Strategie ausmachen:

1. Ausweitung des Bestandskundengeschäfts mit älteren Lesern auf neue Kanäle und neue Leistungen. Dadurch entstehen höhere Zahlungsbereitschaften, und die Durchschnittsumsätze pro Kunde steigen.
2. Ausrollen der digitalen Geschäftsmodelle auf Jüngere über neue komplexe Bundling-Abomodelle.

Die Verlage, die eine geringere Dynamik der Medienkonvergenz erwarten, sehen dies anders. Ein Grund sind die unterschiedlichen Bezugsgrößen. Die Skeptiker argumentieren auf Basis verfügbarer Marktstudien wie etwa „Digital 21“[40], ein Teil der Optimisten auf Basis verlagseigener, in Testmärkten generierten Daten. Für eine aktive Zielgruppenstrategie spricht ferner die Möglichkeit der besseren Gestaltbarkeit von Angeboten im Sinne passender Angebotsbündel. Zugleich ergeben sich dabei mutmaßlich Spielräume für die Inhaltegestaltung und Produktvermarktung (im Sinne der Redualisierung). Diese steigen im digitalen Umfeld durch interaktive, animierte und (mutmaßlich) zielgenauere Werbung (s.u.) stark und könnten die textbasierten digitalen Zeitungsangebote er-

40 Die von der Initiative D21 im Dezember 2010 veröffentlichte zweite Ausgabe der Studie „Die digitale Gesellschaft in Deutschland“ kam zu dem Ergebnis, dass 37 Prozent der deutschen Bevölkerung in der digitalen Alltagswelt angekommen sind. Beinahe zwei Drittel der Gesellschaft gehen aber noch immer nicht oder wenig souverän mit den digitalen Medien um (vgl. Initiative D21 2010). Mittlerweile ist die dritte Ausgabe der Studie erschienen. Sie kommt zu dem Ergebnis, dass die Entwicklung der digitalen Gesellschaft in Deutschland stagniert (vgl. Initiative D21 2011).

heblich aufwerten. Dies gilt ungeachtet unterschiedlicher Refinanzierungsformen für die einzelnen Produkte bzw. Angebote. Spielräume dürften sich zudem bei der Setzung der Abopreise für die Kunden durch das Ausnutzen der höheren Zahlungsbereitschaft zufriedener Kunden ergeben.

Auch Formen der Customisierung (vgl. zum Begriff Kapitel 2.1.2) sind zu erwarten, allerdings nicht im Sinne der oft beschworenen Individualisierung der Printzeitung als Daily-Me. Zu denken ist an eine Vertriebs-Customisierung, die unterschiedliche Angebotsbündel für verschiedene Kundengruppen schnürt (Sport-Abo, Wochenend-Abo usw.) sowie an die werbliche Customisierung von Produkten, die schon heute von Verlagen mit moderner Weiterverarbeitung vollzogen wird. Dabei werden Vorprodukte längst exakt nach Straßenzügen zugewiesen. Im digitalen Umfeld wäre hier wohl an eine Targeting-Funktion nach Kundeninteressen zu denken, die schon im Bereich des stationären Internets durchgeführt wird.

Eine echte Inhalte-Customisierung ist möglich und für die digitalen Produkte machbar, allerdings für das General Interest-Medium wenig wahrscheinlich. Außerdem wünschen Leser keine Präselektion der Inhalte, sondern höchstens auf einer Subebene als einen möglichen Mehrwert zum Basispaket. Im Bereich mobiler Dienste indes ist diese im Sinne lokalisierter Dienste durchaus denkbar. So sind standortbezogene (lokalisierte) Informationen bzw. Nachrichten innerhalb einer Nachrichtenapplikation ein tatsächlicher Mehrwert.

Die Kehrseite des dargestellten neuen Angebotsportfolios liegt in einem steigenden Verwaltungs- und Vermarktungsaufwand und darüber hinaus in der Notwendigkeit zur intensiven Markt- und Kundenforschung. Dies dürfte sich als erhebliche Belastung für die bestehenden Unternehmensstrukturen erweisen. Allerdings erscheint dies in Verbindung mit einem tatsächlichen umfassenden Kundenmanagementsystem, das alle Daten der Kundenbeziehung vom Abo über aufgegebene Anzeigen bis zu den Besuchen von Veranstaltungen umfasst, als wichtige Maßnahme zur Sicherung der Marktposition.

Derzeit ist es angesichts des lückenhaften Wissens über die crossmedialen Nutzungsmuster einerseits und deren starke Veränderung andererseits noch zu früh, um über die Frage nach der optimalen kanalübergreifenden Angebotsstaffelung zu entscheiden. Es wird eine Frage von Versuch und Irrtum sein. Hier ist Erfindergeist gefragt.

Bei all diesen Fragen ist die Fokussierung auf den Leser und Endkunden elementar. Schließlich rückt die Medienkonvergenz die Rezipienten in den Fokus der Wertschöpfungsprozesse. Wer seinen Kunden Wert vermittelt und von diesen als so wertvoll empfunden wird, dass sie sein Produkt täglich in ihr Leben lassen, ist im Besitz einer kostbaren Ware für alle möglichem Zweitmärkte, von denen der Werbemarkt zukünftig womöglich nur einer sein wird. An dieser Stelle sind nun die Geschäftsmodelle berührt.

Publizistisches Geschäftsmodell

Der publizistische Teil des Geschäftsmodells ist im Medienwettbewerb bzw. durch dessen Exuberanz gefährdet. Wie dargestellt ist die Notwendigkeit des Abos zur Orientierung in der lokal-regionalen Lebenswelt nicht mehr selbstverständlich gegeben. Die Institution Tageszeitung ist damit herausgefordert, die Lebenswelt der Menschen täglich zu berühren. Sie sollte in der Region als Leuchtturm und Berater im alltäglichen Leben wahrgenommen werden. Und dies vor allem: Sie dient als Wasserscheide zwischen Relevanz und Irrelevanz. Insofern fungiert sie, anders als nicht-professionell produzierte Angebote der Netzwerköffentlichkeit wie Blogs, als Garant einer professionellen und nicht-interessengeleiteten Berichterstattung und Information.

Diese Forderungen lassen sich nicht anders als mit einer stärkeren Qualitätsorientierung denken. Insofern kann die in Kapitel 3.5.2 theoretisch hergeleitete These, dass die Regionalzeitung nur durch Qualitätsorientierung ihr Alleinstellungsmerkmal behält, als bestätigt angesehen werden. Darüber hinaus lassen sich Belege für die stärkere Qualitätsorientierung aus Eigeninteresse der Regionalzeitungen feststellen. Das geben die Teilnehmer 1, 4, 6, 7 und 8 als Strategie zur Zukunftssicherung an.

Delphi-Teilnehmer 8 sieht auch die Zukunft des Unternehmens in solchen differenzierten Dienstleistungen und mit guter Qualität gelieferten Dingen. Das ist schon eine wichtige Annahme, denn in der Qualitätsorientierung und -gewährleistung scheinen gleich mehrere Potenziale auf: Preisbereitschaft, Kundenbindung und Kundenvertrauen. Hier knüpfen sich an die Stärke, die Bekanntheit und das Leistungsversprechen der etablierten Zeitungsmarken die Möglichkeiten ihres Transfers auf neue Produkte, neue Leistungen und in neue Märkte insgesamt. Diese Einschätzung gilt grundsätzlich sowohl für den Geschäftskundenmarkt als auch für den Privatkundenmarkt – wenn auch in leicht anderer Spielart als vermutet. Verlage müssen die Qualität ihres Kerngeschäfts hoch halten. Nur über die Qualität der journalistischen Berichterstattung schaffen sie Marken- und Produktvertrauen. Und dies ist die Basis, um neues – stärker über die Rezipienten finanziertes – Geschäft generieren zu können. Damit sei nun noch das ökonomische Geschäftsmodell und dessen Dimension der Finanzierungsformen angesprochen.

Finanzierungsmodelle: Auf dem Weg zu einer Redualisierung

Die starke Orientierung am Rezipientenmarkt und die strikte crossmediale sowie zielgruppenbezogene Angebotsstaffelung über Kanäle und Nischenangebote führt zu einer Wiederbelebung des dualen Modells im Sinne einer Redualisierung. Die wegbrechenden Anzeigen des Lebensmitteleinzelhandels und anderer Großkunden können möglicherweise nicht sofort, vielleicht auch überhaupt nicht aufgefangen werden. Entsprechende Einbußen müssten dann am Rezipientenmarkt kompensiert werden. Zugleich hat die neue zielgruppenbezogenere Regionalzeitung ihre Möglichkeiten des doppelten Marktplatzes für ihre Kernklientel erst zu vermessen begonnen. Darin dürften noch einige Potenziale liegen – etwa durch Transaktionserlöse im Internet. Ähnliches gilt gewiss auch für die anderen Kanäle, für die sich die Umrisse der Nutzung und Nutzerschaft erst abzuzeichnen beginnen.

Dabei ist für jeden einzelnen Kanal ein adäquater Finanzierungsmix im Spannungsfeld von Marktmacht, Zielgruppen und Produktangebot zu entwickeln. Insgesamt ist an eine tiefe Staffelung der Angebote (auch im Bereich zeitungsfremder bzw. nicht-periodischer Produkte) zu denken sowie an eine Auffächerung der möglichen Erlösquellen und – damit einhergehend – auch der Intermediärsrollen des Verlags. Hier ist ebenfalls davon auszugehen, dass in unterschiedlichen Regionalmärkten vergleichbare Angebote unterschiedlich gut angenommen werden dürften. Teilnehmer 8 berichtete ausführlich über eine Jubiläumsaktion mit einer historischen Stadt-DVD und deren unterschiedliche Verkaufserfolge bei den teilnehmenden Regionalverlagen. Diese seien vielfach auch bedingt durch nicht zu beeinflussenden regionale Besonderheiten bzw. aktuelle Anlässe.

Der doppelte Marktplatz in erweitertem Verständnis erweist sich als Konstante der Medienwirtschaft, wird aber zugleich massiven Veränderungen unterworfen. Diese lassen sich als Redualisierung der Medienwirtschaft begreifen und umfassen die Art und Weise der Intermediation, d.h. die Ausgestaltung der Maklerrolle, und im Ergebnis auch die Erlösformeln der Zeitung. Es ist damit von einer anderen Finanzierungsformel der Zeitung auszugehen, keinesfalls aber von einer Entdualisierung der Zeitungswirtschaft.

Für unterschiedliche Produkte, zeitungsähnliche und zeitungsunähnliche, werden neue Finanzierungsmixe und neue Finanzierungsformen entstehen. Diese müssen ausprobiert werden und können ganz unterschiedlich gestaltet sein. Dabei kann der Grad der Lesermarktfinanzierung von 0 bis vielleicht 70 (Annahme für den Anteil der Aboerlöse an den Erlösen der gedruckten Tageszeitung im Jahr 2020) reichen. Damit wäre das Gewicht des klassischen Finanzierungsmodells auf die andere Seite verlagert. Als Grundprinzip bliebe es gleichwohl erhalten.

Für andere Produkte sind indes weit niedrigere Refinanzierungsanteile aus dem Lesermarkt zu erwarten. Insofern ist dem Verdikt der „dualen Zwangsjacke“ (Rau 2006, 15) zu widersprechen. Vielmehr fühlen sich die Verlage in der Dualität weiter wohl. Um im Bild zu bleiben: Es ist vielmehr davon auszugehen, dass für die einzelnen Produkten von neuem Maß genommen werden muss. Dass diese maßgeschneiderten Finanzierungsanzüge nur im Trial-and-Error-Verfahren entstehen dürften und nicht sofort passen werden, ist evident. Verlage werden nicht umhin kommen, an dieser Stelle verschiedene Wege zu beschreiten. Man darf die begründete Hoffnung haben, dass ihnen das gelingen wird. Dabei ist der Trend zur Marktkonzentration ungebrochen. Der Investitionsbedarf der Verlage erhöht noch weiter die Tendenz zu größeren Unternehmenseinheiten.

Entstehung komplizierter Intermediärsrollen

Die Wertschöpfungsformen werden sich in der Medienkonvergenz deutlich verändern. Verlage könnten an dieser Stelle neue Intermediärsrollen einnehmen und den klassischen Marktplatz ergänzen. Dabei wird die Maklerleistung der Verlage selbst komplexer: Sie treten immer stärker selbst als Vermittler von Transaktionen wie etwa für Reisen, Wein, Tickets oder Bücher in Erscheinung und sind an diesen selbst in Form von Provisionen beteiligt. Diese Angebote der Marke angepasst auszudehnen, dürfte eine der Herausforderungen für die Zukunft sein. Ein Untersuchungsteilnehmer brachte die Idee auf, die Verlage könnten sich selbst an Immobilienfirmen beteiligen und deren Angebote dann in den eigenen Blättern vermarkten (s.o.). Damit würde ein Teil des durch die Online-Substitution weggebrochenen Geschäfts anderweitig zurückgeholt. Zwar handelt es sich allein um eine Idee mit zunächst nicht absehbaren Folgen für die Stellung als Werbeträger – schließlich droht auch der Verlust weiterer Immobilienkunden. Dennoch weisen solche Gedankenspiele darauf hin, dass Verlage durchaus neue Wege gehen wollen, um den in der analogen Welt vorhersehbaren Schrumpfungsprozess abzufangen.

Ein weiteres Beispiel für erweiterte komplexe Werbedienstleistungen im regionalen Markt sind Couponing-Modelle. Dabei erschließen sich die Verlage in ihrer Rolle als regionale Platzhirsche eine neue Kategorie kleinerer lokaler Dienstleister (z.B. im Bereich von Gastronomie und Freizeit), die sie bis dato nicht bedienen konnten, weil die Anzeigenpreise für diese zu hoch waren. Bei dem Couponing-Geschäft handelt es sich um Werbung, die von den buchenden Unternehmen nur bei Transaktionserfolg bezahlt werden muss. Über vergünstigte Angebotspakete wollen die Anbieter neue Kunden anlocken. Dabei treten die Verlage als Verkäufer, Arrangeure, Verpacker und Abwickler bzw. Zahlungsdienstleister der Deals auf und stehen mit ihrer Marke für deren Erfolg. Für die teilnehmenden Dienstleister liegt der Vorteil darin, dass sie die Transaktion anders als Werbeschaltungen fürderhand nichts kostet. Die Verlage können damit so genannten C-Kunden ein attraktives Angebot machen. Vom erlösten Verkaufspreis behalten sie einen Teil als Provision ein und reichen den Rest an den Kooperationspartner weiter – allerdings nur, wenn die Gutscheine eingelöst werden. Geschieht das nicht, womit stets zu rechnen ist, behalten sie in der Regel die volle Summe ein. Gestaltbare Größe bei diesem Geschäftsmodell ist der Verkauf der Gutscheine bzw. Angebotspakete. Diesen können die Verlage in ihrem Haus halten oder extern an einen Dienstleister vergeben – wobei Letzteres mit Einbußen am Anteil der Wertschöpfung verbunden ist.

Auch bei diesem Beispiel erweist sich der unvermittelte Technologiezugang als entscheidend. Hier zeigt es sich einmal mehr, dass in der Medienkonvergenz einfache Dienstleistungen entwertet und komplexere Leistungen durch einen größeren Wertschöpfungsanteil belohnt werden. Darin und in möglichen neuen Entwicklungen stecken Potenziale. Diese könnten den Prozess der Margenverschlechterung im Anzeigenkerngeschäft durch Prospektsubstitution gedruckter Anzeigen und Direktmarketing an anderen Stellen wieder umkehren.

Eine weitere Möglichkeit bieten dabei regionale communitybezogene Angebote. Diese dienen mehreren Zielen. Sie berühren die tägliche regionale Lebenswelt der Menschen tiefer, als die Zeitung als General Interest-Medium dies je könnte. Dabei erhöht die Zeitung ihren Wert für die Abonnenten und bindet diese stärker an das Blatt. Wenn die Angebote zusätzlich unabhängig vom Hauptblatt vertrieben werden, sind erleichterte Einstiege auch für Nicht-Zeitungskunden möglich. Ihre Refinanzierung jedoch geht deutlich stärker vom Werbemarkt aus (bzw. wird diesem komplett aufgebürdet), indem Kunden erschlossen werden, die sonst üblicherweise nicht in den Zeitungen vertreten sind. Als mögliche Themenbereiche dürften Kinder und Familie, Ausgehen und Shopping bzw. Luxus, Haustier, Gesundheit, Haus und Garten sowie Senioren in Frage kommen.

Wichtig ist, dass die Magazinmedien nur als Anker in die Communities hinein genutzt werden und zwingend von Veranstaltungs- und Aktionsformaten begleitet sein sollten. Diese dienen dem Austausch mit der Community und dem Wissensgewinn einerseits und eröffnen den Verlagen andererseits die Möglichkeit, hier mit attraktiven Paketangeboten zum Zuge zu kommen. Dabei bietet sich Verlagen neuerlich die Möglichkeit, komplexe Leistungsbündel zu arrangieren und ihren Anteil an der Wertschöpfung zu erhöhen. Dabei ist – wie schon in Kapitel 3.3.3.4 und 3.3.3.5 dargestellt – an ganz unterschiedliche Formate zu denken, die von 20 Teilnehmern bis hin zu Messegrößen theoretisch alle denkbaren Umfänge haben könnten.

All diesen Möglichkeiten ist nun gemeinsam, dass sie das klassische Medium der Tageszeitung zum Ausgangspunkt nehmen und von dieser Plattform aus weitere komplexe Angebote machen, die der Verlag auch am besten selbst arrangiert. Dabei entspricht dieses Modell dem des regionalen Marktplatzes und damit einer erweiterten Beschreibung der Zeitungszielgruppen (s.o.).

Unternehmensentwicklung in den kommenden Jahren

Die Entwicklung des Stammgeschäfts prägt die unmittelbar zu erwartende Verlagsentwicklung. Dabei zeigt sich, dass die meisten Verlage mit einer langsamen digitalen Verschiebung rechnen. Dies gilt insbesondere für jene in einem ländlicheren Umfeld. Die in Metropolen ansässigen Verlage erleben die Umbrüche schneller und erwarten höhere Verluste auf beiden Marktseiten, insbesondere aber im Werbemarkt.

Auch im Jahr 2015 bleibt die Zeitung den Erwartungen der befragten Zeitungsmanager nach zum großen Teil auf die Umsatzbeiträge aus dem Printgeschäft angewiesen. Die Erlöse aus dem digitalen Geschäft (medial und nicht-medial) werden sich nach Erwartung der meisten Befragten zwar stark erhöhen und rund 10 Prozent der Gesamterlöse umfassen. Damit werden sie weit mehr als „lousy pennies“ (Hubert Burda) und durchaus nennenswerte Deckungsbeiträge liefern. Gleichwohl sind die erreichbaren Gewinne im lokalen Bereich vermutlich aber begrenzt. Wie sich diese zusammensetzen und wie groß insbesondere digitale Vertriebserlöse sein werden, muss offen bleiben.

Die Verlage treten in den kommenden Jahren damit unweigerlich noch stärker in die digitale Arena. Da das Printgeschäft gemessen am Umsatz noch einige Jahre lang dominant bleibt, verfolgen noch nicht alle Unternehmen zum aktuellen Zeitpunkt einen tiefgreifenden Umbau ihrer Organisation. Dennoch kommen Dinge ins Rollen. Die entsprechende Unternehmensentwicklung wird mit Spannung erwartet.

Die Umsatzentwicklung deckt eine große Bandbreite ab und pendelt zwischen pessimistischen und optimistischen Einschätzungen. Es ist zu befürchten, dass bis 2015 zunächst die pessimistischeren Einschätzungen eintreffen und der Verfall im Altgeschäft die Zuwächse im Neugeschäft übertreffen dürfte. Da in den befragten Verlagen keine innovativen Neuerungen vorgestellt wurden, die einen kräftigen Anstieg der Erlöse als wahrscheinlich erscheinen lassen, wären die angenommenen Umsatzsteigerungen auf die Erholung des Stammgeschäftes im Zuge der konjunkturellen Erholung zurückzuführen. Dies wiederum erscheint vor dem Hintergrund der bisherigen Märkteentwicklung – und vor allem der deutlich vorsichtigen Marktschätzungen der anderen Untersuchungsteilnehmer – als unwahrscheinlich.

Wenn Crossmedialität eine Verbreiterung der medialen Ansprache und Nutzung bedeutet, spiegelt sich dies auf Ebene der Unternehmensorganisation in einer Verflüssigung der vorhandenen Strukturen und dem Trend zu kleineren Abteilungen. Nicht zu unterschätzen sind die Auswirkungen auf die Unternehmensorganisation. Die Unternehmen werden durch den Trend zu mehr Produkten auch in ihrer Leistungsfähigkeit getestet, diese zu produzieren, zu vermarkten und zu verwalten, ohne das Stammgeschäft zu vernachlässigen. Das dürfte eine Belastungsprobe für die überkommene Struktur in vielen Verlagen sein.

Organisation der Leistungserstellung

Der auf die Veränderungen der Leistungserstellung und Wertschöpfungsprozesse zielende Teil der Befragung ist für den zum Zeitpunkt der

Untersuchung bestehenden Entwicklungsstand zukunftsweisend. Die Branche steht noch am Anfang eines folgenreichen Entwicklungsprozesses mit nicht absehbaren Auswirkungen. Dennoch zeichnen sich grobe Entwicklungslinien ab. Dabei ist hier der drastische Schrumpfungsprozess zu nennen, den die Verlage durchlaufen. Dieser bezieht sich vor allem auf den Bereich Print und die spezifische Monochannel-Organisation. Bereiche wie Vorstufe (Anzeigensatz) und Druck verlieren zunehmend an strategischer Bedeutung und werden Kandidaten für Outsourcing oder zumindest Synergien (etwa durch Joint Ventures).

Für die Logistik gilt das nicht durchgängig. In diesem Bereich haben manche Verlage ihre Weichen bereits vor ein paar Jahren gestellt – entweder durch den Ausbau der Aktivität oder durch Rückzug. Dies gilt besonders im Metropolenraum. Insofern steht der Bereich derzeit in kaum einem Unternehmen noch zur Debatte. Der Kundenzugang auf der letzten Meile ist auch im Zeitalter der Medienkonvergenz ein wertvolles Asset – etwa für die Resthaushaltsabdeckung mit gedruckten Produkten. Für die Verlage, die sich gegen den Ausbau ihrer Logistik entschieden haben bzw. die sich von dieser durch Ausgliederung oder Verkauf getrennt haben, gilt, dass sie verstärkt im digitalen Bereich nach Neugeschäft suchen. Dies kann nicht überraschen. Sie sind dazu gezwungen.

Als Kernaufgaben der Verlage erweisen sich immer mehr die konvergente Produktion bzw. Bündelung und der ebensolche Vertrieb, wobei letzterer als gesamtbetriebliche Verkaufskompetenz insgesamt verstanden werden muss. Im Bereich der Produktion und Bündelung ist dabei von einem Synergiegewinn auszugehen und einer Steigerung der gesamtbetrieblichen Effizienz. In den verkaufsbezogenen Bereichen hingegen ist dabei mit einem Anstieg des Gesamtaufwands zu rechnen durch die steigende Anzahl zu vertreibender Endprodukte. In beiden Bereichen entsteht interner Aufwand für die medienübergreifende Schulung des Stammpersonals. Zudem sind Spezialisten gefragt: einerseits für die neuen erweiterten Dienstleistungen, andererseits für die technologischen Anpassungsleistungen.

Insgesamt bietet diese Neuausrichtung den Unternehmen große Chancen. Zugleich fordert sie die Organisation bis an den Rand ihrer Leistungsfähigkeit, da eine Fülle von internen und externen Informationsflüssen bewältigt werden muss. Hierfür bietet das zuvor angesprochene Value Net nach Parolini als ein nach Art der Beziehung („Strom") differenziertes Darstellungsmodell an, das gerade wegen seiner Komplexität auf die wichtigsten Knoten (Parolini nennt diese „Nodes") beschränkt werden muss (vgl. Kapitel 3.4.2). In Abbildung 15 ist ein auf die wesentlichen Knoten (Produktion, Bündelung sowie Vertrieb für beide Marktseiten) reduziertes Value Net der Zeitung dargestellt.

Produktion und Bündelung, wohl aber noch mehr der Vertrieb als Endkundenschnittstelle zu beiden Märkten bilden die stark geforderten Flaschenhälse des Systems. Ein Grunderfordernis ist dabei immer mehr der organisierte, systematische Informationsfluss zwischen den einzelnen Verlagsabteilungen, was zudem eine Abkehr von der bisherigen Unternehmenskultur des „Jeder für sich" bedeutet. Die Realisierungsaktivitäten verlieren gleichwohl an Bedeutung und bieten insbesondere die Gelegenheit des Anschlusses in unternehmensübergreifende Wertsysteme.

Legende zu Abbildung 15:

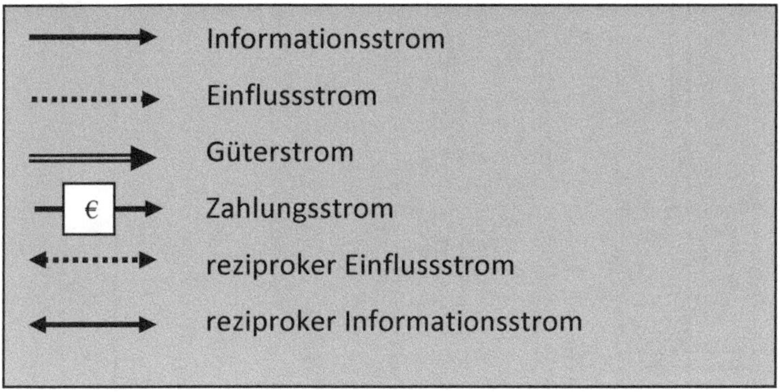

Abbildung 15: Ein vereinfachtes Value Net für Zeitungen

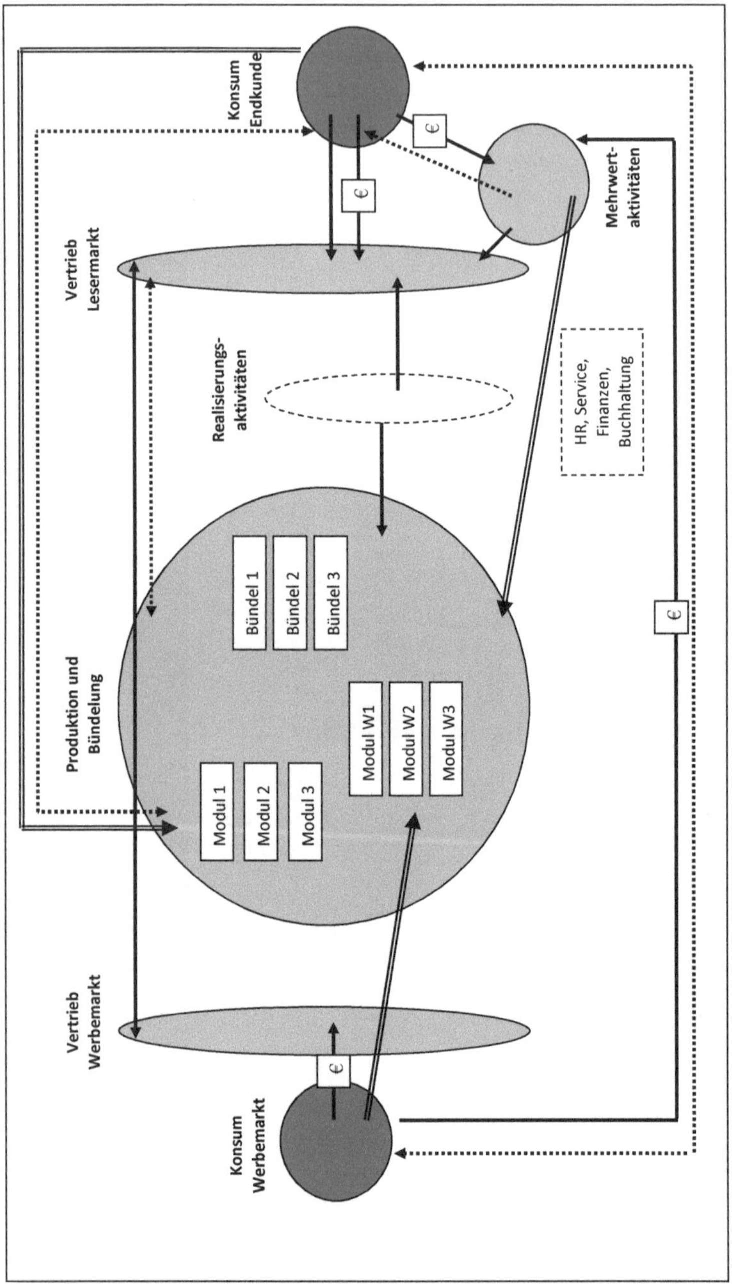

Quelle: eigene Darstellung nach Parolini 1999.

Unternehmensgrenzen und Leistungstiefe

Im Bereich der Produktion und Bündelung wird aus Sicht der Endkunden (Leser und Werbekunden) der wichtigste Teil der Wertschöpfung erbracht. Von diesem gehen in steigendem Maße auch selbst Einflussströme auf das Produkt aus. Der Bereich Service und Lesermarkt gehört als Garant der Dienstleistungsqualität ebenfalls dazu. Zwischengeschaltete Realisierungsaktivitäten, wie sie für Print bestehen (durch Vorstufe, Druck, Weiterverarbeitung und Logistik) sind für normale Kunden kaum wahrnehmbar und daher von untergeordneter Bedeutung. Sie müssen schlichtweg funktionieren. Eine Verringerung der Leistungstiefe ist daher vor allem in diesen Bereichen zu erwarten. Verlage müssen hier sowie in den unterstützenden Bereichen auf Ebene des Gesamtunternehmens (Buchhaltung, Einkauf, Verwaltung usw.) die finanziellen Belastungen eindämmen und diese Bereiche durch Drittgeschäft und Kooperationen bestmöglich auslasten. Zugleich wird deutlich, dass bei den digitalen Ausspielkanälen die Beherrschung der technologischen Fähigkeiten wertschöpfungsrelevant ist. Dabei ist eine Abwägung zwischen Fremdbezug und selbst vorzuhaltendem Wissen zu treffen.

In den Kernbereichen Produktion bzw. Bündelung und Vertrieb wird diese jedoch höchstens punktuell gewählt werden. Hier ist nur in geringem Umfang zu erwarten, dass Verlage auf fremderstellte Leistungen zurückgreifen. Drittgeschäft ist hier möglich, dessen Umfang die Verlage selbst bestimmen müssen. Zu denken sind an Content-Lieferungen (Zeitungsmantel, Corporate Publishing usw.).

Langfristig wird die Leistungstiefe bei fortschreitender Digitalisierung in vielen Verlagen sinken, wenn die Medienkonvergenz an Dynamik gewinnt. Dabei handelt es sich um einen fortlaufenden Prozess, der weit über den Betrachtungszeitraum hinausreichen wird. Zugleich verringert sich die Leistungstiefe bei einer zugleich diversifizierten Leistungserstellung. Letzteres erfolgt durch die Vervielfachung der Ausgabekanäle und Endprodukte, der die Ausdehnung der Wertknoten entspricht. In der Untersuchung fanden die Delphi-Teilnehmer dafür unterschiedliche Formulierungen. Während ein Delphi-Teilnehmer von „Satelliten" sprach, die sich um die Zeitung anordnen werden, prägte ein anderer das Bild des Blumenstraußes für das zu entwickelnde Angebotsportfolio. In diesem Bouquet bliebe die Zeitung die wohl mit Abstand prächtigste Blüte. Deutlich statistischer „geframet" war die aus der Erlösperspektive gewonnene Einschätzung, die Zeitung bliebe die „stabile Säule", neben die sich eine Reihe von kleineren Säulen stelle.

Tabelle 30: Ergebnisse der empirischen Untersuchung (Gesamtübersicht)

Delphi-Teilnehmer	Verlags-typ	Metro-pole	Ballungs-raum	Szena-riowahl	Zielgruppen-entwicklung	Umsatz-erwartung*	dig. Erlöse*	Auf-lage*	Abo-Preis*	Paid Content	Druck	Logistik /Brief	Neue Produkte
T1	IK	G	(J)	1; 2	Bildungsbürger	110 ****	15 *****	93	118	J	J	JJ	d, a
T2	SA	g	N	2 (W), 3	Familien	110	5	92	108	?	J	JJ	a
T3	SA	g	N	2 (W)	uv, Trend zu höheren EK, älter, gebildeter	105	10	92 **	115	J	J	JJ	a, d
T4	IK	M	J	2	höhere Sinus-Milieus	100	10	85	125	J	J	NN	a, d
T5	IK	g	J	2	uv, höhere EK, älter, gebildeter	95	5	96	115	(J)	JV	?	a, d
T6	IK	M	J	1, Elemente aus 2	höhere Schichten	96	21 ***	88	123	J (diff.)	J	NN	d
T7	IK	G	(J)	1, 2	starke Spreizung, höhere Schichten	100 **	10	95	115	NN	J	JJ	a, d
T8	IK	G	J	2, Elemente aus 1	Bildungsbürger	110	8	92	115	J (diff.)	J	JJ	a, d
T9[2)]	NIK	G	J	---	unverändert	115	10	95	115	N	J	J,JV	-
T10	SA	g	J	2	unverändert	105	7	92	108	J	JV	JJ	a, d

[1)] Die Klarnamen und teilnehmenden Verlage werden nicht veröffentlicht. [2)] Der Teilnehmer nahm nicht an der Abschlussrunde teil.

LEGENDE

N: Nein
J: Ja
G: Großstadt über 500.000 Einwohner
g: Großtstadt unter 500.000 Einwohner
M: Metropole
IK: integrierter Konzern
SA: Einzelunternehmen (Stand Alone)
NIK: nicht integrierter Konzern
(W): Wunsch
*: in Bezug auf Index 100 für das Jahr 2010
a: analog
k: konvergent
d: digital
JV: Joint Venture
**: korrigiert
***: anderer Unternehmenszuschnitt
****: Angaben für das Gesamtunternehmen

5.7 Auswertung der Szenarios

Nachdem in den ersten drei Runden des Delphi-Verfahrens eine Vielzahl von Ergebnissen zu einzelnen Aspekten der Zeitungswirtschaft ermittelt und verfestigt werden konnten, gilt es in der vierten Welle nun, diese in einer Abschlussrunde zusammenzuführen. Dabei sollen sie zum einen zu einem Gesamtbild verdichtet werden, zum anderen sollen Interdependenzen zwischen einzelnen Aspekten deutlich werden. Wie im Methodenkapitel bereits beschrieben wurde, kam in diesem Arbeitsschritt ein Szenarioverfahren zur Anwendung. Innerhalb des Verfahrens wurden keine weiteren Experten bzw. kein externes Panel im Sinne eines Szenarioworkshops hinzugezogen. Zwar gehen so mögliche externe Einflussfaktoren, die sich auf unwahrscheinliche, nicht vorhersehbare Einflüsse beziehen („Out of the box")[41], verloren – diese scheinen aufgrund des gewählten überschaubaren Prognosezeitraums und der umfassenden theoretischen und empirischen Vorarbeiten aber beherrschbar. Die bei Wilson unterschiedenen sechs Phasen der Szenariobildung (vgl. dazu Kapitel 4.1.2) konnten daher hier etwas zusammengefasst werden: Phase 2 erübrigte sich aufgrund der umfangreichen Vorstudien und der Einbettung der Szenariotechnik in die Delphi-Studie. Die entscheidende Bedeutung kam den Phasen 3 und 4 zu.

Während die Delphi-Untersuchungen häufig zu Mittelwerten tendieren, sollen die Szenarien den Möglichkeitsraum („Trichter") vermessen, der sich hinter den unterschiedlichen Entwicklungsrichtungen auftut. Dazu war es wichtig, die Extremwerte der Befragungsrunden bei der Szenarioerstellung besonders stark zu gewichten. Andernfalls pendelten die Szenarien stark um den Mittelwert und variierten zu wenig, was bei der Kürze des Betrachtungszeitraums zu einer Trendprojektion führen würde.

Identifikation der Schlüsselfaktoren (critical uncertainties)

Bei der Anwendung kreativ-narrativer Szenarioverfahren ist die starke Vereinfachung auf wenige Elemente nötig, um den Entwicklungsprozess (das so genannte Scenario Writing) durch die Eingrenzung der Faktorkombinationen handhabbar zu halten (vgl. dazu Kapitel 4.1.2). Die Su-

41 Dies ergibt sich infolge der Tatsache, dass Szenarien gleichsam als Modell- bzw. Miniwelten nur Erkenntnisse im Rahmen der zuvor definierten Systemgrenzen zulassen und andere Einflüsse evidenterweise ignorieren müssen.

che nach den Schlüsselfaktoren für die Entwicklung der Zeitungen bis 2015 führt zurück auf das in Kapitel 2 entwickelte dynamische Modell der Medienkonvergenz. Durch die über den Markt miteinander in Beziehung gesetzten Vektoren Technologie, Medienanbieter, und Rezipienten, wird die Entwickung der Zeitungswelt entscheidend geprägt.

Als Ergebnis der drei Befragungsrunden, die in die Szenariobildung einfließen, lässt sich festhalten: Katalysator der Entwicklung der Zeitungsbranche in den kommenden Jahren sind ist die Dynamik und die Intensität der digitalen Durchdringung in ihrer Rückwirkung auf die Modi der Medienrezeption. Dies umfasst etwa die digitale Ansprechbarkeit der Rezipienten über mobile Endgeräte.

Für den bezogen auf den Untersuchungszeitpunkt im Sommer 2011 zum nahe gewählten Prognosezeitpunkt 2015 erschien die Etablierung eines neuen technologischen Sprungs als nicht wahrscheinlich. Zugleich offenbarte die Befragung der zehn deutschen Regionalzeitungsmanager ein vorsichtiges bzw. abwartend-passives Agieren im Hinblick auf wesentliche Fragen. Radikale Veränderungsprozesse etwa das Bemühen um die Herstellung eines Branchenkonsenses zur Paid Content-Einführung (vgl. dazu Kapitel 1.4) waren, wie dargestellt, nicht bzw. nur ansatzweise zu erkennen. Vielmehr orientierten die Verlage ihr Handeln vor allem reaktiv auf die Annahmen zur Entwicklung des Rezipienten- bzw. Nutzermarktes.

Insofern legt die Szenarioentwicklung Annahmen zur Digitalisierungsgeschwindigkeit und Intensität sowie der Entwicklungsdynamik der Medienrezeption als Schlüsselfaktoren zugrunde. Diese Aspekte bilden in der oben geschilderten Konstellation des Verharrens der Verlage im Lock-In (vgl. Rothmann 2013a, 218ff.) die Basis der zu schreibenden Szenarien. Die Kombination blendet wie dargestellt also die notwendige aktive Marktgestaltung der Verlage aus und orientiert das Medienmanagement an lesermarktbezogenen Nachfragefaktoren.

Abbildung 16: Schlüsselfaktoren der Szenariobildung

Digitalisierungsgeschwindigkeit	schnell – mittel – langsam
primäre Modi der Medienrezeption	digital – analog

Die Kombination der beiden unsicheren Schlüsselfaktoren Intensität der Konvergenzentwicklung und Adaptionsgeschwindigkeit setzt den Rahmen, in dem die Zeitungsverlage aus ihrer Binnenperspektive heraus agieren. Entscheidend sind die folgenden Fragen (vgl. dazu auch Abbildung 16):

1. Wie schnell setzen sich digitale, technologische Neuerungen im Zeitraum bis 2015 durch?
2. Wie schnell verändert sich damit einhergehend die Mediennutzung der (zeitungsrelevanten) Zielgruppen?

An die Antworten zur Lesermarktentwicklung knüpfen sich die Potenziale bei Erlösen, der Veränderung der Wertschöpfung und den Möglichkeiten des Unternehmensumbaus. Die Zielgruppenentwicklung erscheint dabei als weniger unsicher als die Mediennutzung und das Zielgruppenverhalten. Die Werbemarktentwicklung wird – bestätigt durch die Ergebnisse der Untersuchung – als vom Lesermarkt abhängig gesehen. Aus den rechnerisch möglichen sechs Szenarien wurden drei ausgewählt, die sich den drei Stufen der Digitalisierungsgeschwindigkeit zuordnen lassen (vgl. dazu Kapitel 4.1.2).

Sie wurden auf Widerspruchsfreiheit und Plausibilität hin geprüft und können in dem Sinne als konsistent angesehen werden, als dass sie durch verschiedene Entscheidungspfade erreicht werden können. So verstanden stehen die Szenarien unabhängig nebeneinander. Darum wurden dazu jeweils schlüssig, also konsistent erscheinende weitere Annahmen getroffen, die dem Ergebnismaterial entnommen werden konnten.

Die Verdichtung der Ergebnisse zu narrativen Szenarien ermöglicht das Abbilden von Wechselwirkungen zwischen einzelnen Annahmen, die bis dato nicht systematisch erfasst wurden. Indem Kausalitätsbeziehunhen zwischen einzelnen Variablen zu Tage treten, sollten die Ergebnisse mehr Tiefenschärfe erhalten. Um dies zu gewährleisten, wurde auch die Szenariorunde interaktiv gestaltet.

Die Delphi-Teilnehmer bewerteten die auf Basis ihrer eigenen früheren Antworten angefertigten möglichen Zukünfte also erneut. Die Szenarien sollten durch ihre dramaturgische Gestaltung in der Abschlussrunde bei den Befragten nochmals einen anderen Sinn ansprechen und deren kreativen Potenziale abrufen. Die jedem Szenario zugrunde liegenden Prämissen waren dabei zu qualifizieren. Dieses Vorgehen trägt zugleich dazu bei, die Momente des „Gegriffenseins“, die Szenarien grundsätzlich zueigen sind, abzumildern.

5.7.1 Drei Szenarios für Regionalzeitungen 2015

Die Kombination der Schlüsselfaktoren der Szenariobildung, die in Abbildung 16 dargestellt sind, ergibt als mathematische Möglichkeit neun Kombinationen von Merkmalsausprägungen. Diese konnten durch Ausschluss von Dubletten bzw. sehr ähnlicher Konstellationen auf drei Hauptmöglichkeiten reduziert werden. Da der Möglichkeitsraum (Szenariotrichter) zwischen den extremen Polen aufgespannt wird, wurden die folgenden Kombinationen ausgewählt:

1. schnelle Digitalisierung und digitale Rezeption
2. mittlere Digitalisierung und konvergente Rezeption
3. langsame Digitalisierung und analoge Rezeption

Der vergleichsweise kurze Projektionszeitraum führt im Zusammenspiel mit der vorgeschalteten ausführlichen Delphi-Befragung zur Bildung realitätsnaher Schilderungen und in diesem Sinne auch zur Reduktion von „Science-Fiction-Effekten“.

Die den Delphi-Teilnehmern gestellte Aufgabe lautete: „Bitte stellen Sie sich Folgendes vor: Wir befinden uns am Ende des Jahres 2015 und blicken auf die Jahre 2012 bis 2015 zurück. Was ist in dieser Zeit geschehen? Bitte lesen Sie dazu drei Geschichten.“

5.7.1.1 Szenario 1: Die digitalen Zeitungsfamilien

Im Jahr 2012 wurden Tablet-Computer und Smartphones in großstädtischen Regionen zunehmend zum Massenartikel. Ihr Verlag sprang auf den Zug auf und brachte durch Bundle-Verkäufe (Gerät plus Datentarif plus Aboform) erfolgreich viele Geräte in Umlauf. Insbesondere junge Leute, die die Zeitung bis dato hatten links liegen lassen, nutzten die günstigen Abo-Lockangebote, um in den Besitz der Geräte zu kommen. Das digitale Abopaket des Verlags nahmen sie dafür mit in Kauf. Für den Verlag bot dieser Testlauf mit den Jugendlichen die Chance, ihre Nutzungsweisen zu testen. Unklar war 2015 indes noch, ob viele dieser Neukundenbeziehungen die Testphase überdauern würden.

Zugleich schuf Ihr Verlag für das Metropolgebiet eine Reihe neuer digitaler Angebote (Marktplätze) auf Endgeräten, die über die gedruckte Zeitung beworben wurden. Von diesen waren nur noch manche zeitungsähnlich. Beim großen Teil handelte es sich um regionale Serviceangebote zum Ausgehen, Einkaufen oder Sport, die in der Produktion keine Redakteure mehr erforderten. Diese deckten völlig unterschiedliche Erlösmodelle ab – von rein vertriebs- bis rein werbefinanziert.

Viele ältere Printstammleser der Zeitung verfügten 2013 bereits über mobile Endgeräte und nutzten die zusätzlichen mobilen Dienste der Verlage – zunehmend auch alternativ. Nutzerbefragungen der Verlage belegten binnen kurzer Zeit die Gewöhnung der Nutzer an das elektronische Papier. Die Printausgabe wurde weniger vermisst. Mehr als 10 Prozent der Stammleser stiegen vom Print- auf das digitale Abo um.

Das immer größere Wissen über die konvergenten bzw. crossmedialen Nutzungsweisen der Kunden verbesserte ab 2014 ganz deutlich die Möglichkeiten der Produktgestaltung und der Angebotsstaffelung. Dem Verlag boten sich die Entlastung der Zeitungsausgaben von der tagesaktuellen Nachricht, die Möglichkeit der Synergiesuche mit anderen Verlagen und der schrittweise Abbau der printbezogenen Unternehmensorganisation.

Die zunehmende Fragmentierung der Gesellschaft und der Leserinteressen setzte sich indes fort, ebenso der Trend zur besser ausgebildeten, besser verdienenden und älteren Klientel der gedruckten Zeitung. Für einen großen Teil der Bevölkerung war diese inzwischen auch zu teuer geworden, manche gaben sich längst mit Gratisinformationen zufrieden. Bei der Kernleserschaft hingegen entstanden neue Freiheitsgrade. Print bewahrte seine wichtige Stellung für Ihr Haus. Durch die sinkende Durchdringung der Bevölkerung mit (gedruckten) Angeboten der Regionalzeitung gewann das Thema der Resthaushaltsabdeckung an Bedeutung. In kaufkräftigen großstädtischen Gebieten installierten Verlage „gehobene" Anzeigenblätter, die einen Teil der Anzeigenverluste (Handel, Rubriken) für die Zeitung wieder auffangen konnten.

Durch die klarer umrissene Nutzerschaft und eine Reihe von Zusatzangeboten (Magazine: Gesundheit, Literatur, Reisen, Auto, Immobilien usw.) gewann auch die gedruckte regionale Zeitung im Leser- und Werbemarkt wieder deutlich an Profil und konnte ihre Stellung als Nummer-1-Werbemedium zur Adressierung der älteren, konsumaffinen und zugleich kaufkräftigen Bevölkerung behaupten und durch entsprechende mehrwertige Zusatzprodukte über unterschiedliche Kanäle (auch Web-TV, Veranstaltungen, Transaktionen) weiter ausbauen.

5.7.1.2 Szenario 2: Die konvergente Mehrwertzeitung

Die digitale Erschließung der regionalen Bevölkerung vollzog sich gerade im ländlicheren Raum etwas verzögerter als von den Optimisten erwartet. Während die junge Generation sich schnell an die digitalen Angebote gewöhnte, blieb der Großteil der älteren Zeitungsleser nach wie vor der gedruckten Zeitung treu. So erwies sich das traditionelle Geschäft für Ihr Haus als erheblich stabiler als von den Auguren prognostiziert, das digitale Geschäft dagegen auch als weniger fulminant.

Ihr Verlag stand vor dem Problem, den sich zunehmend spreizenden Interessen Ihrer Leser zu begegnen. Dies galt zunächst für die zunehmend crossmedialen Modi der Rezeption, aber auch für die Inhalte. Leserbefragungen erwiesen immer mehr, dass die Zeitungen einen schwierigen Spagat zu bewältigen hatten. Während sich ein Teil der Klientel mehr Lokales wünschte, wollte ein anderer Teil mehr Kultur und höhere Qualität. Ihr Verlag löste diese Herausforderung durch eine verbesserte sublokale Berichterstattungsdichte und durch regionale Mehrwertangebote. Die gedruckte Zeitung sah ihre Rolle noch stärker in der beratenden und orientierenden Funktion.

Auf die lokalen Lebenswelten der Menschen in ihren unterschiedlichen Lebensrollen (etwa: Eltern, Tierbesitzer, Familien) bezogen, schuf Ihr Haus eine Reihe komplementärer, crossmedialer und zum Teil nischenbezogener Angebote zur Stärkung der Kundenbeziehung. Zugleich erzeugten Sie damit zielgruppenaffine neue Marktplätze und erhöhten die Qualität der Kundenbeziehung mit Ihren Bestandslesern.

Auf diese Weise gelang es Ihrem Haus mit zum Teil separat und crossmedial vertriebenen Produkten, das Stammgeschäft und die Preisakzeptanz der Bestandskunden abzusichern und gleichzeitig neue Geschäftsquellen im Leser- und Anzeigenmarkt zu erschließen. Dabei wurden die Anzeigenabteilungen intern zu Kreativabteilungen und ansatzweise zu Mediaagenturen. Im digitalen Geschäft funktionierten vor allem regionale Nischenangebote im Bereich „Ausgehen“ (Gasthofführer), „Einkaufen“ (Couponing) und „Sport“ sowie transaktionsbezogene Dienstleistungen (etwa: Reiseportale) und Online-Branchenbücher. Bei speziellen (Dienst-)Leistungen konnten Sie auch im digitalen Bereich Vertriebspreise durchsetzen.

Nicht überwinden konnten Sie die Kluft zu den Nicht-Lesern der Zeitungsmarke, auch wenn der Gesamtmarktanteil hoch blieb. Manche der Nichtleser nutzten immerhin neue Produkte aus dem Verlagsportfolio.

So stieg die Bedeutung der Restmarktabdeckung immer weiter: Um ihre Rolle als regionaler Marktplatz zu behaupten, schufen die Verlage zunehmend neue crossmediale Werbeangebote im Bereich Hörfunk und im Bereich digitales Bewegtbild.

In den Unternehmen setzte sich der Arbeitsplatzabbau in den rein printbezogenen Abteilungen fort. Parallel zu den bestehenden Abteilungen entstanden neue flexible Vermarktungs- und Produktionsabteilungen für die neuen Produkte. Die Rekrutierung des richtigen Personals für die Weiterentwicklung des Unternehmens und die Weiterqualifikation der bestehenden Mitarbeiterschaft ist eine strategische Aufgabe.

5.7.1.3 Szenario 3: Die analoge Zeitung

Die digitale Durchdringung der Bevölkerung vollzog sich für Ihr Haus nach wie vor in schwer absehbarer Art und Weise. Da die Leserinteressen und Nutzungsweisen sich nur graduell verschoben, boten sich für ein regionales Haus wie Ihres nicht ausreichende Potenziale. Die bisher mangelnde Refinanzierung der digitalen Angebote und die bisherigen Fehlinvestitionen im Online-Bereich um die Jahrtausendwende galten Ihrem Haus dabei als Warnung, weiter auf das bewährte Geschäftsmodell Print zu setzen. Die regionale Zeitung richtete sich immer noch an die gesamte Bevölkerung. Daher war der Verkaufspreis ein kritischer Faktor und muss weiterhin behutsam gehandhabt werden. Schließlich gefährdeten die Vertriebspreiserhöhungen auch die Anzeigennachfrage (Handel).

Die Neuleserwerbung wurde zunehmend teurer, wurde aber wie bisher weiter vollzogen (etwa spezielle Angebote für Studenten, Auszubildende). Der Online-Auftritt und das E-Paper liefen mit. Traditionelle Anzeigenblätter rundeten das Produktportfolio ab. Neue Formen klassischer Anzeigenblätter halfen, die printbezogenen Kapazitäten besser auszulasten. Das Portal erreichte 2013 die Gewinnschwelle. Über die Zeitung wurden ansatzweise Zusatzgeschäfte angeboten im Bereich Reisen und Ticketverkauf, die aber keine relevanten Umsätze erzielten. Bis auf weiteres waren keine Veränderungen der Unternehmensorganisation geplant; der Kostendruck blieb in den Jahren 2012 bis 2015 hoch.

5.7.2 Ergebnisse der Szenariobewertung

Die in Kapiteln 5.7.1.1 bis 5.7.1.3 dargestellten Szenarien wurden den Delphi-Teilnehmern zur Bewertung vorgelegt. Diese Bewertung sollte aus unterschiedlichen Perspektiven erfolgen: erstens im Hinblick auf die Wahrscheinlichkeit, mit der das Szenario im eigenen Unternehmen und in anderen Unternehmen eintreten könnte, und zweitens im Hinblick auf die Wünschbarkeit für das eigene Unternehmen. Zusätzlich sollten die wichtigsten Treiber der entwickelten Szenarien einer Bewertung unterzogen werden.

Der Fragebogen bestand aus insgesamt 39 Fragen. Neben geschlossenen Fragen bot er den Untersuchungsteilnehmern immer wieder auch freie Felder für Antworten und Bewertungsmöglichkeiten.

Die Auswertung der vierten Welle ergab das folgende Ergebnis: Das Szenario 1, „Die digitalen Zeitungsfamilien", sahen drei Delphi-Teilnehmer als wahrscheinliche Entwicklungsstufe für ihren Verlag an (vgl. Tabelle 31). Drei Teilnehmer bewerteten es indes als nicht wahrscheinlich, dass sich ihre Unternehmen so entwickeln könnten. Drei Delphi-Teilnehmer waren sich unsicher, ob sie das Szenario für wahrscheinlich halten sollten oder nicht.

Tabelle 31: Bewertung der Szenarien

(Antworten auf die Frage „Können Sie von einem der geschilderten Szenarien sagen: ‚Es ist wahrscheinlich, dass sich mein Verlag so oder ähnlich entwickelt?'", N=9)

	wahrscheinlich	**unsicher**	**nicht wahrscheinlich**
Szenario 1: Die digitalen Zeitungsfamilien	3	3	3
Szenario 2: Die konvergente Mehrwertzeitung	7	2	0
Szenario 3: Die analoge Zeitung	1	2	6

Für besonders wahrscheinlich hielten die Untersuchungsteilnehmer das Szenario 2, „Die konvergente Mehrwertzeitung": Dies fand siebenmal Zustimmung, zwei Panelisten zeigten sich diesbezüglich unsicher. Das Szenario 3, „Die analoge Zeitung", wurde hingegen sechsmal zurückgewiesen. Zwei Teilnehmer waren sich unsicher, für wie wahrscheinlich sie das Szenario halten sollten. Ein Teilnehmer bewertete dieses Szenario als aus seiner Sicht wahrscheinlich, wählte es in der Folge aber nicht als wünschenswert. Im weiteren Verlauf der Befragung äußerte sich der Delphi-Teilnehmer dazu dann sehr kritisch.

Ihre Bewertungen begründeten die Delphi-Teilnehmer mit unterschiedlichen Argumenten[42]. In diesen Ausführungen wurde deutlich, dass oft auch Kombinationen von zwei der drei entworfenen Szenarien erwartet werden.

Kombinationen der Szenarios

Ein Delphi-Teilnehmer, der für eine Mischung aus Szenario 1 und 2 votierte, sagte: „Eine Entwicklung ist notwendig; Szenario 3 bedeutet Stagnation und Degression. Das ist inakzeptabel. Ich erwarte[43] eine Mischung aus der Sicherung des Kerngeschäfts so lange wie möglich und dem Markttest bzw. Marktlaunches diverser neuer Produkte (crossmedial, konvergent, sowohl Print als auch Digital). Dies gepaart mit dem Einstieg in das Handelsgeschäft mit Mobile Devices ist die wahrscheinlich sinnvollste Vorgehensweise." Ein anderer Delphi-Teilnehmer sieht die „Wahrheit zwischen den Szenarien 1 und 2 liegen" und formulierte: „Teile von Szenario 2 werden in Szenario 1 einfließen, etwa die ‚Lokalen Lebenswelten.'" Ein weiterer Panelist zeigte sich skeptisch gegenüber der angenommenen digitalen Entwicklungsgeschwindigkeit. Er sagte: „Die digitale Erschließung der Bevölkerung und die damit verbundenen Veränderungen im Informationsverhalten gehen wegen der soziodemographischen Voraussetzungen in Deutschland nicht so schnell voran."

Ein anderer Delphi-Teilnehmer sieht die Wahrheit hingegen zwischen Szenario 2 und 3 liegen. Dabei argumentierte er, dass ein Verlag seine Entwicklung durch die digitale Gewöhnung seiner Leser in Teilen selbst gestalten könne. Dazu müsse er der allgemeinen Entwicklung stets „einen kleinen Schritt voraus sein" und müsse vor allem gegen das Image des alten Mediums angehen.

Ein weiterer Teilnehmer spürte ausführlich der Szenariologik nach: „Szenario 1 geht von einer Wachstumsdynamik im Digitalgeschäft und von der Substitution der Printangebote aus, die meines Erachtens nicht begründet erscheinen. Die beschriebenen Entwicklungsstufen erscheinen

42 Einige spontane Reaktionen der Untersuchungteilnehmer nach der Lektüre der drei Szenarien lassen sich an dieser Stelle einordnen.

43 Die Antworten wurden zum Teil sprachlich geglättet und vereinheitlicht, ohne den Sinn zu verändern. Aus Ellipsen wurden vollständige Sätze geformt.

gleichwohl inhaltlich überwiegend realistisch – daher ‚unsicher'. Szenario 2 beschreibt insgesamt am besten die weiteren Entwicklungen der Leser- und Werbemärkte sowie der Print- und Digitalangebote, könnte aber noch um Elemente aus Szenario 1 ergänzt werden. Hinsichtlich der Geschwindigkeit der Veränderungsprozesse und Substitution trifft 2 besser als 1. Szenario 3 erscheint mir völlig unrealistisch – das haben wir bereits hinter uns gelassen."

Anmerkungen zur räumlichen Dimension der Szenarien

Zwei Teilnehmer ordneten die dargestellten Szenarien möglichen räumlichen Anwendungsgebieten zu. Ein Teilnehmer machte dazu folgende Angaben: „Szenario 1 punktet in den Ballungsgebieten, Szenario 2 punktet in den ländlichen Gebieten." Ein anderer Befragter wies Szenario 1 den Metropolregionen wie München, Berlin und dem Ruhrgebiet zu. Dieses Szenario biete sich überdies für große Verlage mit „vielen Titeln und großen inhaltlichen Synergien" an. Szenario 2 sei dagegen in ländlichen Regionen umsetzbar. Ein weiterer Untersuchungsteilnehmer verwies auf externe Einflüsse: „Szenario 2 ist (im regionalen Markt ohne Ballungsräume) erstrebenswert, dessen Umsetzung ist aber abhängig von schwer zu beeinflussenden äußeren Faktoren, z.B. von der Netzqualität, der demographischen Entwicklung oder medienrechtlichen Beschränkungen."

Normative Zuordnung

Neben der Ebene der Wahrscheinlichkeit wurde in die Befragung auch eine normative Ebene eingezogen. Die Frage lautete: „Können Sie von einem der drei geschilderten Szenarien sagen: ‚Es wäre WÜNSCHENSWERT, dass sich MEIN Verlag so oder ähnlich entwickelt?'"

Für das Szenario 1, „Die digitalen Zeitungsfamilien", bejahten dies fünf Delphi-Teilnehmer, zwei verneinten, zwei weitere waren sich unsicher, ob das Szenario für sie wünschenswert sei (vgl. Tabelle 32). Szenario 2, „Die konvergente Mehrwertzeitung", fand achtmal Zustimmung und wurde einmal als unsicher bewertet. Das Szenario 3, „Die analoge Zeitung", lehnten indes acht Teilnehmer als nicht wünschenswert ab, ein Teilnehmer votierte unsicher.

Tabelle 32: Für den eigenen Verlag wünschenswerte Szenarien

(Antworten auf die Frage „Können Sie von einem Szenario sagen, es wäre wünschenswert, dass sich mein Verlage so oder ähnlich entwickelt?", N=9)

	wünschenswert	**unsicher**	**nicht wünschenswert**
Szenario 1: Die digitalen Zeitungsfamilien	5	2	2
Szenario 2: Die konvergente Mehrwertzeitung	8	1	0
Szenario 3: Die analoge Zeitung	0	1	8

Die Delphi-Teilnehmer begründeten ihre Entscheidung im Anschluss wie folgt:

- Ein Delphi-Teilnehmer antwortete: „Szenario 1 wird bei uns in Teilen bereits umgesetzt (z.B. Bundle-Verkäufe, App)."
- Ein Delphi-Teilnehmer kommentierte Szenario 2 wie folgt: „Es ist absehbar, dass sich unser Verlag in diese Richtung entwickelt."
- Ein Delphi-Teilnehmer hielt Szenario 2 für eine „offensive Strategie mit realistischem Potenzial".
- Ein Delphi-Teilnehmer, der sich für die Szenarien 1 und 2 entschieden hatte, verwies auf „Testprodukte" und „Testmärkte" seines Konzerns, die die getroffenen Annahmen bestätigten.
- Ein Delphi-Teilnehmer lieferte eine ausführliche Analyse und Begründung seiner Antworten: „Szenario 1 beschreibt einen erfolgreich proaktiv beschleunigten Transformationsprozess. Das ist insofern eigentlich ‚wünschenswert', ist aber auch mit erheblichen Risiken behaftet angesichts des nach wie vor erfolgreichen Printstammgeschäftes. Insofern habe ich ‚unsicher' gewählt. Szenario 2 ergänzt um Elemente aus 1 erscheint mir ein erfolgversprechender Weg. Szenario 3 würde tatsächliche bzw. heute bereits absehbare Marktchancen und -entwicklungen unberücksichtigt lassen – daher ‚nicht wünschenswert'".
- Ein Delphi-Teilnehmer schrieb: „Ich wünsche mir Szenario 2, das davon ausgeht, dass die Digitalisierung auch in eher ländlichen Regionen so weit voranschreitet, dass sich digitale Produkte vermarkten lassen (Werbung/Abo). Wünschenswert deshalb, weil mit unterschiedlichen Produkten der Fragmentierung der Leserschaft (jung/alt

und Digital/Print) am intensivsten begegnet werden kann. Es muss sich aber rechnen."

Wahrscheinlichkeit des Szenarioeintritts für andere Verlage

Im Anschluss sollten die Untersuchungsteilnehmer die Wahrscheinlichkeit des Eintretens der genannten Szenarien für andere Zeitungsverlage einschätzen. Auf die Frage „Halten Sie es für wahrscheinlich, dass sich andere Verlagshäuser so oder ähnlich wie in den Szenarien geschildert entwickeln?" antworteten sechs Teilnehmer für das Szenario 1 mit „wahrscheinlich", drei zeigten sich „unsicher" (vgl. Tabelle 33). Das Szenario 2 bezeichneten neun Delphi-Teilnehmer als „wahrscheinlich". Das Szenario 3 hielten sechs Teilnehmer für „wahrscheinlich", drei waren sich „unsicher".

Tabelle 33: Bewertung der Wahrscheinlichkeit des Szenarioteintritts für andere Verlage

(Antworten auf die Frage „Halten Sie es für wahrscheinlich, dass sich andere Verlage so oder ähnlich wie in den Szenarien geschildert entwickeln?", N=9)

	wahrscheinlich	**unsicher**	**nicht wahrscheinlich**
Szenario 1: Die digitalen Zeitungsfamilien	6	3	0
Szenario 2: Die konvergente Mehrwertzeitung	9	0	0
Szenario 3: Die analoge Zeitung	6	3	0

Anschließend sollten die genannten Szenarien noch Verlagstypen zugewiesen werden, wobei die Typen „Integrierter Verlagskonzern", „Stand-Alone-Unternehmen" und „Andere Verlage" abgegrenzt wurden. Szenario 1 wiesen acht Teilnehmer „Integrierten Verlagskonzernen" zu, einmal wurde die Antwort „Andere Verlage" ausgewählt. Szenario 2 wurde dreimal „Integrierten Konzernen" zugewiesen, dreimal „Stand-Alone-Unternehmen" und zweimal „Anderen Verlagen". Szenario 3 wurde siebenmal den „Stand-Alone-Unternehmen" zugeordnet und einmal den „Anderen Verlagen". Eine nähere Beschreibung kann an dieser Stelle nicht erfolgen, da die Teilnehmer ihre Angaben nicht genauer erläuterten bzw. begründeten[44].

Zusammenfassung der Ergebnisse der Szenariorunde

Die Teilnehmer ordneten die Szenarien in ihrer Eignung unterschiedlichen Räumen zu. Szenario 1 eignet sich gut für Ballungsräume und integrierte Konzerne, da es stark auf rein digitale Erreichbarkeit setzt, die so vor allem in Großstädten oder deren Umland vorhanden ist. Zugleich sind integrierte Konzerne strukturell durch Finanzkraft und Größe schneller imstande, digitale Produkte zu liefern, da diese oft für den Unternehmensverbund erstellt werden. Zudem ist von einer Korrelation der Faktoren Großstadt und Verlagsgröße auszugehen. Szenario 2 eignet sich hingegen im ländlichen Raum oder in Nicht-Ballungsräumen sowie für nicht-integrierte Konzerne und Stand-Alone-Unternehmen. Ein Teilnehmer wies auf das Einwirken verschiedener externer Faktoren wie Demographie, Kartellrecht oder Netzqualität hin.

Die Kombinationen unterschiedlicher Szenarien, die einige Teilnehmer vorschlugen, sind konsistent mit der Anlage der Untersuchung. Diese hatte sich zugunsten der besseren Unterscheidbarkeit unterschiedlicher einzelner Konstellationen auf wenige Szenarien beschränkt. Diese sind weiterhin an Teile der anderen Szenarien andockbar, was etwa für die „Lokalen Lebenswelten" als mögliche Ergänzung und „Erdung" der digitalen Welten gilt.

Als wünschenswert bezüglich seines realen Eintretens wurde vor allem Szenario 2 gewählt, das die Bereiche digital und analog vereint, als „offensive Strategie mit realistischem Potenzial", bei der digitale Produkte bereits vermarktbar sind (Werbung/Abo). Szenario 1 befand nur die Hälfte der Teilnehmer wünschenswert; hier wurden auch die Gefährdungspotenziale für das Stammgeschäft kritisch bewertet.

5.7.2.1 Risiken und Potenziale der Szenarios

Neben der reinen Szenariobewertung wurden auch deren Treiber zur Diskussion gestellt. Dazu wurden zu den einzelnen Szenarien nochmals Hypothesen zur Bewertung eingebracht. Außerdem sollten die Szenarien

44 Das entsprechende Befragungsfeld war freiwillig auszufüllen. Kein Teilnehmer hat diese Möglichkeit genutzt.

in Bezug auf Chancen und Risiken eingeschätzt werden (ohne Antwortvorgaben). Letztere sind in Tabelle 34 zusammengefasst.

Tabelle 34: Risiken und Potenziale in den drei Szenarien aus Sicht der Delphi-Teilnehmer

(freie Nennungen in den Fragebögen, N=9)

	Chancen/Potenziale	Risiken
Szenario 1: Die digitalen Zeitungsfamilien	– schwindende Markteintrittsbarrieren – schnellere, weil digitale Kommunikation mit Kunden – neue Anforderungen des Publizierens – neue digitale Werbeformen – Zusatzgeschäfte mit Hardware und Zubehör – Abbau von Druck- und Logistikkosten	– schwindende Markteintrittsbarrieren für Wettbewerber – Verluste von Entwicklungsgeldern für Technologie und Personal (drei Nennungen) – unsichere Erlösaussichten (zwei Nennungen) – beschleunigte digitale Transformation – zu hohe Diversifizierung – Überforderung der Verlagsorganisation in finanzieller und kapazitativer Hinsicht – fehlende Personalkompetenz – Renditerisiken durch Investition in Marktaufbau – Überforderung der Kunden jenseits der Ballungsräume – Reichweitenverlust – Print nicht unterschätzen
Szenario 2: Die konvergente Mehrwertzeitung	– Mehrerlöse durch Mehrwerte (schwer zu schätzen) – digitale Vermarktbarkeit von Produkten (Werbung/Abo) – Sicherung des Kerngeschäfts Print plus Markttest neuer Produkte – Bekämpfung der Fragmentierung des Lesermarktes durch Staffelung des eigenen Angebots – entspricht der erwarteten Digitalisierungsgeschwindigkeit (zwei Nennungen)	– Überlastung der eigenen Organisation – digitale Wettbewerber überholen und verdrängen die Zeitung (zwei Nennungen) – Akzeptanzverlust bei jungen Zielgruppen – schwer kalkulierbare externe Risiken durch Rahmenbedingungen (Netzqualität, Kartellrecht, Demographie)

	Chancen/Potenziale	Risiken
Szenario 3: Die analoge Zeitung	– keine Angaben	– dramatische Schrumpfung – hoher Kosten- und Synergiedruck – dramatischer Reichweitenverlust gemäß demographischer Entwicklung – Stagnation/Degresssion – Abkoppeln von Marktchancen – keine Chance ohne neue crossmediale Produkte – rein passive Rückzugsstrategie

Die Teilnehmer hatten zum Abschluss der Befragungsrunde die Gelegenheit, noch nicht erwähnte Potenziale für die einzelnen Szenarien zu nennen. Davon machten drei Teilnehmer Gebrauch, und zwar allein in Bezug auf Szenario 1:

- „Szenario 1 ermöglicht einen schnelleren Marktresponse durch digitale Kommunikationswege mit den Kunden. Es ergeben sich ganz neue Möglichkeiten, aber auch Anforderungen des Publizierens. Die Markteintrittsbarrieren verschwinden."
- „Chancen bestehen in neuen digitalen Werbeformen, Zusatzgeschäften mit Hardware und Zubehör."
- „Durch die proaktive Entwicklung des Digitalgeschäfts durch z.B. Bundle-Angebote können für definierte Zielgruppen zusätzliche digitale Nischenangebote im (Sub-)Lokalmarkt etabliert werden."

Gefahren in den einzelnen Szenarien

Neben der Bewertung von Chancen und Risiken waren die Untersuchungsteilnehmer gebeten, die den einzelnen Szenarien immanenten Gefahren zu beschreiben. Dazu machten sie folgende Angaben:

Szenario 1

- „Es drohen Verluste von Entwicklungsgeldern und die Gefahr einer zu hohen Diversifizierung. Es fehlt die richtige Personalkompetenz."
- „Wenn der digitale Durchdringungsgrad zu sprunghaft angegangen wird, drohen nicht refinanzierte digitale Kostenblöcke (Technologie und Personal)."

- „Ich befürchte Rendite-Risiken (hohe Investitionskosten in der digitalen Marktaufbauphase, unsichere Ertragsaussichten) durch beschleunigte Veränderungsprozesse."
- „Ich warne davor, Print zu schnell klein zu schreiben."
- „Ich befürchtete, dass viele Verlage die Geschwindigkeit in Bezug auf ihre Kapazitäten und finanziellen Möglichkeiten nicht halten könnten."
- „Ich glaube, dass viele Kunden jenseits der Ballungsräume damit überfordert sind. Das könnte zu einem Reichweitenverlust führen."

Szenario 2
- „Eine Überlastung der eigenen Organisation ist möglich."
- „Das Szenario unterschätzt die Digitalisierung. Diese wird massiver fortschreiten."
- „Die Erlössituation durch Mehrwerte ist schwer."
- „Bei jungen Zielgruppen könnte die Zeitung an Akzeptanz verlieren."
- „Digitale Wettbewerber überholen bzw. verdrängen die Mehrwertzeitung."
- „Bei zu verhaltener Digitalstrategie können andere digitale Marktteilnehmer schneller und erfolgreicher sein."

Szenario 3
- „Dies bedeutet Stagnation/Degression."
- „Das ist eine rein passive Rückzugsstrategie."
- „Ohne neue, crossmediale Produkte haben Verlage dauerhaft keine Chance."
- „Die Folge ist ein dramatischer Schrumpfungsprozess."
- „Dies führt zu einem dramatischen Reichweitenverlust gemäß der demographischen Entwicklung."
- „Man koppelt sich von digitalen Marktchancen und -entwicklungen ab."

5.7.2.2 Diskussion der Prämissen der Szenarios

Ausführlich waren auch die in die Entwicklung der einzelnen Szenarien eingeflossenen Prämissen zu bewerten. Diese liefern Annahmen über die Rahmenbedingungen und werden im Folgenden dargestellt. Einen zusammenfassenden Überblick über die Ergebnisse der Bewertung liefert zudem auch Tabelle 35.

Erwartete Digitalisierungsgeschwindigkeit

Als Rahmenbedingungen für die Planungen geht das Panel von einer mittleren Digitalisierungsgeschwindigkeit in Deutschland aus. Die Hypothesen von einer schnellen Durchdringung bzw. von einer langsamen Durchdringung fanden keine Mehrheiten bzw. wurden abgelehnt. Dabei geht die digitale Entwicklung in Metropolen nach Einschätzung der Panelteilnehmer schneller voran als im ländlichen Raum. Gleichwohl zeigten sich nicht alle Teilnehmer aus Metropolen als Digitalisierungsverfechter.

Publikumsentwicklung

Die Delphi-Teilnehmer gehen von einer weiter fortschreitenden Fragmentierung des Medienpublikums aus, die für die Printmedien klar sinkende Marktanteile nach sich zieht. Diese Fragmentierung wird sich auch weiter auf die Mediennutzung auswirken und erfordert deshalb aktive Strategien. Die konstatierte Entwicklung ergibt sich auch vergleichsweise unabhängig vom betrachteten Raum.

In zwei Hypothesen wurde für Szenario 1 und 2 jeweils als Prämisse folgender Satz von der Panelmehrheit unterstützt: „Fortschreitende Fragmentierung der Gesellschaft mit sinkender Bevölkerungsdurchdringung der Regionalzeitung vor allem im Print.“ Sieben bzw. sechs Teilnehmer äußerten hier Zustimmung. Das Ergebnis ist konsistent mit der Bewertung der Gegenhypothese: „Keine fortschreitende Fragmentierung der Gesellschaft.“ Siebenmal wurde hier „nein“ geantwortet.

Rezipientenansprechbarkeiten

Die Unsicherheit über die Zielgruppenansprechbarkeit via digitale Endgeräte bestätigte den in den ersten Befragungsrunden ermittelten Grundkonflikt. Drei Teilnehmer gingen davon aus, dass die neuen Endgeräte sowohl Bestandsleser als auch junge Leser ansprechen, vier bezeichneten dies als unsicher. Das passt zum Antwortverhalten auf die Hypothese, dass die neuen Angebote auf digitalen Endgeräten bei jüngeren Lesern Akzeptanz finden. Sechs Untersuchungsteilnehmer waren davon überzeugt. Nach wie vor bestehen in diesen Punkten aber die größten Unsicherheiten.

Effekte auf den doppelten Marktplatz

Auf die konjunkturelle Erholung allein setzt keiner der Teilnehmer mehr. Vielmehr sind aktive Strategien gefragt. Die Mehrheit des Panels glaubt an positive Effekte durch die Angebotsverschiebungen. Durch die in Szenario 1 angenommene Konzentration auf eine qualitätsbewusste Kernleserschaft für die gedruckte Zeitung entstünden neue Freiheitsgrade für die Verlage vor allem durch höhere Vertriebspreise. Die Szenario 2 immanente Hypothese, dass die Mehrwertzeitung die Kundenbindung erhöhe und auf diese Weise Preisakzeptanz schaffe, fand sechsmal Zustimmung.

Wie groß bzw. belastbar diese Freiheitsgrade sind, bleibt offen, wurden diese Werte im Rahmen der gegebenen freien Antworten doch auch zum Teil relativiert. Immerhin gehen die Teilnehmer von einer steigenden Kundenbindung durch die Mehrwertangebote aus. Von mehrwertigen Nischenprodukten versprechen sich die Teilnehmer neue Erlösmöglichkeiten.

Effekte auf die Organisationsstruktur

Die Mehrheit der Teilnehmer glaubt auch an Zusatzgeschäfte mit Bestandskunden und den Zugang zu neuen Zielgruppen. Fixkostenentlastungen durch die Verschiebungen von printspezifischen in konvergente Organisationsformen erwarten die Befragten hingegen nicht. Die Umstrukturierung und zukünftige Ersparnis erscheinen den Teilnehmern eher als eine langfristige denn als eine erfolgversprechende Option schon in der mittleren Frist bis 2015.

Tabelle 35: Rahmenbedingungen und Potenziale der drei Szenarien aus Sicht der Delphi-Teilnehmer

(Zustimmung und Ablehnung zu/von vorformulierten Hypothesen, N=9)

	primäre Eignung für Verlagstypen	Publikums-variable	Technologie	Unternehmensorganisation	Erlöse
Szenario 1: Die digitalen Zeitungsfamilien	**Integrierte Konzerne**	**fortschreitende Fragmentierung und sinkende Marktanteile Print** *Erfolg der Endgeräte bei Jungen und Älteren*	*hohe digitale Durchdringungsgeschwindigkeit* *Technologie als wettbewerbsrelevante Größe*	*Durch die Verschiebung ins Digitale ist eine Entlastung der Fixkosten durch neue konvergente Organisationsformen möglich. Diese treten an die Stelle der printspezifischen Ausrichtung.* ***Kleinere Abteilungen wirken als Innovationstreiber.***	**steigende Freiheitsgrade für die Verlage durch die Konzentration auf qualitätsbewusste Kernleserschaft vor allem durch höhere Vertriebspreise** **Die Neuinterpretation des doppelten Marktplatzes ermöglicht neue Wertschöpfungsformen und werbliche Angebote.** **Zusatzgeschäft mit Bestandskunden und Zugang zu neuen Zielgruppen**
Szenario 2: Die konvergente Mehrwertzeitung	**Stand-Alone**	**fortschreitende Fragmentierung und sinkende Marktanteile Print** **Erfolg der Endgeräte vor allem bei Jüngeren**	**mittlere Digitalisierungsgeschwindigkeit und Durchdringung mit mobilen Endgeräten**	**Die Organisation des Unternehmens wird zunehmend crossmedial und flexibel. Längerfristig scheint eine Abkehr von der print-spezifischen Organisation möglich.**	**Die Mehrwertzeitung erhöht die Kundenbindung und schafft Preisakzeptanz.** **Mehrwertige Nischenprodukte erzeugen neue Erlöspotenziale („neue Kühe, neue Weiden“).**
Szenario 3: Die analoge Zeitung	**Stand-Alone**	~~keine fortschreitende Fragmentierung~~ ~~geringe Veränderung der Mediennutzung durch Medienkonvergenz~~	~~geringe digitale Durchdringung der Bevölkerung mit digitalen Endgeräten~~		~~Steigerung der Werbe- und Anzeigenerlöse durch die konjunkturelle Erholung~~

Text = bestätigt; *Text* = unsicher; ~~Text~~ = abgelehnt

5.7.2.3 Bewertung der Ergebnisse der Szenariorunde

Insgesamt zeigt die Befragung eine (mittelfristige) Präferenz der Delphi-Teilnehmer für Szenario 2. Bei diesem Modell handelt es sich um Annahmen, die sie im gesetzten Zeitrahmen bis 2015 für realistisch hielten. Tabelle 34 führt gleichwohl die Chancen und Risiken des Szenarios vor Augen. Insbesondere die Mehrerlöspotenziale erscheinen offen. Die hohe Belastung der Gesamtorganisation ist ebenfalls zu beachten.

Die wesentliche Unsicherheit bezieht sich auf die mögliche Digitalisierungsgeschwindigkeit. Die meisten Teilnehmer rechnen hier mit einer mittleren Digitalisierungsgeschwindigkeit, der Szenario 2 entspricht. Nur zwei Verlage trauen sich hier eine schnelle Entwicklung zu, wie sie das offensive Szenario 1 beschreibt. Diesem geben die Teilnehmer am ehesten in Metropolen Chancen. Es erscheint Teilen des Panels erst in einer weiteren Zukunft realistisch. Dafür sprechen insbesondere die vielen unsicheren Hypothesen im Bereich des Publikumsverhaltens (wiederum vor allem der Ansprechbarkeit der älteren Zielgruppen) und der digitalen Erlösquellen. Auch hier bestätigen sich die Ergebnisse der ersten beiden Delphi-Wellen in weiten Teilen. Es lässt sich als Beleg für die Unsicherheit deuten, dass nicht einmal alle Geschäftführer von Zeitungen in Metropolräumen – mithin in den dafür prima vista am besten geeigneten Räumen – mit einer schnell voranschreitenden Digitalisierungssituation und entsprechend schnell steigenden Umfeldbedingungen rechnen.

Den begrenzten Erwartungen an die Digitalisierungsgeschwindigkeit entsprechen die Einschätzungen zur möglichen Desintegration der Organisation. Dies erscheint den meisten Teilnehmern gemessen am Untersuchungshorizont von 2015 noch verfrüht. Einige Module des Szenarios 2 wie das Zusatzgeschäft mit Bestandskunden und der Eintritt in das Handelsgeschäft mit mobilen Endgeräten bilden für die Untersuchungsteilnehmer gleichwohl schon heute wichtige Schritte der Transformation. Die Risiken dieses Szenarios beziehen sich aus ihrer Sicht vor allem auf nicht-refinanzierbare und damit zu hohe Anfangsinvestitionen.

Insofern ist die Wunschkonstellation der Teilnehmer – je nach Region und Verlagsgröße – entweder Szenario 2 oder eine Mischung aus den Szenarien 1 und 2. Es wurden durchaus unterschiedliche Akzente gesetzt (vgl. Kapitel 5.7.2.1). Dabei kann das von einer langsameren digitalen Entwicklung geprägte Szenario 2 durch proaktive Elemente aus 1 unterstützt werden. Oder das Szenario 1 „Die digitalen Zeitungsfamilien“ könnte auch durch analoge Elemente etwas stärker „geerdet“ werden.

In jedem der beiden Szenarien steckt gleichwohl die Gefahr der Überforderung der Organisation in Bezug auf das Management und finanzielle Ressourcen. Dies gilt nicht für das einhellig abgelehnte Szenario 3. Schon jetzt, so merkte ein Untersuchungsteilnehmer an, binde das digitale Geschäft im Verhältnis zu seiner Umsatzrelation deutlich mehr Managementkapazitäten als das Stammgeschäft. Zieht man noch die zurückhaltenden Erwartungen in Bezug auf die schnelle Umbaufähigkeit in den eigenen Häusern hinzu, zeigt sich die doppelte Herausforderung für die Verlage. Diese besteht in dem Zwang, die Kosten für den Apparat der Gegenwart und Vergangenheit schultern und zugleich die Zukunft vorfinanzieren zu müssen, und zwar unter ungünstiger werdenden Kostenverhältnissen insgesamt.

Die Ergebnisse sind insgesamt konsistent zu den bisherigen Befunden. Die von den Delphi-Teilnehmern zuvor geäußerten Auffassungen wurden bestätigt und in dieser Runde in ihrem Gesamtzusammenhang, der Kausalitäten und Interdependenzen offenlegt, bewertet. Die Unklarheit in Bezug auf die Rezipientenansprechbarkeiten mit mobilen Endgeräten und die daran geknüpften Erlösaussichten bestätigten sich auch in der Abschlussrunde. Damit ist aus methodischer Sicht das Abbruchkriterium der Delphi-Befragung gegeben. Als Gewinn wird die Verdichtungsleistung in die Szenarien als gestaltbare Geschichte gesehen, die die einzelnen Variablen zueinander in Beziehung rückt und die Pfadabhängigkeiten darstellbar macht. Die Teilnehmer haben zudem Vorschläge gegeben, welche Elemente miteinander korrespondieren. Insofern können die an die Abschlussrunde gerichteten Erwartungen als eingelöst betrachtet werden.

5.8 Bewertung der Untersuchungsmethode

Die Ergebnisse der Untersuchung zeigen, dass das gewählte Untersuchungsverfahren insgesamt zur Beantwortung der gestellten Forschungsfrage geeignet war, sich insofern also bewährt hat. An dieser Stelle soll dennoch eine kritische Bewertung des Untersuchungsverfahrens erfolgen. Aufgrund der geringen Standardisierung von Delphi-Befragungen bzw. wegen ihres hohen Maßes an Singularität sollen vor allem die Wechselwirkungen und Wirkungsweisen des Verfahrens angemessen reflektiert werden. Dies kann auch zukünftigen Untersuchungen nützlich sein.

Panelzusammensetzung

Ein Problem des Verfahrens kann darin gesehen werden, dass die Ergebnisse aufgrund der kleinen Stichprobe nicht auf die Gesamtheit der deutschen Verlage hochgerechnet werden können. Zugleich ist von einem leichten positiven Bias auszugehen, durch den manche Phänomene verstärkt wurden. So befragte die Untersuchung beispielsweise nur in ihren Märkten jeweils führende Verlage. Die Situation von Zweitzeitungen, deren besonders problematische Wettbewerbsposition bereits Darstellung fand, wurde daher nicht näher beleuchtet. Es ist zudem davon auszugehen, dass sich vor allem solche Verlage für die Teilnahme an der Untersuchung interessierten, die das Thema Medienkonvergenz und damit verbundene Veränderungen in ihrem Haus ohnehin auf der Agenda haben. Dies sind also Unternehmen, die das Thema aktiv oder sogar proaktiv auf Managementebene betreiben. Man kann von einer positiven Selbstselektion ausgehen.

Darüber hinaus interessierten sich möglicherweise auch solche Verlage für die Teilnahme an der Untersuchung, die das Thema für wichtig halten, aber darin noch keine großen Kompetenzen erworben haben, und die sich von der Teilnahme einen Wissensgewinn für ihr Haus versprechen. Aus den genannten Gründen dürfte diese Untersuchung vermutlich also eher eine Spitze der deutschen Verlage abbilden als den Durchschnitt. Insofern sind auch die Ergebnisse – insbesondere die ermittelten Zahlenwerte – nicht als allgemeingültige Prognosen zu verstehen. Die Stichprobe, also die Anzahl der Interviewpartner, war klein und das Feld der befragten Verlage heterogen.

Die Stärken des gewählten Ansatzes liegen indes darin, dass die Auswahl des Teilnehmerpanels die wesentlichen Problemstrukturen der deutschen Regionalzeitungsverlage im Rahmen der Medienkonvergenz abdecken. Daher kann die Stichprobe durchaus als „Mini-Universum" betrachtet werden, das vertretbar allgemeine Schlüsse zulässt, wenn auch die einzelnen Werte von Sondereinflüssen und dem oben genannten leicht positiven Bias beeinflusst sein mögen. So können die Einschätzungen pars pro toto der Branche als Folie zur Verfügung gestellt werden.

Teilnehmerzahl

Die Teilnehmerzahl von zehn Befragten hat sich in diesem qualitativ ausgerichteten Design, das nicht auf die Ermittlung von im statistischen Sinne verwertbaren Aussagen abzielt, sondern auf ein die Tiefe zielendes

Verständnis von Verlagsstrategien, bewährt. Die Teilnehmer rekrutierten sich aus einem Kreis von rund 25 den Auswahlkriterien entsprechenden Kandidaten, die zur Teilnahme eingeladen wurden und von denen sich zehn zur Teilnahme bereit fanden (zu den Auswahlkriterien vgl. Kapitel 4.2).

Jeder einzelne Verlag und jeder Teilnehmer zeichnen sich durch besondere Merkmale in Bezug auf die Unternehmensstruktur aus. Ein kleineres Panel wäre daher nicht wünschenswert gewesen. Im gewählten Untersuchungsdesign trägt jeder Befragte in unterschiedlicher Weise und in unterschiedlichem Umfang zum Erkenntnisgewinn in dieser Arbeit bei. Das Panel deckt in Bezug auf ganz unterschiedliche Merkmale eine große Bandbreite ab. So berücksichtigt es etwa lokale Disparitäten: Jeweils zwei Teilnehmer stammten aus Norddeutschland und aus Ostdeutschland und jeweils drei Teilnehmer aus Westdeutschland und aus Süddeutschland. Des Weiteren sind zwei Verlage in Metropolen angesiedelt, vier in Großstädten mit über 500.000 Einwohnern und für vier in Großstädten mit bis zu 500.000 Einwohnern (vgl. dazu Tabelle 12). Sechs Verlage liegen in einem Ballungsraum, zwei in einer Großstadt über 500.000 Einwohner, und zwei Verlage haben ihren Sitz in einem eher ländlich geprägten Raum.

Der gewählte bottom up-Untersuchungsansatz zielte auf eine verdichtete Beschreibung gewählter Strategien zur Zukunftssicherung von Verlagen. Dabei sollten individuelle Standpunkte explizit berücksichtigt und gewichtet werden. Dies war nur im Rahmen des in dieser Arbeit verfolgten qualitativen Ansatzes möglich und wäre aufgrund der Anlage sowie der Ex- und Intensität des Verfahrens bei einer Teilnehmerzahl über zehn oder zwölf in einem darstellbaren zeitlichen Umfang kaum zu koordinieren gewesen. Bei einer Vergrößerung des Panelumfangs wäre die Grenze des Verarbeitbaren in Bezug auf die Organisation, den zeitlichen Ablauf sowie die Auswertung schnell erreicht worden. Aufgrund des sehr hohen kommunikativen Aufwands wäre zudem auch mit einer höheren Panelmortalität zu rechnen gewesen. Die Vollständigkeit der Antworten allerdings ist wichtig, um Ungleichgewichte zu vermeiden, die angesichts des kleinen Panels bei Ausfall eines Untersuchungsteilnehmers entstünden. Dies gilt mit abnehmender Wichtigkeit von der ersten Runde bis zum Ende. Insofern war die Mortalität von einem Datensatz in der vierten Welle hinzunehmen.

Vor diesem Hintergrund erscheint die Wahl des Panelumfangs gerechtfertigt. Die vergleichsweise geringe Panelgröße hat es ermöglicht, einzelne Urteile und Einschätzungen in der gebotenen individuellen Form nachvollziehen zu können und damit den Anforderungen an ein qualifiziertes Forschungsdesign gerecht zu werden. Für ihre Mitarbeit gebührt den Teilnehmern an dieser Stelle nochmals ein herzlicher Dank.

Reaktivität und Mainstreamdruck

Der Konvergenzdruck auf die Delphi-Teilnehmer lässt sich im Einzelfall bei der Korrektur der gemachten Angaben nachvollziehen. In der dritten Welle, also während der Feedbackgespräche zu den Ergebnissen der Online-Befragung der zweiten Welle, wurden insgesamt fünfzehn Änderungen an den Originalantworten vorgenommen. Der größte Teil dieser Änderungen bezog sich auf erkennbar irrtümlich getroffene Einschätzungen, die dann in der Feedbackrunde korrigiert wurden.

Als weitere Kategorie der Korrekturen zeigten sich die stark vom Mittelwert abweichenden Angaben von Delphi-Teilnehmern. Nachfragen dazu führten in einem Feedbackgespräch zu mehreren leichten Korrekturen der in der Online-Runde gemachten Angaben. Ein Delphi-Teilnehmer korrigierte seine Angaben hierbei mehrfach leicht nach unten – allerdings in einem Rahmen von rund zehn Prozent Abweichung zur Erstantwort. Auch nach der Korrektur blieben die Werte als klare Extremwerte bestehen. Daher kann auch hier von einer Verbesserung der Datenqualität ausgegangen werden. Zudem wurde deutlich, dass sich der Teilnehmer bei seinen Angaben auf das zentrale Unternehmensforecasting bezogen hatte.

Im Durchschnitt bestätigten sich die Zahlen demnach in den Folgerunden. Das ist einsichtig, da sich die Gesprächspartner zum weit überwiegenden Teil zu ihren eigenen Unternehmen äußerten. Damit war zugleich auch das Abbruchkriterium dieser Delphi-Befragung gegeben (vgl. Häder 2009, 33). Eine weitere Verbesserung der Datenbasis und der Ergebnisse schien durch den Einsatz der Szenariotechnik möglich. So konnten die Ergebnisse in die zugrunde gelegten Annahmen eingebettet werden.

Limitiertheit des Verfahrens

Delphi-Ergebnisse bleiben wie in Kapitel 4.4 dargestellt in gewisser Weise etwas solitär stehen und neigen verfahrensbedingt zur Erzeugung von Mainstream-Meinungen. Die wirkenden Interdependezen zwischen den einzelnen Variablen bleiben derweil etwas im Dunkeln.

Da das Panel auch über die dritte Welle hinaus interessiert und belastbar erschien, wurde die Möglichkeit genutzt, die bereits generierten Ergebnisse in einer abschließenden Runde noch einmal in einen neuen Zusammenhang zu stellen. Auf diese Weise ließen sich die ermittelten Unsicherheiten derart systematisieren, dass der Blick auf unterschiedliche Entwicklungspfade freigelegt werden konnte. Dabei sollte der sich hinter jedem einzelnen möglichen Pfad öffnende Möglichkeitsraum in Form von Szenarien vermessen werden. Das Szenarioverfahren bot hier eine sinnvolle Erweiterung. Vorgeschlagen wurden in diesem Rahmen drei nach dem Intuitive-Logics-Verfahren (vgl. Kapitel 4.1.2) erzeugte Szenarien.

Dabei wurden im Fokus der Handlungsorientierung die Folgen der zu treffenden unternehmerischen Entscheidungen dargestellt. Wichtig war dabei insbesondere, den inneren Zusammenhang zwischen den Variablen deutlich zu machen (= wenn A, dann B) und dabei Folgen im Sinne von Risiken und Potenzialen erkennbar werden zu lassen. Das Untersuchungsjahr 2011 kann als Übergangsjahr angesehen werden. Von der starken konjunkturellen Entwicklung konnten die Verlage nicht profitieren. Obwohl das Bruttoinlandsprodukt Deutschlands um drei Prozent stieg, blieben die Verlagsumsätze konstant bis rückläufig. Diese Erfahrungen beschleunigten den Prozess der Neuaufstellung in den Verlagen.

Technische Umsetzung

Die gewählte technische Untersuchungsmethode hat sich aus Sicht des Verfassers bewährt. Der regelmäßige Wechsel der Untersuchungsmodi und -durchführungsarten trug aus praktischen Erwägungen zum Gelingen des Prozesses bei. Das persönlich durchgeführte Leitfadengespräch (digitale Aufzeichnung) war auf individueller Ebene jeweils wertvoll zum Vertrauensaufbau zwischen Teilnehmern und Forscher und dabei aus Sicht des Verfassers grundlegend für das Aufrechterhalten der Paneltreue über den Untersuchungszeitraum von insgesamt sieben Monaten. Es half insbesondere dabei, die in den Folgerunden getroffenen Einschätzungen der Teilnehmer in die individuellen Gedankenstrukturen einordnen zu können.

Der daran geknüpfte Moduswechsel von Face-to-Face-Interviews auf Online-Befragung war für die Untersuchungsteilnehmer benutzerfreundlich durch die ermöglichte Zeitunabhängigkeit und im Sinne der Erhebung günstig durch die unpersönliche Bearbeitung. Weiterhin konnten mutmaßliche, durch ein Schriftverfahren zu erwartende Ermüdungseffekte vermieden werden – immerhin wurden in der Prädelphi-Welle und im Delphi 1 der zweiten Welle ähnliche Aspekte abgefragt. Eine Tendenz zu einsilbigen Antworten im Online-Fragebogen konnte in der zweiten Welle nicht bestätigt werden. Aus Sicht des Verfassers trug vielmehr die intrinsische Motivation der Teilnehmer entscheidend dazu bei, das Verfahren zum Erfolg zu führen. Dass das Medium online indes zu kürzeren und mitunter lakonischen bzw. elliptischen Antworten einlädt, liegt auf der Hand, erwies sich aber in dieser Untersuchung nicht als Problem. Auf Basis der extensiven und intensiven Wissensbasis einerseits und der bereits vorhandenen Erfahrung und Vertrautheit mit den Gesprächspartnern und deren Einschätzungen sowie deren Denkweisen andererseits konnten die Antworten meist in einen Kontext der inneren Logik eingeordnet werden (Framingprozess[45]). Zudem stand die Möglichkeit des Feedbackgesprächs in der dritten Welle zur Verfügung, um allfällige Fragen zu klären.

Diese dritte Welle wurde telefonisch durchgeführt. Dabei referierte der Untersuchende die Ergebnisse der ersten beiden Runden und legte den Befragten eine individuelle Unternehmensgeschichte vor. Der erneute Moduswechsel, diesmal von Online-Befragung zu telefonischem Interview, wurde gut angenommen. Nur ein Teilnehmer bemängelte eine fehlende schriftliche Datengrundlage. Die Befragten nutzten das Feedbackgespräch auch ihrerseits für Nachfragen.

Für die abschließende vierte Welle, die Szenariorunde, bot sich aus zwei Gründen wiederum ein Online-Verfahren an. Der erste bestand in der hohen Disponibilität des Zugriffs (zeitlich, räumlich), der zweite in der Tatsache, dass zur Vorbereitung ein längerer Text, nämlich die drei Szenarien, zu lesen war. Die Teilnehmer erhielten das Dokument mit der Szenarioformulierung in einer E-Mail und in einer weiteren ihren individualisierten Zugangslink zum Online-Fragebogen. Dies Verfahren war den Untersuchungsteilnehmern bereits aus der zweiten Welle bekannt.

Auch in dieser Runde zeigten sich kaum Ermüdungserscheinungen des Teilnehmerpanels. Neun Panelisten absolvierten die vierte Befragungswelle, was nochmals als ein Indiz für die hohe intrinsische Motivation der Teilnehmer gewertet werden kann. Ein Teilnehmer brach die Untersuchung ab. Allerdings sank der Anteil der freien Antworten in die-

45 Dabei sei Framing hier mit Scheufele (2013, 96) verstanden als ein „Bezugsrahmen, der ein Thema auf bestimmte Weise strukturiert und damit die Informationsverarbeitung und Meinungsbildung steuert.“

ser Runde leicht. Das kann unterschiedliche Gründe haben und ist möglicherweise auf die stärker theoretisch-abstrakte und hypothetische – insofern also kognitiv anspruchsvollere Anlage der Untersuchungsrunde zurückzuführen. Dieses Mal wurden kognitiv komplizierte Anforderungen an die Teilnehmer gestellt, da hier unterschiedliche Transferleistungen zu erbringen waren. Die abstrakten Ergebnisse mussten auf das eigene (und andere) Unternehmen übertragen und zugrunde liegende Prämissen bewertet werden. Im kommunikativen Austauschprozess rund um die Abschlussrunde (E-Mailwechsel, Telefonate) verwiesen die meisten Teilnehmer zudem auf eine hohe Arbeitsbelastung, mit der sie mitunter ihre kurzen Antworten begründeten. Zum Zeitpunkt der Abschlussrunde befanden sich die Verlage in der Tarifauseinandersetzung. Ein dritter Grund für die teilweise knappen Antworten ist darin zu sehen, dass einige Fragen des Fragebogens nicht als Pflichtangaben codiert waren. Gleichwohl war die Menge der Kommentare weiterhin ergiebig. Zwar machten zwei Teilnehmer keine zusätzlichen Angaben; dies konnte indes durch die ausführlichen und zum Teil detaillierten Kommentare einiger anderer Teilnehmer aufgefangen werden. Der Ertrag an neuen Argumenten ging in der vierten Welle deutlich zurück. Dies weist darauf hin, dass der Wissenstand vor dieser Runde bereits hoch war und wesentliche Informationen schon erhoben waren. Auch dies ist im Einklang mit der Delphi-Logik zu sehen.

Nicht nur in Bezug auf den Erfolg der Untersuchung, sondern auch im Hinblick auf die Paneltreue haben sich das gewählte Design und der Einsatz von Online-Fragebögen bewährt. So konnte der Responseprozess im Vergleich zu den traditionellen schriftlichen Verfahren erheblich beschleunigt, die Transaktionskosten hingegen gesenkt werden. Nur durch den bewussten Einbezug von Online-Runden konnten in dieser Studie innerhalb von sieben Monaten vier Untersuchungswellen durchgeführt werden. Von grundlegender Bedeutung für den Erhalt der Paneltreue über den Prozess hinweg waren dabei das persönliche Kennenlernen und der Beziehungsaufbau in der Prädelphi-Phase. Dies hat mutmaßlich mit dem großen Interesse der Teilnehmer an der Untersuchung zu tun: Maßnahmen zur Zukunftssicherung der Branche sollten im rückgekoppelten Feedbackprozess von den in der Branche tätigen Entscheidungsträgern entwickelt werden. In informellen Kommentaren teilten mehrere Teilnehmer wiederholt ihr Interesse an der Studie und deren Gelingen mit.

Angemessenheit des Verfahrens

Das gewählte Delphi-Design nahm die viel geäußerte Forderung ernst, Experten allein im Rahmen ihrer eigenen Expertise zu befragen (vgl. dazu Kapitel 4.1). Die Untersuchungsteilnehmer wurden zur Entwicklung der Unternehmen befragt, die sie selbst steuern und deren Weg sie daher mit beeinflussen können. Der überwiegende Teil des Fragebogens war auf die Entwicklung im Unternehmen ausgerichtet, ein kleinerer Teil der Fragen zielte auf die allgemeine Entwicklung der Branche. Die Branchenfragen spiegelten und kontrastierten die jeweiligen Auffassungen der einzelnen Teilnehmer. So erklären sich auch der vergleichsweise geringe Anteil an Korrekturen in der Feedbackrunde sowie die hohe Sicherheit der Experten bei den abgegebenen Urteilen. Der wichtigste Zweck der Feedbackrunde der dritten Welle bestand aus Sicht der Teilnehmer darin, die Argumente der anderen Teilnehmer zu den eigenen Einschätzungen (und denen der Gruppe) zu hören sowie die eigenen Urteile nochmals zu begründen.

Ein Einwand gegen die auf die eigene Organisation bezogenen Fragen besteht in der geringeren Nachprüfbarkeit der gemachten Angaben im Vergleich zur branchenbezogenen Befragung. Zugespitzt könnte man diesen Vorwurf als Einladung zur Intransparenz formulieren. Immerhin lassen sich manche Angaben nicht nachprüfen. Dieser Einwand ist für einzelne Werte, wie etwa die Ertragslage, auch nicht von der Hand weisen. Andererseits gilt es zu bedenken, dass gerade kritische Angaben wie etwa Zahlen in Bezug auf Umsatzerlöse oder den Anteil digitaler Erlöse an den Gesamterlösen im Rahmen des Panelfeedbacks insbesondere bei auffällig vom Mittelwert abweichenden Antworten einem „Plausibilitätscheck" durch die Gruppe unterzogen wurden.

Ein weiterer Aspekt ist die grundsätzlich limitierte Perspektive eines jeden Teilnehmers, was zurück auf das erkenntnistheoretische n+1-Argument führt. Demnach kann mit jedem Befragten mehr die Wissensmenge theoretisch nur steigen. So ist es auch bei prima vista branchenbezogenen Delphi-Untersuchungen mit externen Experten (wie etwa Geschäftsführern, Unternehmensberatern, Hochschullehrern oder Verbandsvertretern) einsichtig, dass sich die Einschätzungen stets aus der eigenen, notwendigerweise begrenzten Lebenswelt speisen und von diesem Erleben gefärbt sind.

Da die Befragung als Delphi-Untersuchung des Typ III angelegt war, sollten Expertenmeinungen über einen diffusen Sachverhalt ermittelt werden, und zwar mit einem doppelten Ziel: die im Verlauf der Studie abgegebenen Urteile zu qualifizieren und zugleich das sich verändernde Meinungsbild der Expertengruppe abzubilden (vgl. dazu auch Häder 2009, 192). Die Forderung, die Expertenurteile adäquat abzubilden (vgl. ebd.), floss in der vorliegenden Untersuchung noch in die Szenario-Abschlussrunde der Verlage ein, die die Einzelmeinungen zu einem Gesamtbild verdichtete. Da zugleich noch eine weitere Erklärungsebene hinzugezogen wurde, konnte auch der entscheidungszentrierte Anspruch in dieser Arbeit eingelöst werden.

Die Experten selbst erwiesen sich in hohem Maße kompetent zur Beantwortung der an sie gestellten Fragen, die sich auf ihr eigenes Betätigungsfeld bezogen. Dabei wurde latent vorhandenes Wissen aktiviert bzw. reproduziert. Insofern scheint eine Korrelation zwischen Selbstselektion – die Beantwortung der Frage „Traue ich mir die Teilnahme zu?" – und dem Interesse an der Teilnahme zu bestehen. Als Indikatoren dafür lassen sich die verschiedenen Framingprozesse anführen. In den Antworten waren unterschiedliche Formen davon erkennbar (vgl. Häder 2009, 205 ff.).

Bei der Beantwortung der Fragen griffen die Experten zurück auf:

- externes Wissen (den Teilnehmern bekannte Marktstudien), etwa: „Eine Studie hat ergeben..."
- internes Wissen (eigene Testmärkte), etwa: „Wir haben da unsere Erfahrungen gemacht, die uns Mut machen."
- berufliche Erfahrungen bzw. Analogien (Trendextrapolation), etwa: „Wir hatten in der Vergangenheit schon keine gute Entwicklung..."
- Alltagserfahrungen (Bezug zur privaten Lebenswelt), etwa: „Als Vater eines schulpflichtigen Kindes weiß ich ja, dass...."

Häder regt an, die Persönlichkeitsmerkmale der Untersuchungsteilnehmer deutlich stärker in die Evaluation von Delphi-Befragungen einzubeziehen (vgl. ders. 2009, 212). Dieses Postulat ist schwierig umzusetzen. Im Erleben des Untersuchenden ließ sich das Panel in zwei Gruppen von, wenn man so will, „Temperamenten" einteilen. Fünf Teilnehmer wären danach eher als im Gespräch forsch-impulsiv zu bezeichnen, fünf dagegen tendenziell eher als abwägend-zurückhaltend. Das Antwortverhalten der Teilnehmer beeinflusste dies in der Regel nicht. Die Antworten wurden von allen Teilnehmern reflektiert und abgewogen formuliert. So zeigten sich die impulsiveren Charaktere auch eher bezogen auf manche Aspekte, die den Befragten besonders am Herzen lagen. Bei anderen

Fragestellungen erwiesen sich diese ebenso zurückhaltend wie die andere Gruppe. Die eher zurückhaltenden Charaktere nahmen ihre Urteile tendenziell etwas weniger häufig zurück. Auch eine systematische Beeinflussung der Zahlenangaben durch die Persönlichkeit kann nicht deutlich gemacht werden. Allerdings ergab sich der leichte Trend, dass die Korrekturen im Online-Fragebogen eher von den impulsiveren Teilnehmern vorgenommen wurden. Dies ist jedoch nicht als Unsicherheit bzw. als Mangel an Reflektiertheit bei den ersten gegebenen Antworten anzusehen, sondern ggf. auch als erhöhte Bereitschaft, sich ein zweites Mal mit derselben Frage vorurteilsfrei zu beschäftigen.

Die von Häder ins Feld geführten Überlegungen zur grundsätzlichen Singularität von Delphi-Untersuchungen sind zu bestätigen. Diese Singularität gründet in den jeweils existenten hohen Freiheitsgraden bei „großzügigen Modifikationen" des Ursprungsdesigns (ders. 2009, 211), die auf dem geringen Bestand an verpflichtenden Standards resultieren. Häder selbst beurteilt den Forschungsstand zur Standardisierung als „völlig unbefriedigend" (ebd.). Dies führt insgesamt zu einer geringen Vergleichbarkeit verschiedener Untersuchungsdesigns und macht Generalisierungen problematisch. Daher hat sich der Verfasser bemüht, durch die ausführliche Darstellung des Verfahrens und der Vorgehensweise Transparenz herzustellen.

Validität des Verfahrens

Diese Arbeit gliedert sich der Forschungslogik nach in zwei Teile. Im ersten Teil (Kapitel 2 und 3) wurde ein Betrachtungsmodell für das Konstrukt Geschäftsmodelle von Regionalzeitungen entwickelt, das dann im zweiten Teil angewendet und überprüft wurde. Dabei wurde das Geschäftsmodell basierend auf den Vorarbeiten (z.B. Hass 2002 oder Wirtz 2011) auf die drei Ströme Produktangebot (ergänzt um Kunden und Märkte), Erlösquellen und Wertschöpfung bezogen (vgl. dazu Kapitel 3). Diese erforderten bei der Operationalisierung die Berücksichtigung des Primats der Endkundenorientierung in der Medienkonvergenz. Demselben wurde in der ausführlichen Beachtung der Entwicklung des Lesermarkts und der Zielgruppen der Zeitung Rechnung getragen. Eine Fülle von Einzelfragen mit unterschiedlichen Aspekten bezog sich darauf.

Als weiterer Schwerpunkt ergaben sich die Organisation der betrieblichen Wertschöpfung und ihrer Kosten und – eng damit verbunden – die strategiebezogenen Fragen nach dem Selbstverständnis und dem Kerngeschäft der Verlage. Auch dieser Punkt wurde über eine Fülle von Fragen zu einzelnen Aspekten aufgeschlüsselt. Diese richteten sich auf die Verschiebung der strategischen Bedeutungsgewichte für das Gesamtunternehmen, Veränderungen der Leistungstiefe (auch Outsourcing und Gemeinschaftsunternehmen) sowie vieles mehr.

Das gilt grosso modo auch für die Entwicklung der Erlösströme und des Erlösmixes der Verlage, die die einzelnen Fragebögen differenziert in den Blick nahmen. Wenn mit Schnell/Hill/Esser eine „empirisch gültige (valide) Beschreibung [...] auch eine korrekte Zuordnung von Indikatoren zu Konstrukten vornehmen [...] und auf die möglichst fehlerfreie Erhebung von Daten achten" (dies. 1999, 81) muss, wobei Prognosen von Ereignissen den gleichen logischen Strukturen unterliegen wie Erklärungen, ist dies aus Sicht des Verfassers gelungen.

Begriffliche Klarheiten

Als nicht immer einfach im Rahmen der Untersuchung erwies sich die Verständigung der Teilnehmer auf eine gemeinsame Begrifflichkeit. Die Delphi-Methode als ein Verfahren der strukturierten und rückgekoppelten Kommunikation über verschiedene Wellen hinweg bot nun durch moderierende Elemente den Vorteil, an diesen Stellen immer wieder eine Verständigung über Begriffsinhalte herstellen zu können. Zwei Beispiele mögen an dieser Stelle genügen: Zu erwähnen ist die Diskussion über den Begriff der Dienstleistungen (vgl. dazu Kapitel 5.2) sowie die prima vista unterschiedlichen Verständnisse des Begriffs und der Charakterisierung der Wertschöpfungskette bzw. der Organisation der Leistungserstellung. Diese ließen sich in der Feedbackrunde dann auf ein vergleichbares Begriffsverständnis zurückführen und insofern als Widerspruch auflösen. In der Abschlussrunde ließ sich das Begriffsverständnis an einer Stelle nicht auflösen, was im Ganzen jedoch nicht ins Gewicht fällt (vgl. Kapitel 5.7.2.1).

Überraschend waren die Antworten der Teilnehmer besonders in Teilen des Hypothesenabschnitts der Onlinebefragung der zweiten Welle. Darin waren einige Aussagen bewusst apodiktisch und normativ formuliert, um kontroverse Einschätzungen zu provozieren. Dabei waren zumeist weniger die eigentlichen Antworten aufschlussreich, sondern vielmehr der gelieferte Erklärrahmen, der zum Teil weiterführende Impulse bzw. Aspekte lieferte. Diese Framingprozesse der Teilnehmer wurden in der Auswertung immer dann abgebildet, wenn das möglich war.

6 Zusammenfassung und Ausblick

Abschließend werden die wesentlichen Ergebnisse und Befunde der Studie stark raffend im Sinne entscheidungsorientierter Handlungsanweisungen zusammengeführt. Darüber hinaus werden diese wieder in den Forschungsstand eingeordnet. Zuletzt ist festzustellen, welche Fragen in dieser Arbeit beantwortet werden konnten und welche nicht.

6.1 Bewertung der Delphi-Szenarien

Kaum überraschend – und ohne an dieser Stelle das Churchill zugeschriebene Bonmot über Prognosen zitieren zu müssen – liefert diese Arbeit keine Prognose des tatsächlichen Ist-Unternehmens-zustands am Ende oder im Verlaufe des Jahres 2015. Dies beruht zum einen auf der Tatsache, dass Prognosen fast nie eintreten, und zum anderen – und das wiegt in diesem Zusammenhang schwerer – darauf, dass die Zukunft veränderlich ist.

Mit wachsendem Abstand zur 2011 durchgeführten Erhebung zeichnet sich ab, dass die von den Verlagen selbst erdachten Wege zu ihrer Zukunftssicherung nicht ausreichen könnten. Bedenklich ist die Unterschätzung der Dynamik der Medienkonvergenz – ebenso wie die fehlenden Ideen zur notwendigen Rückkehr auf einen Wachstumspfad. Fast alle Verlage haben zum Beispiel den fortlaufenden Einbruch der Werbemärkte in den Jahren 2012 und 2013 systematisch unterschätzt bzw. zu positive Annahmen zur Erlösentwicklung getroffen (vgl. Tabelle 13). Doch trotz einer konjunkturell günstigen Gesamtkonstellation für die zugegebenermaßen exportorientierte deutsche Volkswirtschaft profitieren viele Verlage davon nicht ausreichend, auch wenn man die limitierenden Rahmenbedingungen der Medienwirtschaft in Rechnung stellt – allem voran die in der Regel begrenzte Internationalisierbarkeit (vgl. Kolo 2013, 200).

Noch immer zielt die Ausrichtung der gesamten Verlagsorganisation vor allem auf die optimale Ausbeutung der (offenbar unweigerlich sinkenden) Anzeigenvolumina. Zwar steigt das relative Gewicht der Vertriebs- und vor allem der Abonnementerlöse an den Gesamtumsätzen der Zeitungshäuser deutlich an. Jedoch erscheint dies eher eine unmittelbare Folge der Dynamik der Prozesse und der Not der Verlage zu sein als ein Ergebnis geplanten Umsteuerns. Noch immer zielen die Strategien der Verlage stark auf den Erfolg im Werbemarkt ab, was möglicherweise auch mit den Berufsbiographien vieler verantwortlicher Zeitungsmanager zu tun hat, die im Werbemarkt verwurzelt sind.

Die Zeitungsverlage zwischen 2011 und 2013

Die Entwicklung der Zeitungswirtschaft in den Jahren 2011 und 2012 ist angesichts sinkender Gesamtumsätze ernüchternd ausgefallen. Im Geschäftsjahr 2012 gingen die Branchenumsätze – getrieben von einem erneuten drastischen Einbruch bei den Printanzeigen von minus 9 Prozent um weitere 3,3 Prozent zurück. Auch die Printauflagen sanken zwischen minus 3,5 bis minus 4 Prozent pro Jahr. Im vierten Jahr in Folge übertrafen die Vertriebserlöse die Anzeigenerlöse. Gleichzeitig verdoppelten sich die Onlineabonnements beinahe auf branchenweit fast 400.000 Exemplare (vgl. Pasquay 2011, 2012,2013a). Ab 2013 ist mit einer weiteren sprunghaften Entwicklung zu rechnen.

In den Verlagen der Delphi-Teilnehmer bildete sich die marktweit beobachtbare Entwicklung ab. Drei der befragten Verlage legten neue bzw. weitere Spar- und Stellenabbauprogramme auf, vier der im Rahmen der Untersuchung befragten Verlage waren in M&A-Prozesse involviert. Zwei Verlage davon erwiesen sich dabei als Zukäufer und Marktkonsolidierer, zwei andere Verlage hingegen zogen sich aus regionalen Märkten bzw. sogar aus dem Regionalzeitungsgeschäft zurück. Hier zeigten sich die gesetzlich geregelten Erleichterungen von Pressefusionen etwa im Bereich der Sanierungsfusion. Bei potenziell markttransformatorischen Veränderungen gelten hingegen weiter strikte Regeln (vgl. Bünder 2014).

Mit Stand Ende 2013 waren noch sieben der zehn befragten Verlagsgeschäftsführer im Amt. Während ein Wechsel turnusmäßig aus Altersgründen erfolgte, verließen zwei Geschäftsführer aus anderen Gründen oder in Uneinigkeit über die weitere Geschäftsstrategie die Verlage. Fünf von zehn befragten Verlagen hatten bereits Ende 2013 ein Paid Content-Modell eingeführt, was zum Zeitpunkt der Untersuchung noch umstritten war (vgl. zur Paid Content-Debatte Kapitel 1.4).

6.2 Zehn strategische Aufgaben für Verlage

Damit zeigten sich bereits erste Erfolge der Digitalisierungsdynamik, die den Verlagen Mut machen sollten, das Geschäft offensiver anzugehen, da die Ausgangslage gegenüber 2011 besser einschätzbar geworden ist: So erlaubt die dynamischer als von den Befragten angenommen verlaufende digitale Substitution – ablesbar in den Verlusten im klassischen Werbe- und Lesermarkt aber auch in der Bevölkerungsdurchdringung mit mobilen Endgeräten – die Relativierung einiger von den Untersuchungsteilnehmern geäußerten Ängsten: Externe Rahmenbedingungen wie Netzqualität und Kartellrecht bilden von Ausnahmen abgesehen keine flächendeckenden Risiken. Inzwischen ist belegt, dass digitale Abo-Modelle auch in ländlich geprägten Regionen funktionieren, was die Investitionsrisiken senkt. In keinem Fall sollten die Verlage also der Digitalisierung wie aus der Aussage einiger Delphi-Teilnehmers ersichtlich ist, abwartend-passiv oder gar ängstlich gegenüberstehen. Vielmehr ist evident, dass die von den Delphi-Teilnehmern in Tabelle 34 genannten Chancen der digitalen Szenarien auch praktisch eintreten.

Dies ermöglicht neue Werbe- vor allem aber Vertriebserlösformen bei niedrigen Grenzkosten – ebenso wie Zusatzgeschäft mit Hardware, einen schnelleren Marktresponse mit den Kunden.

Der Druck, der auf Verlagen lastet, heißt: Sie dürfen angesichts der schwindenden Eintrittsbarrieren für neue Anbieter nicht den Anschluss verlieren. Zudem müssen sie die durch die (konsensual angenommene) Fortsetzung der Fragmentierung der Nutzerschaften enstehenden Reichweitenverluste durch neue gestaffelte Angebote auffangen. Diese wiederum müssen kanal-, medien- und adressatenadäquat gestaltet sein, was „neue Anforderungen an das Publizieren“ stellt, wie ein Delphi-Teilnehmer analysiert.

An die Führungsprozesse in Medienunternehmen stellt die Medienkonvergenz hohe Anforderungen: So nannten die Befragten auch die „potenziell zu hohe Diversifikation“ und eine „Überlastung der eigenen Organisation“ als mit den Szenarien 1 und 2 verbundene Risiken für ihre Unternehmen. Und in der Tat bestätigen sich die von Kolo beschriebenen Konflikte der beidhändigen Organisation (ders. 2013, 202f.) an strategischen Wendepunkten in den Aussagen der Delphi-Teilnehmer. Die „fehlende Personalkompetenz“ in der bestehenden Organisation stellt dabei ein zentrales Problem dar, auf die es keine allgemeingültige Antwort gibt. Ein befragter Delphi-Teilnehmer in einem Verlagskonzern stellte dar, dass Innovationsprozesse in seinem Hause erfolgreich von kleineren Teams vorangetrieben würden.

Wie einleitend dargestellt soll diese Arbeit Verlage dazu ermutigen, ihre Zukunft aktiv zu gestalten, was innerhalb eines gewissen begrenzten Zeitfensters und gewisser Grenzen möglich ist, wenn strategische Handlungsspielräume wahrgenommen werden. Die Ergebnisse könnten also als konkrete Entscheidungshilfe dienen; zu verstehen als eine Art Kompass, der der in der Einleitung beschriebenen verirrten Karawane mögliche Wege durch den Sandsturm der Digitalisierung zeigt. Bei aller Unklarheit und allen Unwägbarkeiten in Bezug auf die Zukunft der Regionalzeitung, können an dieser Stelle einige entscheidende Wendepunkte und kritische Weggabelungen ausgemacht werden.

Viel wäre gewonnen, wenn die Verlage ihr Handeln auf die Ursachen der wesentlichen Problemkomplexe hin orientierten. Diese lassen sich als zentrale Ansatzpunkte ansehen, denn sie bergen das Potenzial der Korrektur und der Wiedererlangung einer Position aktiven Gestaltens. Im Folgenden sind die Herausforderungen zusammengefasst, und – gleichsam als Antwort auf diese – zehn strategischen Aufgaben für Verlage formuliert. Diese Handlungsanregungen sind einzeln betrachtet sicher eher evolutionär als revolutionär. In ihrer Gesamtsumme sollten sie indes nicht unterschätzt werden: Sie würden sich massiv auf die Bedingungen der regionalen Zeitungsproduktion und das Produkt regionale Zeitung auswirken.

1. Leser- bzw. Nutzermarkt fokussieren

Das Wissen um Nutzungsweisen, Präferenzen und Lebensstile der eigenen Rezipienten (Kunden) bietet den Verlagen die Möglichkeit zum Zusatzgeschäft durch Up- und vor allem Cross-Selling, zur Stärkung der bestehenden Kundenbeziehungen und zur Gewinnung von Neukunden. Der Erfolg im Lesermarkt ist der Ursprung des unternehmerischen Erfolgs im Printgeschäft, zumal die Leser der gedruckten Zeitung wie in Kapitel 5.3 beschrieben homogener werden. In diesem Punkt können Verlage viel von Fachmedien und deren expliziter Communityorientierung lernen. Insgesamt jedoch werden die Nutzungsinteressen heterogener.

In digitalen Umgebungen ist die Erhebung von Vertriebsentgelten möglich (Paid Content). Ihre Größenordnungen bleiben vor dem Hintergrund niederiger Konversionsraten jedoch unsicher. Je nach Produkt

(Print, Online), Zielgruppe und Kanal (auch Bewegtbild) wird es unterschiedliche „Erlösmixe" geben müssen. Nicht für alle Zeitungsangebote erscheint Paid Content dabei opportun und zielführend – etwa für Facebook-Fanpages scheint eine Bezahlschranke verfehlt zu sein. Für den ökonomisch-publizistischen Erfolg von Zeitungsprodukten lässt sich als Ergebnis der Untersuchung jedoch zunehmend ein Primat des Lesermarktes feststellen, der deutlich über die normative Kraft des Faktischen – sprich den immer wichtiger werdenden relativen Anteil der Lesermarkt- an den Gesamterlösen des Verlags – hinausreicht und sich in der Gesamtstrategie der Verlage niederschlagen muss.

Daraus ergeben sich ganz konkrete Aufgaben für den Vertrieb des Verlags: Das Kundenwissen und das auf differenzierte Kundeninteressen (und deren Voraussetzungen) abgestimmte Produktportfolio weit jenseits reiner Informationsprodukte werden ein Schlüssel zum Markterfolg für Verlage sein. Zugleich bildet das Wissensmanagement einen Flaschenhals. So bedarf es der möglichst detaillierten Information über die einzelnen Kunden und ihrer Clusterung in Gruppen – ebenso wie einer nachhaltigen Lesermarktforschung. Auch bedarf es der strukturierten und systematischen Auswertung der einzelnen Informationsflüsse in jede Richtung. Die Informationen, die der Kunde in Richtung Verlag (Lesermarkt) schickt, müssen ebenso detailliert ausgewertet werden wie die Informationsströme, die in Richtung Redaktion fließen. Das Kunden-Involvement, also die zunehmende Einbindung des Kunden in die Produktion einerseits (User Generated Content, aber auch Online-To-Print-Produkte im Anzeigenmarkt) und in die Rezeption von Information über die unterschiedlichen Kanäle andererseits, bildet einen Grundpfeiler der erfolgreichen Marktpositionierung und Marktbearbeitung und wird dabei helfen, Bezahlschranken einzuführen (vgl. Oestreicher-Singer/Zalmanson 2013, 591). Dies sollte auch zum Effizienzgewinn im Bereich des Kundenzugangs führen. Teure und zunehmend ineffektive Vertriebskanäle wie z.B. der Einzelverkauf Print am Kiosk könnten dabei an Bedeutung verlieren. Die steigenden Vertriebserlöse erhöhen zugleich die Hürden für die Neukundenansprache der Verlage.

Diese müssen ihre Angebote daher deutlich mehr als bisher staffeln. Dabei sollte es ihnen auf Basis des oben geschilderten Kundenwissens gelingen, ihre Produkte in neuer Weise zu arrangieren (Rebundling), um über unterschiedliche Kanäle unterschiedliche Publika bzw. Zielgruppen zu erreichen und so insgesamt den kompletten regionalen Markt abzudecken. Insgesamt erhöht die Lesermarktorientierung indes auch klar die

Anforderungen an die Produktdifferenzierung, wie Rothmann zurecht argumentiert (Ders. 2013b, 21). Dabei gelten auch die Punkte 3 bis 5 sowie 7 und 8. Unmittelbar führt dies jedoch zu Punkt 2. Viele Verlage arbeiten an umfassenden Kundenmanagementsystemen. Beim zielgruppenaffinen Agieren in Communities können Tageszeitungsverlage sowohl in Redaktion als auch im Verlag viel von Fachmedien lernen, die den Austausch mit unterschiedlichen Zielgruppen gewohnt sind.

2. Produkte redualisieren und repluralisieren: neue Märkte erschließen

Werbeerlöse bleiben in der Medienkonvergenz wichtig, wenn auch der Fokussierung des Leser- bzw. Nutzermarktes strategisch und nicht nur de facto nach Erlösgewicht nachgeordnet (vgl. dazu die Ausführungen in den Kapiteln 5.2.2 und 5.3). Verlage stehen vor der Aufgabe, ihre Produkte zu redualisieren. Darunter ist zu verstehen, dass sich in der zielgruppen-, kanal- und angebotsspezifischen Vermarktung von Medialeistungen bedeutende Potenziale verbergen. Bisweilen kann es sich um mehrere Erlösquellen handeln, zu denen auch Erlöse jenseits von Vertrieb und Werbung bzw. Anzeigen zählen könnwerden. Der konkret erfolgreiche Finanzierungsmix ist als rein technische Frage zunächst unerheblich, stellt aber Anforderungen an die Innovationsfreude der Unternehmen – und führt in dieser Weise zu Punkt 3.

Noch immer haben Verlage die Dehnbarkeiten bzw. Möglichkeiten ihrer Marken auf spezielle Dienstleistungen nicht ausgeschöpft. Dabei ist das Qualitätsbewusstsein (vgl. Punkt 5) von größter Bedeutung. Wichtig ist hier ein Neudenken der Intermediärsrelationen, das die Rolle des reinen Contentlieferanten überwindet. Dies gilt umso mehr, da in der Medienkonvergenz einfache Wertschöpfungsmuster („Commodity") immer mehr an Wert verlieren. Der Trend geht hin zu komplexeren und spezifischeren Formen der Werterzeugung. Diese können sich als Leistungsbündel auf beiden Marktseiten manifestieren und neue Aboformen und auch Anzeigenverkäufe beinhalten, wie mehrere Delphi-Teilnehmer glauben (vgl. zum allgemeinen Hintergrund auch die Kapitel 2.1.1, 3.4.1 und 3.4.2 sowie zu den individuellen Ausformungen insbesondere Kapitel 5.5 und 5.6). So bietet der Werbemarkt den Verlagen unter Beachtung des Primats des Lesermarktes weiterhin große Potenziale, wenn sie ihre crossmedialen und redaktionellen Mediendienstleistungen in neuartigen Produkten (Medienbündeln) zusammenfassen. Die Anzeigenabteilungen selbst sind dabei zunehmend umfassend auch als Kreativagentur gefordert, die Kundenwünsche individuell und crossmedial ausfüllt, wobei die unterschiedlichen redaktionellen Kompetenzen des Verlags genutzt werden. Dabei ist die Zeitung selbst nur noch ein möglicher Werbeträger, der neu interpretiert werden sollte.

3. Mut zur Innovation beweisen

Viel mehr Innovationsmut ist gefragt sowohl auf Verlagsseite als auch in der Redaktion: Innerhalb der sich dramatisch verschiebenden Nutzungsweisen und der zunehmend divergierenden Lebensstile besonders in großstädtischen Räumen ergeben sich neue Gelegenheiten für Verlage – und für Wettbewerber. Daraus ergibt sich eine klarer Handlungsimperativ für etablierte Unternehmen zur Produktinnovation (vgl. auch Kolo 2013, 204). Neue Nutzungsweisen werden durch Angebote und die vorhandene Infrastruktur bisweilen erst geschaffen – und bereiten den Boden für neue journalistische Angebote – ebenso auch für eine Weiterentwicklung des Journalismus. Einen Ansatzpunkt können die in Kapitel 5.7 entwickelten Szenarien liefern, die unterschiedliche regionale Entwicklungsgeschwindigkeiten berücksichtigen.

Projektaktivitäten mit Versuch und Irrtum werden unerlässlich sein im Bemühen, das Portfolio der Verlage zu verbreitern und den Medienmix ausgewogener und marktabdeckend zu gestalten. Verlage müssen ausreichend Managementkapazitäten sowie Mittel für Forschung und Entwicklung bereitstellen, selbst wenn sich der Aufwand nicht unmittelbar im Ertrag abbilden lässt. Dazu sind vor dem Hintergrund der entfachten Dynamik der Medienkonvergenz regelmäßige Überprüfungen des eigenen Produktportfolios sowie das Erlernen regelmäßiger Anpassungen der Geschäftsmodelle vonnöten (vgl. dazu auch Wirtz 2011, 294ff.). Mängel in Punkt 4 können einen erfolgskritischen limitierenden Faktor bilden.

4. Technologie beherrschen

Technologie und deren Beherrschung werden in der fortschreitenden Medienkonvergenz in steigendem Umfang zum Faktor der Werterzeugung. Anders formuliert: Die technologische Kompetenz wird in zunehmendem Maße zu einer Schlüsselkompetenz für digitale Geschäftsideen. Leerstellen in der technologischen Kompetenz blockieren die notwendige Ergänzung des Verlagsportfolios, verhindern im schlimmsten Fall Innovationschancen und erhöhen die Abhängigkeit von Dritten.

Dieser Punkt, dem die Annahmen über die Digitalisierungsintensität zugrunde liegen (dazu auch allgemein die Ausführungen zur Konfiguration der Wertschöpfung in Kapitel 3.4.1 und 3.4.2 sowie der Abschnitt der Untersuchung in Kapitel 5.2 und 5.7), erwies sich nach Auffassung der Delphi-Teilnehmer als unsicher. Doch handelt es sich vor dem Hintergrund der nötigen Weichenstellungen um eine kritische Größe, die sorgfältig zwischen Eigenmanagement und Auslagerung zu prüfen ist. In digitalen Umgebungen wird dieser Punkt immer wichtiger, was sich mit der zunehmenden Geschäftsverschiebung dorthin intensiviert. Flankiert werden muss diese Entwicklung von entsprechenden Anpassungen innerhalb der Organisation bzw. des Unternehmens (vgl. dazu die Punkte 8 und 9).

5. Qualitätsbewusstsein stärken

Das Qualitätsbewusstsein im gesamten Unternehmen ist über Kanäle, Produkte und Geschäftsfelder hinweg zu stärken und zu verankern. Es steht als Garant für die erfolgreiche Dehnung der Zeitungsmarke in neue Geschäftsbereiche hinein. Diese Herausforderung ist unter dem fortlaufenden Kosten- und Spardruck kaum zu überschätzen. Und doch ist sie von höchster Bedeutung, um die für viele als verstaubt geltenden Marken neu zu beleben.

Als Gebot der Zukunftssicherung gilt, dass das dem Markenversprechen immanente Vertrauen durch gute Angebotsqualitäten dauerhaft gerechtfertigt werden muss. Dies gilt umso mehr im Zusammenhang mit der Fokussierung auf den Nutzer- bzw. Lesermarkt (vgl. Punkt 1), mit Innovationswillen (vgl. Kapitel 6.3) und der Kostenkontrolle (vgl. Punkt 7). Es erscheint evident, dass die unternehmerische Implementierung eines „Geistes des Qualitätsbewusstseins" eine Managementaufgabe ist. Dafür liegen unterschiedliche Instrumente vor, auf die an dieser Stelle verwiesen werden kann (vgl. dazu etwa Haller 2003, 192; Rau 2007, 134). Die Angebotsqualität ist kanal- und produktspezifisch zu bestimmen und sollte den angestrebten Erlösmix beachten (vgl. dazu Kapitel 5.3.3). Unmittelbar schließt sich hier die Forderung nach entsprechender Qualifikation des Personals an (Punkt 8).

6. Personal qualifizieren

Die Qualität des Personals kann über Erfolg und Misserfolg entscheiden. Die Ressource Personal wird für die Unternehmen immer wichtiger (vgl.

Kapitel 5.5.1). Das Zeitungsgeschäft in einer wichtigen Übergangs- und Entwicklungsphase dürfte in den nächsten Jahren mehr und mehr zum „People's Business" werden, da verstärkt vernetzte, kreative und innovative Lösungen gefragt sein werden (vgl. Kolo 2013, 203). Dabei sind auch demographische Effekte des Arbeitsmarkts zu beachten. Im immer stärkeren Wettbewerb um Köpfe und Talente wird sich die Verlagsbranche behaupten müssen.

Die Tarifaushöhlung und Unterwanderung in den Verlagen sind dabei differenziert zu sehen. Jungen Menschen ist unter den aktuellen Gegebenheiten kaum zu raten, die Verlagsbranche als Arbeitgeber zu wählen. Ohne an dieser Stelle in Details gehen zu können, ist festzustellen: Es tut sich in Verlagen die Verteilungsgerechtigkeit zwischen den Mitarbeitergenerationen als großes Konfliktfeld auf. Die Wahrnehmung, dass vor allem die jüngeren Arbeitnehmer (z.B. durch unsichere Arbeitsverhältnisse) die Last der Umwälzung tragen, während die älteren von großzügigen betrieblichen und tariflichen Regelungen profitieren, sorgt für Unzufriedenheit in der Belegschaft und dafür, dass Talentierte die Branche verlassen oder diese – auch wegen der Unsicherheit, verstärkt durch die verbreitete Larmoyanz der Branche – gar nicht für sich in Erwägung ziehen. Zwar gilt, dass der Journalismus ein Begabungsberuf ist und sich daher nicht mit anderen Berufen, etwa mit denen der Finanzbranche, messen muss bzw. sollte. Er darf aber andererseits nicht zu einem Beruf werden, in dem die Mitarbeiter in unsichere und teilweise sogar prekäre Lebensverhältnisse gezwungen werden.

Insgesamt ist anzunehmen, dass die Gehaltsentwicklung in den kommenden Jahren deutlich selektiver verlaufen wird als bisher. Damit dürfte sie dem allgemeinen Kostentrend entsprechen. Während der Druck auf die Gehälter unspezifischer Redakteure und Mitarbeiter weiter zunehmen dürfte, sollten die Gehälter von bekannten Journalisten sowie Spezialisten (etwa Channelmanager und Programmierer für Neue Medien) eher steigen.

7. Kosten kontrollieren

Verlage müssen (weiterhin) Kostendisziplin üben. Die bisherigen Maßnahmen zur Kostenreduktion bzw. die diesbezüglichen Planungen der Verlage wurden in den Kapitel 5.1 und 5.4.1 bereits beschrieben. Es ist noch unklar, mit welchen Umsatzniveaus (Bottom Line) die Verlagsbranche langfristig planen kann. Ebenso offen ist, wie sich die Kostenstrukturen entwickeln werden. Auf den ersten Blick werden die Kostenverhältnisse für die Printproduktion durch die geringere Auslastung der vorhandenen Anlagen ungünstiger. Indes bietet die Konvergenz auch hier langfristig erhebliche Chancen zur Kostendegression.

Gezielte Investitionen in strategischen Bereichen sind gleichwohl unbedingt erforderlich, etwa um den Leser- bzw. Nutzermarkt stärker zu fokussieren (vgl. Punkt 1), neue Märke zu erschließen bzw. neue Kunden zu gewinnen (vgl. Punkt 2), die technologische Entwicklung voranzutreiben (vgl. Punkt 4), das Personal zu qualifizieren (vgl. Punkt 6) und die Organisation umzustrukturieren und neu zu verzahnen, wodurch Synergien gehoben werden (vgl. Punkt 8). Dies ist einerseits durch vermehrte digitale Produktion, andererseits durch sinkende Fixkosten und höhere variable Kosten (atmende Organisation) infolge von Ausgliederung möglich.

8. Die Organisation neu verzahnen

Die Zeiten der „Chinesischen Mauern" innerhalb von Verlagen sind vorbei, zumal auch die Unternehmensgrenzen sich selbst schrittweise auflösen bzw. aufgeweicht werden. Verlage könnten zunehmend in unternehmens- und zum Teil vielleicht sogar industrieübergreifende Wertschöpfungs-strukturen bzw. Wertschöpfungsnetzwerke und Kooperationen eintreten (zum Wertnetz der Zeitung vgl. Kapitel 3.4.1, zu den Planungen der Verlage vgl. Kapitel 5.4). So haben sie die Möglichkeit, ihre Potenziale optimal zu nutzen und sich auf ihre Kernkompetenzen zu konzentrieren (vgl. dazu Punkt 9).

Für den Verlag bedeutet das, dass sich alle Verlagsabteilungen einschließlich der Redaktion zu gemeinsamen, übergreifenden Unternehmenszielen verpflichten müssen. Dabei kommt der Stärkung des Qualitätsbewusstseins (vgl. Punkt 5) und der Qualifizierung der Mitarbeiter (vgl. Punkt 6) hohe Bedeutung zu. Der grundsätzliche Interessenskonflikt zwischen Rendite- und Geltungsoptimierung sollte sich im Dienste der gemeinsamen Sache, also der in Punkt 1 dargestellten Nutzerorientierung (und der darin immanenten Erfolgssicherung für das Unternehmen), auflösen lassen (vgl. dazu auch Haller 2003, 186). Kundeninformationen müssen dezentral erhoben, in einem professionellen Customer Relationship Management (CRM)-System aggregiert, zentral gespeichert sowie zugänglich gemacht werden. Dabei sind insbesondere koordinierte Anstrengungen zwischen Lesermarkt bzw. Vertrieb und Redaktion notwendig. Zudem sind die strengen Datenschutzregeln zu beachten – auch wenn sie an einigen Stellen limitierend wirken mögen.

9. Auf Kernkompetenzen konzentrieren – Netzwerke bilden

An die Neuverzahnung der Organisation anknüpfend ist Verlagen zu raten, sich auf ihre Kernkompetenzen im lokalen Markt zu beschränken und dabei auch eine geringere betriebliche Leistungstiefe ins Visier zu nehmen (vgl. dazu auch Kapitel 5.2.1). Hierzu zählen die Fragen, welche Leistungen und Aktivitäten der Verlag langfristig selbst vorhalten sollte bzw. wie printbezogen die Unternehmensorganisation noch bleiben sollte. Im Zuge der möglichen Funktions- und Angebotsdifferenzierung von Zeitungen ergeben sich hier mutmaßlich Spielräume, die von Verlagen unterschiedlicher Größe unterschiedlich gefüllt werden können.

Die Einbindung des Unternehmens erfolgt in zunehmend fluide Organisationsstrukturen, die die Unternehmensgrenzen überschreiten (vgl. Kolo 2013, 193). Verlage müssen für sich entscheiden, welche Leistungstiefe in Zukunft noch sinnvoll ist – etwa ob es ökonomisch ratsam ist, eine eigene Druckerei zu betreiben anstatt diese Leistung durch Outsourcing ins Netzwerk zu verlagern. Bei der Beschränkung auf einige zentrale Knoten – etwa auf Vertrieb, Redaktion und Bündelung – gilt, dass Verlage diese im Sinne einer voll umfassenden Kontrolle der Knoten beherrschen müssen.

Dies bedeutet für kleinere Unternehmen ganz praktisch die Möglichkeit der stärkeren Einbindung in andere Wertschöpfungssysteme, ohne die eigene Unabhängigkeit aufgeben zu müssen. Größere Verlage können diesen Prozess möglicherweise im eigenen Haus abbilden und entsprechende Leistungen zentralisieren. Langfristig sind besonders Druckdienstleistungen, je nach Haushaltsdurchdringung möglicherweise auch Zustelldienstleistungen, verzichtbar. Dies gilt vor dem Hintergrund der noch ausstehenden Funktionsdifferenzierung innerhalb des entstehenden Produktportfolios. Vorteile haben in jedem Fall die innovationsfreudigeren Unternehmen, die im Stande sind, Entscheidungen rasch umzusetzen. Zugleich reißen Lücken auf, die neue Wettbewerber nutzen werden.

Daraus lässt sich an dieser Stelle unter Vorbehalt die Vermutung formulieren, dass die Erkenntnisse von Witte/Senn (vgl. dies. 1984, 15) Bestand haben könnten, wonach kleinere und mittlere Verlage auch in der Medienkonvergenz nicht notwendigerweise strukturelle Nachteile gegenüber integrierten Konzernen erleiden, sofern diese aktiv an ihrer Einbettung in Netzwerke arbeiten. Die aus der mangelnden Größe resultierenden Kostennachteile kommen vor allem in der kritischen Zeit der Transformation zum Tragen, in der der bestehende Apparat für Print finanziert und zugleich in die Zukunft investiert werden muss. Darauf beziehen sich auch die einleitend angesprochenen Neufassungen des Kartellrechts. In der weiter fortschreitenden Konvergenz – dies indes betrachtet einen Zeitraum eher bis 2020 als bis 2015 – dürften die klassischen Strukturen an Bedeutung verlieren, wenn es den Unternehmen gelingt, neuartige Wertschöpfungslösungen zu finden. Bei allem Genannten gilt jedoch, dass Verlage ihr Printgeschäft pflegen und gleichzeitig Neugeschäft akquirieren müssen (vgl. dazu Punkt 10).

10. Printgeschäft pflegen – Neugeschäft akquirieren

Verlage müssen das Printgeschäft im Auge behalten und pflegen, auch wenn das Portfolio vor allem im nicht mehr gedruckten Bereich wachsen soll. Dies entspricht den Anforderungen“ an die Beidhändigkeit von Organisationen in kritischen Übergangszeiten (Kolo 2013, 203f.). Hier knüpft die Arbeit an die weiterführenden Überlegungen zum Zeitungsbegriff an, der alle technischen Möglichkeiten wie Bewegtbild und digitale Angebote explizit miteinschließt (vgl. dazu Kapitel 2.4). Dieser Zeitungsbegriff ist nur institutionell zu bestimmen und bedeutet einen Zugewinn an Möglichkeiten. Dennoch ist der Kanal Print nicht zu unterschätzen. Vor dem Hintergrund der stark printhabituierten Zielgruppe 50+ wird „redualisiertes“ Gedrucktes weiterhin wichtig bleiben. Hier schöpfen die Verlage die leser- und werbemarktbezogenen Möglichkeiten des Produkts noch nicht aus. Dazu rechnet insbesondere eine funktionale Differenzierung der einzelnen Medienkanäle im Sinne eines Medienportfolios, das den Verlag etwas unabhängiger von einem einzigen Standbein macht. Die Inhalte der gedruckten Regionalzeitung sind in diesem Zusammenhang auf den Prüfstand zu stellen. So ist es eventuell obsolet, dass die (gedruckte) Zeitung Informationen liefert, die vor allem von unmittelbarster Aktualität im Sinne Otto Groths (vgl. Kapitel 2.4) leben. Ein Beispiel wären hier Sportresultate, die die Leser bereits am Vorabend des Erscheinens der Zeitung kennen. Auch Informationen, die sich an sehr ausgewählte Zielgruppen wenden – ein Beispiel aus dem sportlichen Bereich wären Ereignisse in Nischensportarten oder im Lokalsport –, könnten als Special-Interest besser in einem Bereich aufgehoben sein, der (zahlenden) Exklusivabonnenten vorbehalten ist.

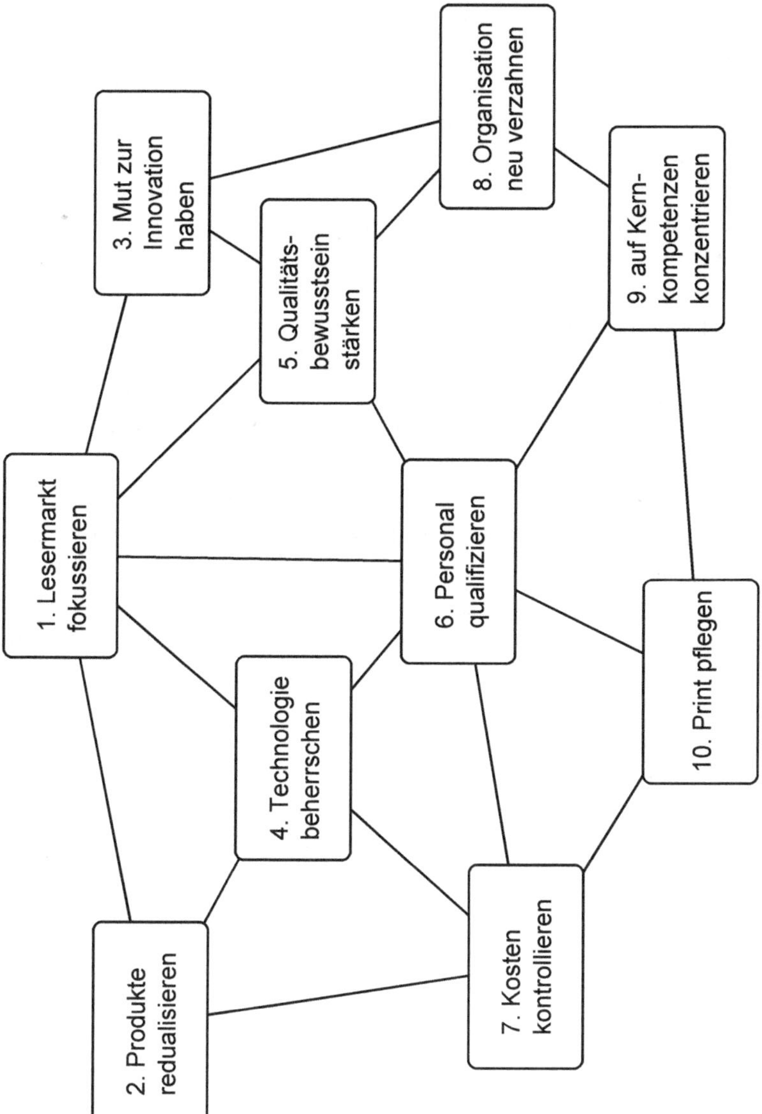

Abbildung 17: Zehn strategische Herausforderungen für Verlage in der Medienkonvergenz

Sofern sich der Verlag auf seine Nutzer fokussiert, neue Märkte erschließt, zu Innovationen bereit ist (vgl. die Punkte 1 bis 3) und gleichzeitig das Qualitätsbewusstsein stärkt (vgl. Punkt 5), könnte die Zeitung somit eine neue Blüte erleben. In einer neuen Funktionszuweisung der Zeitung könnte Print zunehmend zum Ort für ausgeruhte, gut geschriebene Geschichten werden: für Nachdenkliches und Grundsätzliches, aber auch für Leichtes, Seichtes und Visuelles – im Gegensatz zur schnellen und hektischen Informationsvernetzung online. Das alles wäre die konvergente Zeitung, die sich über ihre Zielgruppen und Communities definiert statt über die Kanäle.

Dann ergeben sich auch Spielräume für Druck-Kooperationen. Das kann selbstverständlich bedeuten, dass sich Verlage entscheiden, auch weiterhin das Druckgeschäft selbst zu betreiben – wahrscheinlich in noch stärkerem Maße auch als Dienstleister für Dritte. Auf eher längere Sicht als 2015 erscheint, wie Teilnehmer 3 anmerkte, auch der Wechsel auf einen dezentralen Digitaldruck möglich, falls sich dieser weiterhin so rasant entwickeln sollte wie bislang.

Ähnliches lässt sich für die Zeitungslogistik und insbesondere das Zustellnetz der Verlage sagen. Derzeit sorgt das Briefgeschäft für eine bessere Auslastung und niedrigere Durchschnittskosten in diesem Bereich. Zugleich lässt sich dadurch der Angriff der Deutschen Post DHL AG auf das lokale Prospektgeschäft (*Einkauf Aktuell*) und Geschäftsanzeigen durch Direktmarketing parieren. Zu den lokalen Kunden haben die Verlage vor Ort mutmaßlich den besseren Zugang.

Dies alles reicht jedoch nicht aus, um die strukturelle Schrumpfung aufzuhalten. Über das mediale und zeitungsähnliche Geschäft hinaus müssen Verlage neue Geschäftsfelder entwickeln, die sich aus ihrer regionalen Marktstellung und ihren Kernkompetenzen ableiten lassen. Diese müssen für neue Umsätze in Geschäftsfeldern sorgen, die sich der Pfadabhängigkeit der insgesamt sinkenden Medienerlöse entziehen und neue Erlöse generieren (Kolo 2013, 208). Dazu ist der Einbezug branchenfremden Wissens bzw. der Erwerb von Fachkräften aus anderen Industrien ratsam.

6.3 Überlegungen zur Umsetzung

In vielen Verlagen fehlt eine konsistente Gesamtstrategie, die die durch die Vertriebspreise induzierten höheren Einstiegshürden zu ihren Produktangeboten für Neuleser sinnvoll in Beziehung setzt. An dieser Stelle sei vielen Verlagen nochmals zur Entwicklung einer leserspezifischen, d.h. im Angebot und Preis differenzierten Produktpalette geraten – deutlich über das bestehende Portfolio hinaus. Dabei ist deutlich, dass die neuen Leser und Nutzer vor allem über digital anspricht.

Zunächst sollten Verlage ihr Selbstverständnis prüfen. Bislang rechnen die Unternehmen Information, Dienstleistungen und Logistik zu ihren Kernkompetenzen. Gespalten in zwei Lager war das Delphi-Panel in der Frage, ob die Unternehmen zukünftig neue Kernkompetenzen erlangen müssten (vgl. dazu Kapitel 5.2). Dies lässt zwei Interpretationen zu: Entweder müssen Verlage Wege finden, bestehende Kernkompetenzen auf neue, aussichtsreiche Geschäftsfelder zu übertragen[46], oder die eigenen Kernkompetenzen werden als unzureichend für die eigene Zukunftssicherung angesehen. Ausgehend von der Antwort auf diese Frage müssen die Verlage ihr eigenes Portfolio auf seine Vollständigkeit insbesondere in Bezug auf die Multimedialität (Print, Bewegtbild, Audio- und Online-Angebote, stationäre und mobile Formate) überprüfen vor dem Hintergrund der angenommenen Konvergenzdynamik.

Im Rahmen der Vervielfachung der Ausspielkanäle gewinnt das Portfoliomanagement an Bedeutung (vgl. dazu auch Kapitel 3.3.3.4 und 3.3.3.5). Als nützliches Analyseinstrument bietet sich beispielsweise die Portfolioanalyse an, wie sie Achtenhagen und Picard vorschlagen (vgl. dies. 2005, 42). Verlage müssen sich fragen, welche Angebote sie welchen Nutzer- und Kundengruppen machen wollen: Richten sie sich an die breite Masse – im Sinne der Gesamt- oder Restabdeckung des etwa von der Tageszeitung offen gelassenen Marktes – oder wollen sie unabhängig davon Nischen bzw. kleiner Zielgruppen ansprechen? Werden Geschäftskunden wie Unternehmen und Institutionen oder eher die Endkunden angesprochen? Dabei sind Interessen, Vorlieben, Tagesabläufe, Nutzungsmodi, Preis- und Bindungsbereitschaften zu beachten. Dies erfordert auch differenzierte empirische Kenntnisse der Rezeptionsmodi und ihrer Stellhebel (vgl. Haller 2013).

46 Ein Industrieunternehmen, das vormacht wie dies gelingen kann, ist das ehemalige Fotounternehmen Fujifilm. Das Unternehmen nutzte seine Kompetenzen und sein Wissen über chemische Vorgänge, die Nanotechnologie und Kollagen zum Einstieg in neue Geschäftsfelder wie Pharma und Kosmetik. Um im Innovationswettbewerb zu bestehen, investiert Fujifilm jährlich mindestens sechs Prozent der Umsätze in seine Forschung (vgl. Finsterbusch 2012).

Beim Blick auf ihre Portfoliozusammensetzungen dürften viele Zeitungsmanager zum Schluss kommen, dass sie (noch) deutliche Leerstellen aufweisen. So klaffen neben dem analogen Hauptprodukt Zeitung sowie seiner digitalen 1:1-Übertragungen in ein E-Paper-Pdf bei vielen Häusern noch Lücken, die sie durch geschickte und kreative Lösungen befüllen könnten – vor allem im Hinblick auf Nischenprodukte. Bedeutende Leerstellen beziehen sich etwa auf die Erschließung multimedialer Produktangebote für die Freizeitgestaltung (vgl. Kapitel 5.3.7), aber auch auf die Neubündelung von Informationsangeboten. Es ist geboten, das Produktportfolio angemessen zu erweitern, um der Vereinzelung und Vervielfältigung der Lebensweisen in der gesättigten Gesellschaft Rechnung zu tragen. Diese gehen mit einer sinkenden Gesamtabdeckung der Bevölkerung durch die Zeitung einher. Daher ist es auch wichtig, weitere Zugangskanäle zur Zeitung zu schaffen. Für Bestandskunden sowie die bereits habitualisierten Nutzer besteht außerdem die Möglichkeit der Festigung und Ausweitung der Kundenbeziehung. Insbesondere die starke psychologische Bindung der habituierten Nutzer kann dabei als Basis dienen. Ein modernisierter, innovativer Produktmix ist unerlässlich. Jeder Verlag sollte für sich seine Stärken und Schwächen bei unterschiedlichen Ziel- und Kundengruppen analysieren, beispielsweise mit Hilfe einer SWOT-Analyse[47].

6.4 Einordnung in die Forschung

Die in den grundlegenden Kapiteln dieser Arbeit systematisierten Erkenntnisse zum Phänomen der Medienkonvergenz können in den wissenschaftlichen Diskurs einbezogen werden. Die im empirischen Teil gewonnenen Erkenntnisse sind zunächst zur Anwendung in Verlagen geeignet und können dort zur Strukturierung des Diskussionsprozesses bzw. zur strategischen Planung dienen. Des Weiteren dienen sie als Fallstudie und können dereinst als in die Tiefe gehende Beschreibung der Problemkonstellationen herangezogen werden.

Wenn man die in dieser Arbeit gewonnenen Ergebnisse in den Wissensbestand der bisherigen Konvergenzforschung einordnet, ist zunächst in Erinnerung zu rufen, dass es sich um eine Querschnittsarbeit handelt,

47 Zum Begriff: http://wirtschaftslexikon.gabler.de/Definition/swot-analyse.html, Abruf am 8. Mai 2013.

und zwar in dem Sinne, dass diese im Begriff des Geschäftsmodells gleichsam das gesamte Unternehmen in den Blick nimmt und insbesondere dessen Interaktion mit dem Endkunden beschreibt. Dies erscheint konsistent, da mit dem Ziel der Analyse von Geschäftsmodellen völlig unterschiedliche Aspekte berührt werden, die von der Marktausrichtung über das Produktangebot und die Zahlungsströme bis zur Unternehmensorganisation reichen. Dabei wurde eine Fülle relevanter Einzelfragen beantwortet und systematisch wieder in den Gesamtzusammenhang eingeordnet.

Einordnung in internationale Trends

Beim Abgleich der Ergebnisse im internationalen Zusammenhang müssen auch die unterschiedlichen Rahmenbedingungen verglichen werden. So ist die Digitalisierungsgeschwindigkeit in Deutschland bislang geringer als in anderen Ländern wie etwa den USA, den Niederlanden, Frankreich und Skandinavien, wo Verlage wie Schibsted zum Teil schon mehr als ein Drittel ihrer Umsätze aus digitalen Quellen erzielen, etwa im Online-Rubrikenmarkt (vgl. Schibsted Media Group 2012). Zugleich unterscheiden sich die Zeitungskulturen, was den einfachen Transfer von Erkenntnissen verkompliziert. In Kapitel 1.4 wurde das mutmachende Beispiel der New York Times erwähnt, das aber auch Alleinstellungsmerkmale aufweist – etwa durch die vielleicht singuläre internationale Vermarktbarkeit der Marke. Ein Blick auf regionale Verlage im kulturell zumindest vergleichbaren österreichischen Markt zeigt, dass mutige, innovative Strategien Erfolge bringen können.

So haben die Verlage Styria und Russ Media (bis März 2012: Vorarlberger Medienhaus) bewiesen, dass gut geführte Zeitungshäuser auch in der Digitalisierung erfolgreich in als gesättigt zu bezeichnenden Märkten bestehen können. Reflexhaft wird dann auf die vermeintlichen Sonderbedingungen im Zeitungsland Österreich verwiesen, die den publizistischen Erfolg der in der Steiermark und in Kärnten erscheinenden *Kleinen Zeitung* erklären sollen und die nach den Zahlen der Österreichischen Auflagenkontrolle (ÖAK) nach wie vor steigenden Verkaufszahlen für die Printausgabe in den Jahren 2008 bis 2010 bzw. die steigenden Reichweiten insgesamt. Zudem exportierte der Verlag das Zeitungskonzept ebenso erfolgreich nach Slowenien und Kroatien. Die Vorarlberger hingegen schafften ihrerseits sehr früh die digitale Integration und Verschränkung ihres Medienportfolios und besetzten besonders schnell digitale Anzeigenmärkte. So betreiben sie in Deutschland etwa das Kleinanzeigenportal *quoka* oder die internationale Vermietungsplattform *erento.com* sowie *VM Digital* (vgl. Schaller 2012). Auch Russ Media ist mit Zeitungsbeteiligungen in Ungarn und Rumänien international in sich entwickelnden Märkten vertreten.

Die deutlichen Erfolge auch traditioneller Häuser zeigen, dass sowohl publizistischer als auch geschäftlicher Erfolg für aus dem klassischen Printgeschäft kommende Häuser in der Konvergenz möglich ist, und zwar sowohl im Stammgeschäft als auch in neuen Märkten. Dazu muss das Portfolio der Verlage sinnvoll um Produkte erweitert werden, mit denen sie erstens neue Zielgruppen erschließen und zweitens ihre Abhängigkeit vom klassisch verstandenen Zeitungsgeschäft verringern. Dazu allerdings benötigen sie Innovationskraft, kreative Köpfe, unternehmerisches Denken und unternehmerischen Mut. Für die neuen Geschäfte sind auch branchenfremde Fachkräfte vonnöten – zum einen wegen ihres Know-hows und zum anderen, weil sie die scheinbaren Gewissheiten der Branche leichter in Frage stellen können. Wie eingangs dargestellt erweist sich hier die Langlebigkeit des analogen Zeitungsgeschäfts als Wettbewerbsnachteil, da sie die Kraft zur Erneuerung der Branche vermindert hat und eingeübte Routinen zum Change-Management fehlen (vgl. Kolo 2013, Rothmann 2013 a).

Residual

An die vorliegende Studie ist eine Anschlussforschung denkbar und möglich. So wäre eine Erneuerung bzw. ein Update der Untersuchung mit den Teilnehmern in einem gebotenen zeitlichen Abstand (etwa: zwei bis drei Jahre) wünschenswert und machbar, um den andauernden Prozess der Medienkonvergenz und seine Auswirkungen weiter zu reflektieren.

Während sich diese Arbeit als Querschnittsuntersuchung versteht, was dem in dieser Weise gleichsam auf die Gesamtheit des Unternehmens bezogenen Begriff des Geschäftsmodells entspricht, ist dazu eine Fülle von einzelnen Analysen möglich. Diese beziehen sich auf ein Gesamtmarketingmodell der Zeitung im Sinne Raus (vgl. ders. 2007, 171-181), das unterschiedliche Aspekte abdeckt. Zudem ist die Mediennutzungsforschung gefragt.

Neue Aufgaben für die KMW und Journalistik

Sie kann etwa im Rahmen der Blickverlaufsforschung (Eye Tracking) Erkenntnisse zur Nutzung der Tageszeitung und weiterer Produkte sowie zur angebotsbezogenen Produktoptimierung liefern – dies im Sinne eines „What's fit to print?". Verlage müssen Konzepte zur funktionalen Differenzierung zwischen neuen kanalspezifischen Medienprodukten entwickeln. An dieser Stelle ist der Wissensbestand stets zu erneuern. Indes bleibt das Heft des Handelns bei den Anbietern von Inhalten, also bei den Verlagen, da viele Nutzungsweisen durch neue Angebote überhaupt erst geschaffen werden.

Die Rolle der Zeitung im Gesamtportfolio der Verlage in der Zukunft ist daher kaum zu überschätzen. Die Markenkraft der Zeitung ist die große Chance zum Neugeschäft für Verlage. Deren Stärkung liegt daher im unmittelbaren Interesse der Verlage.

An dieser Stelle ist dann die Journalismusforschung gefragt, die Verlage nicht von der akademischen Warte aus belehrend, sondern im Dialog mit diesen an die journalistische Komponente ihres Geschäftsmodells zu erinnern und gemeinsam praxisrelevante Lösungen zu erarbeiten. Die Zeichen, dass die Krise der Zeitungen auch mit einer Krise des handwerklichen Journalismus einhergehen, sind vielgestalt (vgl. Haller 2013).

Die nachlassende Deutungskraft der Massenmedien bedroht ihr Geschäftsmodell. Dies indes ist kein Thema für Regionalzeitungen, sondern für Journalismus überhaupt. Dieser steht im Zeitalter seiner eigenen Überprüfbarkeit etwa durch sogenannte „Watchblogs" (Neuberger 2009, 77) vor Herausforderungen. Er muss wichtig bleiben und seine Deutungskraft in der Welt von ubiquitären bzw. Commodity-Nachrichten behaupten. Insofern muss auf die adressatengerechte Weiterentwicklung des Journalismus ebenso viel Aufmerksamkeit verwendet werden wie auf die Neuentwicklung des Produktmixes. Genauer: Beide Prozesse müssen parallel gesteuert werden, wobei die Rolle der Journalismusforschung sich vornehmlich auf die konvergenzadäquate Aktualisierung des Journalismus beziehen sollte. Schließlich ist guter Journalismus nicht nur multimedial, analog oder digital, sondern vor allem relevant für seine Leser, wahrhaftig und wirklichkeitsbezogen – und dies ganz unabhängig vom endgültigen Ausgabekanal. So muss es dem Journalismus gelingen, seine Rolle im Prozess der öffentlichen Wirklichkeitskonstruktion zu behaupten, wenn nicht neu zu erkämpfen, wenn denn der doppelte Marktplatz Bestand haben soll. Die Chancen dazu stehen vielleicht besser, als viele derzeit annehmen. Schließlich bietet der professionell hergestellte Journalismus die Gewähr der unvoreingenommenen Berichterstattung im Sinne seiner Leser. Diese wissen genau das zu schätzen, sofern ihre Interessen denn tatsächlich bedient werden.

7 Literaturverzeichnis

Achtenhagen, Leona; Picard, Robert G. (2005): Der Portfolio-Ansatz in den Medienindustrien – ein strategisches Werkzeug mit unterschätztem Wert? In: Zeitschrift für Controlling und Management 2/2005, Seiten 42-48.

ACTA (2009 und 2010): Allensbacher Computer- und Technikanalyse. Digitales Dokument. Ressourcen zugänglich unter www.acta-online.de.

Akerlof, George A. (1970): The Market for "Lemons": Quality Uncertainty and the Market Mechanism. In: Quarterly Journal of Economics 84 (3), Seiten 488-500.

Altmeppen, Klaus-Dieter; Karmasin, Matthias (2006): Von Mägden und Mächten. Über Anwendungsfelder der Medienökonomie und die Beiträge dieses Bandes. In: Altmeppen, Klaus-Dieter; Karmasin, Matthias (Hg.): Medien und Ökonomie. Band 3: Anwendungsfelder der Medienökonomie. VS Verlag für Sozialwissenschaften, Wiesbaden. Seiten 7-18.

Altmeppen, Klaus-Dieter (2013): Cross-Media. In: Bentele, Günter; Brosius, Hans-Bernd; Jarren, Otfried (Hg.) (2013): Lexikon Kommunikations- und Medienwissenschaft. 2., überarbeitete und erweiterte Auflage. Springer VS, Wiesbaden, S. 46-47.

Altmeppen, Klaus-Dieter (2013): Zielgruppen. In: Bentele, Brosius, Jarren (Hg.): Lexikon Kommunikations- und Medienwissenschaft. 2., überarbeitete und erweiterte Auflage. Springer VS, Wiesbaden, Seiten 387/88.

Ammon, Ursula (2009): Delphi-Befragung. In: Kühl, Stefan; Strodtholz, Petra; Taffertshofer, Andreas (Hg.): Handbuch Methoden der Organisationsforschung. Quantitative und Qualitative Methoden. VS Verlag für Sozialwissenschaften, Wiesbaden. Seiten 458-476.

Appelgren, Ester (2004): Convergence and Divergence in Media: Different Perspectives. Tagungsvortrag gehalten auf der International Conference on Electronic Publishing in Brasilia, Juni 2004, S. 237-248. Abrufbar unter: http://creativegames.org.uk/modules/Media_and_Cultural_Theory/Appelgren_Convergence%20and%20Divergence%20in%20Media.pdf , Stand 25.03.2013.

Appelgren, Ester (2007): Media Convergence and digital news services. Dissertation. Abrufbar unter: http://kth.diva-portal.org/smash/record.jsf?pid=diva2:12773, Stand: 28.03.2013.

Arnold, Klaus; Neuberger, Christoph (Hg.) (2005): Alte Medien – Neue Medien. Theorieperspektiven, Medienprofile, Einsatzfelder. Festschrift für Jan Tonnemacher. VS Verlag für Sozialwissenschaften, Wiesbaden.

Axel Springer AG (Hg.) (2012): MediaPilot. Berliner Morgenpost WOCHENEND-EXTRA. Abrufbar unter: www.axelspringer-mediapilot.de/artikel/BERLINER-MORGENPOST-Berliner-Morgenpost-WOCHENEND-EXTRA_752242.html, Stand: 21.06.2012.

BDZV (Hg.) (2012): Pressemitteilung vom 16.03.2012: Studie: Zeitungsleser wollen kombiniertes Abonnement aus Print und App / Hohe Zahlungsbereitschaft belegt. Abrufbar unter: www.bdzv.de/aktuell/pressemitteilungen/artikel/detail/studie_zeitungsleser_wollen_kombiniertes_abonnement_aus_print_und_app_hohe_zahlungsbereitschaft_b/, Stand 19.03.2012.

Beck, Hanno (2005): Medienökonomie. Print, Fernsehen und Multimedia. Springer Verlag, Berlin/Heidelberg.

Becker, Ralph (2012): „Content ist und bleibt das Wichtigste, auch in der crossmedialen Welt!" In: MedienWirtschaft 1/2012, Seiten 38-40.

Berger, Benedikt; Hess, Thomas (2013): Das Paid Content-Problem. In: Medienwirtschaft 3/2013, S. 54-58.

Beth, Hanno; Pross, Harry (1976): Einführung in die Kommunikationswissenschaft. Kohlhammer, Stuttgart.

Blöbaum, Bernd (2008): Die hybride Disziplin. Das Spannungsfeld der Theorie-Praxis-Integration in der Journalistik. In: Pörksen, Bernhard; Loose, Wiebke; Scholl, Armin: Paradoxien des Journalismus. Theorie, Empirie, Praxis. Festschrift für Siegfried Weischenberg. VS Verlag für Sozialwissenschaften, Wiesbaden. Seiten 649-662.

Boltze, Alexander; Rau, Harald (2012): Das Ende der Zielgruppe! Herausforderungen für das Management für Unterhaltungsmedien. In: Müller-Lietzkow, Jörg (Hg.): Ökonomie, Qualität und Management von Unterhaltungsmedien. Nomos, Baden-Baden. Seiten 61-81.

Bonfadelli, Heinz; Jarren, Otfried; Siegert, Gabriele (2005) (Hg.): Einführung in die Publizistikwissenschaft. 2. Auflage, UTB, Berne.

Bourdieu, Pierre (1989): Die feinen Unterschiede. Kritik der gesellschaftlichen Urteilskraft. 3. Auflage. Suhrkamp, Frankfurt am Main.

Bradfield, Ron et al. (2005): The origins and evolution of Scenario techniques in long range business planning. In: Futures 37, Seiten 795-812.

Breyer-Mayländer, Thomas (2010): Paradigmenwechsel: Vertrieb überholt Werbung. In: BDZV (Hg.): Zeitungen 2010/11., ZV ZeitungsVerlag Service GmbH, Berlin. Seiten 266-273.

Broß, Peter; Garbers, Axel (2006): Digitale Konvergenz und Handlungskonsequenzen. In: Klumpp, Dieter et al. (Hg.): Medien, Ordnung und Innovation. Springer Verlag, Berlin. Seiten 77-93.

Brosius, Hans-Bernd; Haas, Alexander (2006): Das Prinzip der relativen Konstanz: Unter welchen Bedingungen steigt das Medienbudget deutscher Haushalte? In: Hess, Thomas; Doeblin, Stefan (Hg.): Turbulenzen in der Telekommunikations- und Medienindustrie: Neue Geschäfts- und Erlösmodelle. Springer Verlag, Heidelberg. Seiten 125-139.

Brosius, Hans-Bernd (2012): „Mediennutzung U20: Eher anders als ähnlich." In: MedienWirtschaft 1/2012, Seiten 33-35.

Bruhn Jensen, Klaus (2009): Media Convergence. The three degrees of network, mass and interpersonal communication. Routledge, London, New York.

Bucher, Hans-Jürgen; Gloning, Thomas; Lehnen, Kathrin (2010): Medienformate: Ausdifferenzierung und Konvergenz – zum Zusammenhang von Medienwandel und Formatwandel. In: Bucher, Hans-Jürgen; Gloning, Thomas; Lehnen, Kathrin (Hg.): Neue Medien – neue Formate. Ausdifferenzierung und Konvergenz in der Medienkommunikation. Campus, Frankfurt am Main. Seiten 9-40.

Bücher, Karl (1926): Gesammelte Aufsätze zur Zeitungskunde. Verlag der Laupp'schen Buchhandlung, Tübingen.

Bünder, Helmut (2014): Alte Gespenster in der Medienpolitik. Interview mit dem Präsidenten des Bundeskartellamts Andreas Mundt. In: Frankfurter Allgemeine Zeitung vom 06.02.2014

Burkart, Roland (2002): Kommunikationswissenschaft. Grundlagen und Problemfelder. Umrisse einer interdisziplinären Sozialwissenschaft. 4. überarbeitete und aktualisierte Auflage. Böhlau UTB, Wien.

Center for the Digital Future (2012): Special Report: America at the Digital Turning Point. = Publikation der USC Annenberg School for Communication & Journalism. Los Angeles. Abrufbar unter: www.digitalcenter.org, Stand 10.06.2012.

Dallago, Bruno (Hg.) (1992): Convergence and system change. The convergence hypothesis in the light of transition in Eastern Europe. Aldershot, Dartmouth.

Delgado Gomez, Sofia (2007): Konvergenz der Medien unter besonderer Berücksichtigung neuer Sendeformate im Fernsehen. o.O.

Deloitte (2009): Voll im Bild? Steuerung von Medienunternehmen im digitalen Zeitalter. Online-Dokument. Abrufbar unter: www.deloitte.com, Stand: 28.09.2011.

De Saussure, Ferdinand (1967): Grundfragen der allgemeinen Sprachwissenschaft. Berlin, De Gruyter.

Dewenter, Ralf; Kaiser, Ulrich (2006): Horizontale Fusionen auf zweiseitigen Märkten am Beispiel von Printmedien. In: Perspektiven der Wirtschaftspolitik 7 (3), Seiten 335-353.

Devaney, Tim (2012): Investor Buffett to 'rule' 63 newspapers. In: www.washingtontimes.com/news/2012/may/17/investor-buffett-to-rule-63-newspapers, Stand: 02.06.2012.

Dewenter, Ralf; Haucap, Justus (2008): Wettbewerb als Aufgabe und Problem auf Medienmärkten: Fallstudien aus Sicht der „Theorie zweiseitiger Märkte". Diskussionspapier. Online-Dokument. Abrufbar unter: www.econstor.eu, Stand: 21.04.2011.

Dönitz, Ewa J. (2009): Effizientere Szenariotechnik durch teilautomatische Generierung von Konsistenzmatrizen. Empirie, Konzeption, Fuzzy- und Neuro-Fuzzy-Ansätze. Gabler, Wiesbaden.

Englert, Marcus; Senft, Christian (2012): Digitale Ökosysteme – Neue Werttreiber in der Medienwirtschaft. In: Kolo, C./Döbler, Th./Rademacher, L. (Hrsg.): Wertschöpfung durch Medien im Wandel, S. 103-118. Tagungsband der Fachgruppe Medienökonomie der DGPuK. Nomos, Baden- Baden.

Fenez, Marcel; Van der Donk, Marieke (2009): Moving into multiple business models (connected thinking). Outlook for Newspaper publishing in the Digital Age. Price Waterhouse Coopers. Online-Dokument. Abrufbar unter: www.pwc.de, Stand: 28.09.2011.

Finsterbusch, Stephan (2012): „Wir haben dieses Geschäft neu definiert“ Im Gespräch: Shigetaka Komori, der Vorstandsvorsitzende und Präsident der japanischen Fujifilm Holdings Corp. In: Frankfurter Allgemeine Zeitung vom 26.05.2012, Seite 12.

Fraas, Claudia; Meier; Stefan; Pentzold, Christian (2012): Online-Kommunikation: Grundlagen, Praxisfelder und Methoden. Oldenbourg, München.

Freter, Hermann (2008): Markt- und Kundensegmentierung. Kundenorientierte Markterfassung und -bearbeitung. 2. vollständig neu bearbeitete und erweiterte Auflage. Kohlhammer, Stuttgart.

Freter, Hermann (2009): Strategische Bedeutung der Zielgruppenbildung und –auswahl. In: Manfred Bruhn/Franz-Rudolf Esch/Tobias Langner (Hg.): Handbuch Kommunikation. Grundlagen – Innovative Ansätze – Praktische Umsetzungen. Gabler, Wiesbaden, Seiten 399-411.

Fritz, Angela; Grüblbauer, Johanna; Förster, Kati (2008): Marktmodell für Zeitungsverlage. Marktstrukturen, Strategien und Erfolgsfaktoren von Wochenzeitungen in lokalen Märkten in Österreich. Reinhard Fischer Verlag, München.

Franck, Georg (1998): Ökonomie der Aufmerksamkeit. C. Hanser, München.

Früh, Werner; Schönbach, Klaus (1982): „Der dynamisch-transaktionale Ansatz. Ein neues Paradigma der Medienwirkungen“. In: Publizistik, 27. Jahrgang, Heft 1-2, Seiten 74-88.

Früh, Werner (1991): Medienwirkungen: Das Dynamisch-Transaktionale Modell. Theorie und Empirische Forschung. Westdeutscher Verlag, Opladen.

Früh, Werner; Schönbach, Klaus (2005): „Der dynamisch-transaktionale Ansatz III: Eine Zwischenbilanz. In: Publizistik, Heft 1, 50. Jahrgang, Seiten 4-20.

Funke, Thomas (2008): Mass Customization. Die Auswirkung des Individualisierungsgrads auf die Zahlungsbereitschaft. Eine empirische Analyse im Tageszeitungsmarkt. Grin Verlag, o.O.

Gabszewicz, Jean J.; Laussel, Dider; Sonnac, Nathalie (2001): Press advertising and the ascent of the Pensée Unique. In: European Economic Review 45, Seiten 641-651.

Gaßner, Robert ; Steinmüller, Karlheinz (2006): Narrative normative Szenarien in der Praxis. In: Wilms, Falko E. P. (Hg.): Szenariotechnik. Vom Umgang mit der Zukunft. Haupt Verlag, Bern. Seiten 133-144.

Gillin, Paul (2012): Newspaper Death Watch. Chronicling the Decline of Newspapers and the Rebirth of Journalism. Abrufbar unter: www.newspaperdeathwatch.com, Stand: 10.06.2012.

Goldhammer, Klaus (2004): Mythos Konvergenz. Ein Ansatz zum Verständnis der Krise der Medienwirtschaft. In: Friedrichsen, Mike; Schenk, Michael (Hg.): Globale Krise der Medienwirtschaft. Dimensionen, Ursachen und Folgen. Nomos, Baden-Baden. Seiten 85-96.

Grabs, Ingmar (2010): Die Familientypen. Unauffällige und Aktiv Familienorientierte im Vergleich. In: Oehmichen, Ekkehardt; Ridder, Christa-Maria (Hg.): Die Mediennutzertypologie 2.0. Aktualisierung und Weiterentwicklung des Analyseinstruments. Nomos, Baden-Baden. Seiten 233-252.

Grau, Christoph; Hess, Thomas (2007): Kostendegression in der digitalen Medienproduktion: Klassischer First-Copy-Cost-Effekt oder doch mehr? In: MedienWirtschaft Sonderheft 2007, Seiten 26-38.

Groth, Otto (1960): Die unerkannte Kulturmacht. Grundlegung der Zeitungswissenschaft (Periodik). Band 1. De Gruyter, Berlin.

Gustafsson, Karl Erik (1978): The Circulation Spiral and the Principle of Household Coverage. In: The Scandinavian Economic History Review 26, Seiten 1-14.

Gustafsson, Karl Erik (1996): The Umbrella Model - Upside Down. In: The Nordicom Review (1), o.S.

Haas, Alexander (2007): Medienmenüs. Der Zusammenhang zwischen Mediennutzung, SINUS-Milieus und Soziodemographie. Reinhard Fischer, München.

Haas, Alexander; Brosius, Hans-Bernd (2006): Typen gibt's. Zur Brauchbarkeit von Typologien in der Mediaforschung. In: Koschnick, Wolfgang J. (Hg.): Focus Jahrbuch 2006: Schwerpunkt Lifestyle-Forschung. Focus Magazin Verlag, München. Seiten 159-178.

Habann, Frank; Nienstedt, Heinz-Werner; Reinelt, Julia (2007): Erfolgsfaktoren von Markenerweiterungen in der Zeitungsbranche. Eine empirische Analyse. In: Medienwirtschaft Sonderheft 2008, Seiten 48-58.

Habermas, Jürgen (2006). Political Communication in Media Society: Does Democracy Still Enjoy an Epistemic Dimension? The Impact of Normative Theory on Empirical Research. In: Communication Theory 16 (4), Seiten 411-426.

Habermas, Jürgen (2008): Hat die Demokratie noch eine epistemische Dimension? Empirische Forschung und normative Theorie, in: Ders. (Hg.): Ach, Europa. Suhrkamp, Frankfurt am Main. Seiten 138-191.

Häder, Michael (2009): Delphi-Befragungen. Ein Arbeitsbuch. 2. Aufl. VS Verlag für Sozialwissenschaften, Wiesbaden.

Hagemeister, Frauke (2009): Optimale nichtlineare Preise für zweiseitige Märkte. Gabler Edition Wissenschaft, Wiesbaden.

Haller, Michael (1992): Die Journalisten und ihr Ethikbedarf. In: Haller, Michael; Holzhey, Helmut (Hg.): Medien-Ethik. Beschreibungen, Analysen, Konzepte für den deutschsprachigen Journalismus. Westdeutscher Verlag, Opladen. Seiten 196-211.

Haller, Michael (2003): Qualität und Benchmarking im Printjournalismus. In: Altmeppen, Klaus-Dieter; Bucher, Hans-Jürgen (Hg.): Qualität im Journalismus. Grundlagen – Dimensionen – Praxismodelle. Westdeutscher Verlag, Opladen. Seiten 181-201.

Haller, Michael (2004): „Die zwei Kulturen – Journalismustheorie und journalistische Praxis". In: Löffelholz, Martin (2004): Theorien des Journalismus Ein diskursives Handbuch. VS Verlag für Sozialwissenschaften, Wiesbaden. Seiten 129-150.

Haller, Michael (2005): Was soll aus der Zeitung werden? Über Funktionszuweisungen, Nutzungswünsche, Gattungsmerkmale, Probleme und Perspektiven der Tageszeitung. In: Arnold, Klaus; Neuberger, Christoph (Hg.): Alte Medien – Neue Medien. Theorieperspektiven, Medienprofile, Einsatzfelder. Festschrift für Jan Tonnemacher. VS Verlag für Sozialwissenschaften, Wiesbaden. Seiten 119-132.

Haller, Michael (2008): Das Ende der Beliebigkeit. Überlegungen zum Theoriebestand der Journalistik und über den Begriff einer normativ-pragmatischen Journalismustheorie, in: Pörksen, Bernhard; Loose, Wiebke; Scholl, Armin (Hg.): Paradoxien des Journalismus. Theorie, Empirie, Praxis. Festschrift für Siegfried Weischenberg. VS Verlag für Sozialwissenschaften, Wiesbaden. Seiten 549-566.

Haller, Michael (2009): Gratiszeitungen in den Lesermärkten Westeuropas. Nomos, Baden-Baden.

Haller, Michael; Feuß, Sebastian (2010): „Für die Zeitung von morgen: Crossover-Trends zwischen Online und Print". Konferenzvortrag bei der IPJ-Tagung am 15.10.2010 in Leipzig. Skript des Vortrags. Abrufbar unter: http://www.leipziger-medienstiftung.de/ipj/text/dok/Haller-Einfuehrung.pdf, Stand 29.03.2013.

Haller, Michael (2010): Ethik und Qualität. In: Schicha, Christian; Brosda, Carsten (Hg.): Handbuch Medienethik. VS Verlag für Sozialwissenschaften, Wiesbaden, Seiten 348-361.

Haller, Michael; Sattler, Sebastian (im Druck): Die Zukunft des Journalismus. UVK, Konstanz. (Teilveröffentlichung online abrufbar unter: www.uni-leipzig.de/~zdj, Stand: 31.12.2010).

Haller, Michael (2013): Diagnose Fehldiagnose. Die Zeitung 2020. Abruf unter: http://www.spiegel.de/kultur/gesellschaft/michael-haller-zur-zeitungsdebatte-a-917026.html, zuletzt abgerufen am 29.11.2013.

Hartmann, Peter H.; Höhne, Inga (2010): Die Entwicklung und Konstruktion der MNT 2.0. In: Oehmichen, Ekkehardt; Ridder, Christa-Maria (Hg.): Die Mediennutzertypologie 2.0. Aktualisierung und Weiterentwicklung des Analyseinstruments. Nomos, Baden-Baden. Seiten 15-55.

Hasebrink, Uwe (2008): Das multiple Publikum. Paradoxien im Verhältnis von Journalismus und Mediennutzung, in: Pörksen, Bernhard; Loose, Wiebke; Scholl, Armin (Hg.): Paradoxien des Journalismus. Theorie, Empirie, Praxis. Festschrift für Siegfried Weischenberg. VS Verlag für Sozialwissenschaften, Wiesbaden. Seiten 513-532.

Hass, Berthold (2002): Geschäftsmodelle von Medienunternehmen: Ökonomische Grundlagen und Veränderungen durch neue Informations- und Kommunikationstechnik. Deutscher Universitäts-Verlag, Wiesbaden.

Hass, Berthold (2004): Desintegration und Reintegration im Mediensektor: Wie sich Geschäftsmodelle durch Digitalisierung verändern. In: Zerdick, Axel et al. (Hg.): E-Merging Media. Kommunikation und Medienwirtschaft der Zukunft. Springer Verlag, Berlin, Heidelberg. Seiten 33-58.

Hass, Berthold (2007): Größenvorteile von Medienunternehmen: Eine kritische Würdigung der Anzeigen-Auflagen-Spirale. In: Medienwirtschaft Sonderheft 2007, Seiten 70-78.

Hess, Thomas (Hg.) (2007): Ubiquität, Intermedia und Konvergenz in der Medienbranche. Ergebnisse des interdisziplinären Forschungsprojekts Intermedia. Universitätsverlag, Göttingen.

Hess, Thomas; Walter, Benedikt (2007): Toward Content Intermediation: Shedding new Light on the Media Sector. In: Hess, Thomas (Hg.): Ubiquität, Intermedia und Konvergenz in der Medienbranche. Ergebnisse des interdisziplinären Forschungsprojekts Intermedia. Universitätsverlag, Göttingen. Seiten 17-28.

Heinrich, Jürgen; Kopper, Gerd (Hg.) (2006): Media Economics in Europe. VISTAS, Berlin.

Heinrich, Jürgen; Lobigs, Frank (2003): Neue Institutionenökonomik. In: Altmeppen, Klaus-Dieter; Karmasin, Matthias (Hg.): Medien und Ökonomie. Band 1/1: Grundlagen der Medienökonomie: Kommunikations- und Medienwissenschaft, Wirtschaftwissenschaft. Westdeutscher Verlag, Wiesbaden. Seiten 245-268.

Heinrich, Jürgen; Lobigs, Frank (2006): The Development of Media Economics in the German-Speaking Countries (Austria, Germany, Switzerland). In: Heinrich, Jürgen; Kopper, Gerd (Hg.) (2006): Media Economics in Europe. VISTAS, Berlin. Seiten 53-73.

Heinrich, Jürgen (2007): Medienökonomie im deutschsprachigen Raum: Entwicklung und Ausblick. In: Medienwirtschaft Sonderheft 2007, Seiten 96-98.

Initiative D21 e.V. (Hg.) (2010): Die digitale Gesellschaft in Deutschland. Abrufbar unter: www.digitale-gesellschaft.info, Stand: 10.8.2012.

Initiative D21 e.V. (Hg.) (2011): Presseinformation: Studie: Entwicklung der digitalen Gesellschaft stagniert. Abrufbar unter: www.digitale-gesellschaft.info, Stand: 10.8.2012.

Institut für Medien und Kommunikation der Universität Hamburg (2010): Veranstaltungsankündigung „Summer School 2010: Medienkonvergenz: Konzepte, Formen, Folgen. Abrufbar unter: www.uni-hamburg.de/mediasummerschool, Stand: 27.6.2010.

Jarren, Otfried (2009): Die Presse in der Wohlfahrtsfalle. Zur institutionellen Krise der Tageszeitungsbranche. In: Bohrmann, Hans; Toepser-Ziegert, Gabriele (Hg.): Krise der Printmedien: Eine Krise des Journalismus. De Gruyter Saur, Göttingen. Seiten 13–31.

Jenkins, Henry (2001):Convergence? I Diverge. MIT Technology Review. Abrufbar unter: http://www.technologyreview.com/article/401042/convergence-i-diverge/, Stand 20.02.2013.

Jenkins, Henry (2006): Convergence culture. Where old and new media collide. New York University Press, London, New York.

Jonscher, Norbert (1991): Einführung in die lokale Publizistik. Westdeutscher Verlag, Opladen.

Jonscher, Norbert (1995): Lokale Publizistik. Theorie und Praxis der örtlichen Berichterstattung. Ein Lehrbuch. Westdeutscher Verlag, Opladen.

Kaltenbrunner, Andy et al. (2009): Newsroom-Konvergenz in Tageszeitungen in internationalem Vergleich. In: Matis, Herbert; Stark, Birgit; Magin, Melanie (Hg.): Die österreichische Medienlandschaft im Umbruch. Verlag der Österreichischen Akademie der Wissenschaften, Wien. Seiten 261-291.

Katz, Elihu; Foulkes, David (1962): On the use of the mass media as ‚escape': Clarification of a concept. In: Public Opinion Quarterly 3/1962, Seiten 377-388.

Kaumanns, Ralf; Siegenheim, Veit (2012): „App Economy." In: MedienWirtschaft 1/2012, Seiten 24-29.

Keller, Alice Dora (2000): Electronic Journals: A Delphi Survey. In: INSPEL 34 (3/4), Seiten 187-193.

Keller, Alice Dora (2001): Elektronische Zeitschriften im Wandel: eine Delphi-Studie. Harrassowitz, Wiesbaden.

Keller, Dieter (1986): Regionale Tageszeitungsverlage und Neue Medien. Elemente einer offensiven Unternehmensstrategie in den achtziger Jahren. Südwestdeutsche Verlagsanstalt, Mannheim.

Keller, Dieter (2009): Schwierige Zeiten. Zur wirtschaftlichen Lage der deutschen Zeitungen. In: (BDZV) (Hg.): Zeitungen 2009. Berlin, Seiten 30-69.

Kiefer, Marie-Luise (2005): Medienökonomik. 2. Auflage. Oldenbourg, München.

Kiefer, Marie-Luise (2011a): Die schwierige Finanzierung des Journalismus. In: Medien- & Kommunikationswissenschaft (M&K), 59. Jahrgang. Heft 1, Seiten 5-22.

Kiefer, Marie-Luise (2011b): Wider den Steuerungspessimismus. Antwort auf die Repliken von Stephan Ruß-Mohl und Rudolf Stöber. In: Medien- & Kommunikationswissenschaft (M&K), 59. Jahrgang. Heft 3, Seiten 420-424.

Kleinsteuber, Hans J. (2006): Konvergenz – Fakten und Fiktionen rund um einen Begriff und seine politische Bedeutung. In: Karmasin, Matthias; Winter, Carsten (Hg.): Konvergenzmanagement und Medienwirtschaft. UTB, Paderborn. Seiten 55–74 (zitiert aus Manuskript).

Koch, Michael; Neuwöhner, Ulrich (2010): MNT 2.0 und Sinus-Milieus im Praxistest. Nutzen und Grenzen am Beispiel der Fernsehforschung. In: Oehmichen, Ekkehardt; Ridder, Christa-Maria (Hg.): Die Mediennutzertypologie 2.0. Aktualisierung und Weiterentwicklung des Analyseinstruments. Nomos, Baden-Baden. Seiten 93-116.

Köcher, Anette (2004): Was kosten die Medien? In: Altmeppen, Klaus-Dieter; Karmasin, Matthias (Hg.): Medien und Ökonomie. Band 2: Problemfelder der Medienökonomie. VS Verlag für Sozialwissenschaften, Wiesbaden. Seiten 209-231.

Kolo, Castulus (2013): Implementierung von Wachstumsstrategien in Medienunternehmen. In: Schneider, Martin (Hg.): Management von Medienunternehmen. Digitale Innovationen – crossmediale Strategien. Springer Gabler, Wiesbaden, S. 184-225.

Kornfeld, Henning (2010): Äpfel und Birnen in einem Topf. In: Kressreport 24, 26.11.2010, Seiten 6-8.

Kopper, Gerd G. (1982): Medienökonomie – mehr als Ökonomie der Medien. In: Media Perspektiven 2/1982, Seiten 102-115.

Kopper, Gerd (1993): Lokale Werbemärkte. Empirische Untersuchungen zum Marketing lokaler Radios in Nordrhein-Westfalen. Leske + Budrich, Opladen.

Kopper, Gerd (2006): Medienökonomie im komplexen Diskurs des Korporatismus in Deutschland. Art und Wirkung der Medienökonomie in Kommissionen, Verbänden, Institutionen und nichtwissenschaftlichen Einrichtungen der Bundesrepublik Deutschland. In: Altmeppen, Klaus-Dieter; Karmasin, Matthias (Hg.): Medien und Ökonomie. Band 3: Anwendungsfelder der Medienökonomie. VS Verlag für Sozialwissenschaften, Wiesbaden. Seiten 19-44.

Kosow, Hannah; Gaßner, Robert (2008): Methoden der Zukunfts- und Szenarioanalyse. Überblick, Bewertung und Auswahlkriterien. Unter Mitarbeit von Lorenz Erdmann und Beate-Josephine Luber. = IZT (Institut für Zukunftsstudien und Technologiebewertung) WerkstattBericht 103. Berlin.

Krekel, Elisabeth M.; Ulrich, Joachim Gerd (2000): Die Delphi-Methode: Welche Erkenntnisse ergeben sich aus der Anwendung der Delphi-Methode für die Berufsbildungsforschung? In: Sozialwissenschaften und Berufspraxis (SUB), Heft 4, Seiten 357-367.

Kruse, Jörn (1996): Publizistische Vielfalt und Medienkonzentration zwischen Marktkräften und politischen Entscheidungen. In: Altmeppen, Klaus-Dieter (Hg.): Ökonomie der Medien und des Mediensystems. Westdeutscher Verlag, Opladen. Seiten 25-52.

Küpper, Axel (2007): Konvergenzszenarien in der Mobilkommunikation. In: Hess, Thomas (Hg.): Ubiquität, Intermedia und Konvergenz in der Medienbranche. Ergebnisse des interdisziplinären Forschungsprojekts Intermedia. Universitätsverlag, Göttingen. Seiten 183-205.

Lang, Annie (2013): Discipline in Crisis? The Shifting Paradigm of Mass Communication Research. In: Communication Theory 23, International Communication Association, Seiten 10-24.

Latzer, Michael (1997): Mediamatik – Die Konvergenz von Telekommunikation, Computer und Rundfunk. Westdeutscher Verlag, Opladen.

Latzer, Michael (1998): „Von der Medien- zur Mediamatik-Politik: Kommunikationspolitische Folgen aus dem Konvergenztrend".In: Österreichische Zeitschrift für Politikwissenschaft, Band 2, Seiten 143-156.

Lauf, Edmund (2006): Tageszeitungsnutzung in der Media-Analyse, der Allensbacher Werbeträgeranalyse und in der Langzeitstudie Massenkommunikation. In: Hagenah, Jörg; Meulemann, Heiner (Hg.): Sozialer Wandel und Mediennutzung in der Bundesrepublik Deutschland. Berlin, Lit, S. 57–71.

Lobigs, Frank (2012): „Die wundersame Ökonomie der Zeitungsmärkte." Interview mit Prof. Dr. Justus Haucap. In: MedienWirtschaft 1/2012, Seiten 8-12.

Lobigs, Frank (2013a): Finanzierung des Journalismus. In: Meier, Klaus/ Neuberger, Christoph (Hg.): Journalismusforschung. Stand und Perspektiven, Baden-Baden, Nomos. S. 53-74.

Lobigs, Frank (2013b): Qualitätsleistungen der Verlage nicht verkennen. In: Medienwirtschaft 3/2013, S. 64-67.

Löffelholz, Martin (2003): Von ‚neuen Medien' zu ‚dynamischen Systemen'. Eine Bestandsaufnahme zentraler Metaphern zur Beschreibung der Emergenz öffentlicher Kommunikation. In: Altmeppen, Klaus-Dieter; Karmasin, Matthias (Hg.): Medien und Ökonomie. Band 1/1. Grundlagen der Medienökonomie: Kommunikations- und Medienwissenschaft, Wirtschaftswissenschaft. Westdeutscher Verlag, Wiesbaden. Seiten 53-90.

Ludwig, Johannes (1998): Zur Ökonomie der Medien: Zwischen Marktversagen und Querfinanzierung. Von J. W. Goethe bis zum Nachrichtenmagazin Der Spiegel. Westdeutscher Verlag, Opladen/Wiesbaden.

Ludwig, Johannes (2003): Mikroökonomie der Medien. In: Altmeppen, Klaus-Dieter; Karmasin, Matthias (Hg.): Medien und Ökonomie. Band 1/1: Grundlagen der Medienökonomie: Kommunikations- und Medienwissenschaft, Wirtschaftswissenschaft. Westdeutscher Verlag, Wiesbaden. Seiten 187–214.

Mahadevan, Balasubramaniam (2000): Business Models for Internet-Based E-Commerce. An Anatomy. In: Californian Management Review 42 (4), Seiten 55-69.

Maier, Michaela (2002): Zur Konvergenz des Fernsehens in Deutschland. Ergebnisse qualitativer und repräsentativer Zuschauerbefragungen. UVK, Konstanz.

Maletzke, Gerhard (1963): Psychologie der Massenkommunikation. Theorie und Systematik. Hans Bredow-Institut, Hamburg.

Marcinkowski, Frank (2013): Medienkonvergenz, in: Bentele, Günter; Brosius, Hans-Bernd; Jarren, Otfried (Hg.) (2013): Lexikon Kommunikations- und Medienwissenschaft. 2., überarbeitete und erweiterte Auflage. Springer VS, Wiesbaden, Seiten 210-211.

Mast, Claudia (2010): Gesucht: Die publizistische Geschäftsidee der Zeitung. In: BDZV (Hg.): Zeitungen 2010/11: ZV Zeitungs Verlag Service GmbH, Seiten 254-262.

McQuail, Denis (2009): Mass Communication Theory. 6. Auflage. Sage, London/New York.

Meier, Klaus (2007): Journalistik. UVK, Konstanz.

Meissner, Herbert (1969): Konvergenztheorie und Realität, Berlin, Akademie-Verlag.

Merten, Klaus (1994): Konvergenz der deutschen Fernsehprogramme. Eine Langzeituntersuchung 1980-1993. Münster/Hamburg, Lit.

Merten, Klaus (1995): Marginalisierung oder Konvergenz? Die Zukunft des Hörfunks in Deutschland. In: Bayrische Landesanstalt für Medien (Hg.): Medienfachmagazin der BLM, 1995.

Merten, Klaus (1996): Die Folgen des Dualen Systems: Konvergenz des Deutschen Fernsehens. In: Walter Hömberg/ Heinz Pürer (Hg.): Medientransformation. Zehn Jahre Dualer Rundfunk in Deutschland. Konstanz: UIVK: 152-171.

Meyer, Kathrin (2005): Crossmediale Kooperation von Print- und Online-Redaktionen bei Tageszeitungen in Deutschland. München, Utz, Seiten 132-150.

Meyer, Philip (2004): The Vanishing Newspaper. Saving Journalism in the Information Age. University of Missouri Press, Missouri.

Minkmar, Nils (2002): Die doppelte Wundertüte. Wie Henri Nannen den ‚Stern' erfand. In: Lutz Hachmeister, Friedemann Siering (Hrsg.): Die Herren Journalisten. Beck, München. Seiten 185–195.

Mögerle, Ursina (2009): Substitution oder Komplementarität? Die Nutzung von Online- und Printzeitungen im Wandel. UVK, Konstanz.

Nestlé Deutschland (2009): So is(s)t Deutschland: Ein Spiegel der Gesellschaft. Nestlé Deutschland AG und Deutscher Fachverlag, Frankfurt am Main.

Neuberger, Christoph (1999): Vom Papier auf den Bildschirm. In: Neuberger, Christoph; Tonnemacher, Jan (Hg.): Online – Die Zukunft der Zeitung. Das Engagement deutscher Tageszeitungen im Internet. 1. Auflage. Westdeutscher Verlag, Opladen. Seiten 16-57.

Neuberger, Christoph (2003): Vom Papier auf den Bildschirm. In: Neuberger, Christoph; Tonnemacher, Jan (Hg.): Online – Die Zukunft der Zeitung. Das Engagement deutscher Tageszeitungen im Internet. 2. vollständig überarbeitete und aktualisierte Auflage. Westdeutscher Verlag, Opladen. Seiten 16-110.

Neuberger, Christoph (2009): Internet, Journalismus und Öffentlichkeit. Zur Analyse des Medienumbruchs. In: Neuberger, Christoph; Nuernbergk, Christian; Rischke, Melanie (Hg.): Journalismus im Internet. Profession, Partizipation, Technisierung. VS Verlag für Sozialwissenschaften, Wiesbaden. Seiten 19-106.

Oehmichen, Ekkehardt (2010): Die neue MedienNutzerTypologie 2.0. Übersicht zu den Beiträgen dieses Bandes. In: Oehmichen, Ekkehardt; Ridder, Christa-Maria (Hg.): Die Mediennutzertypologie 2.0. Aktualisierung und Weiterentwicklung des Analyseinstruments. Nomos, Baden-Baden. Seiten 8-15.

Oehmichen, Ekkehardt (2010): Die MedienNutzerTypologie als Instrument der Analyse medienübergreifender Nutzungsmuster. In: Oehmichen, Ekkehardt; Ridder, Christa-Maria (Hg.): Die Mediennutzertypologie 2.0. Aktualisierung und Weiterentwicklung des Analyseinstruments. Nomos, Baden-Baden. Seiten 74-92.

Oehmichen, Ekkehardt; Schröter, Christian (2010): Die unterschiedlichen Medienwelten Junger Wilder und Zielstrebiger Trendsetter. In: Oehmichen, Ekkehardt; Ridder, Christa-Maria (Hg.): Die Mediennutzertypologie 2.0. Aktualisierung und Weiterentwicklung des Analyseinstruments. Baden-Baden: Nomos, Seiten 208-232.

Oehmichen, Ekkehardt; Schröter, Christian (2010): Zur typologischen Struktur der Onlinenutzung. In: Oehmichen, Ekkehardt; Ridder, Christa-Maria (Hg.): Die Mediennutzertypologie 2.0. Aktualisierung und Weiterentwicklung des Analyseinstruments. Nomos, Baden-Baden. Seiten 189-205.

Oestreicher-Singer, Gal, Zalmanson, Lior (2013): Content or Community? A digital business strategy for content providers in the social age. In: MIS Quarterly Vol. 37, No. 2, 591-616.

Ollrog, Marc-Christian (2006): Verdrängung oder Koexistenz: Frankreichs Tagespresse unter der Expansion der Gratiszeitungen. = Unveröffentlichte Diplomarbeit an der Universität Leipzig.

Otte, Gunnar (2004): Sozialstrukturanalysen mit Lebensstilen. Eine Studie zur theoretischen und methodischen Neuorientierung der Lebensstilforschung. VS Verlag für Sozialwissenschaften, Wiesbaden.

Otte, Gunnar (2005a): Hat die Lebensstilforschung eine Zukunft? Eine Auseinandersetzung mit aktuellen Bilanzierungsversuchen. In: Kölner Zeitschrift für Soziologie und Sozialpsychologie 57 (1), Seiten 1-31.

Otte, Gunnar (2005b): Entwicklung und Test einer integrativen Typologie der Lebensführung für die Bundesrepublik Deutschland. In: Zeitschrift für Soziologie 34 (6), Seiten 442-467.

Parolini, Cinzia (1999): The value net: A tool for competitive strategy. Wiley, Chichester.

Pasquay, Anja (2010): Kinder und Zeitung. Eine Erfolgsgeschichte. In: BDZV (Hg.): Zeitungen 2010/11. ZV Zeitungs Verlag Service GmbH, Berlin. Seiten 167-174.

Pasquay, Anja (2011): Zur wirtschaftlichen Lage der Zeitungen in Deutschland 2011. Abrufbar unter: http://www.bdzv.de/markttrends-und-daten/wirtschaftliche-lage/artikel/detail/zur_wirtschaftlichen_lage_der_zeitungen_in_deutschland_2011/, Stand am 28.02.2014

Pasquay, Anja (2012): Zur wirtschaftlichen Lage der Zeitungen in Deutschland 2012. Abrufbar unter: http://www.bdzv.de/markttrends-und-daten/wirtschaftliche-lage/artikel/detail/zur_wirtschaftlichen_lage_der_zeitungen_in_deutschland_2011-1/, Stand am 28.02.2014.

Pasquay, Anja (2013a): Zur wirtschaftlichen Lage der Zeitungen in Deutschland 2013. Abrufbar unter: http://www.bdzv.de/markttrends-und-daten/wirtschaftliche-lage/artikel/detail/zur_wirtschaftlichen_lage_der_zeitungen_in_deutschland_2013/, Stand am 9.02.2014.

Pasquay, Anja (2013b): BDZV-Studie Paid Content: Online-Abo kostet durchschnittlich acht Euro. Abrufbar unter: http://www.bdzv.de/aktuell/pressemitteilungen/artikel/detail/bdzv_studie_paid_content_online_abo_kostet_durchschnittlich_acht_euro/, Stand am 7.02. 2014

Picard, Robert G. (2002): The Economics and Financing of Media Companies. Fordham University Press, New York.

Picard, Robert G. (2006): Journalism, Value Creation and the Future of News Organizations. = Joan Shorenstein Center on the Press, Politics and Public Policy. Working Paper Series. Online-Dokument. Abrufbar unter: www.robertpicard.net, Stand: 01.08.2010.

Picard, Robert G. (2006): Comparative Aspects of Media Economics and its Development in Europe and in the U.S.A.. In: Heinrich, Jürgen; Kopper, Gerd (Hg.): Media Economics in Europe. VISTAS, Berlin. Seiten 15-23.

Picard, Robert G. (2007): Media Economics and Management in Europe: Theoretical Trends and Limitations. In: Medienwirtschaft Sonderheft 2007, Seiten 94-96.

Picard, Robert G. (2008): Shifts in newspaper advertising expenditures and their implications for the future of newspapers. In: Journalism Studies 9, Seiten 704-716.

Picot, Arnold (1991): Ein neuer Ansatz zur Gestaltung der Leistungstiefe. In: Zeitschrift für betriebswirtschaftliche Forschung 43, Seiten 336-357.

Picot, Arnold (1992): Marktorientierte Gestaltung der Leistungstiefe. In: Reichwald, Ralf (Hg.): Marktnahe Produktion: lean production – Leistungstiefe – Time-to-Market-Vernetzung – Qualifikation. Gabler, Wiesbaden. Seiten 103-124.

Picot, Arnold (2006): Konvergenz und Restrukturierung der Telekommunikations- und Medienindustrie: Neue Geschäftsmodelle, neue Akteure? In: Hess, Thomas; Doeblin, Stefan (Hg.): Turbulenzen in der Telekommunikations- und Medienindustrie: Neue Geschäfts- und Erlösmodelle. Springer Verlag, Heidelberg. Seiten 1-35.

Picot, Arnold; Neuburger, Rahild (2006): Internet-Ökonomie. In: Altmeppen, Klaus-Dieter; Karmasin, Matthias (Hg.): Medien und Ökonomie. Band 3: Anwendungsfelder der Medienökonomie. VS Verlag für Sozialwissenschaften, Wiesbaden. Seiten 121–143.

Picot, Arnold; Schmid, Martin S.; Kempf, Matthias (2007): Die Rekonfiguration der Wertschöpfungssysteme im Medienbereich. In: Hess, Thomas (Hg.): Ubiquität, Intermedia und Konvergenz in der Medienbranche. Ergebnisse des interdisziplinären Forschungsprojekts Intermedia. Universitätsverlag, Göttingen. Seiten 205-257.

Porter, Michael E. (1989): Wettbewerbsvorteile: Spitzenleistungen erreichen und behaupten (Competitive advantage). Campus, Frankfurt am Main/New York.

Potrafke, Niklas (2008): Konvergenz in der deutschen Finanz- und Sozialpolitik? = Gesellschaftspolitische Schriftenreihe der Begabtenförderung der Konrad-Adenauer-Stiftung 3. Lit Verlag, Berlin.

Pürer, Heinz; Raabe, Johannes (2007): Presse in Deutschland. 3. Auflage. UVK, Konstanz.

Quiring, Oliver; Rauscher, Barbara (2005): Individualisierung von Medienangeboten: ökonomisches Potenzial versus gesellschaftliche Bedrohung? = Vortrag auf dem Panel „Neue Technik, Neue Medien, Neue Gesellschaft? Ökonomische Herausforderungen der Online-Kommunikation“ der DGPuK-Fachgruppen, Computervermittelte Kommunikation und Medienökonomie, Berlin, 10.-12.11.2005.

Quiring, Oliver; Rauscher, Barbara (2007): Individualisierung von Medienprodukten – ökonomisches Potenzial versus gesellschaftliche Bedrohung? In: Friedrichsen, Mike, Mühl-Benninghaus, Wolfgang; Schweiger, Wolfgang (Hg.): Neue Technik, neue Medien, neue Gesellschaft? Ökonomische Herausforderungen der Onlinekommunikation. Reinhard Fischer, München. Seiten 339-364.

Raabe, Johannes (2013): Publizität. In: Bentele, Günter; Brosius, Hans-Bernd; Jarren, Otfried (Hg.) (2013): Lexikon Kommunikations- und Medienwissenschaft. 2., überarbeitete und erweiterte Auflage. Springer VS, Wiesbaden, Seiten 286f.

Rau, Harald (2004): Kurzsichtiges Kerngeschäft im Medienmanagement. In: Friedrichsen, Mike; Schenk, Michael (Hg.): Globale Krise der Medienwirtschaft. Dimensionen, Ursachen und Folgen. Nomos, Baden-Baden. Seiten 243-257.

Rau, Harald (2005): Die werbefreie Tagespresse – medienökonomische Illusion oder (Management-) Alternative der Zukunft? In: Seufert, Wolfgang; Müller-Lietzkow, Jörg (Hg.): Theorie und Praxis der Werbung in Massenmedien. Nomos, Baden-Baden. Seiten 185-202.

Rau, Harald (2006): Das Dualitätsgesetz und die Tagespresse: Szenarien für einen Abschied auf Raten. = unveröffentlichter Vortrag bei der Jahrestagung 2006 der Fachgruppe Medienökonomie der DGPuK in Dresden.

Rau, Harald (2007): Qualität in einer Ökonomie der Publizistik. Betriebswirtschaftliche Lösungen für die Redaktion. VS Verlag für Sozialwissenschaften, Wiesbaden.

Rau, Harald (2012): Journalismus ist Ökonomie. Einladung zu einer konsequenten Auseinandersetzung. In: Löffelholz, Martin (Hg.): Theorien des Journalismus. 3. Auflage. VS Verlag für Sozialwissenschaften, Wiesbaden. o.S..(zitiert aus Dokument zur Drucklegung).

Rauscher, Barbara; Thallmayer, Thomas; Hess, Thomas (2007): Mass Customization as a Business Strategy for Media Companies. A Survey on the Actual Eploitation of Customization Concepts in the Case of Online-Newspapers. In: Hess, Thomas (Hg.): Ubiquität, Intermedia und Konvergenz in der Medienbranche. Ergebnisse des interdisziplinären Forschungsprojekts Intermedia. Universitätsverlag, Göttingen. Seiten 49-70.

Resende, Joana (2008): The Economic Advantage of Being the "Voice of the Majority". In: Journal of Media Economics 21, Seiten 158-190.

Ridder, Christa-Maria; Engel, Bernhard (2005): Massenkommunikation 2005: Images und Funktionen der Massenmedien im Vergleich. In: Media Perspektiven 9/2005, Seiten 422-448.

Ridder, Christa-Maria; Engel, Bernhard (2010): Massenkommunikation 2010: Mediennutzung im Intermedia-Vergleich. In: Media Perspektiven 11/2010, Seiten 523-536.

Ritchey, Tom (2007): Futures Studies using Morphological Analysis. Adapted from an Article for the AC/UNU Millennium Project: Futures Research Methodology Series. Online-Dokument der Swedish Morphological Society. Abrufbar unter www.swemorph.com, Stand: 20.06.2011.

Rochet, Jean-Charles; Tirole, Jean (2006): Two-sided markets: a progress report. In: RAND Journal of Economics 37, Seiten 645-667.

Röper, Horst (2010): Zeitungen 2010. Rangverschiebungen unter den größten Verlagen. In: Media Perspektiven 5/2010, Seiten 218-234.

Rose, Günther (1971): Konvergenz der Systeme. Legende und Wirklichkeit, Köln, Pahl-Rugenstein.

Rothmann, Wasko (2013a): Wahrnehmung des strategischen Handlungsspielraumes. Die verlegerische Entwicklung deutscher Qualitätstageszeitungen seit 2001. Springer VS, Wiesbaden.

Rothmann, Wasko (2013b): (Qualitäts-)Journalismus ohne Wert? Über eine Paradoxie im digitalen strategischen Pfad der Qualitätstageszeitung. In: Medienwirtschaft 3, S. 10-24.

Rowe, Gene; Wright, George (1999): The Delphi technique as a forecasting tool: Issues and analyses. In: International Journal of Forecasting 15, Seiten 353-375.

Ruß-Mohl, Stephan (2009): Kreative Zerstörung. Niedergang und Neuerfindung des Zeitungsjournalismus in den USA. UVK, Konstanz.

Ruß-Mohl, Stephan (2011): Der dritte Weg – eine Sackgasse in Zeiten der Medienkonvergenz. In: Medien- & Kommunikationswissenschaft, Heft 3, Seiten 401-414.

Sauerland, Dirk (o.J.): Konvergenztheorie: in. Gabler Wirtschaftslexikon, Abrufbar unter: http://wirtschaftslexikon.gabler.de/Archiv/9442/konvergenztheorie-v 6.html, Stand 29.03.2013.

Schaller, Birgit (2012): Russ Media als neue Dachmarke. Der Verleger Eugen A. Russ nennt sein Vorarlberger Medienhaus um. In: Horizont Online vom 08.03.2012. Abrufbar unter: www.horizont.at/home/detail/russ-media-als-neue-dachmarke.html, Stand: 05.04.2012.

Scheufele, Bertram (2013): Framing: In: Bentele, Günther; Brosius, Hans-Jürgen; Jarren, Otfried (Hg.): Lexikon Kommunikations- und Medienwissenschaft. 2., überarbeitete und erweiterte Auflage. Springer VS, Wiesbaden, Seite 96.

Schibsted Media Group (Hg.) (2012): Annual Report 2011. Als Online-Dokument abrufbar unter: www.schibsted.com/Annual-Report-2011, Stand: 12.3.2012.

Schirrmacher, Frank (2010): Die Politik des Ipad. In: Frankfurter Allgemeine Sonntagszeitung vom 1.2.2010. Als Online-Dokument abrufbar unter: www.faz.net/artikel/C3 0833/apples-macht-die-politik-des-ipad-30003681.html, Stand: 28.09.2011.

Schirrmacher, Frank (2011a): Wir brauchen eine europäische Suchmaschine. In: Frankfurter Allgemeine Zeitung vom 19.7.2011. Als Online-Dokument abrufbar unter: www.faz.net/artikel/C30833/digitales-gedaechtnis-wir-brauchen-eine-europaeische-s uchmaschine-30468036.html, Stand: 26.09.2011.

Schirrmacher, Frank (2011b): Die Revolution der Zeit. In: Frankfurter Allgemeine Zeitung vom 17.07.2011, Seite 19.

Schmidt, Holger (2011): Das Geschäft mit den Ortsdaten. In: Frankfurter Allgemeine Zeitung vom 3.5.2011. Als Online-Dokument abrufbar unter: www.faz.net/s/Rub4C34FD0B1A7E46B88B0653D6358499FF/Doc~E748855951282440CBDA11A84F0682AA8~ATpl~Ecommon~Scontent.html, Stand: 03.05.2011.

Schneider, Martin (2007): Crossmedia-Management. Deutscher Universitäts Verlag, Wiesbaden.

Schönbach, Klaus (2008): Das Prinzip der zuverlässigen Überraschung. Bürgerjournalismus und die Zukunft der traditionellen Nachrichtenmedien, in: Pörksen, Bernhard; Loose, Wiebke; Scholl, Armin (Hg.): Paradoxien des Journalismus. Theorie, Empirie, Praxis. Festschrift für Siegfried Weischenberg. VS Verlag für Sozialwissenschaften, Wiesbaden. Seiten 503-512.

Schönhagen, Philomen (2004): Soziale Kommunikation im Internet. Zur Theorie und Systematik computervermittelter Kommunikation vor dem Hintergrund der Kommunikatonsgeschichte. Bern, Peter Lang.

Schultz, Stefan (2007): Brücken über den Medienbruch. Crossmediale Strategien zeitgenössischer Printmedien. Lit, Berlin.

Schulz, Rüdiger et al. (2010): Jugend im Fokus: Empirische Befunde. In: BDZV (Hg.): Zeitungen 2010/11. ZV Zeitungs Verlag Service GmbH, Berlin. Seiten 145-166.

Schumann, Matthias; Hess, Thomas (2002): Grundfragen der Medienwirtschaft: Eine betriebswirtschaftliche Einführung. Springer Verlag, Berlin/Heidelberg/New York.

Schütz, Walter J. (2009a): Deutsche Tagespresse 2008. Redaktionelle und verlegerische Struktur der deutschen Tagespresse. In: Media Perspektiven 5/2009, Seiten 484-493.

Schütz, Walter J. (2009b): Deutsche Tagespresse 2008. In: Media Perspektiven 9/2009, Seiten 454-483.

Seufert, Wolfgang (2004): Medienvertrieb über das Internet. Ende der Intermediäre? In: Altmeppen, Klaus-Dieter; Karmasin, Matthias (Hg.): Medien und Ökonomie. Band 2: Problemfelder der Medienökonomie. VS Verlag für Sozialwissenschaften, Wiesbaden. Seiten 63-93.

Seufert, Wolfgang (2005): Werbung in den Massenmedien –eine Selbstverständlichkeit? In: Seufert, Wolfgang; Müller-Lietzkow, Jörg (Hg.): Theorie und Praxis der Werbung in Massenmedien. Nomos, Baden-Baden. Seiten 9-18.

Seufert, Wolfgang (2007): Führen Größenvorteile auf Werbemärkten zur Medienkonzentration? Zum theoretischen Gehalt der Anzeigen-Auflagen-Spirale. In: Medienwirtschaft Sonderheft 2007, Seiten 48-60.

Seufert, Wolfgang; Suckfüll, Monika (2006): Zeitverfügbarkeit und Zeitbewertung als Erklärungsfaktoren der individuellen Mediennutzung. In: Hagenah, Jörg; Meulemann, Heiner (Hg.): Sozialer Wandel und Mediennutzung in der Bundesrepublik Deutschland. Lit Verlag, Berlin. Seiten 72-92.

Siebenhaar, Hans-Peter et al. (2010): „Depression ist völlig unangebracht", Interview mit Mathias Döpfner. In: Handelsblatt vom 8.11.2010, Seiten 8-9.

Siegert, Gabriele (2001): Medien Marken Management. Relevanz, Spezifika und Implikationen einer medienökonomischen Profilierungsstrategie. Reinhard Fischer, München.

Sinus-Institut (2012): Unternehmen. Sinus. Abrufbar unter: www.sinus-institut.de/unter-nehmen/sinus-sociovision.html, Stand: 16.06.2012.

Sjurts, Insa (2002): Integration der Wertschöpfungsketten im globalen Medienmarkt – eine Analyse und Erklärung der Strategien der größten Medienkonzerne der Welt. In: Hans-Bredow-Institut (Hg.): Internationales Handbuch Medien 2002/2003, Baden-Baden. Seiten A75-A87.

Sjurts, Insa (2002): Cross-Media-Strategien in der deutschen Medienbranche. Eine ökonomische Analyse zu Varianten und Erfolgsaussichten. In: Björn Müller-Kalthoff (Hg.): Cross-Media Management. Content-Strategien erfolgreich umsetzen. Berlin, Springer, Seiten 3-18.

Sjurts, Insa (2005): Strategien in der Medienbranche. Grundlagen und Fallbeispiele. 3. überarbeitete und erweiterte Auflage. Gabler, Wiesbaden.

Stark, Birgit (2006): Fernsehen in digitalen Medienumgebungen. Eine empirische Analyse des Zuschauerverhaltens. Reinhard Fischer, München.

Steinmüller, Karlheinz (2005): Methoden der Zukunftsforschung – Langfristorientierung als Ausgangspunkt für das Technologie-Roadmapping. In: Möhrle, Martin G.; Isenmann, Ralf (Hg.): Technologie-Roadmapping. Zukunftsstrategien für Technologieunternehmen. 2. erweiterte Auflage. Springer Verlag, Berlin. Seiten 81-101.

Stöber, Rudolf (2000): Deutsche Pressegeschichte. Einführung, Systematik, Glossar. UVK Medien, Konstanz.

Theis-Berglmaier, Anna Maria (2009): Der vernetzte Computer als Herausforderung für die Kommunikationswissenschaft und -praxis. In: Theis-Berglmaier, Anna Maria (Hg.): Internet und die Zukunft der Printmedien. Kommunikationswissenschaftliche und medienökonomische Aspekte. 2. Aufl., Lit Verlag, Münster. Seiten 216-246.

Thomä, Manuel (2010): Leser denken von der Zeitung her. In: Message 2/2010, Seiten 66-67. (Ergänzend dazu Vortrag auf der Crossover-Tagung des Instituts für Praktische Journalismusforschung im am 14. und 15. Februar 2010 in Leipzig.)

Tichy, Roland; Steinkirchner, Peter (2010): „Ins Kraut geschossen“, Interview mit Hartmut Ostrowski In: Wirtschaftswoche 21/2010, 22.5.2010., Seiten 48-51.

Tonnemacher, Jan (2005): Hat die Zeitung noch eine Zukunft? Ja, wenn sie ihre Aufgaben und Chancen richtig erkennt. In: Arnold, Klaus; Neuberger, Christoph (Hg.): Alte Medien – Neue Medien. Theorieperspektiven, Medienprofile, Einsatzfelder. Festschrift für Jan Tonnemacher. VS Verlag für Sozialwissenschaften, Wiesbaden. Seiten 109-119.

Unger, Fritz et al. (2007): Mediaplanung. Methodische Grundlagen und praktische Anwendungen. 5. aktualisierte und erweiterte Auflage. Springer Verlag, Berlin/Heidelberg.

Van Eimeren, Brigitte; Ridder, Christa-Maria (2011): Trends in der Nutzung und Bewertung von Massenmedien 1970 bis 2010. Ergebnisse der ARD/ZDF-Langzeitstudie Massenkommunikation. In: Media Perspektiven 1/2011, Seiten 2-15.

Van Eimeren, Brigitte; Frees, Beate (2010): Fast 50 Millionen Deutsche Online – Multimedia für Alle? Ergebnisse der ARD/ZDF-Onlinestudie. In: Media Perspektiven 7-8/2010, Seiten 334-349.

Van Eimeren, Brigitte; Frees, Beate (2008): Internetnutzung: Größter Zuwachs bei Silver-Surfern. Ergebnisse der ARD-ZDF-Onlinestudie 2008. In: Media Perspektiven 7/2008, Seiten 330-344.

Verband Deutscher Zeitschriftenverleger; KPMG (2009): Chancen und Risiken der aktuellen wirtschaftlichen Lage für Verlage. Dokumentation Publikumszeitschriften. Online-Dokument. Abrufbar unter: www.kpmg.de, Stand: 30.12.2009.

Verbrauchs- und Medienanalyse (VuMA) (2012): Die Sinus-Milieus in der VuMA. Online-Paper. Abrufbar unter: www.vuma.de/fileadmin/user_upload/meldungen/pdf/Sinus_Milieus_in_VuMA2012.pdf, Stand: 15.06.2012.

Von der Gracht, Heiko, Darkow, Inga-Lena (2010): Scenarios fort he Logistics Services Industry: A Delphi-based Analysis for 2025. In: International Journal of Production Economics 127, Seiten 46-59.

Von Streit, Alexander (2010): „Werte in der digitalen Welt", in: Focus online. Abrufbar unter: www.focus.de/kultur/medien/medientage-2010-werte-in-der-digitalen-welt_aid_561687.html, Stand: 14.10.2010.

Von Rimscha, Björn M. (2011): Mission accomplished? = Bericht zur Jahrestagung 2010 der Fachgruppe Medienökonomie in der DGPuK zum Thema Ökonomie, Qualität und Management von Unterhaltungsmedien. In Medienwirtschaft 1/2011, Seiten 42-43.

Wagner, Hans (1978): Kommunikation und Gesellschaft. Band I. Einführung in die Zeitungswissenschaft. Olzog, München.

Webster, James G.; Ksiazek, Thomas (2012): The Dynamics of Audience Fragmentation: Public Attention in an Age of Digital Media. In: Journal of Communication 62, International Communication Association, Seiten 39-56.

Wehnert, Timon et al. (2007): European Energy Futures 2030. Technology and Social Visions from the European Energy Delphi Survey. Springer Verlag, Heidelberg.

Weichert, Stephan; Kramp, Leif (2009): Das Verschwinden der Zeitung. Internationale Trends und medienpolitische Problemfelder. = Studie im Auftrag der Friedrich Ebert Stiftung. Online-Dokument. Abrufbar unter: library.fes.de, Stand: 14.06.2011.

Weichert, Stephan (2013): Neue Finanzierungsmodelle für den Journalismus? In: MedienWirtschaft 3, S. 60-62.

Weischenberg, Siefried (2004): Journalistik. Medienkommunikation: Theorie und Praxis. Band 1. 3. Auflage. VS Verlag für Sozialwissenschaften, Wiesbaden.

Weischenberg, Siegfried (2009): Das Jahrhundert des Journalismus ist vorbei. Rekonstruktionen und Prognosen zur Formation gesellschaftlicher Selbstbeobachtung. In: Bohrmann, Hans; Toepser-Ziegert, Gabriele (Hg.): Krise der Printmedien: Eine Krise des Journalismus. De Gruyter Saur, Göttingen. Seiten 32-61.

Weiß, Ralph (2010): „Typisch!"-Mediennutzung im Alltag. Die Mediennutzertypologie als Instrument der Gesellschaftsanalyse. In: Oehmichen, Ekkehardt; Ridder, Christa-Maria (Hg.): Die Mediennutzertypologie 2.0. Aktualisierung und Weiterentwicklung des Analyseinstruments. Nomos, Baden-Baden. Seiten 57-74.

Wilke, Jürgen; Noelle-Neumann, Elisabeth (Hg.) (1994): Presse. In: Das Lexikon der Massenkommunikation. Fischer, Frankfurt am Main. Seite 418.

Wilke, Jürgen (2008): Grundzüge der Medien- und Kommunikationsgeschichte. 2. durchgesehene und ergänzte Auflage. Böhlau, Köln/Weimar/Wien.

Wilms, Falko E. P. (2006): Szenariotechnik. Vom Umgang mit der Zukunft. Haupt Verlag, Bern.

Wilson, Ian (1998): Mental Maps of the future: An Intuitive Logics Approach to Scenario Planning, In: Fahey, Liam; Robert M. Randall (Hg): Learning from the Future: Competitive Foresight Scenarios. John Wiley and Sons, New York et al.. Seiten 81-108.

Wirtz, Bernd W. (2003): Medien- und Internetmanagement. 3. Auflage. Gabler, Wiesbaden.

Wirtz, Bernd W. (2011): Business Model Management. Design – Instrumente – Erfolgsfaktoren von Geschäftsmodellem. 2. aktualisierte und überarbeitete Auflage. Gabler, Wiesbaden.

Witte, Eberhard; Senn, Joachim (1984): Zeitungen im Medienmarkt der Zukunft. Eine betriebswirtschaftliche Untersuchung. C.E. Poeschel, Stuttgart.

Wolter, Lisa; Fantapié Altobelli, Claudia (2012): Potenziale Sozialer Netzwerke für Printmedienmarken. Überblick zu ersten empirischen Ergebnissen aus der Forschung. In: MedienWirtschaft 4, S. 24-35.

Woudenberg, Fred (1991): An evaluation of Delphi. In: Technological Forecasting and Social Change. 40 (2), Seiten 131-150.

Wutz, Gertraud; Brosius, Hans-Bernd; Fahr, Andreas (2004): Konvergenz von Nachrichtensendungen aus Zuschauerperspektive. In: Publizistik 2, 49. Jahrgang, Seiten 152-170.

Zeitungs-Marketinggesellschaft (Hg.) (2010): Anzeigenumfangs-Statistik der Zeitungen in Deutschland. Jahresstatistik 2009. Online-Dokument. Abrufbar unter: www.zmg.de, Stand: 01.02.2012. ZAW, Berlin.

Zerdick, Axel et al. (1999): Die Internet-Ökonomie: Strategien für die digitale Wirtschaft. Springer Verlag, Berlin/Heidelberg/New York.

Zurstiege, Guido (2006): Dominanz-/Dependenzbeziehungen? Werbung und Medien. In: Altmeppen, Klaus-Dieter; Karmasin, Matthias (Hg.): Medien und Ökonomie. Band 3: Anwendungsfelder der Medienökonomie. VS Verlag für Sozialwissenschaften, Wiesbaden. Seiten 89-10.